오직
그리스도께서 다스리시는
교회를 소망하며

저자 황희상

저자 황희상은 2011년에 신개념 교리학습서 『특강 소요리문답』 (흑곰북스)을 출간하였다. 이 책은 출간과 동시에 독자들의 큰 사랑을 받으며 한국교회에 교리공부의 돌풍을 일으키는 스테디셀러가 되었다. 2013년에는 교리교육 방법론 『지금 시작하는 교리교육』 (지평서원)을 집필하여 수많은 교회와 사역자들에게 교리교육의 가능성과 자신감을 심어주었다. 저자는 현재 고려신학대학원에서 개설한 '교리교육' 과목의 강사로 섬기면서 '웨스트민스터 총회'에 대해 지속적으로 연구하는 한편, 그와 관련된 특별한 정보와 지식을 일반 대중에게 보편화시키는 작업을 계속하고 있다. 이 책은 바로 그 작업의 일환이다

2024년 2월 20일 초판 4쇄
펴낸곳 흑곰북스 | **펴낸이** 정설
기획편집 흑곰북스 | **저자** 황희상 | **책임연구** 이요한 | **디자인** 강민구 박혜림 서현호 | **자료사진** 김석현 염덕균
주소 서울시 마포구 월드컵로 190 이안상암II-801 | **전화** 070-4007-0681 | **팩스** 031-629-5790
홈페이지 http://blackbearbooks.kr | **이메일** blackbearbooks2011@gmail.com

ISBN 978-89-967389-6-1
CIP제어번호 : CIP2016025257

흑곰북스는 타인과 자신의 저작권을 소중히 여기며, 이를 보호하기 위해 적극적으로 노력하고 있습니다.
이 책의 내용을 복사하거나 스캔하여 무단 사용하는 행위는 불법입니다. 잘못 만들어진 책은 구매처에서 바꿔드립니다.

추천사	6
저자노트	10
이 책을 누가 읽어야 하나요?	12
이 책의 특징과 활용법	14
스터디 플랜 가이드와 모임 인도자 팁	16
학습 현황 점검표	18
예고편 왜 이렇게 됐을까?	20

숲

제1화 달려라 종교개혁!	40
제2화 잉글랜드 주춤거리다	62
제3화 스코틀랜드 준비되다	90

나무

제4화 왕이 교회를 손보려 하다	108
제5화 내전이 터지다	136
제6화 두 나라, 한 교회, 세 견해	162

열매

제7화 교회정치_1 교회의 머리가 누구인가	190
제8화 교회정치_2 노회가 왜 필요한가	216
제9화 교회정치_3 아론의 싹 난 지팡이	246
제10화 예배모범, 오래된 철옹성을 깨다	284

씨앗

제11화 신앙고백서, 폐허 속에 꽃피우다	316
제12화 교리문답, 교육이 희망이다	340
에필로그 총회 그 이후	360

역사 속으로

에드워드 6세 때 초청된 대륙의 종교개혁자, 마르틴 부써, 피터 마터 버미글리	76
잉글랜드의 종교개혁자, 토마스 카트라이트	87
스코틀랜드에서 파송한 웨스트민스터 총회 대표들	160
런던에서 장로교회 정치제도는 실제로 시행됐다!	240
잉글랜드 소장파 장로교회 목사들의 애잔한 노력, 무산되고 말았던 신앙고백서 제2판 출간사업	336
스코틀랜드 총대들은 어디서 살았을까?	372
스코틀랜드 총대들의 출퇴근 경로는 어떠했을까?	373

종교개혁지 탐방

루터와 칼뱅이 활약한 종교개혁지, 비텐베르크, 제네바, 스트라스부르, 바젤	60
리슐리외 추기경은 왜 '라 로셸'을 못 잡아먹어서 그 난리였을까?	132
노트르담 드 빅토리 성당 방문기 그리고 '리슐리외'라는 인물에 대하여	266
잉글랜드 청교도들과 스코틀랜드 총대들이 활약했던 성공회의 수도 런던과 '웨스트민스터'	268
장로교회의 탄생지 에딘버러, 세인트앤드류스, 그리고…	312
위그노 최후의 도시 '프랑스 라 로셸'을 탐방하다. 후손을 위해 '씨앗'을 심어준 신앙의 선배들	354

총정리 발표 수업1 종교개혁의 역사, 그리고 나의 역사	382
총정리 발표 수업2 종교개혁사 박람회	384
교회사 공부 모임을 위한 인도자 가이드	386
저자 후기	390
감사의 글	392
참고도서 안내	394

추천사

우병훈 교수 / 고신대학교 신학과 교의학

교리에 대해 지식도 없고 관심도 없던 한국교회에 교리의 중요성을 인식시키고 실제로 교리문답을 너도나도 공부하게 만들었던 '특강 소요리문답'을 출간한 뒤 5년, 저자는 또 다시 놀라운 좋은 책을 우리에게 선사했다. 이 책은 웨스트민스터 총회의 역사와 그 내용을 매우 재밌게, 친절하게, 자세하게 설명한다. 한국 대부분의 장로교회가 웨스트민스터 신앙고백서를 교단 헌법의 표준으로 받아들이면서도 실제로 웨스트민스터 총회에 대해서는 거의 알지 못한 실정이었다. 이렇게 상세한 해설서가 그동안 없었기 때문이다. 그러나 이제 우리는 웨스트민스터 총회와 표준문서들(신앙고백서, 대·소교리문답, 교회정치, 예배모범)에 대해 보다 풍성한 지식을 갖게 되었다.

이 책은 좋은 교회사 서적이 갖춰야 할 미덕을 두루 갖추고 있다.

첫째, 이 책은 당시 교회의 상황을 사회, 정치, 문화, 지리적 배경에서 자세히 설명한다. 이러한 설명들은 자칫 너무 복잡하여 지루하게 만들거나 길을 잃게 만들 수 있다. 그런데 이 책은 다양한 도표와 그림들을 탁월하게 활용하여 독자들이 복잡한 당시의 상황을 보다 친근하게 다가갈 수 있게 하였다.

둘째, 이 책은 일반 역사와 교회사의 연결지점들을 설명한다. 또한 16~17세기 교회의 일반 성도들의 삶과 신앙의 모습 역시 충분히 설명한다. 이로써 우리는 왜 웨스트민스터 총회가 필요했는지, 거기서 왜 그런 다양한 사안을 다뤄야 했는지에 대해 잘 배울 수 있다.

셋째, 이 책은 당시 교회의 예배, 관행, 교회 정치 등도 중요하게 다룬다. 이 점이 특히 장점인데, 왜냐하면 오늘날 한국교회를 위해 많은 시사점을 제공하기 때문이다. 이 책을 읽으면 오늘날 우리 기독교가 정말 어떤 점에서 개혁해야 하는지를 누구나 절감할 수 있다.

넷째, 이 책은 웨스트민스터 총회 당시 중요한 인물들을 설명한다. 특히 그들이 어떤 신앙 배경을 가졌는지 설명하고 그들의 주요 사상 및 주장을 잘 제시해 준다. 그렇게 함으로써 독자들은 총회의 토론장 안에 실제로 앉아 있는 느낌을 받게 된다.

다섯째, 이 책은 웨스트민스터 표준문서들의 의의와 핵심 사항을 잘 정리해 준다. 이 부분을 읽으면 왜 그 문서들이 여전히 우리에게도 필요한지를 깨닫게 된다. 교리 교육을 시작할 때 먼저 이 책으로 독서 나눔을 시행한다면 다들 동기 부여를 확실히 받을 것이다.

여섯째, 이 책은 교회사의 발전, 퇴보, 진전, 정체 등의 흐름을 설명한다. 교회는 늘 개혁되어야 하므로 종교개혁은 언제나 현재 진행형일 수밖에 없다. 웨스트민스터 총회를 전후로 해서 영국 교회의 상황이 어떻게 변화되는지, 이 책은 정말 흥미진진하게 설명해 준다.

일곱째, 가장 큰 장점은 독자들이 수동적으로 책을 읽지 않고 적극적으로 책 속에 들어가게 한다는 것이다. 좋은 교회사 책은 우리를 그 시대와 대화하도록 이끌어 준다. 그 시대의 고민이 바로 우리의 고민이 되게 하여, 그에 대한 해결책을 찾아보게 만든다. 교회사가 단지 지식으로 끝나면 오늘의 삶과는 무관할 것이다. 하지만 이 책은 교육적 효과를 극대화시킴으로써, 교회사가 우리 삶을 변화시키는 원동력이 될 수 있음을 잘 보여준다.

이 책을 읽는 사람들은 누구든지 웨스트민스터 총회에 대한 풍성한 지식을 얻게 될 뿐 아니라, 총회의 유산을 자신의 것으로 삼고자 하는 열망으로 불타오르게 될 것이다. 종교개혁 500주년을 맞는 지금 이 책이 한국교회를 개혁하고 갱신하는 새로운 기폭제가 될 것을 기대하면서, 진심으로 이 책을 추천한다.

추천사

한병수 교수 / 전주대학교 교회사

"어쩌면 이렇게 재미있고 쉬울 수가!!"

원고를 일독한 직후 튀어나온 일성이다. 읽으면서 저자의 꼼꼼한 연구와 깊은 통찰과 깔끔한 정리와 절묘한 배열과 경쾌한 논지전개 방식에 탄복했다. 게다가 지루할 만한 지점이면 유쾌한 지뢰를 적절히 설치하여 독자들의 웃음보를 빵 터뜨린다. 갸우뚱 반응이 예상되는 인물이나 사건, 전문용어가 나오면 어김없이 친절한 설명 풍선이 등장하여 궁금증을 일소한다. 논의의 끝자락에 이르면 독자의 적극적인 학습을 자극하는 질문과 퀴즈도 등장하여 주제별 복습도 유도한다. 신문방송학 전공자의 이러한 감각과 재치는 책의 곳곳에서 번뜩인다.

150년에 가까운 장구한 종교개혁 이야기를 어떻게 단 한 권의 책자에 담아낼 수 있었을까? 이 책은 종교개혁의 원인과 발생과 전개와 절정을 '교회의 직제'라는 기발한 키워드에 초점을 두고 일관되게 풀어간다. 저자는 이 책을 종교개혁 이야기의 흐름을 파악하는 이유식 혹은 기존의 학자들이 연구한 성과들의 재구성에 불과한 것이라고 말하지만 내가 보기에 이 책의 가치는 그 이상이며 저자 자신의 연구와 예리한 통찰력도 상당히 반영되어 있다.

저자의 발랄한 어법과 매끄러운 스토리텔링을 즐겁게 따라가다 보면 중세의 문제점과 종교개혁의 초기 현황과 이어지는 개혁의 변화상과 그 결과까지가 하나의 통일된 흐름으로 읽힌다.

저자는 '사제주의'를 중세 암흑기의 원흉으로 보았으며, 거기서 비롯된 수많은 문제를 극복하고 분야별 대안까지 제시한 웨스트민스터 총회의 결과물을 지금까지 가장 잘 된 개혁으로 해석한다. 루터와 칼뱅 등의 종교개혁 주역들과 그 이후 출중한 인물들에 의해서도 종교개혁은 현저한 진척을 보였지만, 교리와 정치와 예배와 교육 전반을 '오직성경' 및 '전체성경' 사상에 입각하여 무려 5년 반 동안 1163번의 회의로 충실하게 개혁한 것은 그 이전에도 없었고 그 이후에도 없었다는 사실을 설득력 있게 진술한다.

개혁의 절정에 해당하는 웨스트민스터 총회의 결과물이 산출되는 과정을 설명하는 일에 지면의 대부분을 할애하되, 특별히 영국의 역사적 배경과 교회의 변화가 절묘하게 맞물려 돌아가는 복잡한 상관 관계를 간파하고 너무도 명료하게 엮어낸 저자의 관찰력과 필력은 그저 놀랍기만 하다. 이는 이 주제에 대한 저자의 오랜 숙고와 확고한 이해에서 비롯된 것이라고 생각한다.

모든 이에게 기쁜 마음으로 이 책의 필독을 추천한다. 웨스트민스터 총회와 관련하여 내용의 질적 희생 없이 청소년도 읽을 수 있도록 이보다 더 쉽고 명쾌하게 저술된 서적은 없기 때문이다. 게다가 이 책은 믿음의 선배들이 더 좋은 개혁을 위해 순교를 각오하며 산출하고 물려준 이 유산들의 가치를 더 사랑하게 하고 자발적으로 개인과 교회에 적용하도록 자극하기 때문이다. 이는 교회를 사랑하고 온전하게 세우려는 저자의 뜨거운 심장이 책 전반에 박동하고 있어서다.

귀한 책을 저술한 저자에게 한 명의 독자로서 깊은 고마움을 전한다.

저자노트

"웨스트민스터 총회의 배경, 그 과정에서 나온 결과를 보니 손에 쥔 신앙고백서와 교리문답서, 우리 교회와 예배가 새롭고 귀하게 보입니다."(강의를 들은 어느 분의 소감)

Why
역사를 '왜' 알아야 할까요?

사람은 기준이 없으면 자기 소견에 좋을 대로 살아갑니다. 기준 없이 하는 대화는 결국 싸움으로 갑니다. 기준 없이 쌓는 지식은 인생에 도움이 되지 않습니다. '웨스트민스터 신앙고백서'는 한국의 장로교회가 대부분 자기의 신조로 고백하는 것입니다. 장로교회에서 직분자가 되기 위해서는 이것을 신앙과 삶의 기준으로 믿고 따르겠다고 선서해야 합니다. 그런데 그게 정말 실제로 기준이 되어 있을까요? 아니 그 전에, 그게 "왜" 기준인가요? 솔직히, 그것부터 알아야 하는 것 아닐까요? 바로 그 이유를 알려주는 것이 역사입니다. 역사는 그래서 꼭 알아야 합니다.

How
역사를 '어떻게' 알아야 할까요?

왜 우리는 역사를 지루하고 어렵다고 느낄까요? 왜 우리는 역사를 '공부'한다고 생각할까요? 인물, 사건, 연도, 지명을 달달 외우기에 질린 우리는 교회사를 배우자 하면 대략 정신이 아득해집니다. 언제까지 우리는 단순히 '연표를 문장으로 바꾼' 교회사에 만족해야 할까요?

이 책은 종교개혁의 역사를 쉽고 즐겁게 알려주는 학습서입니다. 한 권의 책으로 종교개혁의 숲과 나무, 열매와 씨앗을 두루 살펴보도록 만들어졌습니다. 특히 한국 교회에 중요한 '웨스트민스터 총회'에 대해 자세히 다룬 최초의 책입니다. 그렇다고 머리 싸매고 시험공부 하듯 읽을 필요는 없습니다. 가볍게, 저자의 스토리텔링을 드라마 보듯 따라가다 보면 왠지 저절로 똑똑해지는 기분을 느낄 수 있도록 특수(?) 제작된 책입니다.

세계사와 교회사가 따로 놀지 않도록 하나의 이야기로 융합시켰습니다.
웨스트민스터 총회의 실제 회의록을 분석해서 원천 데이터로 삼았습니다.
웨스트민스터 총회에 참석한 총대들의 작품에 주목하여, 본질에 최대한 가까이 접근하려 했습니다.
17세기 당시의 런던 지도를 교회사의 기록과 대조하여 현장감을 높이고자 했습니다.
디자인 요소를 적극 활용해서 오래된 역사가 흐릿하고 추상적인 이야기로 끝나지 않도록 했습니다.

What 역사의 '무엇을' 알아야 할까요?

종교개혁은 장난이 아니었습니다. 언젠가 어느 동네에서 잠깐 있었던 일도 아닙니다. 1500년대 초부터 1600년대 말까지 약 200년간, 유럽 전역에서 일어난 셀 수 없이 많은 사건들의 연속이 종교개혁입니다. 그런 거대한 역사를 책 한 권으로 이야기하는 것이 가능할까요? 만약 단 한 권의 책만을 써야 한다면 어떻게 쓰는 것이 좋을까요? 사실 그런 책은 존재할 수 없습니다. 종교개혁의 다양한 면모를 다 살필 수는 없습니다. 수많은 위인들을 다 소개할 수도 없습니다. 그것은 불가능합니다. 핵심부터 찾아야 합니다. 종교개혁의 핵심이 무엇이며 그것이 어떻게 진행되었는지 굵은 줄기부터 파악하는 것이 좋을 것입니다.

하지만 그것만으로는 아쉽습니다. 숲을 보는 동시에, 파편처럼 흩어져 있던 각종 사건들이 전체 흐름 속에서 어떤 의미가 있었는지 밝혀주는 작업도 필요합니다. 그래야 재미가 있습니다. 역사를 배우면서 즐기기도 하려면 '숲'과 '나무', 두 마리 토끼를 동시에 노리는 것이 좋습니다. 그래서 이 책은 종교개혁사의 숲과 나무를 함께 살펴봅니다.

뿐만 아니라 이 책은 '열매'와 '씨앗'도 얻으려 합니다. 이 책은 처음에는 시야를 넓게 보다가 점차 좁혀가면서 여러분을 역사의 한 지점으로 모셔갈 것입니다. 거기서 우리는 어떤 열매를 발견하고, 손에 쥐고, 맛보고, 그 '씨앗'을 품에 간직하고, 다시 잠에서 깨듯 우리가 있던 자리로 돌아올 것입니다. 여러분은 이 책의 안내로 '낯익지만 낯선 길'을 따라 걸으며, 저들의 종교개혁이 정말로 우리에게 무슨 의미가 있는지를 생각해보시기 바랍니다. 한달음에 읽을 수도 있지만 기왕이면 천천히 읽어주세요. 어쩌면 긴 여행이 될지 모르니 힘 조절을 잘해서 끝까지 읽으시길 바랍니다.

이 책을 집어 들어주신 독자 여러분, 고맙습니다. ^^

저자 드림.

이 책을
누가 읽어야 하나요?

이 책은 교회사를 통해 장로교회의 탄생 배경이 되는 웨스트민스터 총회에 대해 알려주는 안내서입니다. 우리가 지금 희미하게나마 누리고 있는 장로교회의 유산들은 이 총회에서 나온 결실들입니다. 이러한 역사를 공부하면서 교회가 무엇인지, 어떻게 운영되어야 하는지를 누구나 쉽게 알 수 있도록 이 책을 준비했습니다.

아래 항목을 읽어보시고 우리 주변 현실에 비교해서 "맞아, 맞아!" 공감이 되면 과감하게 체크해 보세요.

- [ ] 교회 다니던 친척 동생이 갑자기 성당에 다니기로 했단다.
'어? 그럼 안 되는데…' 싶지만, "왜 안 돼?"라는 질문에 대답할 말이 딱히 없다.

- [ ] 내가 다니는 교회는 규모가 작다. 대형 교회 다니는 친구들이랑 대화하다 보면
어째 좀 나 자신이 초라하게 느껴지는 것 같아서 기분이 그렇다.

- [ ] 천주교는 뭔가 화려하고 세련된 느낌을 준다. 좋은 일도 많이 하는 것처럼 보인다.
기독교는 뭘 자랑해야 하나??

- [ ] 친구 녀석이 그러는데, 자기가 가는 교회마다 목사님이랑 장로님들이
맨날 싸우는 모습을 봐서 이젠 교회에 안 나간다고….

- [ ] 공동의회에 참석하라는 광고를 들었지만, 시간도 오래 걸리고,
무슨 이야기를 하는 건지도 모르겠고 해서 매번 집에 그냥 와버린다.

- [ ] 역사는 암기할 것이 너무 많아서 어렵다. 교회사도 역사잖나?
어렵고 지루할 것이 뻔하다. 역사를 좀 재미있게 공부할 수는 없을까?

- [ ] 대학교에서 '종교의 이해' 수업을 들으면서 기독교가 다른 종교들과 유사점이 많다는 것을 배웠다.
삼위일체나 삼존불이나 그게 그거 아니냐고 한다. 그건 아니다 싶으면서도 사실 뭐가 다른지 설명할 자신은 없다.

- [ ] 고등부 때 부장집사님을 오랜만에 만났다. 이번 직분자 선거에서 누구누구 뽑으라고 알려주셨다.
  후보들은 모두 내가 모르는 분이었지만 누군가는 뽑혀야 할 것 같아서 찍어 주었다. 마음이 찜찜하다.

- [ ] 세계사 시간에 루터, 칼뱅, 청교도, 청교도 혁명이란 단어가 나오자, 친구들이 교회 다니는 나에게
  뭔가 아느냐는 눈빛을 보냈다. 바로 외면했다. 그 사람들이 누군지, 그 사건은 무엇인지, 도대체 아는 게 없다.

- [ ] 이번에 집사가 되었다. 아이들이 씁쓸한 표정으로 친구 아빠가 장로라며,
  아빠는 언제 장로가 되냐고 물었다. 그러게. 나도 그게 궁금하다.

- [ ] 명절에 친척들과 TV를 보는데 하필 교회의 비리나 부패한 목회자에 대한 뉴스가 나왔다.
  친척들이 교회는 저런 문제를 어떻게 해결하느냐고 묻는데, 할 말이 없어서 위축됐다.

- [ ] 여자친구 따라 교회에 다니기 시작했고, 어쩌다 보니 결혼 후 지금까지도 다니고 있다.
  내년에 집사를 맡을 때가 됐다고 하는데 두려움이 엄습한다. 도망칠 순 없을까?

- [ ] 예배시간이 지루하다. 왜 예배순서는 나 어렸을 때 20년 전이나 지금이나 비슷비슷할까?
  뭔가 변했으면 좋겠는데 그렇다고 청년들 예배처럼 떠들썩한 건 싫고…

- [ ] 내가 낸 헌금이 내가 원하는 곳에 쓰이는지 확인할 수 없어서 언제부턴가 헌금을 내지 않고 있다.
  대신, 사용처가 확실한 후원단체나 복지기관에 기부했다. 하나님도 봐주시겠지?

- [ ] 기독교에 대해서 알고 싶다 했더니 교회 다니는 친구가 칼뱅의 기독교강요를 읽어보라고 했다.
  죽은 지 400년도 넘은 사람의 책을 권한 친구 녀석은 도대체 무슨 심보인 걸까?

- [ ] 교회도 절처럼 깊은 숲속에 있으면 좋겠다. 머리도 맑아지고 설교시간에 졸지도 않을 텐데..
  이런 생각을 해본 적이 있지만, 주변에 이야기하기엔 왠지 부끄럽다.

- [ ] 나는 살면서 역사를 공부할 필요를 못 느꼈다. 교회사는 더더욱.
  먹고 살기도 팍팍한데 그런 걸 공부해서 뭐하나? 밥이 나오나 쌀이 나오나?

- [ ] 요즘 선거철만 되면 정치인들이 교회에 나와서 인사한다. 유명인이 왔다며 으쓱하는 사람도 있고,
  못 오게 해야 한다는 사람도 있고…. 오락가락 내 모습이 싫다.

- [ ] 여자친구에게 교리를 공부하자고 했다. 여자친구가 "교리는 사람이 만든 것 아냐?
  그걸 어떻게 믿어?"라고 묻는다. 그리고 나는 꿀 먹은 벙어리가 됐다.

이 책의
특징과 활용법

종교개혁사를 간략하게 조망하고 종교개혁 초기 상황을 아우르기

총회의 내부로 들어가서 제일 먼저 논의된 교회정치와 예배에 대해 알아보기

종교개혁사와 웨스트민스터 총회에 대한 **개념 탑재**

숲

나무

열매

씨앗

웨스트민스터 총회가 열리기까지 도대체 무슨 일이 있었는지 살피기

총회에서 신앙고백서와 교리문답이 어떻게 작성됐는지 논의 과정과 그 배경을 확인하기

이유를 알면 이해가 되고, 이해가 되면 재미가 있다!

맥락과 개념 잡기

이유도 알지 못한 채, 외우기만 하면 역사를 제대로 공부할 수 없습니다. 이 책은 교회사와 세계사를 하나의 스토리로 엮어내어 역사적 사실이 실제로 어떤 배경에서 나타났고 어떤 의미가 있는 것인지 흥미진진하게 서술합니다. 그리하여 우리가 알아야 할 역사적 맥락을 잡아주고 중요한 사실들을 개념정리해줍니다. 또한, 친숙한 어투로 말하듯이 서술되어 있습니다. 그래서 역사책에 이름만 남아버린 죽은 역사를 생생하게 되살려냅니다.

01. 그 당시의 포스터나 그림을 컬러풀하게 다시 그려 넣어, 현대 독자들의 상상력을 자극하는 풍부한 삽화
02. 복잡한 역사적 사건들을 깔끔하게 정리해주는 도표와 다이어그램

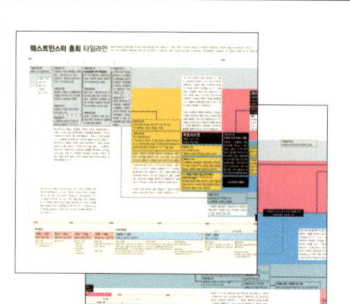

별책부록 : 웨스트민스터총회 타임라인
웨스트민스터 총회의 실제 회의록을 분석해서 만든 타임라인. 총회 내 결정사항 이면에 숨어있는 배경을 알 수 있음

관찰하고 생각하고 즐겁게 반복하기

이 책은 지도를 적절하게 사용하여 독자가 읽고 있는 일들이 어느 시대, 어느 지역에서 일어난 것인지 안내해줍니다. 오래된 문건들을 직접 관찰하게 해줍니다. 기억 속에 희미하게 남아있던, 혹은 전혀 몰랐지만 역사적으로 가치가 높은 문건을 직접 읽고 분석하면 자신감을 얻을 수 있습니다. 또, 적절한 때에 등장하는 퀴즈들이 있어 부담 없이 학습한 내용을 점검할 수 있습니다. 특별히 주사위 게임판을 제공하여 학습자들이 즐거운 시간을 보내며 자연스럽게 복습이 이루어지도록 했습니다.

> 알면 알수록 흥미로운 역사!
> 곱씹으며 내 것으로 만들어내는 감동

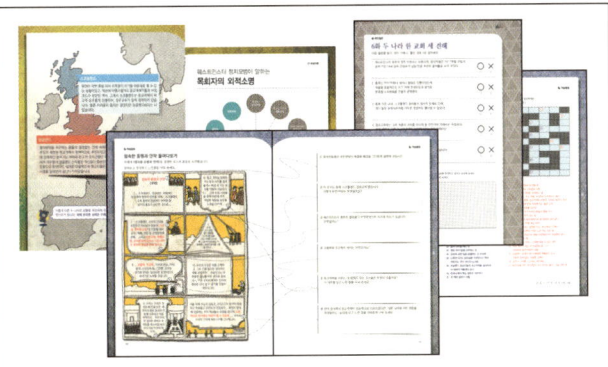

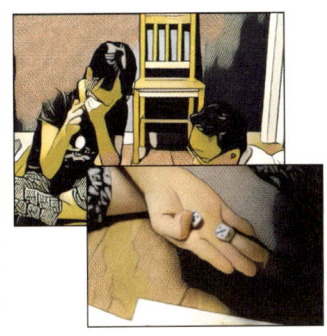

종교개혁사 주사위 게임판
함께 즐기며 역사를 공부할 수 있도록 제작한 역사 학습용 게임

01. 당시의 문건을 관찰하고, 직접 분석할 수 있는 학습 컨텐츠
02. 암기가 아닌, 스스로 맥을 짚어가게 도와주는 반복학습용 확인질문

> 과거와 현재를 연결하고,
> 내가 서 있는 좌표를 그려보는 즐거움!

사고를 확장하고 스스로 질문하기

기존에 알던 것과 새로운 정보를 연결하다 보면 자기만의 지식이 됩니다. 이런 경험을 쌓다 보면 그 자체로 동기 부여를 받아 새로운 정보들을 직접 확장해나갈 수 있습니다. 이 책은 독자들이 직접 역사적 사실을 추적할 수 있도록 학습활동을 제공했으며, 독자들이 간접적으로나마 역사의 현장을 탐방할 수 있도록 저자와 편집부가 취재한 사진과 이야기도 빼곡히 담았습니다. 학습을 다 마친 뒤, 공부하고 탐구한 내용을 정리하여 나누고 발표하는 시간을 가지면 오래도록 기억에 남는 공부가 될 것입니다.

총정리용 학습 컨텐츠
학습자들이 각자 삶을 돌아보며 공부를 마무리함. 탐구한 내용을 정리하여 발표하는 수업으로 알찬 마무리!

01. 일반 지식과 교회사를 페어주고, 독자가 직접 역사적 사실을 탐구할 수 있도록 돕는 보조 컨텐츠
02. 역사 속에 등장하는 중요한 현장을 직접 취재하여 소개하는 '종교개혁지 탐방', '역사 속으로' 시리즈

스터디 플랜 가이드와 모임 인도자 팁
3개월 스터디 플랜

	W 1	W 2	W 3	W 4
Month 1	예고편~1화	2~3화	4~5화	6화/중간 점검*과 소감 나눔
Month 2	7~8화	9화	책 속의 책, 10화	11화
Month 3	12화	기말 퀴즈	총정리 수업(택1)과 소감 나눔	주사위 게임과 쫑파티

* 중간 점검 : 책에서 제시한 십자말 퀴즈 외에 다른 형태로 직접 퀴즈를 만들어 보세요.
퀴즈를 만드는 과정도 즐겁고, 함께 푸는 과정에서도 자연스럽게 복습이 됩니다.

강의식 전달 No! 미리 읽고, 함께 읽기!

우선, 이 책은 모두가 함께 '읽는 것'이 가장 중요합니다. 일방적인 강의식으로 전달할 수 있는 내용이 아닙니다. 함께 읽어야 합니다. 읽으면서 생각을 해야 합니다. 그러므로 모임 시간에 허둥지둥 읽지는 마시고, 집에서 미리 읽어오도록 인도해주세요. 여의치 않다면 '함께 읽는 시간'을 마련해주세요.

모임 전에 책을 읽고 나서 학습 현황 점검표(p.18)를 활용하여 후기를 적어 오게 합니다. 이 후기를 가지고 각자 이해한 내용을 나누고, 서로 보충해주기 위해서입니다. 평소에 잊거나 미루거나 빼먹지 않도록 문자나 카톡으로 격려해주세요.

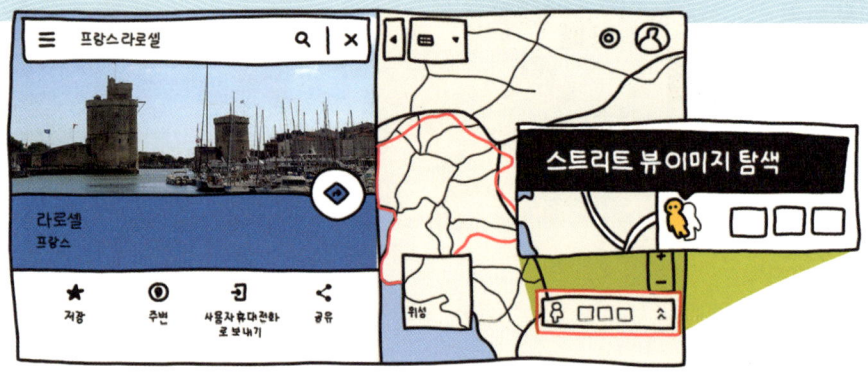

궁금한 정보를 구글로 검색하면 풍성한 자료를 구하실 수 있습니다. 특히, 구글 지도(http://maps.google.com)를 활용하여 학습효과를 높여 보세요! 구글 지도의 [스트리트 뷰] 기능을 이용하면, 역사적 현장을 직접 거닐어보는 듯한 기분을 느낄 수 있어서 재미있습니다. 공부하실 때, 세계 지도나 지구본을 늘 가까이 두고 특정 장소를 짚어보면서 상상해 보시는 것도 좋습니다.

6개월 스터디 플랜

	W 1	W 2	W 3	W 4
Month 1	예고편	1화	1화 학습활동(종교개혁자 조사)과 소감 나눔	2화
Month 2	3화	독서 나눔*	4화	5화
Month 3	5화 학습활동(엄숙한 동맹과 언약 분석)과 소감 나눔	6화	중간 점검과 소감 나눔	7화
Month 4	8화	9화	책 속의 책, 10화	11화
Month 5	12화	기말 퀴즈	헌법 관찰 수업*	총정리 수업1
Month 6	총정리 수업2 : 박람회 기획/준비/전시 발표			주사위 게임과 쫑파티

* 독서 나눔 : 종교개혁사를 전반적으로 훑어주는 도서를 골라 읽는 것을 추천합니다.
(추천 도서 : 『꺼지지 않는 불길』, 마이클 리브스)

자잘한 내용보다 전체 흐름을 이해하도록!

역사책의 특성상 아주 많은 인물과 사건이 등장합니다. 그러나 너무 겁내지 않도록 격려해주세요. 이 책은 '원래 아주 끝내주게 복잡한 역사'를 스토리 중심으로 단순화시켰습니다. 최소한의 등장인물로 스토리를 짰고, 연도나 지명의 언급도 최소화 했습니다. 전체 흐름을 이해하는 것이 중요합니다. 너무 자잘한 내용에 집중하지 말도록 해주시고, 전체적으로 일어난 일을 드라마 보듯이 다큐멘터리 보듯이 그냥 받아들이도록 해주세요. 그렇게 하면 매 모임 때마다 적어도 하나의 잔상은 남을 텐데, 거기에 집중하도록 격려해주세요. 그것이 바로 어렵고 복잡한 교회사를 더 이상 두려워하지 않도록 만드는 첫걸음입니다.

중요 포인트만 짚어주기!

혹시 모임 구성원 중에 많이 어려워하는 분이 계시면 가장 중요한 포인트만 짚어주세요.(책의 뒷부분에 있는 [교회사 공부 모임을 위한 인도자 가이드]를 참조하세요. p.386) 영화를 볼 때 모든 복선을 다 놓치지 말아야 하는 것은 아니듯, 꼭 모든 역사를 다 알 필요는 없습니다. 그리고 책은 영화와 달리 다음에 펴들고 또 읽으면 되잖아요. 한 번에 다 알려고 욕심내지 않아도 됩니다. ^^

헌법 관찰 수업 : 각 교회는 교단의 헌법을 존중해야 합니다. 그런데 헌법의 존재조차 모르는 성도들이 많습니다. 공부를 마치는 시점에서 교단 헌법을 관찰하고, 웨스트민스터 총회의 오리지널 결과물과 비교해 보세요.

사진 : 청소년부터 대학, 청년부 대상의 수련회 프로그램 주제로 '헌법'을 다뤘던 교육 사례. 미리 헌법 관련 예상문제를 나눠주고, 수련회 마지막 날, 퀴즈대회를 열어 수련회 기간 동안 자발적으로 헌법을 분석하고 토의하게 하는 방식으로 진행했습니다.
(제공 : 염덕균)

학습 현황 점검표

공부를 마친 후, 각 화에 해당하는 질문에 스스로 답해보면서 학습점검 그래프에 체크합니다. 취약한 단원을 파악해서 다시 복습할 수 있습니다. 모임 인도자는 단원별 학습 점검표를 통해 분석한 내용으로 내년 학습 계획에 반영해도 좋습니다. 반복해서 읽는 것도 중요합니다. 내용을 즐겁게 읽고 생각하고 탐구하다 보면 기억이 덧입혀져서 자연스럽게 외워질 것입니다.

		별로…		보통~		만족!

예고편
왜 이렇게 됐을까?
시작일 20 / /
종료일 20 / /

1. 이 화에서 말하는 전체 흐름을 이해했다. ☐ ☐ ☐ ☐
2. 주요 사건에 대해 요약해서 설명할 수 있다. ☐ ☐ ☐ ☐

새로 깨달은 것 / 공부하면서 발견한 즐거움과 감사

제1화
달려라 종교개혁!
시작일 20 / /
종료일 20 / /

1. 이 화에서 말하는 전체 흐름을 이해했다. ☐ ☐ ☐ ☐
2. 주요 사건에 대해 요약해서 설명할 수 있다. ☐ ☐ ☐ ☐

새로 깨달은 것 / 공부하면서 발견한 즐거움과 감사

제2화
잉글랜드 주춤거리다
시작일 20 / /
종료일 20 / /

1. 이 화에서 말하는 전체 흐름을 이해했다. ☐ ☐ ☐ ☐
2. 주요 사건에 대해 요약해서 설명할 수 있다. ☐ ☐ ☐ ☐

새로 깨달은 것 / 공부하면서 발견한 즐거움과 감사

제3화
스코틀랜드 준비되다
시작일 20 / /
종료일 20 / /

1. 이 화에서 말하는 전체 흐름을 이해했다. ☐ ☐ ☐ ☐
2. 주요 사건에 대해 요약해서 설명할 수 있다. ☐ ☐ ☐ ☐

새로 깨달은 것 / 공부하면서 발견한 즐거움과 감사

제4화
왕이 교회를 손보려 하다
시작일 20 / /
종료일 20 / /

1. 이 회에서 말하는 전체 흐름을 이해했다. ☐ ☐ ☐ ☐
2. 주요 사건에 대해 요약해서 설명할 수 있다. ☐ ☐ ☐ ☐

새로 깨달은 것 / 공부하면서 발견한 즐거움과 감사

제5화
내전이 터지다
시작일 20 / /
종료일 20 / /

1. 이 화에서 말하는 전체 흐름을 이해했다. ☐ ☐ ☐ ☐ ☐
2. 주요 사건에 대해 요약해서 설명할 수 있다. ☐ ☐ ☐ ☐ ☐

새로 깨달은 것

공부하면서 발견한 즐거움과 감사

제6화
두 나라, 한 교회, 세 견해
시작일 20 / /
종료일 20 / /

1. 이 화에서 말하는 전체 흐름을 이해했다. ☐ ☐ ☐ ☐ ☐
2. 주요 사건에 대해 요약해서 설명할 수 있다. ☐ ☐ ☐ ☐ ☐

새로 깨달은 것

공부하면서 발견한 즐거움과 감사

제7화
교회정치_1
교회의 머리는 누구인가
시작일 20 / /
종료일 20 / /

1. 이 화에서 말하는 전체 흐름을 이해했다. ☐ ☐ ☐ ☐ ☐
2. 주요 사건에 대해 요약해서 설명할 수 있다. ☐ ☐ ☐ ☐ ☐

새로 깨달은 것

공부하면서 발견한 즐거움과 감사

제8화
교회정치_2
노회가 왜 필요한가
시작일 20 / /
종료일 20 / /

1. 이 화에서 말하는 전체 흐름을 이해했다. ☐ ☐ ☐ ☐ ☐
2. 주요 사건에 대해 요약해서 설명할 수 있다. ☐ ☐ ☐ ☐ ☐

새로 깨달은 것

공부하면서 발견한 즐거움과 감사

제9화
교회정치_3
아론의 싹 난 지팡이
시작일 20 / /
종료일 20 / /

1. 이 화에서 말하는 전체 흐름을 이해했다. ☐ ☐ ☐ ☐ ☐
2. 주요 사건에 대해 요약해서 설명할 수 있다. ☐ ☐ ☐ ☐ ☐

새로 깨달은 것

공부하면서 발견한 즐거움과 감사

제10화
예배모범,
오래된 철옹성을 깨다
시작일 20 / /
종료일 20 / /

1. 이 화에서 말하는 전체 흐름을 이해했다. ☐ ☐ ☐ ☐ ☐
2. 주요 사건에 대해 요약해서 설명할 수 있다. ☐ ☐ ☐ ☐ ☐

새로 깨달은 것

공부하면서 발견한 즐거움과 감사

제11화
신앙고백서,
폐허 속에 꽃피우다
시작일 20 / /
종료일 20 / /

1. 이 화에서 말하는 전체 흐름을 이해했다. ☐ ☐ ☐ ☐ ☐
2. 주요 사건에 대해 요약해서 설명할 수 있다. ☐ ☐ ☐ ☐ ☐

새로 깨달은 것

공부하면서 발견한 즐거움과 감사

제12화
교리문답,
교육이 희망이다
시작일 20 / /
종료일 20 / /

1. 이 화에서 말하는 전체 흐름을 이해했다. ☐ ☐ ☐ ☐ ☐
2. 주요 사건에 대해 요약해서 설명할 수 있다. ☐ ☐ ☐ ☐ ☐

새로 깨달은 것

공부하면서 발견한 즐거움과 감사

예고편.
왜 이렇게 됐을까?

황쌤

종교개혁이 왜 일어났을까?

강윤식

응? 종교개혁?
그게 뭔데요?

박지윤

종교개혁이
벌써 일어났나요?

김재원

음…. 누워있기 지루해서?

이하임

그때 당시 교회가 너무 타락해서요.

박언민

음. 그러니까, 르네상스의 영향을 받아서.. 음..
그러니까 그게.. @#$%

권예건

그런 건 알아서 뭐하게요.
다 일어날 만 하니까 일어났겠죠.

지세빈

제가 안그랬는데요…

맹유진

솔직히 이제 일어나야 하는 거 아닌가요? ㅠㅠ

최정우

쌤~ 저희한테 왜 이러세요..

종교개혁은 그야말로 대사건이었습니다. 수많은 사람이 연루되었고, 유럽 전체가 뒤흔들렸습니다. 이것은 사람이 죽고 사는 문제였으며, 이 문제로 도시 전체가 학살을 당한 적도 있습니다. 그만큼 엄청난 사건이 일어난 것인데, 거기엔 그럴만한 이유가 있었겠지요.(그러면 정답은 이 중에 있는 셈인가요? ^^;)

본격적인 종교개혁 이야기로 들어가기 전에 이것부터 생각해봅시다. 종교개혁이 왜 일어나야만 했는지, 그땐 대체 교회와 세상이 어떤 상태였는지를 알아봐야겠습니다. 먼저 그것을 알아야, 종교개혁이 무엇인지를 정확히 알 수 있습니다.

자, 왜 이렇게 됐을까요?
대체 무엇이 문제였을까요?

중세교회의 핵심 잘못은 무엇일까?

종교개혁이란 한마디로 중세교회의 잘못을 고친 것입니다. 그러면 중세교회의 잘못은 뭘까요? 종교개혁이 왜 일어났느냐는 질문에 다들 각자 대답해봅시다. 관점에 따라 이것저것 정말 많은 답이 나올 수 있을 겁니다.

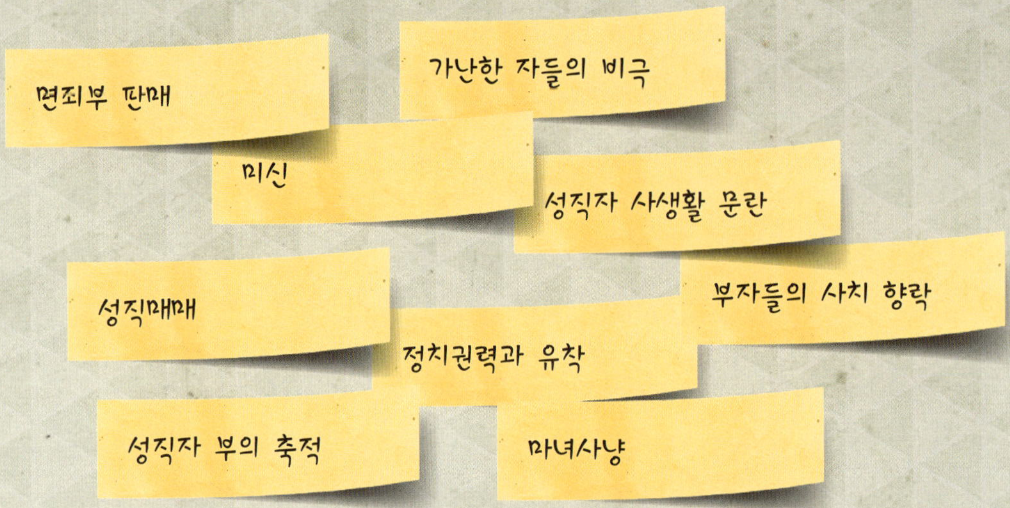

- 면죄부 판매
- 가난한 자들의 비극
- 미신
- 성직자 사생활 문란
- 성직매매
- 부자들의 사치 향락
- 정치권력과 유착
- 성직자 부의 축적
- 마녀사냥

음… 대답이 많다고 해서 좋은 게 아니군요. 너무 많은 답이 쏟아져 나와서 정리가 안 되고 어지럽습니다. 이걸 좀 정돈할 필요가 있겠는데, 어떻게 하는 것이 좋을까요? 이 중에서 무엇이 핵심일까요? 핵심을 찾기 위해 많이들 쓰는 방법이 있습니다. 각각의 항목을 원인과 결과로 연결해보는 겁니다.

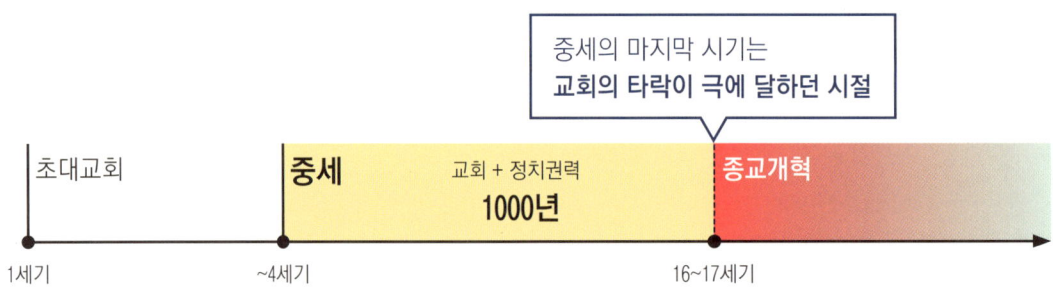

중세의 마지막 시기는 **교회의 타락이 극에 달하던 시절**

| 초대교회 | 중세 | 교회 + 정치권력 1000년 | 종교개혁 |
| 1세기 | ~4세기 | | 16~17세기 |

많은 사람이 '면죄부'를 중세교회의 잘못이라고 대답합니다. 그런데 면죄부는 〈결과〉이고요, 그 〈원인〉을 찾아야 합니다. 원인이 더 중요하지요. 어쩌다가 사람들이 면죄부를 사고팔게 되었을까… 그 원인은 바로 '공로사상'입니다. 하나님 앞에서 내가 뭔가 헌신을 하고 공덕을 쌓으면 그에 따른 보상이 있을 거라는 잘못된 사상이 원인이 되어 면죄부라는 잘못된 결과를 만든 겁니다.

결과 면죄부 판매
가난한 자들의 비극
원인 공로사상
미신
결과 성직매매
부자들의 사치 향락
원인 정치권력과 유착
성직자 사생활 문란
마녀사냥
성직자 부의 축적

한 결과는 다른 결과의 원인이 되고, 그 원인은 다시 다른 결과를 낳습니다. 이런 식으로 모든 항목을 차근차근 이어볼 수 있습니다.

공로사상의 대가가 면죄부!
화살표 쏘는 쪽이 원인,
받은 쪽은 결과 ~!

에고편. 왜 이렇게 됐을까

그러면 '사제'가 무엇일까요? 사제란 어떤 존재일까요? 세상 대부분의 종교에는 사제의 역할을 하는 사람이 있습니다. 세상 대부분의 종교에는 [믿음의 대상]이 있고 [믿는 자]가 있습니다. 신이 있고, 인간이 있습니다. 그러면 사제는 뭘까요? 신과 인간의 [중간]에서 뭔가를 해주는 존재입니다.

사람들은 지극히 높고 위대한 신과 지극히 비천한 인간 사이의 넘을 수 없는 간격을 생각하며, 누군가 중간에서 다리를 놔주어야 한다고 판단했습니다. 그리고 그 역할은 특별한 사람이 맡아야 한다고 믿었습니다. 그들은 신과 인간 사이에서 신의 뜻을 대신 전해준다거나, 신자들의 소원을 신에게 부탁하는 존재로 여겨졌습니다. 특히 '제사'를 통해 신자들의 죄를 신께 대신 빌어주는 일을 했습니다. 그리고 그 일이 직업이 됩니다. 그들이 바로 사제입니다. 종교마다 명칭은 다양합니다. 승려라고 부르기도 합니다.

사제 개념을 도입한 중세교회

우리에게 지금 사제가 필요할까요? 필요가 없습니다. 사제의 역할은 구약에서 제사장이 하는 역할과 개념상 같은데, 신약의 우리에게 여전히 구약의 제사가 필요할까요? 아닙니다. 그리스도께서 단번에 자기 자신을 희생 제물로 십자가에 못 박혀 죽으신 이후, 우리는 더 이상 제사를 드릴 필요가 없습니다. 영원한 대제사장이신 예수 그리스도 덕분에 이제는 제사가 필요 없고, 제사가 필요 없으니 제사에 필요한 사제도 필요 없게 된 것이 당연합니다.

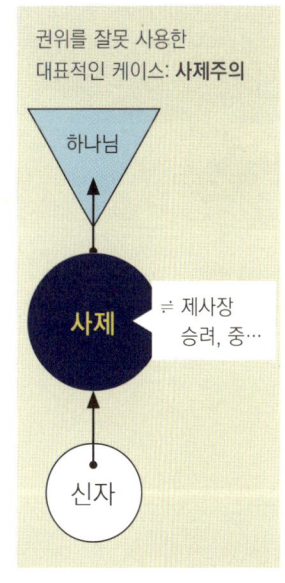

그런데 사제라는 존재가 다른 종교에 워낙 흔하다 보니, 사람들에게 익숙합니다. 그래서 신약의 교회에도 오래전부터 이런 역할을 하는 사람들이 슬금슬금 생겨났던 겁니다. 성경을 제대로 깨닫지 못한 사람들은 이것을 자연스럽게 여겨, 교회에서의 자리를 허용하고 맙니다. 교회에 있어서는 안 될 사제를 당연시했던 겁니다. 그로부터 얼마 지나지 않아 교회는 신자의 등급을 나누기 시작했습니다. 사제인가, 사제가 아닌가, 이런 기준으로 [성직자]와 [평신도]를 나눈 겁니다. 안타깝게도 이것이 교회 타락의 가장 근본적인 출발점이 되었습니다.

왜 그럴까요? 그게 왜 문제일까요? 생각해봅시다. 사제가 교회에 좀 있으면 안 되나요? 그게 뭐가 나빠서 중세 교회의 핵심 잘못이라고까지 말하는 걸까요? 성직자 그룹은 차츰 일반 신자들보다 '더 거룩한' 사람으로 인식되었고, 성직자들은 또 그것을 의도해서 스스로 높아지려 했습니다. 그들의 역할이 강조되다 보니 일반 신자들이 그리스도의 이름으로 하나님께 나아갈 수 있다는 사실은 점차 감추어지고, 사제를 [통해서만] 혹은 사제의 [도움을 받아야만] 구원에 이를 수 있다는 잘못된 사상이 어느덧 교회에 가득 차버렸습니다. 이것이 바로 '사제주의'입니다.

필립 샤프
"신자들의 집단과 구분되는, 그리고 제사와 제단 개념이 따라붙는 특별한 사제직 개념과 제도는 유대교와 이교의 기억들과 유추에서 슬그머니 기독교 교회에 들어온 것들이다.(전집. 2권 4장. 42.)"

더 자세한 정보를 위한 추천도서 :
『교회사전집』 2권과 3권, 필립 샤프

이제 우리는, 성부 하나님께, 성자 예수님의 이름으로, 성령님의 도우심으로 기도할 수 있다!

교회의 많은 영역을 어지럽힌 사제주의

시간이 흐르면서 사제들은 자꾸만 그리스도의 자리를 대체해 나갔습니다. 물론, 자기 입으로는 절대로 그렇게 표현하지 않지만, 실제로는 그리스도의 사역을 뒤로 감추고 자신을 전면에 등장시키는 겁니다. 세상의 수많은 이단 종파들이 교주를 내세우고, 교주가 마치 제2의 구세주라도 되는 것처럼 가르치는데, 이게 다 비슷한 맥락입니다. 지식이 얕은 신자들은 정작 의지해야 할 그리스도가 아니라 그런 사람들을 의지했고, 그들에게 모든 것을 바쳐서라도 그들의 관심을 빌으러 했습니다. 뭔가 크게 잘못 돌아가기 시작했던 겁니다.

…… 지금까지의 설명이 어떻게 느껴지십니까? 벌써부터 갸우뚱하는 분이 보이는 듯합니다.^^ [교회]와 [사제], 이 두 단어를 동시에 보면서도 어색한 느낌이 별로 없다면 벌써 문제가 있는 겁니다. 우리는 기도를 드릴 때 성부 하나님께, 성자 예수님의 이름으로, 성령님의 도우심으로 기도합니다. 그런데 중간에 사람이 끼어들면 어떻게 될까요? 그리스도와 성령이 아니라, 신부(사제), 추기경, 성인(Saint), 마리아, 교황 등의 존재가 그 역할을 대신한다면?? 죄 많은 내가 하나님 앞에 감히 나서기 어려우니까 나보다 더 거룩한 누군가를 중간에 내세워서 그런 역할을 맡겨야겠다는 '잘못된 믿음'이 이런 시스템을 만들고 또한 부추깁니다. 당시 중세교회의 '고해성사' 제도에도 그런 원리가 담겨있습니다.

중세 교회는 심지어 [성찬]도 제사의 개념으로 이해했습니다. 다시 강조하지만 이제는 제사가 필요 없습니다. 성찬은 제사가 아닙니다. 그리스도께서 오신 이후 더 이상 제사는 필요가 없고, 오히려 우리는 '눈에 보이는 말씀'인 성찬을 통해 영적으로 임재하시는 그리스도로부터 천상의 유익을 누리는 복을 얻었습니다.

성찬은 제사가 아니므로, 여기에는 사제들이 있을 자리가 없습니다. 하지만 당시 사제들은 자신의 역할을 지속하고 강화하기를 원했습니다.

그래서 이런 교리를 감추고, 성찬식조차도 그리스도의 죽으심을 매번 재현하는 제사 행위로 만들었습니다. 사제주의의 대표적인 폐단입니다. (이런 내용을 잘 기억해두세요! 뒤에서 나오는 큰 사건들의 복선이 됩니다.)

사제주의의 개혁이 바로 종교개혁의 핵심

교회가 타락할수록, 사제 역할을 하는 사람들이 교회 안에 넘쳐납니다. 사제주의는 교회가 크게 잘못되기 시작한 첫걸음이자, 교회의 타락 그 자체였습니다. 종교개혁자들은 바로 이것을 개혁했던 겁니다. 루터는 '만인사제'라는 표현을 썼습니다. 이 말은 우리 모두가 사제라는 뜻이 아니라, 참된 중보자 되시는 그리스도 안에서 모든 신자가 사제처럼 하나님 앞에 나아갈 수 있다는 뜻입니다. 즉, '만인사제'는 일종의 언어유희로, 사제주의를 비꼬는 말이었지요.

종교개혁은 이렇게 교회 타락의 근본 원인이었던 사제주의를 철폐한 것입니다. 그렇다면 만약 종교개혁 이후에도 교회에 여전히 사제가 남아있는 것은 어떻게 해석해야 할까요? 그건 종교개혁이 아직 '덜' 이루어진 것입니다. 진정한 종교개혁까지 이르지 못한 수준에 머물러 있는 겁니다. 그러면 이제부터 본격적으로 종교개혁의 이야기를 들어봐야겠습니다.

지금 우리는 어떤가요? 여러분의 교회에는 사제가 있나요?
만약 머릿속에 얼른 '목사'를 떠올리셨다면, 이번 기회에 개념을 다시 정리하도록 합시다. 목사를 사제로 오해하면 안 됩니다. 목사는 물론 교회의 중요한 직분이지만, 신자가 목사를 '거쳐서' 하나님께 나아간다거나, 더 나아가 '우리 기도를 하나님께 전달해줄 사람'으로 여긴다거나, 심지어 우리 죄를 용서해주는 존재라고 조금이라도 생각한다면, 그것이 바로 사제주의이며, 종교개혁이 겨냥했던 개혁의 대상입니다. 기독교를 완전히 오해하는 겁니다. 우리에게 중보자는 오직 그리스도 한 분 뿐이십니다.(목사직에 대해서는 7화에서 자세히 공부합니다!)

이젠 그만 써야 할 호칭, 평신도
목사가 아닌 신자를 흔히 평신도라고 부르지만, 이 용어는 로마 가톨릭이나 성공회 주교제도에서 사제와 사제가 아닌 신자를 구분하기 위해 쓰는 용어입니다. 우리는 이제 사제가 필요 없기에, 평신도라는 용어는 불필요할뿐더러 지양해야 할 용어입니다. 신약의 백성은 모든 신자가 동등하기 때문입니다. 익숙하진 않겠지만, 교우, 성도, 신자 등의 말로 바꿔 부르는 연습이 필요합니다.

사제주의가 로마 가톨릭의
성직자 신분 제도와 교황제도를 낳다.

문제는 거기서 그치지 않습니다. 사제들이 교회 안에 직업군을 형성하자, 곧 그 안에 위계질서가 생겼습니다. 처음에는 고참 사제와 신참 사제의 차이 정도였지만, 차츰 계급처럼 되어서 피라미드 형태의 군대식 질서가 구성됩니다. 사제 위에 사제, 사제 밑에 사제… 이렇게 자꾸 계급이 생겨나갔습니다. 그런 계급 구조 속에서 누군가 고위 성직자가 되면 그는 그야말로 어마어마한 파워를 갖게 됩니다. 다른 사제들을 다스리는 깃은 물론, 교회의 주요 의사 결정권과 사제 임명권, 면직권 등이 크게 주어지면서, 조직을 장악하고 권력을 휘두를 수 있게 됩니다.

고위 성직자를 '주교(Bishop)'라고 부릅니다. 서양장기 체스에 등장하는 비숍을 여러분도 알고 계실 겁니다. 비숍은 대각선으로만 움직일 수 있는 말입니다.

		교황
고위 성직자	대주교	
	주교	
성직자	사제	
	부사제	
평신도		

이런 고위 성직자들은 심지어 교회 안에서 무엇이 옳고 틀린 지 결정하는 권한을 갖습니다. 기준이 텍스트(성경)에서 사람으로 옮겨갑니다. 이렇게 사람의 생각이 성경보다 높아지는 것, 이들의 생각이 곧 진리로 여겨지는 것, 그것이 바로 교회의 타락 아니겠어요…?

타락은 타락을 불렀습니다. 주교 위에는 더 높은 대주교가 생겼고, 위계질서의 가장 꼭대기는 바로 로마 교회의 대주교, 즉 '교황'이 자리를 잡습니다. 이것이 로마 가톨릭교회의 성직자 신분구조 및 조직체계의 탄생입니다.

교황은 모든 성직자 중에 가장 높은 신분이므로 가장 큰 권한을 갖습니다. 그런 논리는 결국 굉장히 위험한 논리를 하나 더 탄생시키는데, 말하자면 이런 겁니다. **교황은 최고의 권위자니까 틀린 소리를 할 수가 없고, 해서도 안 된다, 그는 결코 틀려서는 안 되는 존재[여야만] 한다!** 어떻습니까? 무리수입니다. 논리가 논리를 만들어 냅니다. 황당하지만, 그땐 이런 소리가 먹혔습니다. '교황무오설'이 이렇게 해서 탄생합니다.

당시 교회는 말도 안 되는 말이 '말이 되게끔' 하려고 수많은 가짜 신학을 만들어냅니다. 합리화를 위해 성경에도 없는 논리를 어디선가 끌어오는 겁니다. 이런 시스템 속에서 신실한 성도들은 양심의 고통을 받으며 평생을 살아갈 수밖에 없었습니다. 이렇게 중세는 여러모로 안타까운 시절이었습니다.

"중요한 건 성경이고 복음이지, 사람들의 정치 조직이 아니잖아요? 누가 높고 낮고, 그런 것이 뭐 그리 중요한가요? 우린 그런 일에는 관심 끄고 살면 되죠." 이렇게 되물을 수도 있겠습니다. 그러나 핵심이 바로 거기 있습니다. 사제주의와 교황제도는 바로 그 중요한 성경과 복음에 우리가 실제로 집중하지 못하도록 만드니까 문제인 겁니다. 중세 교회는 성경을 읽지 못하게 **[우민화 정책]**을 폈습니다. 자신들이 만든 피라미드 시스템에 성경적 근거가 없다는 사실을 아무에게도 들키기 싫은 까닭입니다. 신자들이 성경을 안 보면 복음이 흐트러지고, 복음이 흐트러지면 교회가 망가집니다. 이건 너무나 당연한 수순입니다! 신자들이 성경을 제대로 배우지 않으면 그 끝은 결국 교회의 타락입니다.

중세를 어둠의 시기라 말하는 진짜 이유는, 중세 사람들이 하나님만 찾아서가 '아니라', 실제로는 하나님을 찾지도 않으면서 겉으로만 거룩한 삶을 흉내 내던 시절이었기 때문입니다. 금욕주의와 수도원 생활, 십자군 전쟁*, 공로사상과 면죄부 등도 바로 이런 우민화된 중세 교회가 빚어낸 대표적인 오류들이었습니다.

---

*십자군 전쟁 1096~1272
동방 이슬람 국가들에 예루살렘이 함락되자, 예루살렘을 성지(거룩한 땅)라며 되찾겠다고 유럽의 나라들이 벌였던 전쟁으로 2백년 가까이 이어졌습니다. 성지 탈환을 빙자하여, 무분별한 살육과 약탈이 행해지고 말았습니다. 이로써, 교황의 권위가 실추되는 결과를 낳았습니다.

성경을 안 본 결과? : 매우 안 좋은 상태

사제주의가 교회에 끼친 해악은 신자들이 성경을 읽지 못하도록 만든 것이라 했습니다. 이렇게 되니, 대부분의 신자들은 성경이 말하는 바를 제대로 알 수가 없었고, 성경을 모른다는 말은 결국 복음을 모른다는 겁니다. '복음을 모르는 신자'라니, 얼마나 기괴한 말입니까? 하지만 실제로 그러했습니다. 성경의 가르침과 전혀 다른 복음이 차츰차츰 교회 안에서 대세를 이루기 시작합니다.

구원을 위해 인간의 선행이 필요하다는 이야기는 본래 아주 오래된 이단의 주장이었습니다. 교회는 처음부터 그런 이단을 단호하게 물리쳤고, 그래서 그 뒤로 정상적인 신자라면 누구도 '선행으로 구원받는다'는 말을 감히 하지 못했습니다. 그러나 표현을 살짝 바꿔보면 어떨까요? 구원을 위해 선행 '도' 필요하다고 말입니다….

자, 글자 하나로 미묘하게 느낌이 달라집니다. 이런 주장 역시 성경적이지 않지만, 일반적인 상식으로는 꽤 자연스럽습니다. 선행은 좋은 거니까요. 성경을 제대로 알 수 없었던 사람들은 이런 미묘한 표현의 위험성을 깨닫지 못했고, '그런가 보다' 하면서 받아들였습니다. 그리고 자기 마음속에 있는 종교심과 공명심을 그 안에서 극대화 시켰습니다. 안타깝게도 그걸 성경적으로 교정해줄 올바른 교사는 많이 안 계셨습니다. 그렇게 세월이 흐르면서 이러한 잘못된 교리는 차츰차츰 교회의 공식 입장이 되어갔습니다. 중요한 신학이 비틀어지고 망가져 갔습니다.

면죄부 판매 논리

비틀어진 가르침의 극단적인 사례가 바로 〈면죄부〉라는 것입니다. 혹은 〈면벌부〉라고 부르기도 합니다. 이것의 정확한 정체가 뭘까요? 이를테면, 고해성사 때 내가 무슨 죄를 지었노라 하면 사제가 일종의 벌칙(보속)을 줄 때가 있습니다. 뭐, 반성 차원에서 그런 거 좀 할 수도 있겠습니다마는, 문제는 그게 민간에 퍼지는 과정입니다.

예를 들어, 누가 뭘 훔치다 잡혀서 강제노역 100일을 해야 됩니다. 그런데 허리를 다쳐서 노동을 할 수 없는 상황입니다. 그러면 어떻게 해야 할까요? 죄에 대해 마땅한 벌을 받아야 하는데 실행이 불가능하니까 벌금으로 대체했다고 칩시다. 벌금을 내고 영수증을 받겠지요. 말하자면 그런 영수증이 면죄부의 시작입니다. 그런데 그 사람이 면죄부를 받아가지고 가다가 동네 친구를 만났습니다.

보속(補贖, penance)
지은 죄에 대해 참회의 의지를 표하는 행위. 사제가 참회자에게 적당한 방법의 보속을 부과하면 참회자는 보속을 스스로 행해야합니다.

이봐, 내가 이번에 재수 없게 걸렸어!
근데 돈 좀 내고 해결했다!ㅋㅋ

오올ㅋ, 정말? 축하해. 그것참 편리하네.
돈을 내면 벌이 없어진단 말이지!?

이런 식으로 본래의 뜻과 달리 악용되고, 또 그것이 관행이 되어 수 세대를 흘러갑니다. 그러면 어느덧 마치 이것이 정통 교리라도 되듯이 교회 안에 자리를 잡는 겁니다.

오른쪽 사진은 독일 지역에서 판매됐던 면죄부입니다. 이것을 사면 뭐가 좋을까요? 교황의 서명이 적힌 면죄부를 교황의 대리인들이 판매할 때, 사람들은 다음과 같은 선전 문구를 들을 수 있었습니다.

"면벌부 판매대의 돈 통에 동전이 **짤랑** 떨어지는 순간
연옥에 있던 영혼이 **훌쩍** 올라갑니다."

면벌부(免罰符, indulgence)
보속으로 해결되지 않은, 남은 벌을 사면해 줬음을 증명하는 문서입니다.

이게 대체 무슨 소립니까? 너무나도 유치한 말이어서 이걸 누가 믿을까 싶지만, 성경을 전혀 몰랐던 성도들은 분별력이 낮았고, 급기야 그런 황당한 소리를 믿는 지경까지 떨어졌습니다. 교회는 저런 헛소리(Nonsense)를 논리적으로 뒷받침하려다 보니 성경에 없는 개념을 만들어내야 했습니다. '연옥' 개념이 바로 그 대표적인 사례였지요.

천국과 지옥 사이에 연옥이라는 장소가 있어서, 죽은 사람들이 살았을 때 지은 죄를 거기서 전부 속죄해야 비로소 천국에 입장할 수 있다는 논리였습니다. 마치 대기 상태처럼 시간을 보내는 그런 장소를 설정한 다음, 거짓말을 더 보탭니다. 우리가 기도를 많이 하거나 공덕을 쌓아서 돌아가신 분을 위한 기도를 '모아주면', 즉 생전에 죄가 많아서 대략 500년쯤 연옥에서 기다려야 할 사람을 위해 우리가 기도를 쌓으면, 그만큼 그 영혼의 천국행 대기시간을 단축해준다는 겁니다.

> **연옥(燃獄, Purgatory)**
> 로마 가톨릭에서 만들어낸 내세관. 신자가 죽으면 천국에 가지 못하고, 이곳에 가서 단련받고 정결해지는 단계를 거쳐야 합니다.(물론 성경에 없는, 꾸며낸 이야기입니다.)

종교개혁이 없이는 **도저히 안 될 극한의 상황**

이런 논리가 성경의 어디에 나올까요? 안 나옵니다. 근거가 없습니다. 그런데 그게 말이 되게끔 계속 살을 붙여 나갑니다. 이를테면 이런 식입니다.

하나님이 인간에게 주신 은혜는 각자의 분량이 정해져 있답니다. 그러면 사제나 주교에게는 그 양이 훨씬 많겠죠? 더 큰 공로를 세우면 은혜의 총량도 증가합니다. 그러면 이것을 무한대로 가지고 있는 사람은 누구일까요? 네. 교황입니다. 그래서 교황은 그 넘쳐나는 '포인트'를 사람들에게 나눠줄 수 있게 됩니다. 교회 봉사를 많이 하는 사람들, 순교자들, 고위 성직자들, 그리고 헌금으로 신앙을 증명(?)한 - 즉 면죄부를 구매한 사람들에게 교황은 그가 가진 포인트를 쏴줄 수 있다는 겁니다.

이런 기막힌 아이디어를 도대체 누가 어디서 생각해내는지 모르겠습니다. 정말 참신합니다. 하지만 아무리 참신하다 할지라도 그건 성경에 없는 거짓말입니다.

이제 상황이 어떻게 돌아갈까요? 거짓은 계속 부풀어 갑니다. 돌아가신 할아버지 할머니 아버지, 사랑하는 가족들… 생전에 죄를 많이 지었기에 분명 지금쯤 연옥 어딘가를 헤매고 있을 불쌍한 그분들을 위해 살아있는 사람들이 할 수 있는 자그마한 정성이라도 하자고 생각하게 만드는 것… 이게 바로 면죄부 비즈니스의 메커니즘입니다.

세상의 수많은 악습 중에는 이런 식으로 탄생한 것이 많습니다. 종교개혁자들은 이런 꼴을 도저히 참고 봐줄 수 없었습니다. 그런 속임수는 집어치우고 제발 '오직 성경대로' 하나님을 섬기자는 것이 종교개혁입니다. 성경을 읽지 않으면, 이런 '썰'이 교회 안에 하나씩 하나씩 '교리'로 정착합니다. 성경을 읽지 않으면 교회가 이렇게 됩니다. 우리의 신앙도 삶도 이렇게 되어버립니다.

종교개혁 시대에 여러 버전으로 인쇄됐던 그림입니다. 인간이 고안해낸 전통, 교황이 만든 법령, 고귀한 성물들을 합친 것보다, 하나님 말씀이 담긴 성경 한 권이 훨씬 소중하다는 메시지를 강조하고 있습니다.

당시 신자들은 면벌부를 좋아했을까요, 싫어했을까요?

모두가 싫어했을 것 같지요? 아닙니다. 대부분은 그것을 받아들였고, 심지어 좋아하기도 했습니다. 어떻게 그럴 수 있느냐고요? 이렇게 생각해봅시다. 돈이면 편한 세상입니다. 돈으로 해결하는 시스템이 얼마나 편한지 모릅니다. 회개하지 않아도 됩니다. 돈으로 해결되니까요. 회개하는 게 어렵나요, 돈 내는 게 어렵나요? 그냥 돈으로 내고 마는 것이 우리들입니다. 우리는 징그러울 정도로 회개를 싫어합니다. 돈 내는 것이 훨씬 편합니다. 부정하고 싶겠지만, 안타깝게도 이것이 사실이고, 바로 이것이 끔찍한 우리들의 속내이자 죄인들의 정체입니다. 돈을 내고 '나는 회개했노라' 스스로를 속이는 거짓입니다.

종교개혁자들의 주장은, 그렇게 스스로를 속이고 하나님도 속이는 못된 짓을 더 이상 계속하지 말자는 겁니다. 사람이 살다 보면 죄를 지을 수도 있는데, 그랬으면 '진정으로 회개하자'는 겁니다. 그리고 교회는 더 이상 사기 치지 말자는 겁니다. 이거 너무나 당연한 소리 아닙니까? 종교개혁은 거창한 이상을 펼쳤던 게 아니라 당연하고 합리적인 주장을 했던 것뿐입니다.

전 유럽을 휩쓸며 선풍적인 인기를 끌던 면죄부 비즈니스 시스템. 이것을 도저히 참고 봐줄 수 없었던 종교개혁가는 바로 루터였습니다. 평범하고 순진한 사제였던 루터는 교회의 타락상을 목격하고 큰 충격을 받으며, 로마서를 공부하면서 은혜의 하나님을 발견합니다. 구원은 인간의 노력으로 자기 죄를 해결해서 되는 것이 아니라, 오직 하나님의 은혜로 받는 선물이라는 아주 단순한 진리를 깨달은 것입니다. 이러한 사실을 깨달았던 루터에게 '면죄부 판매'는 너무나 얼토당토않은, 말도 안 되는 사기극이었습니다.

그는 문제 제기를 위해 글을 써서 공개합니다.
이것이 저 유명한 〈95개조 반박문〉(The Ninety-Five Theses, 1517) 입니다.

예고편 끝.

사진 : 로마 바티칸

제1화
달려라 종교개혁!

종교개혁. 우리 눈으로 볼 때 그 시작은 너무나 작고 볼품없고 가소롭기 그지없는 몸짓에 불과했습니다. 반면에 개혁의 대상은 너무도 높고 육중한 성벽과 같았습니다. 도저히 있을 수 없었던 일. 승산이 없는 일… 그런데 그 일이 실제로 일어난 까닭은 오직 하나님이 하신 일이기 때문입니다.

인간들의 욕망과 허영과 합리화, 그리고 진실 앞에 정직한 자들의 고백과 실천 그 너머에서, 하나님은 자신의 역사를 이루어가고 계셨습니다. 그 섭리의 현장으로 들어가 보겠습니다.

우리는 여기서 종교개혁의 초창기를 한달음에 통과하면서 먼저 큰 숲을 조망하려 합니다. 다 아는 이야기이겠거니 넘기지 마시고, 자세히 살펴주세요. 그래야 나중에 우리가 나눌 이야기의 맥락을 제대로 잡을 수 있습니다. 눈을 크게 떠주세요!

키워드 : 루터, 95개조 반박문, 칼뱅, 제네바, 종교개혁자, 표준문서

루터
순진한 사제였으나 워낙 순진하다 보니 로마 교황청의 면죄부(면벌부)판매를 그냥 넘길 수 없었다. 95개조 반박문으로 종교개혁을 일으킨 것으로 유명하나, 정작 본인은 그렇게 큰 사고를 칠 줄은 몰랐고, 그저 이런 문제로 토론을 좀 해보자던 것.

면벌부(면죄부)
면죄부라는 표현이 널리 쓰이고 있지만, 면벌부라는 표현이 더 정확합니다. 죄를 면해주는 게 아니라, 연옥에 있는 동안 형벌만 감해주기 때문입니다. (이 책에서는 둘 다 사용했습니다.)

루터가 이렇게 될 줄 누가 알았을까?

루터. 그는 굉장히 순진한 사람이었던 모양입니다. 그는 수도사였는데, 평소 자신의 죄 문제로 심각한 고민을 했다고 합니다. 물론 누구나 죄가 있기 때문에 수도사들도 다들 타협하고 넘어가는 경우가 일반적인데, 순진한 루터는 그러지 않았던 모양입니다. 선임 사제에게 너무나 자주 고해성사를 했고 그 죄목도 사소하기 짝이 없었기에, 짜증이 난 그 사제는 루터에게 "제발 나가서 제대로 된 죄를 짓고 그때 다시 오라"고 말할 정도였다고 합니다.

그런 루터가 어느 날 로마서를 공부하다가 복음을 깨닫습니다. 성경을 보니, 구원은 인간의 노력으로 자기 죄를 해결해서 되는 것이 아니라 오직 하나님의 은혜로 받는 선물이었던 겁니다. 그는 성경을 보았고, 복음을 발견했습니다.

진정한 복음을 발견한 루터에게 '면죄부 판매'는 너무나 얼토당토 않은, 사기극이었습니다. 그는 이건 아니다 싶어서 저 유명한 '95개조 반박문'을 씁니다. 하지만 처음에는 자신도 일이 그렇게 커질 줄 몰랐던 것 같습니다. 그가 반박문을 게시한 장소는 원래 그런 토론 주제가 종종 게시되던 곳입니다. 오늘날로 치면 일종의 인터넷 공개 게시판입니다. 그래서 아마 다른 종이들도 주변에 덕지덕지 붙어있었지 싶습니다. "회개하라, 너희들 이러다 지옥 간다!", "어서 회개하고 면죄부도 사라, 몇 월 몇 일까지 할인판매!" 뭐 그런 식의 포스터가 붙어있었을지도 모릅니다.

루터의 95개조 반박문도 그 첫 줄은 "회개하라!"는 말로 시작합니다. 그러나 바로 다음 줄에 '반전'의 묘미가 있습니다. "우리 주님께서 〈회개하라!〉 말씀하셨을 때, 그 진짜 의미는 뭐냐면! (너희들이 말하는 채찍질해라 고해성사해라 면죄부 사라, 이런 게 아니라!) 신자의 전 삶이 갱신되는 것이다!" 풀어쓰자면 이런 문장입니다. 즉, "너희 삶이 바뀌는 것이 회개이지, 면죄부 산다고 해서 그게 해결되냐? 요놈들아!"

사람들은 처음에 루터가 붙인 문서를 보고 '에이, 또 어떤 수도사가 회개하라고 잔소리를 늘어놓았나 보다' 생각했지만, 다음 줄을 읽자마자 충격에 빠집니다. 이 글은 그야말로 삽시간에 전 유럽에 퍼집니다. 사람들이 크게 공감했다는 증거입니다.

비텐베르크 교회에 설치된
95개조 반박문

"맞아! 진정한 회개라면 그런 것이어야지! 그런데 왜 우리는 면죄부를 사 놓고는 그것으로 회개가 될 거라는 식으로 자기 합리화를 했던 것일까?"

루터의 돌직구는 사람들의 양심을 후벼 팠습니다. 좋은 게 좋은 거라며 그렇게 살고 있었는데, 순진한 시골 교수 한 사람이 그것을 딱 지적해버린 것입니다.

이제 놀라운 일이 벌어집니다. 루터가 그의 반박문 첫 번째 줄에서 일갈한 것처럼, 진정한 회개가 전 유럽을 휩쓸며 급속도로 이루어집니다. 인터넷 토론방에 글을 썼는데, 엄청나게 많은 사람들이 퍼 가는 바람에 걷잡을 수 없는 상황이 되어버린 것과 같습니다. 이제는 누구도 막을 수 없게 되었습니다. 당시 최신 기술이었던 인쇄술 덕분에 이런 일이 가능했습니다. 예나 지금이나 최신 기술은 이렇게 예상치 못한 결과를 가져올 때가 있습니다.

더 놀라운 일은 지금부터입니다. 당시 로마 교황청은 이런 사람들이 나타나더라도 눈썹 하나 흔들리지 않았습니다. "대체 누구야, 큰일이다. 얼른 IP 차단해!" 이렇게 곧바로 반응한 것이 아니라, 그냥 평소처럼 코웃음을 쳐버립니다. 마음만 먹으면 언제든지 이단이라고 몰아세우면서 입장 철회를 요구할 수도 있었고, 종교 재판에 회부시킬 수도 있었기 때문입니다. (물론 더 은밀하고 무서운 방법도 얼마든지 있었고요.) 그런데 여기에 루터가 어떻게 반응합니까? 이 순진한 시골 교수 루터는 관리자가 글 지우라고 하는데도 끝까지 안 지우고 버티는 겁니다. "내가 뭐 틀린 말 했어?"

몇 번의 논쟁과 위협을 통해 교황청은 루터가 말이 통하지 않을 사람이라는 것을 확신하기 시작했고, 루터도 더 이상 교황청과 대화할 가치를 못 느끼게 되면서, 결국 서로 완전히 갈라섭니다. 그리고 루터는 더욱 분명한 입장의 교회개혁과 관련된 글을 잇달아 발표합니다. 그의 주장에 동조하고 그의 용기에 감동한 사람들이 루터의 편에 속속 서기 시작합니다. 교황청은 결국 루터를 파문하고 루터의 책을 불태웠으며, 루터는 루터대로 교황의 파문교서를 불태웠습니다. 상징적인 행동이었습니다.

파문 교서를 불태우는 루터
1520년 12월, 루터는 그의 주장을 철회하지 않으면 이단으로 규정하고 파문하겠다며 위협하는 교황 레오 10세의 교서를 불태웁니다. 1521년 1월, 루터는 결국, 교황으로부터 완전히 파문당합니다.

이제 루터의 인생은 어떻게 될까요? 그야말로 인생 꼬였습니다. 모두가 루터의 안전을 걱정했습니다. 지금 루터가 싸우는 대상이 누굽니까? 서슬 퍼렇던 그때 그 시절, 교황청과 대립하고 파문까지 당한 사람은 누구나 죽은 목숨과 같았습니다. 아니나 다를까, 얼마 후 제국의 황제가 루터를 호출합니다. 일이 점점 더 커집니다.

오직 성경! (*Sola scriptura!*)

황제는 신변안전을 보장하겠다고 약속했지만, 루터의 친구들은 다들 루터가 다시는 돌아올 수 없을 거라 예상했습니다. 그런데 또 다시 기적이 일어납니다. 루터가 죽음의 공포를 무릅쓰고 보름스까지 가는 동안, 수많은 지지자들이 그에게 격려를 보냈던 겁니다. 가는 곳마다 사람들이 몰려들어 루터의 어깨를 두드립니다. 그들은 루터가 옳다는 것을 직감적으로 알고 있었습니다. 루터는 그 과정에서 용기를 얻어, 보름스 회의에서 자신의 주장을 끝내 철회하지 않을 수 있었습니다.

루터는 회의에서 이단자로 선언되었지만, 대중은 루터의 편이 되어 있었습니다. 그러나 위험은 여전했습니다. 아무리 루터가 인기를 끌었다고는 해도, 당시 교황청은 또 다른 수단이 충분했습니다. 암살자를 보내거나, 거짓 선전으로 사람들을 선동해서 직접 손에 피를 묻히지 않고서도 루터의 신변에 얼마든지 위협을 가할 수 있었습니다.

이런 상황 속에서 루터는 그냥 무방비 상태로 돌아다니고 있었으니… 정치적 계산이 빠른 누군가가 도와주지 않았으면 루터는 정말로 길에서 암살을 당했을지도 모릅니다. 다행히 작센 지방의 선제후 프리드리히(Friedrich Ⅲ, Elector of Saxony, 1463~1525)가 머리를 썼습니다.

놀랍게도 그는 루터를 납치(?)합니다. 교황청보다 먼저 선수를 쳐서 요원들을 보내어 아무도 찾지 못할 숲속으로 빼돌린 것입니다. 루터 자신은 알았을까요? 철저한 비밀 작전에 의해 그는 바르트부르크의 한 성에서 1년 가까이 숨어 지내게 됩니다. 루터는 안전한 곳에서 연구와 저작활동에 몰두합니다. 특히 독일어 성경번역 작업은 당시 그가 이루어낸 대표적인 업적입니다. 독일 백성들이 자국어로 성경을 읽을 수 있도록 한 겁니다. 이후 수십 년의 독일 종교개혁은 바로 여기서 힘을 얻은 것이었습니다.

루터가 독일어로 번역한 성경

그렇습니다. 성경을 알게 하는 것이 핵심입니다. 누구나 성경을 읽을 수 있게 하자는 겁니다. 그것을 도운 것이 종교개혁입니다. 거기서부터 출발한 것이 종교개혁입니다.

루터의 종교개혁은 어느 정도로 평가할 수 있을까요?

여러분은 루터에게 몇 점을 주시렵니까? 루터는 그야말로 대단한 인물이었지만, 한계도 있었습니다. 대표적인 예로, 종교개혁 당시 발생한 농민혁명 때 루터가 보여준 수구적 태도를 들 수 있습니다. 아무래도 귀족들의 도움을 받아 종교개혁을 추진하다보니, 한쪽 편에 치우칠 수밖에 없었던 모양입니다.

하지만 그렇다고 루터를 부정할 수 있을까요? 비록 루터가 시대의 한계를 가질 수밖에 없었던 것은 사실이나, 그를 비판하기에 앞서 오늘날 우리 한국 교회는 어떠한지 봐야 합니다. 루터의 개혁에조차 미치지 못하는 다양한 현실들을 먼저 심각하게 반성해야 하지 않을까요? 거대한 종교개혁의 과정 속에서 루터의 역할은 어쩌면 수많은 계단 중 한두 칸을 밟기 시작한 것에 해당하는지도 모르겠습니다.

이렇게 정리하면 어떨까 합니다. 루터는 위대한 개혁자였습니다. 하지만 종교개혁이 가야 할 길은 아직 많이 남아있었습니다. 그리고 그 길은 또 다른 위대한 개혁자 '칼뱅'이 이어갑니다.

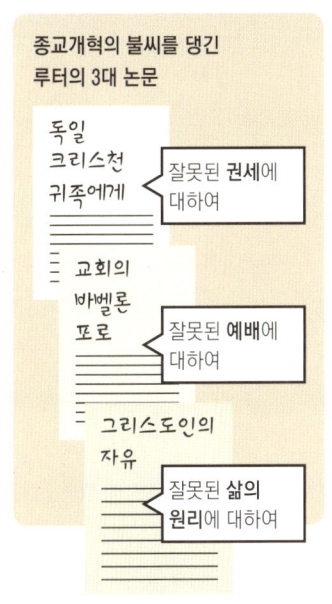

칼뱅(Jean Calvin, 1509- 1564)
종교개혁을 위해 태어난 사나이. 종교개혁에 최적화된 사나이. 종교개혁에 관해 이 사람이 손을 안 댄 주제가 없다. 특히 그의 책 '기독교강요'는 그야말로 '기독교가 무엇인지를 알려주는' 기독교인들의 기본도서.

종교개혁의 종합선물세트 : 칼뱅

칼뱅은 정말 정말 놀라운 인물입니다. 종교개혁의 사상적 뿌리를 본격적으로 형성한 사람이 바로 칼뱅입니다. 구원을 어떻게 받느냐? 바른 신앙이 무엇이냐? 이런 질문도 중요하지만, 더 궁극적으로 우리가 사는 이유가 무엇인지, 인생의 목적이 무엇인지를 알아야 합니다. 이렇게 '보다 근본적인 문제'부터 차근차근 잡아준 것이 칼뱅의 역할이었습니다.

칼뱅은 루터보다 어린 사람으로서, 세상을 휩쓸던 종교개혁 사상을 젊은 날에 깊이 공부하고 그것을 체계적으로 정리한 책을 출간합니다. 이것이 바로 저 유명한 '기독교강요(綱要)'입니다.(기독교를 강요한다는 뜻이 아닙니다.^^) 당시 스위스의 도시 바젤에서 출판한 전무후무한 이 걸작은 수많은 종교개혁자들의 사상적 기반이 됩니다. 하지만 그는 책을 내자마자 도망자 신세가 되어야 했습니다. 위험천만한(?) 문서를 출판한 저자가 당시 상황에서 편안한 삶을 살 수는 없었던 것이죠.

우여곡절 끝에 제네바에 정착한 칼뱅의 종교개혁은 대단히 실제적이고 구체적이었습니다. 교리는 물론, 성도의 예배와 삶의 방식에까지 강력한 개혁을 추구했습니다. 칼뱅은 '하나님께서 택하신 자들의 모임이 바로 교회다'라는 사실을 강조했습니다. 비록 우리 눈에는 보이지 않더라도 주께서 친히 보호하시는 교회는 순수하게 남아있으며, 눈에 보이는 교회가 아무리 혼탁하고 절망적으로 타락한 것처럼 보이더라도 완전히 망가질 수는 없다고 역설했습니다. 이 사실이 왜 중요할까요? 종교개혁의 의미와 방향을 제시해주기 때문입니다. 그 <u>보이지 않는 교회가, 보이는 교회의 지향점이 되도록 하는</u> 작업이 바로 종교개혁이라는 사실을 깨닫게 해주어, 다른 수많은 종교개혁자들과 그들을 따르던 신자들에게 강력한 희망을 심어주었기 때문입니다. 당시 힘겨운 개혁 작업에 지쳐가던 수많은 사람들에게 이것은 그야말로 한줄기 찬란한 빛이었습니다.

하나님 앞에서 사는 삶, 코람데오

이제 종교개혁은 단순히 로마 교황청과의 싸움이 아니었습니다. 종교개혁은 결국 **하나님 앞에서 얼마나 진실하게 사느냐**의 문제였습니다. 무엇을 어떻게 개혁하느냐가 문제가 아니라, 그 전에 **하나님을 제대로 믿고 그분의 영광을 위해 살아가는 신자들의 삶** 그 자체가 소중한 것임을 사람들은 점차 깨닫기 시작했던 것입니다. 삶의 다양한 영역에서 오직 하나님의 뜻대로 세상을 살아갈 때, 종교개혁은 더 이상 교회만의 개혁이 아니라 사회와 국가의 개혁도, 더 나아가 나 자신의 개혁도 되어야 했습니다.

이런 사상이 종교개혁의 근본정신으로 급부상하면서, 칼뱅의 메시지가 수많은 설교자들을 통해 유럽 곳곳에 퍼졌습니다. 종교개혁은 더욱 힘을 얻고 탄탄해집니다. 삶과 동떨어진 신학은 얼마 못 가서 금방 사그라지지만, 삶을 변화시킬 만큼 강력한 신학은 종교개혁의 에너지원이자 지향점으로 남았습니다. 이것이 칼뱅의 진정한 가치입니다. 그러므로 종교개혁을 이해할 때 우리는 루터를 위대하게 보는 그 이상으로 칼뱅의 가치와 업적을 분명히 알아야 합니다.

칼뱅의 업적: 교회정치까지 개혁된 제네바

한국 교회는 예배와 교리도 개혁되어야 하지만, 특히 교회에서 '권징'이 회복되어야 합니다. 권징이 무엇일까요? 교회는 도덕적인 문제가 있거나 여러 가지로 부족함이 있는 신자들을 가르치고 때로는 달래거나 책망해야 합니다. 그런데 그게 쉽지 않습니다. 뭐라고 하면 떠나 버리니까요. 그래서 우리는 그냥 남의 일 구경 하듯 가만히 놔두면서, "쯧쯧, 저러면 안 될 텐데… 에이, 하나님께서 알아서 하시겠지…" 이렇게 생각할 때가 많습니다. 그러나 당시 칼뱅은, 그런 신앙은 진짜 신앙이 아니라고 생각했습니다. 그런 교회는 진짜 교회가 아니라고 믿었습니다. 그래서 칼뱅은 권징을 강조했고, 또한 실행했습니다. 때문에 많은 사람들로부터 불편한 눈초리를 받았고 미움도 샀지만, 제네바 시는 해가 갈수록 점점 더 바르고 순수하고 튼튼한 교회와 사회가 되어갔습니다. 수많은 종교개혁자들이 바라고 원하던 바로 그 모습이었습니다.

종교개혁의 지향점은 어디였을까?

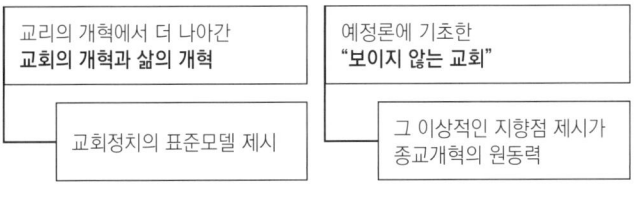

종교개혁이란 오직 하나님의 말씀에만 근거하여 생각하고 말하고 적용하는 것인데, 이러한 원리가 보이는 교회 안에 현저하게 나타나도록 하는 것이 바로 종교개혁의 지향점!

종교개혁의 전파

종교개혁 사상은 온 유럽을 강타했습니다. 날로 힘을 얻고 전파되었습니다. 지식이 확장되었고, 합리적이고 비판적인 사고방식이 구름처럼 자라나던 그 시절… 종교개혁은 당시 많은 사람들의 머리를 개운하게 해주었고, 동시에 가슴을 뜨겁게 해주었습니다. 그러나 이를 막으려는 세력도 가만히 있지는 않았습니다. 그들은 막강한 권력을 손에 쥔 사람들이었습니다. 그런 탓에 종교개혁의 전파 과정은 점차 그야말로 눈물 없이는 볼 수 없고 들을 수 없는 스토리가 되어 갔습니다.

하나님 앞에서 진실하기 원했던 개혁자들은 하나님께서 원하시는 바른 교회를 소망하며 과거의 습관을 고치기 시작합니다. 책을 읽고 공부합니다. 현실을 고민합니다. 그리고 충돌(!)합니다. 당시 전 유럽은 아비규환입니다. 종교개혁의 정신을 따랐던 많은 사람들이 이단으로 몰려 살해당했습니다. 신앙의 문제로 수많은 사람이 집단 학살을 당하기도 했습니다. 자기 고향, 자기 나라에서 추방당하거나 목숨의 위협을 느끼고 망명하는 사람도 많았습니다.

지식인들은 주로 스위스 제네바에서 일하던 칼뱅을 찾아갔습니다. 자신들에게 종교개혁 신앙을 전해주었던 칼뱅과 그가 목회하던 도시 제네바에 가고 싶은 마음은 누구에게나 자연스러운 것이었습니다. 그들은 제네바로 망명 또는 유학해서, 6개월에서 길게는 4~5년씩 공부했습니다. 그리고 제네바 교회를 체험했습니다.

특히 제네바에 칼뱅이 만든 학교 〈제네바 아카데미〉에서, 그들은 종교개혁의 신앙과 삶과 교회를 체계적이고 종합적으로 배울 수 있었습니다. 신학만 공부한 것이 아니라, 언어와 철학 등의 도구도 익혔습니다. 단순히 교리만 가르쳐준 게 아니라 과학, 문화, 예술, 철학 등등, 모든 학문 분야에서 하나님이 영광 받으시는 일이 과연 무엇인가에 대해 풍성하게 토론했습니다.

성 바르톨로매오 축일의
대학살 그림 중 일부

상해임시정부와 같은
제네바, 종교개혁의 '헤드쿼터'

종교개혁자들은 교회와 함께 학교를 세워 실력 있고 신실한 목회자와 경건한 성도를 배출했습니다. 예를 들어 하이델베르크 교리문답을 작성했던 올레비아누스는 '호헤 슐레'를, 츠빙글리는 '예언자 학교'를 세웠습니다. 물론 이런 학교를 졸업한다고 해서 무슨 취업이 잘되는 것도 아니었습니다. 오히려 블랙리스트에 오를지도 모르는 일이지요. 그럼에도 불구하고, 온 유럽의 뛰어난 학생들이 이런 학교로 속속 모여들었습니다. 그곳에서 [진리]를 배울 수 있었기 때문입니다. 그중에서도 칼뱅의 '제네바 아카데미'는 종교개혁의 본부 역할을 했습니다.

제네바 아카데미에 망명 왔던 사람들은 그 후로 어떻게 살았을까요? 계속되는 이야기는 더욱 드라마틱합니다. 그냥 거기서 마음 편하게 살면 될 텐데, 굳이 고향땅으로 되돌아갑니다. 여전히 고향에 남아있는 사람들에게 이 좋은 내용을 가르쳐주기 위해서 - 자기를 기다리고 있는 친척과 이웃에게 제대로 된 복음을 전하기 위해서 - 다시 돌아갔던 겁니다. 지금 자기 얼굴에 수배령이 떨어져 있고, 신고하여 포상금을 받으려는 비밀경찰과 앞잡이가 득실대는 곳으로 말입니다. 잡혀서 고통받고, 어쩌면 목숨까지 잃을지 모르는 서슬 퍼런 그곳으로 말입니다. 실제로 상당수는 잡혀서 고문당하며 죽임을 당했지요. 제네바 아카데미에서 배운 내용을 그 지역에 실현시키기 위한 고귀한 희생이었습니다.

그 두려운 발걸음을 떼야 했던 그들의 마음은 어떠했을까요? 저는 감히 짐작조차 못하겠습니다.

1500년대 ⟶ 1560년대

1500년대만 해도 유럽의 종교는 로마 가톨릭이 대세였습니다. 하지만 1560년대에 이르러, 종교개혁 사상이 번지면서 종교지형도가 복잡해졌습니다.

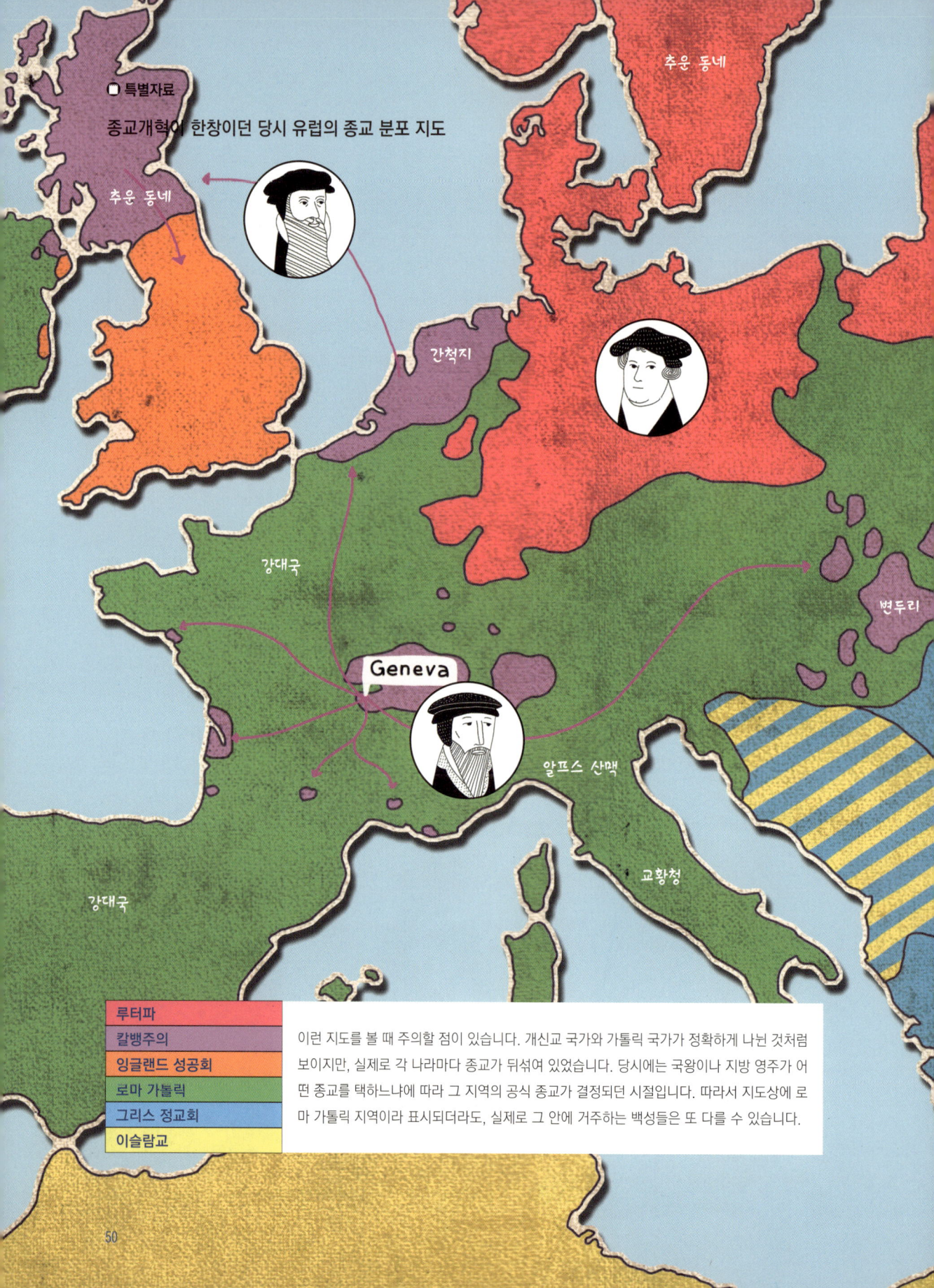

특별자료

지도상 가장 넓은 부분이 초록색으로 표시된 로마 가톨릭 지역입니다. 즉, 사실상 유럽 대부분의 지역, 특히 강대국일수록 종교개혁은 힘을 제대로 얻지 못했습니다. 개신교는 소수에 불과했습니다. 보라색이 주로 칼뱅파 종교개혁이 전파된 지역이고, 핑크색은 루터파 지역입니다. 칼뱅파 지역은 알프스 산맥 등의 산간지방 혹은 해안지대나 간척지 등, 주로 살기 어려운 동네입니다.

칼뱅의 가르침을 따르는 프랑스의 개신교도를 위그노(Huguenot)라고 불렀습니다. 이 나라에서는 정치적으로도 로마 가톨릭의 영향력이 강했기에, 위그노들이 속수무책으로 학살당했습니다. 대표적인 것이 성 바르톨로매오 축일의 학살 사건입니다. 결국 프랑스 위그노는 신앙의 자유를 위해 수십만 명이 주변국으로 이주합니다. 이런 형편은 네덜란드도 마찬가지였습니다. 네덜란드도 정말 많은 사람들이 죽고 고통당했습니다. 로마 가톨릭의 강력한 보호자였던 에스파냐(지금의 스페인 지역)가 이 지역을 식민지로 삼았기 때문입니다. 마찬가지로 당시 유럽의 변방에 불과했던 스코틀랜드 역시 종교개혁의 진도가 빨랐던 곳입니다.

이런 시절에 제네바는 마치 상해임시정부와 같은 존재였으며, 유럽 전체 종교개혁의 '헤드쿼터'였습니다. 특히 제네바의 교육기관 **'제네바 아카데미'**는 보석처럼 소중한 존재였습니다. 종교개혁자들은 교회와 함께 학교를 세워 실력있고 신실한 목회자와 경건한 성도를 배출했습니다. 이 학교들은 미인가 상태였기 때문에 졸업을 하더라도 취업에 별 쓸모가 없었습니다. 하지만 뛰어난 학생들이 제네바 아카데미에 모여들었습니다. 제네바뿐 아니라, 개혁자들이 활동했던 다른 도시에서도 학교가 세워졌습니다.

지도의 윗편에 있는 영국을 보시기 바랍니다. 제네바에서 공부하고 돌아간 '존 녹스'는 스코틀랜드에서 종교개혁을 이끕니다. 그런데 그 아래 잉글랜드 지역은 색깔이 좀 다르지요? 개신교 지역이기는 한데, 성공회(The Anglican Domain)라고 부릅니다. 초기의 성공회는 쉽게 말하면 종교개혁을 하다가 그만둔 개신교라고 말할 수 있겠습니다. 자, 다음 화에서 이 부분을 아주 자세하게 공부할 것입니다.

> 이 지도를 통해 알아야 할 점은, 종교개혁이 결코 '대세'는 아니었다는 사실입니다.
> **국가가 강력하고 부유할수록, 종교개혁자들을 탄압하는 것도 쉬웠습니다.**
> **종교개혁은 수많은 방해 속에 힘겹게 이루어진 소중한 결실이었습니다.**

❓ 생각해보기

만약 종교개혁을
그래프로 그린다면?

여러분은 어떻게 그리시렵니까? 만약 아래 두 그림 중에서 하나를 골라야 한다면, 둘 중 어느 것을 선택하시겠어요?

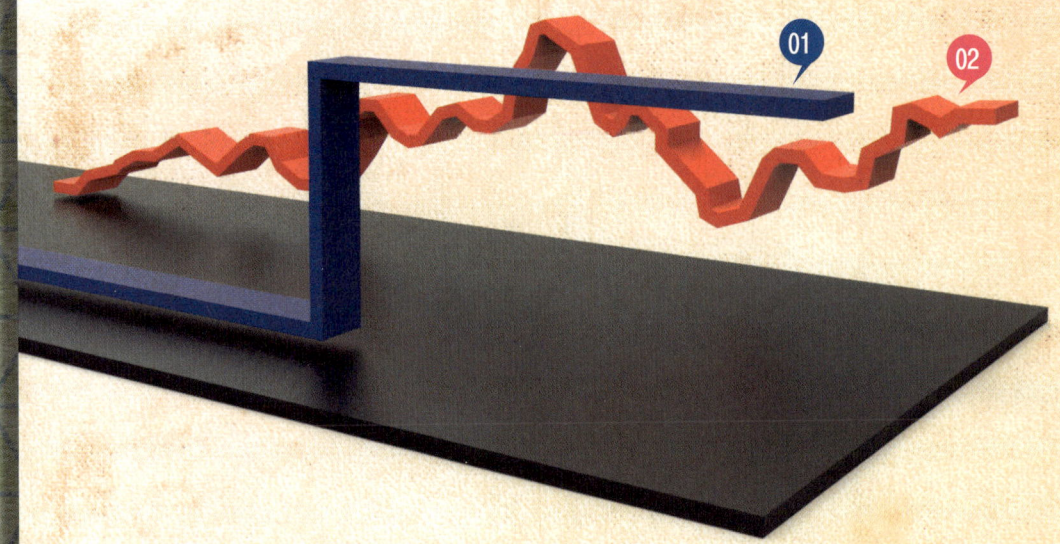

첫 번째 그래프는 단순합니다. 쭉 변화가 없다가 갑자기 확 올라갑니다. 종교개혁이 이루어지기 전과 후를 어떤 극적인 변화로 표현합니다. 교회의 상태가 좋지 못하다가, '어떤 계기'로 갑자기 좋아지는 겁니다. 그 계기가 무엇이겠어요? 누가 뭐래도 루터의 '95개조 반박문' 사건을 들 수 있겠지요. 타락한 교회의 면죄부 관행을 신랄하게 꾸짖으며 용감하게 종교개혁의 횃불을 들었던 그 사건 말입니다.

두 번째 그래프는 복잡합니다. 종교개혁이 어느 한순간에 이루어진 것이 아니라, 시간의 흐름 속에서 점차 발전하기도, 다시 후퇴하기도 하는 모습을 표현했습니다. 역사 속에는 종교개혁을 하려는 사람이 많이 있었지만, 한편으로는 그것을 막으려는 사람도 많이 있었습니다. 한 줄로 된 곡선에 불과하지만, 그 속에는 보이지 않는 수많은 땀과 피, 즉 순교자들의 희생이 담겨 있습니다.

여러분은 둘 중 어느 그래프가 마음에 드십니까? 단순한 직선이 좋나요, 아니면 복잡한 곡선이 좋나요? 어떤 그래프가 종교개혁을 더 잘 표현하고 있다고 생각하십니까? 사실 종교개혁을 그래프로 표현하거나 설명한다는 것이 좀 우스운 일이기는 합니다. 그러나 우리들의 머리는 생각보다 단순해서, 복잡한 현상을 간단히 그려보는 것이 전체를 이해할 때 도움이 되는 경우가 많습니다.

> 생각해보기

종교개혁은 다양한 장소, 다양한 형편 속에서, 정치·사회·문화·교육 등 다방면에 걸쳐 이루어진 일입니다.

종교개혁이 순조롭게 이루어진 때도 있었고, 잘되는 듯했으나 언제부턴가 지지부진하기도 했습니다. 불길처럼 번져 나가다가도 강한 반발과 탄압으로 한순간에 꺾인 적도 있습니다. 또한 어물쩍 다시 과거의 습관으로 돌아간 경우도 허다했습니다. 그래서 우리가 종교개혁을 제대로 파악하려면 **그 다양한 종교개혁 각각의 수준을 평가해봐야** 합니다. 그리고 거기에 지금 우리의 모습을 비춰봐야 합니다. 과연 우리 자신은 그 가운데 어디쯤 있겠는지를 파악해야 합니다. 왜 그래야 할까요? 가장 좋은 종교개혁이 무엇이었는지를 알고, 우리 자리가 지금 어디인지를 알아야만, 비로소 지금 우리가 가야 할 〈방향〉이 보이는 겁니다.

이를 위해 독자 여러분께 제시하는 과제가 있습니다. 그것은 역사 속에서 어떤 종교개혁이 가장 잘 이루어진 것인지를, 숲을 보는 관점에서 평가하자는 겁니다. 그냥 '옛날 옛적에 종교개혁이 이루어졌구나, 거 참 수고들 많았네…!' 이렇게 보아 넘길 것이 아니라, '어떤 종교개혁'이 언제 어디서 [얼마만큼] 이루어졌는지를 시대적 배경 속에서 평가해 보시라는 겁니다. 그리고 그중에 좋은 것을 우리 것으로 삼자는 겁니다. 예를 들어 저 그래프에서 가장 높은 지점이 어디였는지를 알 수 있다면 정말 좋겠지요. 그것이 우리에게 실제로 도움이 된다면 더욱이 말입니다.

앞으로 이 책에서는 이렇게 **단순화시킨 그래프를 종종 보여드리겠습니다.** ^^

교회사 공부 팁

종교개혁사를 볼 때 교회사만 봐서는 안 됩니다. 반드시 일반 세계사도 봐야 합니다. 세계사와 교회사. 두 관점을 씨줄과 날줄로 엮어서, 커다란 양탄자를 짜봅시다. 역사 서술은 다루는 내용이 같더라도 관점의 차이에 따라 표현 방식이 아주 달라집니다. 성경의 '열왕기'와 '역대기'는 같은 역사적 사실에 대해 기록한 책이지만, 서로 기록자의 관점이 선명하게 다릅니다. 어느 한쪽만 봐서는 실제로 무슨 일이 생겼던 것인지를 정확히 이해할 수 없을 때가 많습니다.

일반 세계사만으로 교회사를 설명할 수 있다는 뜻이 아닙니다. 학교에서 배우는 세계사는 세상을 '왕'들이 이끌어간다고 가르칩니다. 시대의 변화도 왕권의 변화와 함께 오고, 대부분의 중요한 발전과 전환점은 사회 지배층이나 정치세력이 주도한다는 것이지요. 그래서 동로마 교회와 서로마 교회의 분리를, 이를테면 두 교황들의 세력 싸움 탓으로만 봅니다. 루터의 종교개혁이 활력을 얻은 이유를, 기존 체제에 불만을 품었던 지방 귀족들의 참여 덕분이라고만 봅니다. 모든 등장인물은 마치 잘 짜인 각본대로 움직이는 배우처럼 자기 캐릭터가 선명합니다. 그러나 이것은 사실(fact)을 정확히 소개하지 못할 때가 많습니다. 역사를 주관하시는 분은 하나님이십니다. 이것을 놓치면 안 됩니다. 양쪽 방향에서 관점의 확장이 필요합니다.

생각해보기

다시 그려보는
종교개혁 그래프

자, 그러면 이제 종교개혁 그래프를
다시 그려봅시다. 제가 한 번 그려봤습니다.

━ 교리　━ 예배　━ 시편　━ 정치　━ 권징　━ 교육

이건 또 뭘까요? 앞에서 봤던 복잡한 곡선이 여기에는 여러 개 모여 있습니다. 그렇죠. 종교개혁의 그 방대한 역사를 어떻게 곡선 하나로 나타낼 수 있겠어요? 실제로는 훨씬 더 복잡합니다.

그런데 자세히 보시면 곡선마다 굴곡이 조금씩 다 다릅니다.

종교개혁에도 각각 분야가 있습니다. 교리의 개혁, 예배의 개혁, 찬송의 개혁, 교회정치의 개혁, 교육의 개혁 등… 종교개혁의 수준은 시대마다 장소마다 달랐지만 **[주제마다]** 다르기도 했습니다. 어느 하나만 잘한다고 좋은 교회가 되는 것은 아닙니다. 교리는 개혁되었는데 예배는 엉망일 수 있습니다. 예배는 개혁되었지만 교육 시스템이 엉망이기도 했습니다. 그러면 결국 개혁은 후퇴하고 맙니다. 즉, 어느 한 분야만 발전한다고 되는 게 아니라, 모든 분야가 고르게 성장해야 좋은 종교개혁이라 말할 수 있는 겁니다.

왜 그럴까요? 이게 서로 관련이 있습니다. 교리가 개혁되면 뒤따라 예배도 개혁됩니다. 고쳐진 교리에 따라 예배 모습이 달라지니까요. 하나님이 어떤 분이신지, 하나님을 어떻게 예배해야 하는지를 새롭게 깨달은 이들은, 예배드리는 자세가 달라질 수밖에 없습니다.

❓ 생각해보기

이렇게 다양한 분야가 함께 성장할 때를
'좋은 종교개혁'이라 할 수 있습니다.

그뿐만이 아닙니다. 하나님 앞에서 진실한 마음을 가졌던 신자들은 "형제들아 우리가 어이할꼬!" 하면서 뼈를 깎는 심정으로 과거의 잘못에서 돌이켰습니다. 그런데 〈어디로〉 돌이켜야 합니까? 성경입니다. 성경으로 돌아가기 위해서는 성경을 알아야 했는데, 그러려면 성경을 잘 가르쳐줄 사람이 필요했습니다. 그래서 직분(교회를 섬기기 위한 것: 목사, 장로, 집사 등)의 개혁이 시작됩니다. 직분이 개혁되면 교회정치가 바뀌고, 우리 삶이 바뀝니다.

이렇게 종교개혁은 꼬리에 꼬리를 물고 호숫가 파문처럼 퍼져갑니다.

앞의 그래프가 그것을 표현합니다. 비록 보기에는 복잡하고 지저분하지만, 이것이 실제 상황입니다… 아니, 실제는 더 복잡합니다! 저런 그래프는 지역마다 나라마다 제각각이었으니까요! 그래프가 훨씬 더 많아집니다. 독일, 스위스, 프랑스, 잉글랜드, 스코틀랜드… (이러다가 머리가 터질 것 같습니다. ^^)

아무리 머리가 아파도, 이것이 실제입니다. 아무리 어려워도 실제로 어떠했는지를 알아야 하지 않을까요? 종교개혁은 이렇게 작은 개혁들이 더하여진 총체적인 결과물이었던 겁니다.

지금까지의 설명을 먼저 이해한 뒤에 다음 화로 넘어가도록 합시다.
본격적으로 이 책이 주목하는 종교개혁의 현장으로 들어가 보겠습니다. 그곳은 유럽의 북쪽, 브리튼 섬(영국)입니다.

학습활동

종교개혁자들의 신상명세서를 작성하라.

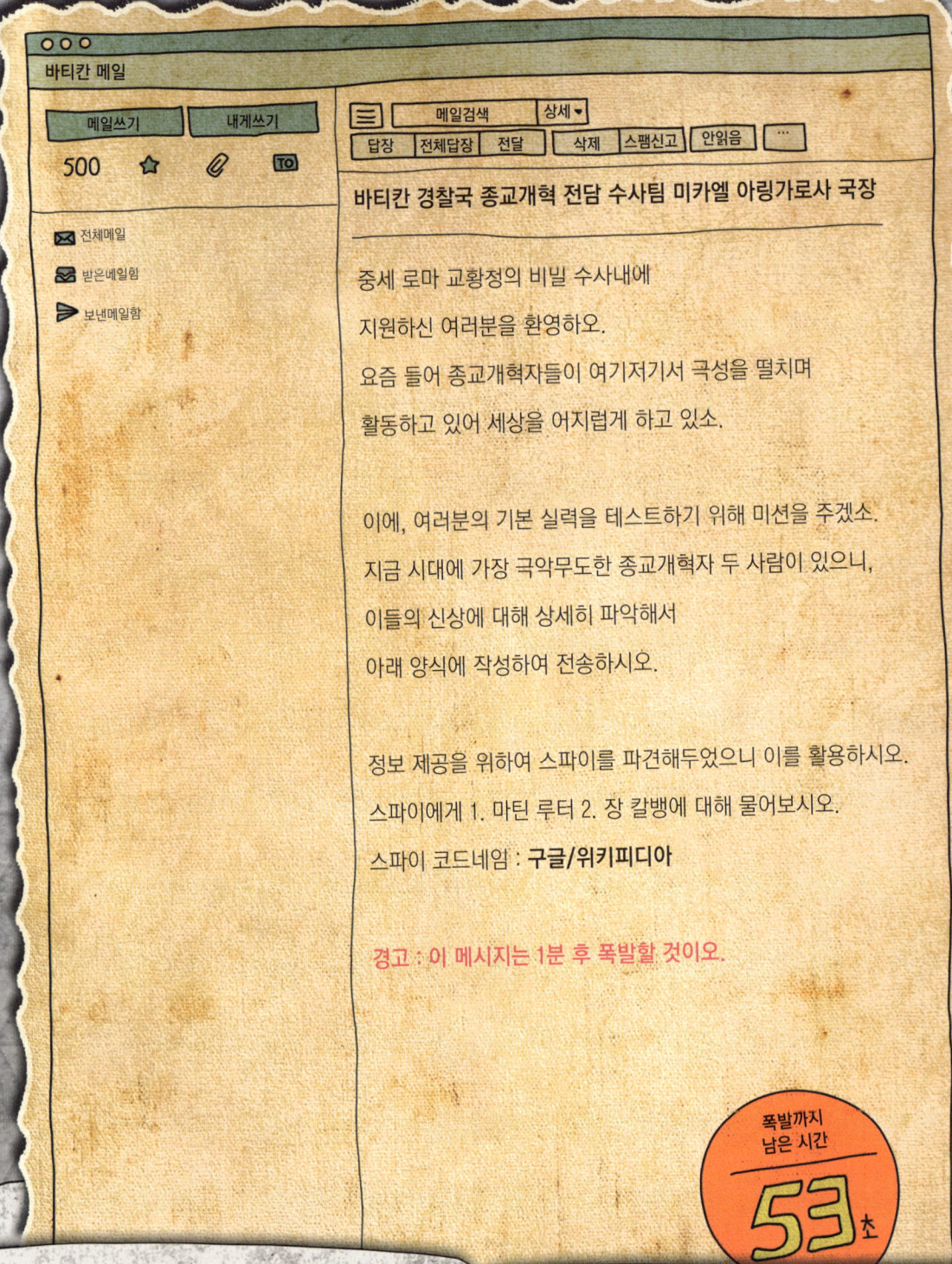

학습활동

마틴 루터

| 타임라인 | 프로필 | 친구 수 | 사진 | 기타 |

프로필

기본정보
- 이름
- 생몰연도
- 태어난 곳

경력 및 학력

가족 관계
- 부모는 어떤 사람이었으며, 유년기 성장 환경은 어땠는가?
- 배우자는 누구인가? 자녀가 있는가?

외모의 특징, 성격, 좋아하는 음식 등

건강 상태

성장기 특이사항(인생의 초기 터닝포인트)

재능과 은사가 있다면?

구교를 버리고 종교개혁을 시작하게 된 사건이나 계기

이 사람의 사상이 잘 담겨 있는 문건(논문, 책자)은 무엇인가?

주로 활동했던 본거지는 어느 지역인가?

밀접하게 활동하는 유력한 동료나 정치적 보호자는 누구인가?

배우자가 있다면, 이 사람에게 어떤 영향력을 미쳤는지 설명하시오.

다음 페이지에 계속

학습활동

장 칼뱅

| 타임라인 | **프로필** | 친구 수 | 사진 | 기타 |

프로필

기본정보

- 이름
- 생몰연도
- 태어난 곳

외모의 특징, 성격, 좋아하는 음식 등

건강 상태

성장기 특이사항(인생의 초기 터닝포인트)

경력 및 학력

재능과 은사가 있다면?

구교를 버리고 종교개혁을 시작하게 된 사건이나 계기

이 사람의 사상이 잘 담겨 있는 문건(논문, 책자)은 무엇인가?

가족 관계

부모는 어떤 사람이었으며, 유년기 성장 환경은 어땠는가?

주로 활동했던 본거지는 어느 지역인가?

밀접하게 활동하는 유력한 동료나 정치적 보호자는 누구인가?

배우자는 누구인가?
자녀가 있는가?

배우자가 있다면, 이 사람에게 어떤 영향력을 미쳤는지 설명하시오.

1 | 2

전송하기

✦ 확인질문

예고편 + 제1화 달려라 종교개혁!

다음 질문을 읽고, 맞는 것에 O, 틀린 것에 X로 답하세요.

1. 사제주의는 중세 로마 가톨릭의 **피라미드식 성직자 계급 제도**를 형성하게 된 주요 원인이다.   O X

2. 타락한 중세 교회의 교황은 교회 최고의 권위자로서, **오류가 있을 수 없는 신적인 존재**로 여겨졌다. 이것을 '성경무오설'이라 한다.   O X

3. 95개조 반박문을 작성하여 '회개'에 대한 성경적 의미를 설명하고, **면죄부제도의 문제를 비판**한 독일의 종교개혁자는 루터다.   O X

4. 칼뱅은 로마 가톨릭의 잘못된 교리에 반대하여 **성경이 말하는 바를 잘 정리한 기독교강요**를 펴냈으며, 평생 스위스 바젤에 머물면서 종교개혁에 이바지했다.   O X

5. 종교개혁은 **스위스와 독일** 두 지역에서만 일어났다.   O X

넓고 깊게 생각해 보기

중세교회로 돌아갔다고 상상해 봅시다. 신자인 당신은 면죄부(면벌부) 제도를 찬성했을까요, 반대했을까요?
만약 우리 시대에도 면죄부와 같은 것이 있다면 무엇일까요? 자유롭게 생각을 나누어 보세요.

🔍 **종교개혁지 탐방**

루터와 칼뱅이 활약한 종교개혁지
비텐베르크, 제네바, 스트라스부르, 바젤

제네바, 스트라스부르, 바젤을 다녀왔습니다. 세 곳 모두 지리적으로 공통점이 있는데, 바로 프랑스 국경 근처라는 것입니다. 프랑스에서 모질게 박해받던 신교도들은 국경 끝까지 도망갔습니다. 거기서 개혁자들은 교회와 학교를 세워 목회자를 양성합니다. 훈련받은 목회자들은 죽음을 무릅쓰고 고향으로 되돌아가, 곳곳에 복음을 전파하고 교회를 세웠습니다. 그렇게 종교개혁의 도시들은 신교도의 피난처이자 선교 본부로서 역할을 했습니다. 그 역사적 현장으로 함께 떠나 볼까요?

종교개혁의 헤드쿼터, 제네바
칼뱅은 비록 시의회의 끊임없는 견제에도 불구하고 제네바를 종교개혁의 중심지로 조금씩 변화시켜 나갔습니다. 그가 설교했던 교회로 쌩삐에르 교회가 유명합니다. 교회당 양옆으로 종교개혁 박물관과 칼뱅 강당이 있습니다.
\# 쌩삐에르 교회   \# 종교개혁 박물관

너무너무 아름다운 인문주의자들의 도시
바젤은 프랑스, 독일, 스위스 무려 세 국가의 국경이 맞닿은 곳에 있어요. 인문사상과 출판의 도시로서, 종교개혁 사상이 여러 나라에 널리 전파될 수 있도록 했던 거점 도시였습니다. 칼뱅의 기독교강요 초판도 이곳에서 출판됐지요! 당시 인쇄소 거리와, 종교개혁자들이 시무했던 교회의 예배당이 남아 있습니다. 스위스에서 가장 오래된 바젤 대학, 세계 최초로 시민들이 직접 세운 미술관, 아름다운 시청사도 꼭 들러 보세요!
\# 토마스 플래터의 거리   \# 바젤 시청사

바스띠옹 공원에 위치한 종교개혁 기념비
제네바 대학 근처에는 유명한 종교개혁 기념비(Reformation Wall)가 있습니다. 종교개혁이 진행되는 과정 중에 활약했던 이들과 역사적 사건들이 부조 형태로 설치되어, 이 공간 자체가 '교육교재'입니다. 칼뱅이 경건한 시민과 목회자 양성을 위해 세웠던 제네바 아카데미도 찾아가 보시기 바랍니다.
\# 바스띠옹 공원의 종교개혁 기념비

🌞 종교개혁지 탐방

초기 종교개혁지로 독일의 비텐베르크 이야기를 빼놓을 수 없습니다. 이 도시는 루터 덕분에 먹고 산다는 농담이 나올 정도로, 종교개혁의 도시로 유명합니다. 바로 루터의 95개조 반박문이 탄생한 곳이지요!

잊혀진 시절, 그럼에도… 스트라스부르

신혼여행지 '쁘띠 프랑스' 혹은 알퐁스 도데의 소설 '마지막 수업'의 배경으로 유명한 관광지입니다. 칼뱅은 제네바에서 추방당했을 때 이 도시에 머무릅니다. 스트라스부르는 교회 정치나 예배, 학교(김나지움)에 이르기까지 종교개혁이 상당히 진행된 상태였습니다. 칼뱅은 여기서 결혼도 하고 안정적인 시간을 보내며 쉼과 힘을 얻은 후, 다시 제네바에 돌아가 더욱 힘차게 개혁작업을 할 수 있었답니다.

\# 칼뱅이 시무했던 부끌리에 개혁교회 \# 칼뱅이 머무르며 학생들을 가르쳤던 기숙사겸 사택(부끌리에 교회 바로 옆)

종교개혁의 서막 : 비텐베르크

루터가 머물며 학생들을 가르쳤던 집입니다. 루터의 인생, 독일 종교개혁에 관한 모든 것이 잘 정리되어 있습니다. 면죄부 금고, 교황의 파문교서를 불태웠던 자리, 누구나 읽을 수 있도록 번역한 루터의 독일어 성경, 그가 만든 교리문답, 시편송 등도 실물로 확인할 수 있어요. 많은 이의 발길이 이어지는 곳이랍니다.

\# 루터하우스 \# 루터가 교황의 교서를 불태운 곳(마당)

혼자가 아닌 함께

칼뱅에게 동역자 베자가 있었다면, 루터의 평생 동역자는 바로 멜랑히톤입니다. 비록 루터의 명성에 가려졌지만, 그는 당대에 저명한 학자였습니다. 그는 온건한 성품의 소유자라서 다혈질이던 루터의 단점을 보완해주고, 신교도들 사이에 갈등이 일어나면 화해와 합의를 이끌어내곤 했습니다. 멜랑히톤은 루터파로서 비록 칼뱅과 몇 가지 교리적 차이가 있었습니다. 그럼에도 칼뱅은 멜랑히톤이 죽을 때까지 교류하며 종교개혁을 위해 함께 힘을 합치려 했습니다.

\# 멜랑히톤 하우스(루터하우스 바로 근처!)

제2화
잉글랜드 주춤거리다

저 높은 우주에서 유럽대륙을 내려다보며 종교개혁의 숲을 봤다면, 이제는 고도를 낮추어 우리의 시야를 브리튼 섬 남쪽 잉글랜드에 집중합시다.

왜 하필 잉글랜드일까요? 앞의 [예고편]을 떠올려봅시다. 종교개혁을 한 문장으로 표현하면? 성경에서 자꾸 떠나게 만드는 중세 교회의 사제주의 성직자 제도를 교회에서 제거하는 노력이라고 했습니다. 그 싸움이 가장 치열하고 드라마틱했던 곳이 바로 잉글랜드입니다.

캐스팅도 끝내줍니다. 주요 등장인물이 죄다 '왕King' 또는 '여왕Queen'입니다. 게다가 이들 모두가 한 가족입니다. 헨리 8세가 아빠, 그 아들과 딸이 메리, 엘리자베스, 에드워드입니다. 다들 정말 기구한 인생을 살았습니다. 각자의 사연이 잉글랜드의 종교개혁을 어디로 어떻게 끌고 다녔는지, 지금부터 살펴보겠습니다.

키워드 : 헨리 8세, 성공회, 에드워드 6세, 피의 메리, 이단 단속령
엘리자베스 1세, 순교신학, 주교제도, 청교도

웨스트민스터 총회
종교개혁의 정점을 찍다.

위 문장은 이 책의 핵심 주제입니다.
무슨 의미일까요? 한 단어, 한 단어 끊어 읽어 봅시다.

웨스트민스터 총회
웨스트민스터가 뭘까요? 그리고 총회라는 것은 또 뭘까요?
어디서 무슨 큰 회의 같은 것이 열렸던 모양인데,
그게 우리랑 무슨 상관일까요?

종교개혁
많이 들어본 단어입니다.
루터가 95개조 반박문을 써 붙였지요.
그 정도는 누구나 압니다. 그런데… 그게 전부일까요?

정점을 찍다
정점을 찍는다는 것은 또 어떤 의미일까요?
종교개혁이 왜 정점을 찍나요? 정점을 안 찍은 종교개혁도
있다는 말일까요? 아니 그보다도, 여기서 말하는 [정점]이 뭘까요?

앞으로 이 단어들을 하나씩 추적해보겠습니다.
이 책을 다 읽고 나서 저 문구가 무슨 말을 하고 있는지를 깊이 이해하게 된다면,
여러분은 이 책을 잘 소화하신 겁니다. 먼저 '웨스트민스터'가 무엇인지부터 알아봐야 되겠습니다.

> **웨스트민스터** : 런던 도심의 '서쪽'에 있는 동네
> **웨스트민스터 총회** : 17세기 중반, 여기서 열렸던 영국인들의 종교회의

왼쪽 그림은 영국 런던의 지도입니다. 중앙의 파란색 부분은 런던의 구도심입니다. 왼쪽 보라색으로 표시한 부분은 도심의 서쪽, 17세기 중반 당시 한참 뜨던 신도시 지역입니다. 그곳에 오래된 사원이 있었는데, 서쪽에 있어서 웨스트(west)+민스터(minster: 사원)라고 불렀습니다. 이것이 웨스트민스터라는 명칭의 유래입니다. 바로 이 사원에서 영국인들의 종교회의가 열렸습니다. 그것이 웨스트민스터 총회입니다. 그런데…

신기하게도 이 회의 결과가 우리 한국의 장로교회 헌법*이 됩니다. 오래전 영국인들의 회의가 한국과 무슨 상관이 있기에 그렇게 된 것일까요? — 그보다 더 궁금한 점이 있습니다. 웨스트민스터는 런던에 있고 런던은 잉글랜드의 수도입니다. 그런데 우리가 알기로 잉글랜드의 국교는 성공회 아닙니까? 이상하지 않나요? **왜 성공회 지역에서 만든 결과물이, 장로교회의 헌법이 된 것일까요??**

이 궁금증을 명확하게 푸는 것이 이 책의 목표 중 하나입니다. 시작부터 너무 복잡하다는 느낌을 받으실 수도 있지만, 여유를 가져주세요. 원래 훨씬 더 복잡한 내용이지만 최대한 쉽게, 차근차근 풀어놓은 책입니다. 믿고 따라오시면 어느 순간 수많은 의문이 한꺼번에 풀릴 것입니다. ^^

우선, 당시 영국이 어떤 상황이었는지 배경지식부터 쌓겠습니다.

*교회헌법 : 교단마다 헌법책이 있습니다. 교단에 속한 교회가 어떤 정체성을 갖고 있는지, 지켜야 할 규칙들은 무엇인지, 각 교회가 어떻게 운영되어야 하는지 등에 대해 적혀 있습니다.

17세기 당시 영국은?

종교개혁 당시 브리튼 섬은 독립된 세 왕국이 공존하고 있었습니다. 북쪽 스코틀랜드, 남쪽 잉글랜드, 그리고 아일랜드입니다. 세 왕국의 역사와 문화는 서로 확연히 달랐습니다. 무엇보다도 종교개혁의 열풍이 불어왔을 때, 이를 받아들이는 상황에 차이가 있었습니다. 말하자면 세 나라 모두 종교개혁의 〈온도〉가 달라진 것입니다. 남쪽의 잉글랜드 교회는 '성공회(聖公會)', 북쪽의 스코틀랜드 교회는 '장로회(長老會)'가 발전하고 있었습니다. 아일랜드는 아직 종교개혁이 진행되지 않아서 여전히 로마 가톨릭으로 남아 있었습니다. 이렇게 해서 소위 '세 왕국, 세 교회'의 시대였습니다.

조그마한 섬에 세 나라 세 종교라… 벌써부터 뭔가 '복삽스러운' 일이 생길 것 같지 않나요? 이 섬나라의 종교개혁사를 제대로 이해하기 위해서는 먼저 이렇게 특수한 '종교개혁의 온도 차이'에 대해서 알고 있어야 합니다.

세 나라 중 비교적 스토리의 비중이 약한 아일랜드는 빼고, 잉글랜드부터 살펴봅니다. 2화는 잉글랜드, 3화는 스코틀랜드입니다.

먼저 잉글랜드입니다. 이곳에서 종교개혁이 시작된 계기는 좀 황당합니다. 당시 잉글랜드는 애초에 종교개혁을 시작한 의도부터가 순수하지 않았습니다. "바른 교회를 만들어야 되겠다!"라거나, "올바른 교리를 가르쳐야지!"라는 열망이 아니라, 아주 엉뚱한 목적에서 종교개혁을 출발하는데, 이것은 황당하게도 국왕의 불륜 사건과 연루됩니다.

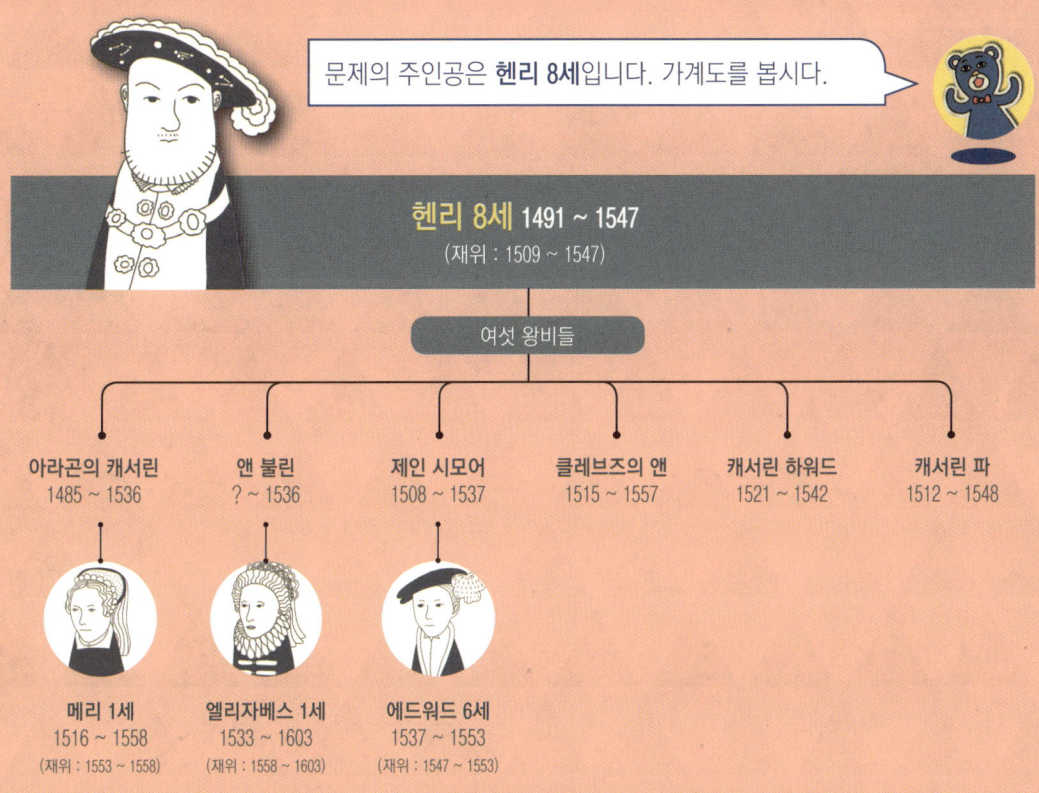

헨리 8세는 여섯 번이나 결혼을 했습니다. 이 집안이 좀 복잡합니다. 헨리 8세의 첫 번째 부인은 캐서린인데, 원래 형의 부인이었습니다. 유럽의 왕족들은 국가의 세력을 불리기 위해 정략결혼을 많이 했는데, 잉글랜드의 왕이 될 사람이었던 헨리 8세의 형도 당시 유럽 최고의 부자 나라였던 에스파냐의 공주 캐서린과 결혼했던 것이죠. 그런데 그는 결혼 후 얼마 지나지 않아 죽고 맙니다. 그래서 정략결혼으로 맺어진 두 나라의 사돈 관계를 유지하기 위해 동생 헨리 8세가 형 대신 캐서린을 아내로 맞아들인 겁니다. 그러니까 애초에 서로 좋아해서도 아니고, 본인 의지와 상관없이 떠맡듯 하게 된 결혼이기에, 둘 사이가 좋을 리 없습니다. 결정적으로 둘 사이에는 딸(메리)만 있고, 아들이 태어나지 않았습니다.

헨리 8세
극과 극의 평가로 엇갈리는 인물. '잉글랜드 종교개혁의 선구자'이냐, 아니면 '이단에 빠져 파문당한 바람난 철부지 폭군'이냐, 이렇게 평가가 갈리면서도 동시에 두 가지 평가 모두가 이해되는 인물도 드문 듯.

헨리 8세의 결혼 대작전

헨리 8세는 그 와중에 앤 불린이라는 궁녀와 사랑에 빠집니다. 그리고 둘 사이에 아이가 생겨버립니다. 헨리 8세는 이 난처한 상황을 풀기 위해 정공법(?)을 택합니다. 캐서린과 이혼을 하고, 앤과 정식으로 결혼하겠다고 나선 겁니다. 이제 문제가 제대로 터집니다. 로마 가톨릭교회는 이혼을 인정하지 않습니다. 그냥 동네 아저씨도 아니고, 무려 '왕'의 이혼 문제입니다. 더구나 교황의 엄청난 후원자인 에스파냐에서 시집온 캐서린을 버리겠다는 것인데, 이걸 교황이 인정할 수는 없는 노릇입니다.

"너 그러면 당장 파문이야!" 교황은 발끈했고, 에스파냐도 엄포를 놓습니다. 그런데 놀라운 일이 벌어집니다. 헨리 8세는 상식 밖의 대응을 합니다. 그쯤에서 물러서는 것이 합리적일 텐데, 무슨 배짱인지 그는 이혼을 강행합니다. 어쩌면 그에게는 교황이나 강대국의 으름장에도 굴하지 않을, 어떤 믿는 구석이 있었던 모양입니다.

그는 캐서린과 그 딸 메리를 골방에 가둬버리고, 앤과 결혼을 강행합니다. 헨리 8세의 이런 행동은 다분히 국가와 정치의 문제였지만, 기본적으로는 불행한 가정사의 결과였으며, 이런 게 다 나중에 비극의 씨앗이 됩니다. 캐서린은 물론, 그 딸 메리도 갇혀 지내는 동안 아빠에 대한 증오심을 키워 갔을 것입니다.

그런데 드라마가 점점 더 꼬여 갑니다. 둘째 부인 앤도 아들을 낳지 못하고 딸을 낳습니다. 사실 이 득녀의 순간은 영국 역사에서 엘리자베스 1세라는 엄청난 인물이 탄생하는 순간입니다만, 당시에는 아들을 간절히 원하는 헨리 8세를 실망시킨 또 다른 여자아이 하나가 태어난 일에 불과했습니다. 헨리는 다시 아내를 버렸고, 셋째 부인과 결혼해서 드디어 아들을 낳습니다. 그 뒤로는 이제 이판사판이다 했는지 세 번을 더 해서 총 여섯 번의 결혼을 합니다.

헨리 8세의 복잡하고 그다지 본이 되지도 못하는 사생활을 여기서 깊이 공부할 필요는 없겠고, 지금 중요한 것은 그 과정에서 태어난 세 자녀들이 잉글랜드 교회에 널뛰듯 급격한 변화를 끼친 정황, 그걸 이해하는 겁니다.

♪ 쉬어가기

자, 누가 누군지 너무 복잡한가요? 갑자기 남의 나라 복잡한 집안 사정을 공부하려다 보니 머리가 아프실 겁니다. 하지만 더 복잡한 것도 우리는 충분히 이해할 수 있는 능력을 가지고 있습니다. 우리는 이미 평소에 TV에서 복잡한 가족관계로 점철된 막장드라마를 숱하게 보면서 단련되어 있습니다. ^^

드라마 〈○○의 유혹〉 집안 관계도

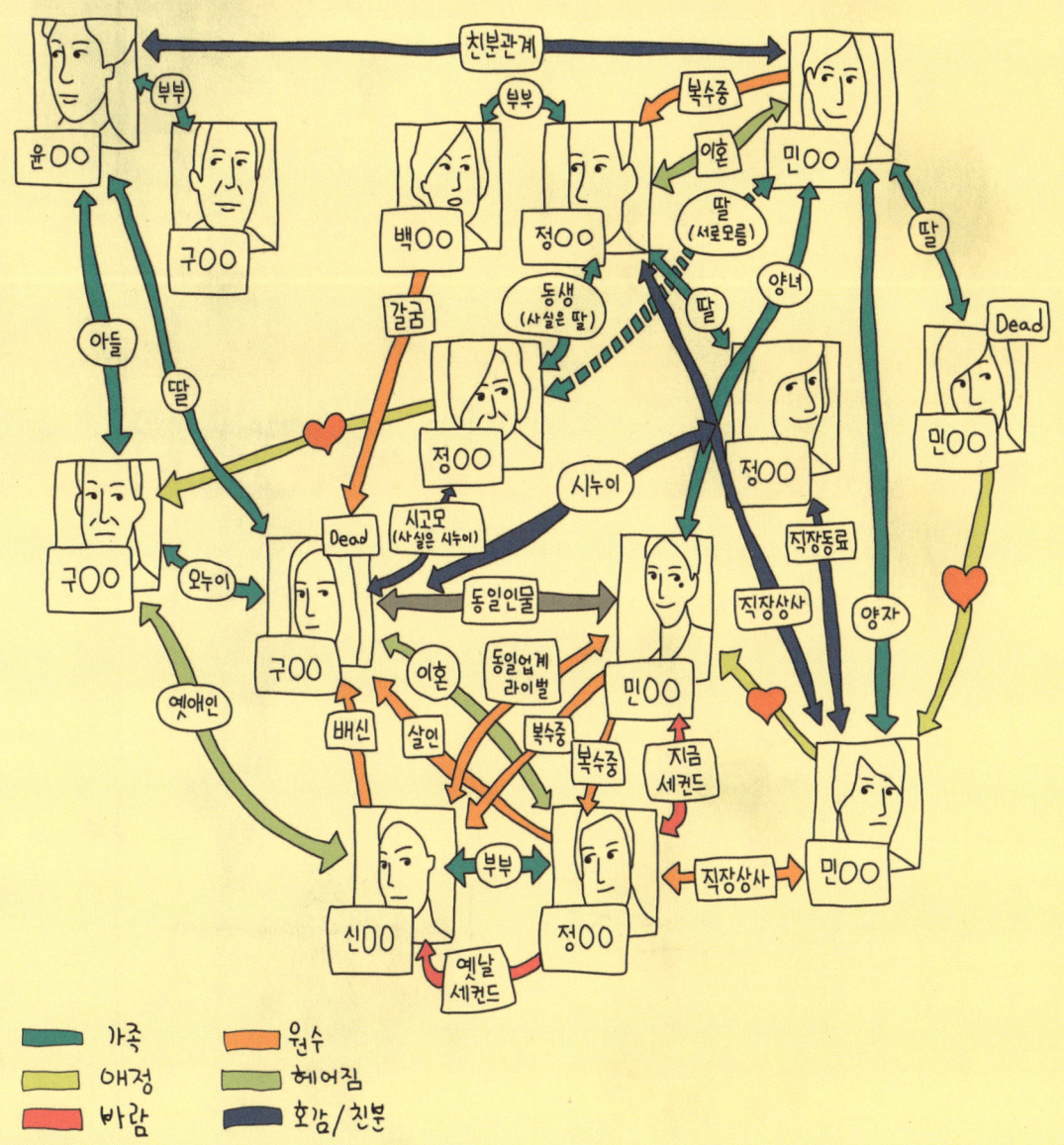

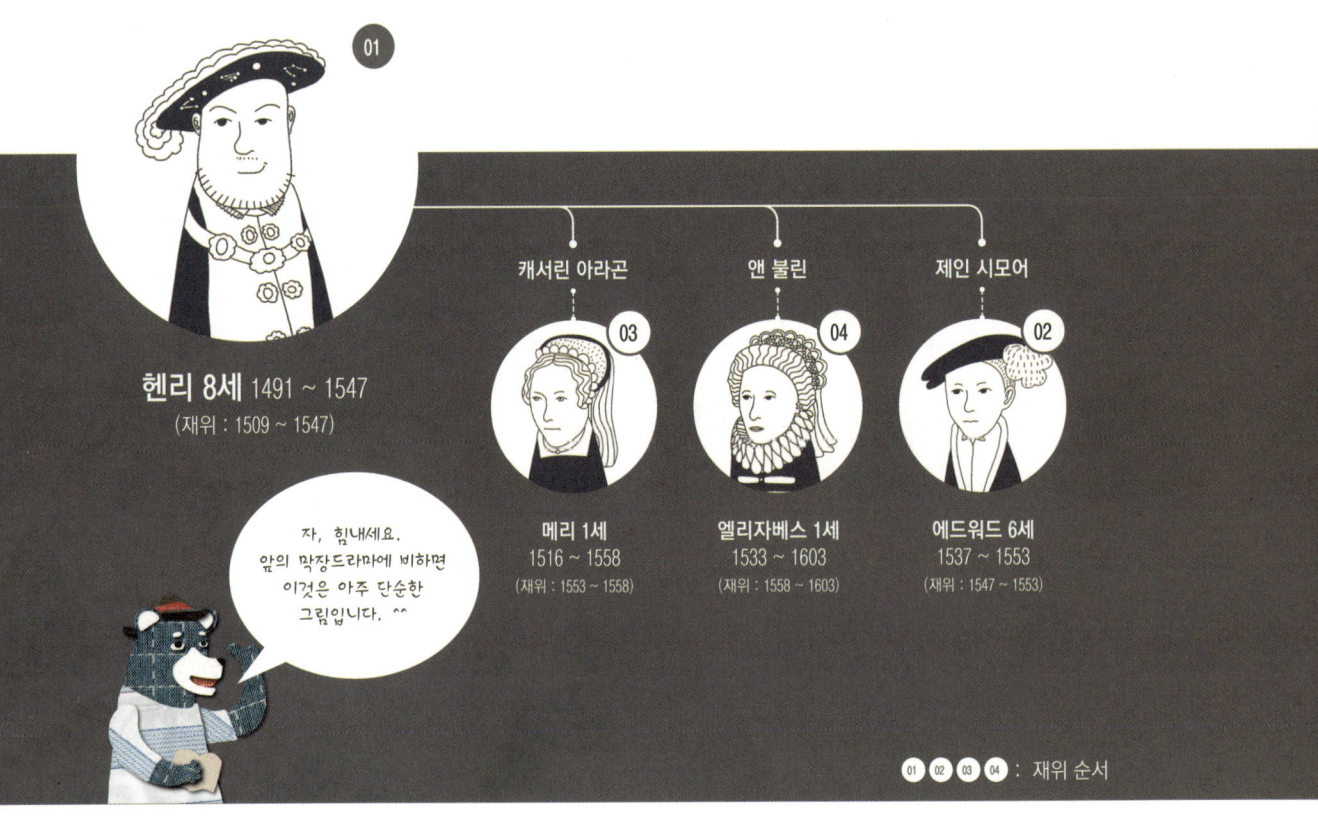

왕이 바람나서 본처와 이혼하려고 교황과 싸운 것이 종교개혁을 촉발했다…. 어째 좀 우습지요? 하지만 이것도 종교개혁은 종교개혁이었습니다. 왕실 내부의 사정과는 상관없이, 어쨌거나 국왕이 교황과 단절했다는 소문에 잉글랜드의 개신교도들은 환호했고, 종교개혁자들도 기쁨을 감출 수 없었습니다.

몇 년 사이, 실제로도 몇 가지 변화가 이루어집니다. 가장 큰 변화는 성경 읽기가 허용된 일입니다. 성경을 영어로 번역해서 누구나 읽을 수 있도록 보급하는 일이 공식화되었습니다. 그동안 몰래 숨죽이며 성경을 읽고 루터나 칼뱅의 글을 보며 종교개혁의 꿈을 키워가던 그들은 이러한 변화가 꿈만 같았습니다. 불과 2년 전만 해도 영어로 성경을 번역해서 보급하던 '틴데일'이라는 개혁자가 화형을 당했는데, 이제는 국가가 나서서 영어 성경을 보급할 정도로 분위기가 뒤바뀝니다. 이제 더 이상 눈치 보지 않고도 성경은 물론 개혁자들의 책을 읽고 출판할 수 있게 되었습니다. 틴데일이 화형을 당하면서, "주여, 왕의 눈을 열어주소서!"라고 기도했던 모습을 기억하는 수많은 런던 시민들은 급격한 시대 변화 속에서 눈물을 흘리며 그를 추모했다고 합니다.

하지만 문제가 있습니다. 헨리 8세는 진정으로 종교개혁을 원했던 인물이 아니라는 사실입니다.

헨리 8세를 과연 진정한 종교개혁자로 볼 수 있을까?

연도를 잘 보세요. 성공회로 돌아선 뒤에도 다음과 같은 일이 진행됩니다.

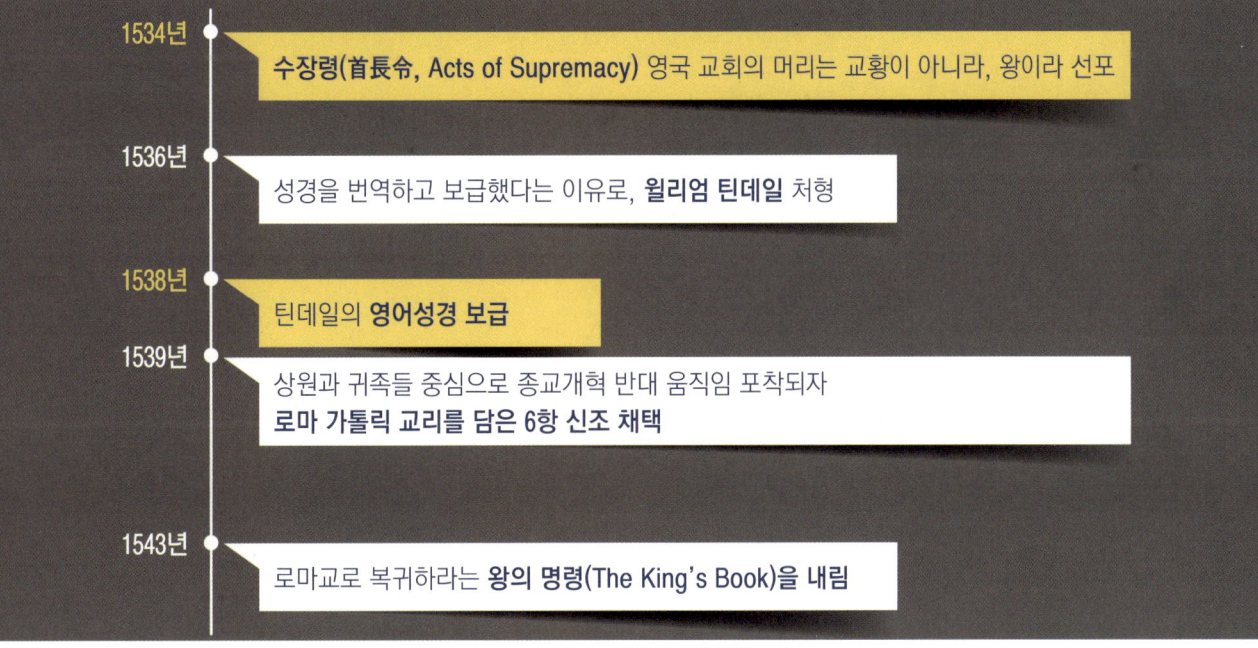

- 1534년: **수장령(首長令, Acts of Supremacy)** 영국 교회의 머리는 교황이 아니라, 왕이라 선포
- 1536년: 성경을 번역하고 보급했다는 이유로, **윌리엄 틴데일** 처형
- 1538년: 틴데일의 **영어성경 보급**
- 1539년: 상원과 귀족들 중심으로 종교개혁 반대 움직임 포착되자 **로마 가톨릭 교리를 담은 6항 신조 채택**
- 1543년: 로마교로 복귀하라는 **왕의 명령(The King's Book)을 내림**

헨리 8세는 말년에 종교개혁에서 오히려 후퇴하는 모습을 보여줍니다. 로마 가톨릭으로 돌아가도록 만드는 몇 가지 정책들은 그의 진정성을 의심하게 합니다. 잉글랜드의 본격적인 종교개혁은 그가 죽은 뒤 그의 유일한 아들로서 왕위를 이은 에드워드 6세 때의 일입니다.

윌리엄 틴데일(William Tyndale, 1494-1536)

"만일 하나님께서 나를 지켜 주신다면, 쟁기를 끄는 소년이 사제들보다 성경을 더 많이 알게 될 날을 보게 될 것이오!"
일반 신자가 성경을 읽거나 모국어로 번역하는 일은 엄격하게 금지되어 있었습니다. 틴데일은 체포를 피해 독일로 떠나 여러 곳을 다니며 성경을 영어로 번역했고 이를 잉글랜드로 비밀리에 반입했습니다. 네덜란드에 피신했던 그는 결국 붙잡혔고, 교수형에 처해졌습니다. 소박하고 쉬운 영어로 번역된 틴데일 버전의 성경은 훗날 제임스 1세 때 킹제임스 버전의 성경을 만드는 밑거름이 되었습니다. 교황과 교황을 따르는 세속 군주들에 의해 틴데일은 죽임을 당했지만, 개혁의 불길을 멈출 수는 없었습니다. 그가 떠난 해인 1536년에, 스위스 바젤에서 칼뱅의 기독교강요가 출판되면서 종교개혁은 더욱 거세게 이어졌으니까요.

+ 심화학습

잉글랜드 교회는
잉글랜드가 알아서 하겠소!

헨리 8세가 교황과의 관계를 단절하면서 결행했던 정책은 바로 상소 금지법이었습니다. 당시에는 로마 교황이 전 세계 교회의 수장(최고 권위자)이었고, 중요한 분쟁이 있으면 교황에게 '상소'를 했습니다. 그런데 헨리 8세는 잉글랜드 교회의 문제를 로마 교황에게 상소하지 말고 잉글랜드 내에서 해결하도록, 룰(Rule)을 바꿔버렸습니다. 이것은 실질적으로 교황의 권위를 부정해버린 강력한 한방이었습니다. 교황제도를 향한 헨리 8세의 첫 번째 포문이기도 합니다. 여기에는 '잉글랜드 교회의 머리는 잉글랜드 교회에 있다, 우리 일은 우리가 알아서 한다'는 사상이 바탕에 깔려있습니다.

시간이 지나면서 그는 더 구체적이고 강력한 정책을 추진합니다. '수장령(Acts of Supremacy, 首長令)'은 몇 년에 걸쳐 추진된 이러한 일련의 정책을 한꺼번에 일컫는 말인데, 한마디로 잉글랜드 교회의 머리는 - 로마의 교황이 아니라 - 잉글랜드 국왕이라는 겁니다. 잉글랜드 국왕이 잉글랜드 교회의 보호자이며, 그러므로 로마의 교황 당신은 그저 로마 교회의 수장일 뿐, 앞으로 잉글랜드에서는 손 떼시라는 겁니다. 보다 근본적으로 들어가면, '교황은 원래부터 전 세계 교회의 머리가 아니라, 단지 로마 교회의 머리일 뿐이었다, 그런데 그동안 주제넘게 간섭이 심했다, 고로 이제부터라도 잉글랜드 교회는 우리가 알아서 할 테니 그렇게 아세요.'라는 논리입니다. 교황 입장에서는 그야말로 뒷목 잡고 쓰러질 판이었습니다.

열 받은 교황은 헨리 8세를 파문했지만, 이미 헨리 8세에게는 파문쯤이야 아무런 문제가 되지 않았습니다. "파문? 무슨 말씀? 너랑 나랑 상관없거든? 너는 로마교회의 책임자잖아, 나한테 왜 그래요? 여긴 잉글랜드거든?" 이렇게 잉글랜드 교회는 국왕의 똥배짱 덕분에 로마교회로부터 독립하여 얼떨결에 종교개혁의 첫걸음을 내딛습니다.

이 과정에서 헨리 8세에게 신학적 근거를 제공하며 종교개혁을 추진했던 사람은 **잉글랜드의 대주교 토마스 크랜머였습니다.**

토마스 크랜머 대주교

➕ 심화학습

대체 뭘 믿고 그랬을까?
헨리 8세의 종교개혁 평가하기

헨리 8세는 뒤이은 조치를 착착 진행합니다. 수도원 재산 몰수로 국가는 엄청난 돈을 확보했고, 로마 가톨릭의 재정적 기반은 흔들렸습니다. 정치적으로는 민족주의를 계속 자극합니다. "잉글랜드 교회는 잉글랜드가 알아서 한다!" 국민들은 오랜만에 기분이 좋았고, 으쓱해서 호응했습니다. 도대체 헨리 8세의 이런 자신감은 어디서 왔을까요?

헨리 8세를 길게 설명하는 이유는, 잉글랜드라는 나라가 도대체 어떻게 해서 로마 가톨릭으로부터 벗어났는가를 시대적 배경과 함께 이해하기 위함입니다. 사실, 말이 쉽지… 종교개혁이 결코 쉬운 것이 아닙니다. 잘못하다가는 '나라가 망할' 문제입니다. "왕이 미쳤구나!" 하면서 백성들이 반란을 일으킬 수도 있습니다. 파문을 당한 왕들이 얼마나 불안한 존재가 되는지는 저 유명한 '카노사의 굴욕*' 사건을 통해 알 수 있습니다. 그런데 결과적으로 잉글랜드는 종교개혁을 해냅니다. 하지만…

조금 더 엄밀한 평가를 해볼 필요가 있습니다. 헨리 8세의 결단으로 잉글랜드는 종교개혁의 흐름을 탔지만, 이걸 '진정한 종교개혁'이라 보기는 어렵겠습니다. 헨리 8세에게 필요했던 것은 애초부터 '종교개혁'이 아니었고, 단지 로마 교황과 갈라서기 위한 명분이었습니다. 그래서 그는 이혼 수속을 마친 뒤로는 교회의 순수성 회복이니 교리적 토론이니 하는 따위에는 거의 관심을 두지 않았습니다. 오히려 기존 스타일의 예배와 체제를 선호하고 지키려 했습니다. 종교개혁자들도 결국 왕의 눈치를 볼 수밖에 없었습니다. 사실 늘 이런 게 문제입니다. 개혁을 하겠다고 말은 잘하면서 실제로는 하지 않는 것이 오히려 개혁을 망치는 결과를 가져옵니다.

잉글랜드의 종교개혁은 '개점휴업' 상태였습니다.

국교회(國敎會)라는 뜻은 국가가 교회를 직간접적으로 다스리는 형태의 교회라는 뜻입니다. 국민이 자유롭게 종교를 선택하는 것이 아니라, 국가에서 정한 종교가 그 나라의 공식 종교가 되는 것입니다. 잉글랜드에서 로마 가톨릭에서 성공회로 돌아선 후, 성공회 신자를 국교도라 부릅니다.

*카노사의 굴욕(1077) : 신성로마제국의 황제 하인리히 4세가 교황 그레고리우스 7세에게 파문당하자, 교황이 머무는 카노사 성 앞에서 파문을 풀어 달라고 3일간 용서를 빌었던 사건

에드워드 6세
헨리 8세의 세 번째 자녀이자 첫 번째 아들로, 어린 나이에 왕위를 이었다. 대부분의 정치는 섭정에게 맡기고 공부만 했으며, 덕분에 왕권의 방해 없이 종교개혁이 급속도로 진행될 수 있었다. 건강하지 못하여 일찍 사망.

종교개혁이 순조로웠던 에드워드 시절

헨리 8세가 죽고 왕위는 아들 에드워드 6세에게 넘어갑니다. 역사 속에 이 왕의 시대는 종교개혁에 아주 우호적인 정책을 폈던 시대로 기록이 되어있습니다. 종교개혁의 관점에서 보면 그 시절은 종교개혁자들이 비교적 마음껏 활동할 수 있었던 참 좋은 시절이었습니다. 다만 그 기간이 너무 짧았습니다. 에드워드 6세는 왕이 되고 나서 고작 5년쯤 살다가 죽거든요.

에드워드 6세는 어려서 왕이 되었기 때문에 왕을 대리하여 통치하는 '섭정'의 권한이 컸습니다. 종교개혁에 우호적이던 섭정은 본격적으로 종교개혁을 지원했고, 이제 분위기는 급물살을 탔습니다. 기존에 헨리 8세 아래에서 토마스 크랜머의 '지지부진한 개혁'에 답답함을 느끼던 종교개혁자들은 이때 어떤 기분이었을까요? 너무너무 신이 났을 것입니다. 갑작스런 잉글랜드의 변화는 온 유럽에 알려졌습니다. 잉글랜드에서는 신앙의 자유가 보장된다는 소문이 퍼졌습니다. 유럽 대륙에서 핍박받던 종교개혁자들은 너도나도 잉글랜드로 건너옵니다. 국가 차원의 탄압을 받던 자들이, 이제는 국가 차원의 지원을 받게 된 대단한 변화였습니다. 말 그대로 국가 차원의 변화였지요.

섭정의 시대가 무엇을 의미하나

어린 왕을 대신한 섭정은 왕의 이름으로 대륙의 종교개혁자들을 공식 초빙합니다. 리들리, 후퍼, 크랜머 등의 종교개혁자들이 이 시기에 활동하였고, 당시 가속화되던 개신교 탄압으로 고통받던 개신교도들이 잉글랜드로 대거 이주해오는 일도 벌어집니다. 버미글리, 부써 등의 종교개혁자들도 이때 잉글랜드로 건너와서, 대학에서 교수로, 활동가로, 많은 활약을 합니다. 그들의 활동으로 로마 가톨릭 스타일의 예전이 단순화되었고, 사제들이 착용하던 의복도 간편한 것으로 바뀌었습니다. (버미글리와 부써에 대해서는 76쪽을 참조하세요!)

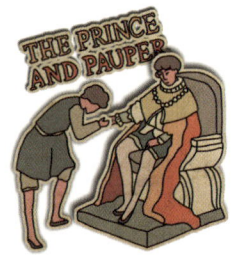

재미있는 사실!
미국 작가 마크 트웨인이 쓴 〈왕자와 거지〉는 에드워드 6세를 모델로 한 소설입니다. 역사를 알고 소설을 다시 읽으면 더 재미있어요!

결정적으로 이때 '사제'들에 대한 인식의 틀이 바뀌게 됩니다. 그들을 '거룩한' 존재로 규정해서 결혼도 하지 못하던 것이 바뀌어, 이제는 사제들도 혼인을 할 수 있게 되었습니다. 이 사실은 무척 중요한데, 아직 사제를 완전히 없애는 단계까지는 아니었지만 그들을 바라보고 인식하는 관점에 변화가 생겨났다는 겁니다. "우리와 똑같은 사람이구나!" 사제들의 결혼은 그래서 종교개혁의 중요한 요소 중 하나였습니다. 하지만 이때의 사건은 나중에 끔찍한 비극과 연결되고 맙니다.

사제들의 결혼
주교나 사제들이 결혼은 하지 않는 대신, 정부(情婦)를 두는 일은 공공연한 비밀이었습니다. 사제였던 루터가 수녀였던 카타리나 폰 보라와 당당하게 결혼한 일은 당시로써는 깜짝 놀랄 사건이었습니다.

이런 선구자들의 활동과 희생 속에서 토마스 크랜머 대주교도 점차 개혁파의 입장을 더 많이 받아들이고 시행합니다. 그래서 이 시기에는 칼뱅의 신학적 입장이 꽤 많이 반영된 여러 가지 개혁 작업이 이루어지고, 예배나 각종 교회 제도 등에 있어서도 유럽대륙의 수준에 버금갈 정도로 급속도로 개혁이 이루어졌습니다. 그렇게 잉글랜드가 명실공히 종교개혁 국가의 반열에 들려던 순간….

갑자기 에드워드 6세가 사망합니다. (1553년) 그 바람에 신나게 달리던 종교개혁은 '덜컥!'하고 급브레이크가 걸리고 맙니다. 에드워드 6세의 뒤를 이어, 저 유명한 '**블러디 메리**'가 등장합니다.

"참된 그리스도인이신 잉글랜드 왕 에드워드 6세 전하께 드립니다." 제네바에서 사역하던 칼뱅은 자신이 쓴 이사야서 주석을 잉글랜드의 개혁적인 왕 에드워드 6세에게 헌정합니다. 이처럼 핍박에 시달리던 개신교도들에게 에드워드 6세는 큰 희망이 되어 주었습니다.

1547년 ● 에드워드 6세 즉위

에드워드 6세가 즉위하자마자 빠른 속도로 종교개혁이 진행되었구나.

1548년 토마스 크랜머의 도움으로 분명한 **종교개혁 노선 통치**
① 프랑스와 전쟁 ② 6항 신조 폐지 ③ 교리문답 작성

1549년 종교통일법 등, 크랜머와 함께 **본격적인 종교개혁 추진**
① 모든 교회에 공동기도서 사용과 통일된 의식 명령 ② 사제들의 혼인 허용
③ 성공회를 정식으로 선포 ④ 대륙의 종교개혁자들 초청(버미글리, 부써 등)
⑤ 성경에 없는 의식들 폐지(후퍼의 가운착용논쟁)

역사 속으로

에드워드 6세 때 초청된 대륙의 종교개혁자
마르틴 부써, 피터 마터 버미글리

유럽 곳곳에 종교개혁자들이 활동하고 있었고, 이들은 서로 교류했습니다. 신교를 받아들인 영주나 왕은 개혁자들을 초청하여 교회나 학교에서 가르치는 역할을 맡김으로써 개혁 작업에 함께 했습니다. 잉글랜드가 에드워드 6세 때 종교개혁을 본격적으로 시작하려 하던 시기, 유럽 대륙에서는 피터 마터 버미글리', '마르틴 부써' 등의 탁월한 종교개혁자들이 활동하고 있었습니다. 잉글랜드는 이들을 초청해서 종교개혁의 문을 활짝 열었습니다. 이들은 그 유명한 옥스포드 대학과 케임브리지 대학을 각각 담당하여 잉글랜드를 계몽시켰습니다.

마르틴 부써
(Martin Bucer, 1490 ~ 1551)
로마 가톨릭의 사제였던 마르틴 부써는 젊은 시절, 하이델베르크에서 루터의 사상을 접합니다. 또 루터가 자신의 신학을 변호하는 것을 직접 목도하면서 신교도가 되었습니다. 스트라스부르로 옮겨와 오랫동안 종교개혁을 추진하던 그는 결국 도시에서 추방당합니다. 때마침 토마스 크랜머의 초청을 받아 영국 케임브리지 대학에서 강의를 맡았지만, 2년 만에 세상을 떠나고 맙니다.

피터 마터 버미글리
(Peter Martyr Vermigli, 1499 ~ 1562)
이탈리아 출신 종교개혁자입니다. 핍박을 피해 츠빙글리가 개혁자로 활동하던 스위스 취리히에서 활동하던 중, 토마스 크랜머의 초청으로 잉글랜드로 건너갑니다. 옥스포드 대학에서 성경강의를 맡고, 크랜머를 도와 잉글랜드의 종교개혁을 돕습니다. 메리 여왕의 핍박이 시작되자, 다시 스트라스부르로 떠납니다. (하이델베르크 대학의 초청을 받았던 그는 자기 대신, 우르시누스를 추천합니다.)

스트라스부르
취리히

더 깊은 이해를 위한 추천도서 : 『칼빈과 종교개혁가들』, 신정우 외 공동기고

마르틴 부써, 피터 마터 버미글리,
장 칼뱅 등 수많은 종교개혁자들이
활동하고 거쳐 갔던 도시.
스트라스부르

메리 튜더

피투성이 메리, 또는 피범벅 메리… 역사상 여왕에게 붙은 별명 중에 이보다 끔찍한 것이 또 있을까. 남편에게 버려진 엄마의 한을 그대로 물려받아 잉글랜드 종교개혁의 역사를 널뛰게 한 인물로 평가받지만, 그녀도 결국 시대를 읽지 못했던 당시 수많은 사람 중 하나였을 뿐.

1553년
메리 1세 즉위
로마교회로 전격 돌아감

1555년
이단 단속령
① 결혼한 사제 2천명 면직
② 후퍼, 리들리 런던 주교, 크랜머 대주교 등 줄줄이 화형, 3백 명 이상 순교

1558년
메리 여왕 사망
엘리자베스 1세 등극

엄청난 변수, 블러디 메리의 등장

왕이 자식 없이 허무하게 일찍 죽고 보니, 잉글랜드 왕실 계보가 꼬입니다. 여차저차 해서 누가 권력을 잡느냐의 문제로 내전 비슷한 상황까지 거친 뒤, 결국엔 오래전부터 아득바득 이를 갈며 준비하던 쪽이 승리합니다. 복수심에 불타는 메리가 여왕이 된 것입니다.

메리의 심리 상태를 추측해봅시다. 정말 비운의 여성입니다. 엄연히 '공주님'이신데, 어렸을 때부터 아빠의 사랑도 빋지 놋하고 심지어 인생의 상당 시간을 버려진 엄마와 함께 반감금 상태로 보내야 했습니다. 우리 식으로 표현하면, 가슴에 한이 서렸겠지요. 게다가 아빠가 엄마를 버린 이유가 뭐였죠? 메리 입장에서 아빠를 보면 정말 황당합니다. 어떤 젊은 여자랑 바람이 나서 엄마를 버리더니, 그걸 합리화하려고 온 나라의 종교까지 바꿔버린, 그야말로 심각한 이단(?)입니다. 더구나 가톨릭 신사로서 쫓겨난 엄마가 날마다 울면서 "딸아, 너는 반드시 로마 가톨릭을 지켜야 한다!" 이렇게 정신교육을 제대로 시켰을 것임은 충분히 짐작할 수 있는 일입니다.

메리는 즉위하자마자 잉글랜드의 국교를 다시 로마 가톨릭으로 바꿉니다. 종교개혁이 좀 되나 싶다가 다시 확 꺾인 겁니다. "그래, 바로 잡을 것은 바로 잡아야지. 미안하지만 우리 아빠가 잠깐 정신이 나갔었다. 다들 거기에 놀아나느라 수고들 많았는데, 이제 정신 차리고 정통 교회로 다시 돌아가는 거야! 불만 없지?" 그리고 쫓겨났던 주교들을 불러들입니다. 이어서 소위 '이단 단속령'을 통과시킵니다. 여기서 말하는 이단이 누구겠어요? 네. 종교개혁자들입니다.

이단 단속령은 화끈했습니다. 해안은 봉쇄되었고, 국내에서 활동하던 종교개혁자들을 색출하여 잡아들이기 시작합니다. 죄목쯤이야 붙이기 나름이었습니다. 특히 구분하기 편했던 것은 앞에서 이야기했던 '사제들의 결혼'이었습니다.

에드워드 6세 시절에 종교개혁이 탄력을 받던 시절에는 성직자의 결혼을 허용했습니다. 그들도 일반인과 다를 바 없는 평범한 사람이라는 뜻에서였습니다. 그래서 그때 수천 명의 사제가 공개적으로 결혼했습니다. 그런데 이제는 그들 모두를 '타락한 성직자'라면서 한꺼번에 면직시켜버리고, 강제로 이혼을 시킵니다. 수천 가정이 하루아침에 파괴됩니다. 뿐만 아니라 대략 300명 가까운 사람들을 화형에 처합니다. 이러한 극단적인 처방은 종교개혁의 기세를 한방에 꺾어버리려는 의도입니다. 에드워드 6세 시절에 잉글랜드가 종교개혁에 우호적이라는 말을 듣고 건너왔던 수많은 신자들은 박해를 피해 다시 대륙으로 도망치는 긴박한 상황이 연출되었습니다. 빠져나가지 못하고 남아있던 사람들은 잡혀서 끔찍한 고문을 받은 뒤 화형을 당합니다. 헨리 8세 때부터 에드워드 6세 시절까지 종교개혁의 흐름을 주도했던 토마스 크랜머도 이때 화형을 면치 못했습니다.

그런 피바람을 일으킨 탓에, 메리 튜더의 별명이 '피의(bloody) 메리'입니다. 사람 별명치고는 참 끔찍합니다. 이런 불명예스러운 별명이 영원히 역사 속에 남을 정도로, 역사를 거꾸로 돌리는 결정을 메리 여왕이 했던 것이죠.

이 시절에 참 많은 사람들이 희생당했습니다. 당시 수많은 신자들은 자신의 생명보다도 '바른 신앙'을 지키기 위해 모진 고문을 받고 처형당하는 길을 택했습니다. 그런데 얼마 후, 천만다행(?)으로 메리 여왕이 병으로 일찍 죽습니다.

이번엔 엘리자베스 1세가 왕이 됩니다.

순교자 열전(존 폭스, 1563)
1555년 1월 20일 메리여왕은 이단 단속령으로 크랜머와 리들리 런던 주교 등 300여 명을 순교시킵니다. 존 폭스는 외국으로 피신한 후, 메리 여왕이 개신교도들에게 가한 참혹한 박해를 고발하면서, 교회사 속에서 박해받고 순교 당한 신자들의 이야기를 집대성한 책을 펴냈습니다.

메리 튜더의 집권기는 누구나 알다시피 종교개혁의 '암흑기'였습니다. 그러나 꼭 그렇게만 볼 필요는 없습니다. 메리의 탄압으로 이제 막 피어나던 잉글랜드의 종교개혁이 처참한 후퇴를 경험하지만, 하나님의 섭리는 참으로 계산 못 하도록 오묘합니다. 더 넓은 시야로 이 시기를 보면 두 가지 발전적 측면도 있습니다.

첫째, 탄압을 피해 대륙으로 망명했던 종교개혁자들이 제네바에서 더 앞선 개혁의 흐름과 더 엄밀한 신학을 공부할 기회가 있었다는 점입니다. 둘째, 이단자 색출의 공포스럽고 처참한 처형 과정을 잉글랜드 시민들이 저잣거리에서 똑똑히 목격하면서, 그동안 '위로부터의 개혁'에 그쳤던 종교개혁이 대중에 저변 확대되었다는 점입니다.

엘리자베스 1세
메리 튜더의 배다른 동생이자 에드워드 6세의 배다른 누나. 그야말로 인생 꼬일 뻔했으나, 동생과 언니가 모두 일찍 죽는 바람에 왕위를 물려받았다. 자신의 태생적 정당성을 위해서도 종교개혁은 가야만 할 길이었으나 그에게 당면한 문제는 따로 있었으니…

엘리자베스 1세, "성공회로 돌아간다!" 그런데 목표는 절대왕정

종교개혁자들은 새로운 여왕을 열렬히 환영합니다. 헨리 8세의 둘째 부인이 낳은 딸이니까 개신교도일 거야, 최소한 블러디 메리보단 낫겠지, 어쩌면 적극적인 종교개혁 마인드를 가지고 있을 거야, 라고 기대했습니다. 그런데 한 가지 문제가 있었습니다.

예상대로 여왕은 즉위 직후 다음과 같이 딱 선언했습니다. "우리는 나시 성공회로 돌아간다. 우리 아빠가 교회를 잘 개혁했던 서였어." 좋습니다. 그런데 문제는 여왕의 주된 관심사가 **<절대왕정 확립>**이었다는 사실입니다. 당시 유럽의 왕들은 너나 할 것 없이 절대왕정 체제를 구축하는 일에 온 정신을 쏟았습니다. 에스파냐가 그러했고 프랑스 또한 그러했습니다. 잉글랜드 역시 이런 분위기를 피할 수 없었는데, 더구나 남자도 아닌 여자가 왕위를 지켜야 하다 보니 엘리자베스 1세는 그 무엇보다도 왕권 강화에 가장 많은 노력을 기울입니다.

이게 왜 문제가 되냐면, 이것이 교회와 관련이 있었기 때문입니다.

주교 임명권으로 국교회 확립

당시 유럽사회에서 왕권을 강화하려다 보면 반드시 종교 문제를 해결하지 않을 수 없었습니다. 왕권이 교권을 얼마나 잘 조정할 수 있느냐가 중요한 과제로 부각되는 겁니다. 여왕은 당장 교권부터 장악했습니다. 교황이 하던 일을 왕이 할 수 있다고 하는 것이 성공회 정치제도의 핵심입니다.

대표적인 것이 바로 '주교를 누가 임명하느냐'의 문제였습니다. 고위성직자인 주교를 왕이 임명하면 어떻게 될까요? 주교는 임명권을 가진 왕에게 굽실거릴 수밖에 없지요.

감독(주교)
신약성경의 '감독(Episcopos)'이란 말을 가져다 로마 가톨릭이 확립시킨 교회의 직분으로, 주교라고 불렀습니다. 피라미드형 구조 속에서 교회와 교구를 관리 감독했습니다.

왕이 그것만 할 수 있다면, 교회 전체를 저절로 마음대로 할 수 있다는 계산이 나오는 겁니다. 엘리자베스 1세는 바로 그 주교 임명권을 손에 틀어쥔 겁니다. 그렇게 엘리자베스 1세 시절에 잉글랜드의 '국교회' 체제는 탄탄하게 확립됩니다.

개신교 국가 정체성 확립
그러나 여전히 남아있는 기존의 주교제도

에드워드 6세의 개혁은 무척 진보적이었고, 메리의 통치기간은 그것을 다 부서뜨리기엔 너무나 짧았습니다. 덕분에 엘리자베스 1세는 비교적 쉽게 잉글랜드를 다시 개신교 국가로 돌리는 데 성공했고, '통일령'을 통해 예배 의식을 성공회 스타일로 통일시켰습니다. 그리고 39조 신앙고백서(혹은 39개 신조, p.324 참조)의 확립을 통해 교리의 개혁을 끌어올렸습니다. (11화에서 자세히 살펴봅니다.)

그러나 잉글랜드 교회의 모습은 칼뱅파의 입장에서 볼 때 여전히 완전한 개혁에 이르지 못한 상태였습니다. 아무리 교리적인 측면에서 개혁이 되었다 하더라도, 교회의 조직이 여전히 주교제를 채택하고 있었기 때문입니다. 예배 의식에 있어서도 로마교회 스타일을 완전히 벗지 못했습니다. 잉글랜드 성공회의 전반적인 분위기는 중도적이고 보수적이었습니다. 기존에 해오던 것을 크게 바꾸려 하지 않았습니다.

> **통일령(The Act of Uniformity)**
> 성공회 예배 의식을 통일하기 위해 만든 교회법령. 원래는 에드워드 6세 때 로마 가톨릭의 미사 요소를 예배에서 제거하기 위한 개혁안으로 만들어졌던 것입니다.(p.75 참조) 그러나 엘리자베스 1세에 와서는 오히려 청교도들의 계속되는 개혁을 막고 탄압하는 수단이 됩니다.

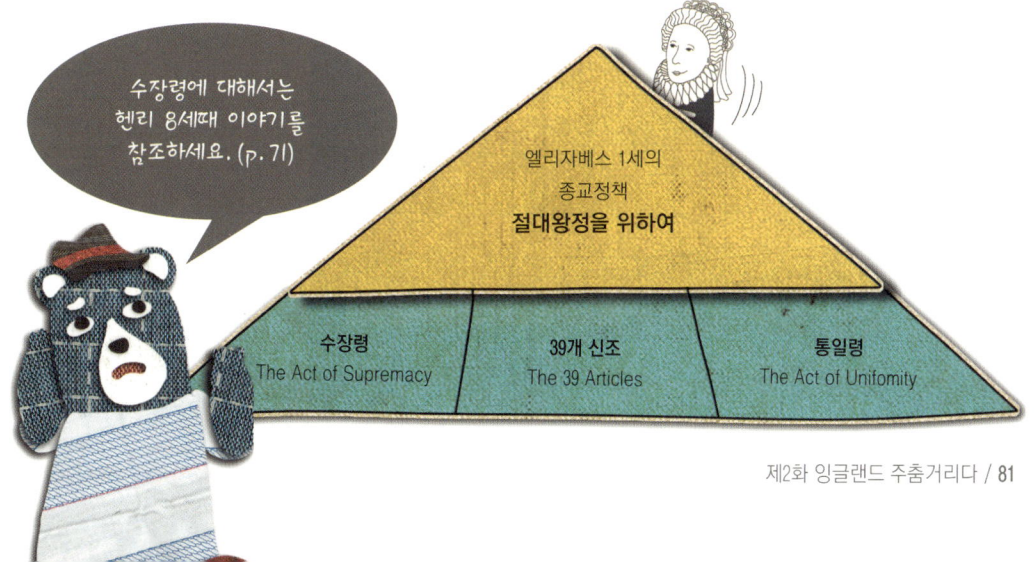

개혁자들이 엘리자베스 때 다시 돌아왔으나 수구적이고 경직된 **'국교'**가 되어버림

아래 그래프를 보세요. 메리 시절에 대륙으로 피신했던 개혁자들이 그곳에서 계속 진행되는 종교개혁을 경험합니다. 그리고 엘리자베스 1세 때 돌아와 보니, 잉글랜드는 대륙과 달리 종교개혁을 추진할 생각이 눈곱만치도 없어 보입니다. 답답함과 함께 실망감은 더욱 컸습니다. '대륙 쪽은 치고받고 싸우면서 종교개혁을 거듭 발전시키고 있는데, 우린 뭐냐!'라는 자괴감이 들 수밖에 없었습니다. 여왕에게 더 나은 개혁을 요구하고 싶었지만, 그랬다가는 국가 시책에 반항한다고 찍혀서 '반역자'가 될 판입니다.

그뿐만이 아니었습니다. 더 곤란한 것은, 아이러니하게도, 바로 얼마 전까지 메리 여왕에게 받은 핍박을 사람들이 생생하게 기억하고 있다는 바로 그 사실이었습니다. 사람들은 그 시절에 화형까지 당했던 순교자들을 그야말로 숭배할 정도로 존경했습니다. 지식에 있어서도 딱 그들이 추진했던 종교개혁까지를 알았을 뿐이었기에, 그들만큼만 개혁하면 된다고 생각했습니다. 그리고 그들을 뛰어넘는 뭔가를 제시하면 건방지다고 봤습니다. '이쯤 했으면 됐지…'라는 정서. 바로 이것이 더 나은 종교개혁을 부르짖는 사람들의 발목을 잡는 결과를 가져왔습니다. 종교개혁이 더 나은 종교개혁의 발목을 잡다니, 난감한 일입니다.

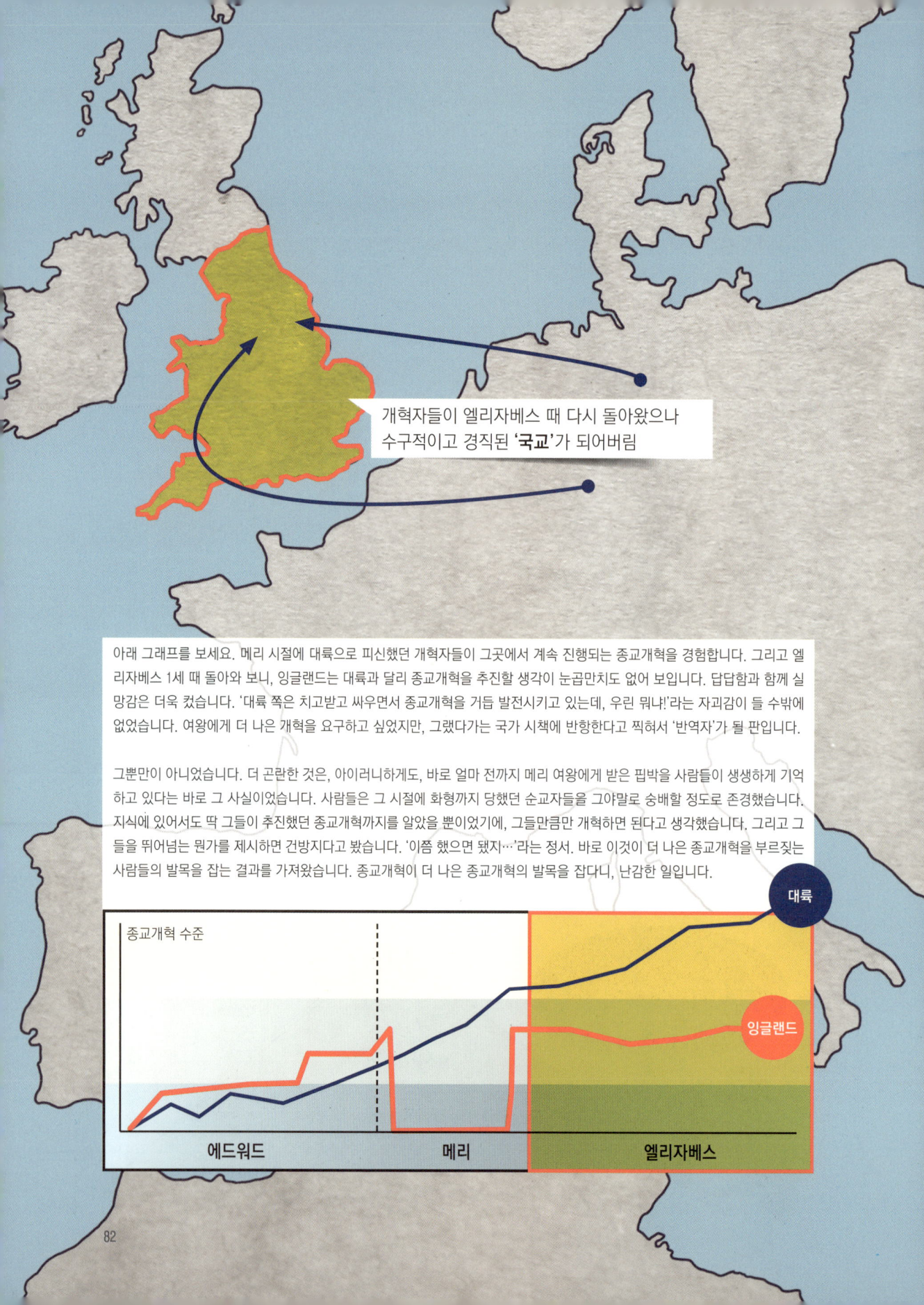

아무도 못 건드는 '순교신학'의 아우라

블러디 메리 당시에 순교했던 사람들은 비록 엄밀한 종교개혁을 추진하지는 못했지만 그래도 로마 가톨릭의 입장에서 볼 때 '충분한 이단'이었습니다. 비록 교리적으로나 교회론적으로나 부족했다고는 하더라도, 신앙의 문제로 목숨까지 내버린 순교자들을 우리가 함부로 평가할 수는 없는 일입니다. 바로 그런 이유로, 엘리자베스1세 시절에 그때의 순교자들이 다시 추앙받는 분위기가 되었을 때, 이제는 반대로 그들의 신학이 마치 최고의 것인 양, 신성시되는 분위기가 생겼던 것이죠.

그런 분위기 속에서 감히 순교자들이 했던 개혁이 부족했다고 말하면서 '더욱' 엄밀하게 개혁해야 한다고 말하는 것이 과연 쉬울까요? 어렵습니다. 더 나은 종교개혁을 원하는 사람들(청교도들)은 일반 대중에게는 '까탈스러운 사람들'로 보이게 됩니다. "사제를 다 없애야 합니다!", "사제를 연상시키는 성직자 가운을 벗어야 합니다!" 이런 식의 주장은 당시 잉글랜드 국민 대다수의 호응을 얻기 어려웠습니다. 바로 이런 현실적인 벽이 종교개혁의 발목을 잡는 새로운 문제가 되어버립니다.

종교개혁자들도 크게 두 갈래로 의견이 갈립니다.

> 적당히 좀 하자. 모두가 동의할 수 있는 수준이라는 게 있다. 여기까지 한 것도 잘한 거다. 최소한 피의 메리 시대보다는 확실히 낫지 않냐…. **까다롭게 굴면서 너무 오버하다가, 그나마 가진 것도 빼앗길 우려가 있다.**

반면에,

> 아니다. 하나님께서 원하시는 교회의 모습은 앞으로도 한참을 더 달려가야 한다. 언제까지 여기서 머물 셈이냐! 순교자들의 신학은 물론 존중받아야 하지만, 그들의 신학은 초보적인 것이었다. **더 배우고 더 고민하여 더 좋은 종교개혁을 이루어야 한다!**

여러분은 어떤 주장이 설득력 있다고 생각하십니까? 이후의 역사는 바로 이런 두 주장이 서로 싸워가는 역사입니다. 여기서 후자의 생각, 즉 '더 순수한 개혁'을 열망하는 사람들을 가리켜, 청교도(Puritan)라고 불렀습니다. 특히, 제네바에 가서 공부했던, 칼뱅의 종교개혁으로 세워진 교회를 직접 보고 경험했던 사람들은, 청교도 중에서도 더욱 엄밀한 사람들로 꼽혔습니다. 그들이 추구하는 방식은 '오직 성경대로!'였습니다. 그들은 주변 눈치를 봐서 소신을 굽히거나 하는 사람들이 아니었습니다. 대표적인 인물이 '토마스 카트라이트'입니다.

토마스 카트라이트와 팜플렛 전쟁 : 탄원서와 반박문의 무한반복

토마스 카트라이트는 '여왕님, 이건 아니지요.'라며, 우리도 제대로 된 개혁을 해야 한다는 논조의 청원서를 발표합니다. 그러나 여왕은 단호한 포고문으로 응대합니다. "그 정도 했으면 됐지, 뭘 더 바라니? 딴소리하지 말고 분위기 봐가면서 고분고분 좀 따라와라. 울 언니가 하던 거 잊었어? 야~ 세월 좋아졌다, 응? 앞으로 국가 정책에 토 다는 놈들은 싹 잡아 가둘 테니 그리 알도록!"

이제 토마스 카트라이트는 T.C.라는 필명으로 활동하기 시작합니다. 그는 여왕의 포고문에 대응하는 여섯 항목의 진술서를 출판합니다. "이런 제도는 성경에 근거가 없구요, 이런 제도는 로마 가톨릭 교회랑 사실 똑같은 거예요…." 이런 식으로 글을 씁니다.
이걸 본 여왕은 어떻게 했을까요?

관련자 전원 색출, 투옥으로 대처합니다.

몇몇 지도자들이 잡혀 들어가고, 그들을 위한 탄원서가 출판됩니다. 왕실에서는 그 탄원서에 대항하는 반박문을 출판합니다. 청교도들의 탄원서와 이에 대한 반박문은 그 주장과 근거의 전제가 서로 너무 달라서 합의에 이르지 못하고 계속 평행선만 달립니다. 한쪽에서 자기주장을 담은 소책자를 출간하면 반대편이 또 다른 주장을 출간하고… 이런 식으로 계속해서 무한루프를 돌게 됩니다. 이를 가리켜 소위 '팜플렛 전쟁'이라 부르는데, 이런 전쟁(?)은 종교개혁 기간 내내 유행합니다.

당시에는 이렇게 종교나 정치 문제로 논쟁이 붙으면 작은 소책자를 출판하여 지지를 호소하고 세력을 결집하는 것이 일반적이었습니다. 점잖은 학술토론처럼 보이기도 합니다. 하지만 종교개혁자들에게 이것은 하나도 좋을 것이 없었습니다. 이런 식으로 팜플렛 전쟁이 계속되면 누가 손해일까요? 하자는 사람이 답답할까요, 하지 말자는 사람이 답답할까요? 네, 잉글랜드의 종교개혁은 아무것도 달라진 것이 없이 답보상태에 머물고, 종교개혁자들의 소중한 시간만 흘러갈 뿐이었습니다. 왕실의 시간은 넉넉했습니다. 시간은 언제나 기득권을 확보한 쪽의 편이니까요.

지하교회로 남을 수밖에 없었던 청교도들

더구나, 엘리자베스 1세 여왕은 토마스 카트라이트와의 지루한 팜플렛 전쟁을 끝마치기 위해 나름대로의 카드를 꺼냅니다. 성공회의 입장을 분명하게 표현한 '치리서'를 만들어서, 거기에 모든 성직자가 서명을 하도록 법으로 정하는 겁니다. 그리고 거기 서명하지 않는 자들의 **〈설교권〉**을 합법적으로 박탈하는 것입니다.

결국 이 시절에 잉글랜드 청교도, 특히 북쪽 스코틀랜드 교회 수준의 종교개혁을 추구하던 사람들은 **'지하 교회'**를 형성할 수밖에 없었습니다. 잉글랜드의 종교개혁은 이렇게 '지하교회'에서 유지된 겁니다. 잉글랜드의 종교개혁은 지지부진 시간만 끌며 주춤주춤 어렵게 명맥을 이어갔으나, 한 가지 희망은 바로 그 지하교회였습니다. 비록 비공식적이지만 종교개혁의 지향점을 정확히 알았던 초기 잉글랜드 장로교회가 존재했다는 사실은, 훗날 잉글랜드에 제대로 된 종교개혁이 이루어질 가능성과 희망이 되었습니다.

그들은 어려움 속에서도 성경을 부지런히 공부했고, 설교자를 훈련시켰으며, 교회 안에서 무엇이 합리적인 의사결정 구조이겠는지를 고민했습니다. 비록 시대는 어둡고 참된 교회는 연약해 보이지만, 하나님께서는 그런 상황 속에서도 교회를 보호하셨습니다. 그리고 약 50여 년 뒤, 하나님께서는 그동안 준비시킨 이 교회를 적절히 사용하시게 됩니다.

➕ 심화학습

자발적인 성경공부와 설교 모임
잉글랜드 최초의 장로교회 탄생

엘리자베스 1세 여왕의 애매한 태도 때문에 청교도들은 하루하루 지쳐갔습니다. 그래서 그들은 대안으로 '예언회(Prophesyings)'라는 모임을 만들어서 자발적이고 비공식적으로 성경공부를 했습니다. 하지만 여왕은 이 모임조차도 위험하다고 판단합니다. 그래서 이러한 뜻을 당시 대주교였던 '그린달'에게 밝히고, 그에게 예언회 모임을 억제하라는 지시를 내립니다. 여왕은 국교회의 수장이었기에 이것은 어명이자 동시에 교권을 실은 명령이었습니다만, 그린달은 양심상 그렇게는 못하겠다고 항명함으로써, 실각하여 평생을 가택연금 당하는 편을 택합니다. 하나님을 서럽게보시는 사람을 기쁘신 것이죠.

그린달 대주교는 잉글랜드 교회의 최고 지위에 오른 사람으로, 이제 여생을 편안하게 살아도 아무런 불편함이 없는 사람이었습니다. 그런 그가 모든 것을 잃을 것을 감수하고 여왕 앞에 대항했을 때, 얼마나 심적 갈등이 컸을까요? 실제로 그는 이 발언으로 인해 여왕의 미움을 사서, 죽는 날까지 가택연금을 당합니다. 그가 맡았던 모든 직무는 여왕에게 딸랑딸랑 비위 맞추며 아부하는 사람들의 차지가 되었습니다. 이렇게 엘리자베스 1세의 통치 기간 중 수많은 사람들이 국가의 종교정책에 반대하다가 정직당했습니다.

이런 상황 속에서 종교개혁자 토마스 카트라이트는 목숨을 걸고 예언회를 이끌다가 감옥에 갇히고, '권면논쟁'에 휘말려 또다시 투옥되는 생고생을 거듭합니다.

> 권면논쟁은 쉽게 말하면 교회가 국가에 대해 권면(Comment)을 해도 되느냐는 것이었습니다. 당연히 국가는 그걸 바라지 않았고요.

더 생각해보기 : 어디까지가 우리 편일까??

그린달 대주교는 비록 국교회의 수장으로서 개혁자들을 핍박하는 위치에 있었던 사람이었지만, 한편으로는 그의 보호(?)아래 – 비록 지하교회일지라도 – 개혁자들의 활동이 어느 정도 보장된 측면이 있습니다. 이런 사람들 덕분에 프랑스나 네덜란드에서와 같은 가혹한 탄압을 피할 수 있었다는 점에서, 우리는 생각할 점이 있습니다. 아군이냐, 적군이냐? 그런 식으로 잘라 말하기 어렵더라는 겁니다.

종교개혁은 크고 넓은 흐름입니다. 우리는 종교개혁의 후손들이라는 이름 아래, 때로는 서로 분명히 구별되면서도 때로는 함께 고통을 나누며 팀워크를 이루어야 하는 시기와 장소가 있습니다. 신학적 일치 속에서도 실천적 다양성이 있을 수 있으며, 또한 그 반대의 경우도 있을 수 있다는 것을 잊지 말아야 하겠습니다.

◐ 역사 속으로

잉글랜드의 종교개혁자
토마스 카트라이트 (Thomas Cartwright, 1535~1603)

토마스 카트라이트는 칼뱅의 가르침을 따라 장로교 정치 제도를 잉글랜드 교회에서 정착시키기 위해 노력하여 '잉글랜드 장로교회의 아버지'라고 불리기도 합니다. 케임브리지 대학의 세인트 존스 칼리지에 입학했을 때 토마스 카트라이트는 15살이었습니다. 그때 마침 스위스의 종교개혁자 마르틴 부써가 토마스 크랜머의 초청으로 잉글랜드에 들어와 케임브리지 대학에서 가르치고 있었습니다. 마르틴 부써의 체류기간은 짧았지만(마르틴 부써는 1551년에 사망) 이를 통해 카트라이트가 유럽 대륙의 앞선 종교개혁 사상을 흡수할 수 있었던 것 아닐까 짐작해봅니다. 곧이어 메리 여왕이 집권한 후 청교도에 대한 험난한 박해가 시작되면서, 카트라이트는 대학에서 쫓겨납니다.

엘리자베스 1세가 집권하자 토마스 카트라이트는 활동을 재개했고, 그의 설교는 수많은 사람들에게 인기를 끌었습니다. 하지만 주교 제도를 비판하면서, 그는 케임브리지에서 해고당하고 다시 정부 당국에 쫓기는 신세가 됩니다. 토마스 카트라이트는 제네바로 건너가 칼뱅의 뒤를 이어 제네바를 개혁하던 베자를 만나 종교개혁 사상을 더욱 확고히 다졌으며, 벨기에 안트워프에서 잉글랜드 피난민 교회를 섬기기도 했습니다. 한편 잉글랜드에서는 그의 가르침을 따르는 사람들이 숨어서 은밀하게 장로교회를 세우고 예배드리기 시작했습니다. 잉글랜드로 돌아왔다 결국 체포된 토마스 카트라이트는 2년간의 감옥 생활 끝에 세상을 떠납니다. 쫓겨 다니면서도 교회를 위해 남겼던 그의 저서와 글들은 후대의 종교개혁자들에게 힘이 되어 주었습니다. '토마스 카트라이트의 교리문답'도 그 중의 하나입니다. (p.348을 참조하세요.)

그는 한평생을 고생하며 살다 갔지만, 그의 인생은 엘리자베스 1세 여왕의 독주를 막는, 그리고 잉글랜드 청교도들의 양심을 일깨우는 역할을 해주었습니다.

➕ 심화학습

1장으로 보는
잉글랜드의 초기 종교개혁사 (16세기)

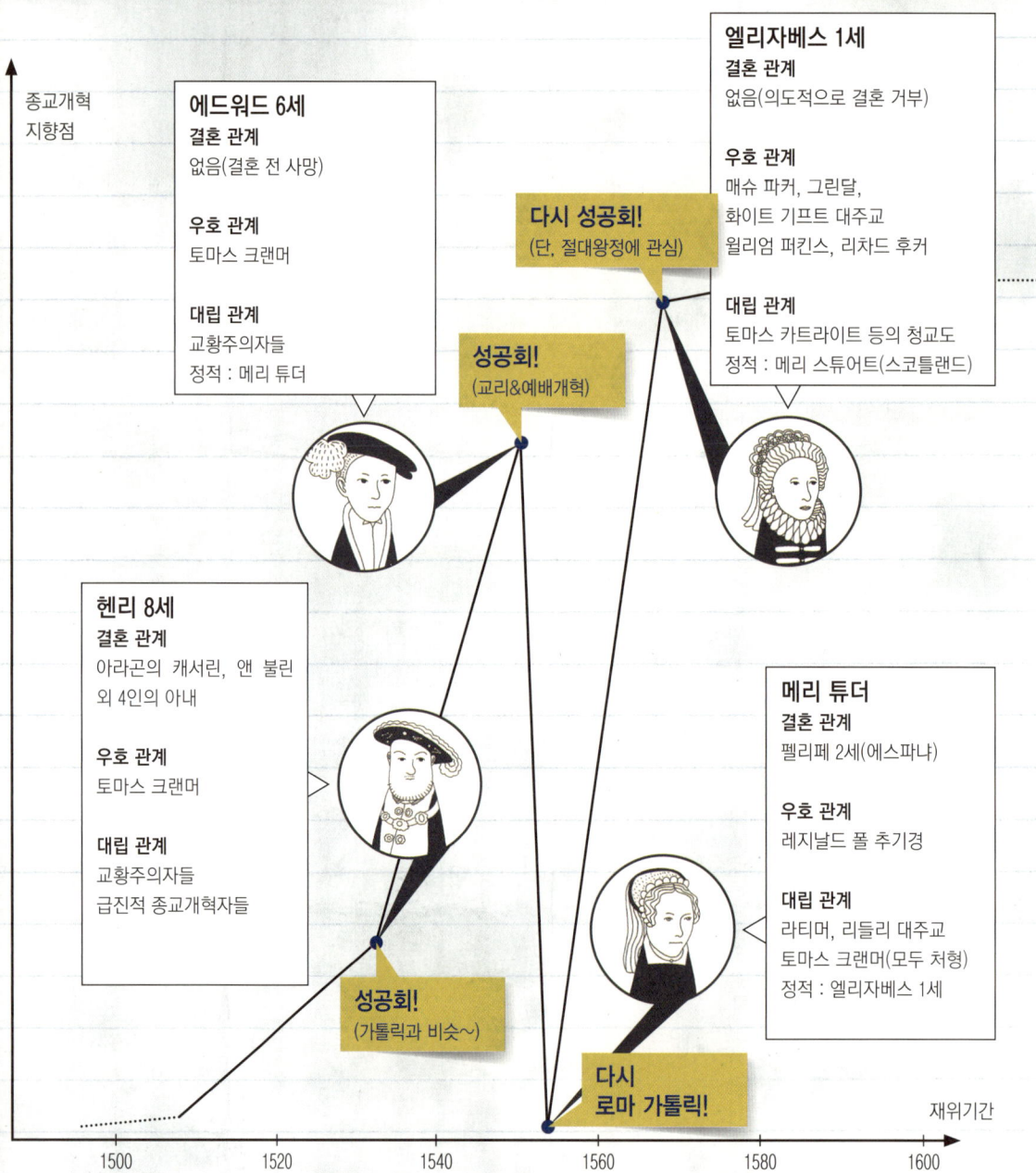

제2화 잉글랜드 주춤거리다

다음 질문을 읽고, 맞는 것에 O, 틀린 것에 X로 답하세요.

1. 잉글랜드에서는 헨리 8세가 바른 교리의 회복을 위하여, 교황과의 관계를 단절하고 종교개혁을 감행하였다. ☐ O ☐ X

2. 에드워드 6세는 헨리 8세의 둘째 아들로서 신교를 지지했으며, 이를 통해 종교개혁 움직임에 활기를 불어넣었다. ☐ O ☐ X

3. 메리 튜더는 에드워드 6세가 죽은 후 왕위를 차지하고, 무자비하리만큼 신교도를 탄압하며 잉글랜드의 국교를 로마 가톨릭으로 되돌리기 위해 노력했다. ☐ O ☐ X

4. 엘리자베스 1세는 에드워드 6세 때처럼 성공회를 국교로 삼았다. 하지만, 과거에 개혁된 수준에서 머무르려 했을 뿐, 더 나은 종교개혁 의지를 억압하며 왕권 강화에 몰두하였다. ☐ O ☐ X

5. 잉글랜드의 종교개혁자 토마스 카트라이트는 블러디 메리가 집권한 후, 박해를 피해 제네바로 건너가 칼뱅주의 사상을 공부하고, 프랑스 피난민 교회를 섬겼다. ☐ O ☐ X

넓고 깊게 생각해 보기

헨리 8세의 종교개혁이 순수한 의도가 아니었음을 드러내는 근거 중 3가지를 골라 적어 보세요.

제3화
스코틀랜드 준비되다

잉글랜드의 종교개혁이 명절 고속도로 요금소 주변처럼 버벅거리는 동안, 스코틀랜드의 종교개혁은 급속도로 진행되었습니다. 왜, 그리고 어떻게 해서 그런 일이 일어났을까요? 스코틀랜드는 사실 잉글랜드와는 모든 면에서 딴판인 왕국이었습니다.

이번 화에서는 체크무늬 치마에 백파이프를 부는 나라, 해리포터 촬영지로 더없이 적합한 나라, 스카치위스키에 동네 아저씨들이 늘 살짝 취해 있을 것만 같은 스코틀랜드로 눈을 돌려봅니다.

키워드 : 존 녹스, 제1치리서, 가장 잘 개혁된 교회, 제임스 6세 장로교회, 앤드류 멜빌, 두 왕국 이론

스코틀랜드는 브리튼 섬의 북쪽에 위치한, 꽤 추운 동네입니다. 런던에서부터 기차로 달리면 빨리 가도 대략 다섯 시간이 걸리는데, 초가을에 런던에서 반팔을 입고 기차를 타면 올라가는 동안 슬슬 추워집니다. 중간에 긴팔 옷을 하나쯤 걸쳐야 할 정도입니다. 그 정도로 스코틀랜드는 유럽의 변두리, 더더욱 종교개혁 당시에는 '촌구석'이었습니다. 그런 곳을 왜 굳이 우리가 알아야 할까요? 그것은 스코틀랜드의 종교개혁이 아주 '끝내줬기' 때문입니다.

스코틀랜드의 종교개혁 시작: 존 녹스의 제1치리서

스코틀랜드의 대표적인 종교개혁자는 존 녹스입니다. 그림은 스위스 제네바 시에 있는 종교개혁 기념비(Reformation Wall)입니다. 맨 오른쪽이 녹스(Knox)이고, 왼쪽부터 파렐(Farel), 칼뱅(Calvin), 베자(Beza) 순서입니다.

존 녹스는 제네바에서 공부했던 사람입니다. 그는 제네바 유학을 마치고 스코틀랜드에 돌아와서 개혁 운동을 시작하는데, 혼자서 하지 않았습니다. 종교개혁에 관심을 가졌던 주위의 귀족들과 먼저 긴밀하게 협의합니다. 그렇게 해서 관련 법안을 하나하나 통과시키면서, 스코틀랜드는 말 그대로 공식적인 종교개혁 국가가 됩니다.

이때 존 녹스는 대단한 자신감을 보입니다. 그가 귀국 직후에 작성한 '제1치리서'라는 법안에는 심지어 다음과 같은 표현이 들어 있습니다.

가장 잘 개혁된 교회(The Best Reformed Kirk)

존 녹스
'시대의 풍운아'라는 수식어가 너무 잘 어울리는 남자. 젊은 시절부터 스코틀랜드와 잉글랜드, 유럽 대륙을 종횡으로 누비며 온갖 고생을 다 하면서 종교개혁의 감각을 기른 뒤, 제네바에서 가장 확실한 대답을 발견하고는, 그것을 고향 땅 스코틀랜드에 발전적으로 이식했다.

자신들을 가리켜 '가장 잘 개혁된 교회'라니, 이런 표현 어떻게 생각하세요? 좀 교만하다는 느낌이 들지 않으십니까? 이런 말을 쓸 수 있는 자신감이 어디서 나왔을까요? 당시 유럽의 종교개혁자들이 교과서로 삼던 곳은 다름 아닌 칼뱅의 제네바였습니다.(p.47~51) 게다가 존 녹스 자신도 지금 막 거기서 공부하고 돌아온 길인데, 어떻게 자기네가 가장 최고라고 말할 수 있을까요? 이유가 무엇일까요? 그 자신감의 근거를 알기 위해서는 존 녹스가 애초에 제네바에 갔던 때로 돌아가 봐야 합니다.

존 녹스는 이미 제네바에서 실력을 알아보고 스카우트를 했을 정도로 뛰어난 사람이었습니다. 피의 메리 시절에 유럽 대륙에서는 잉글랜드로부터 망명한 개혁자들이 여기저기 거처를 찾고 있었습니다. 그들은 프랑스나 네덜란드, 그리고 스위스 등으로 피신했는데, 이때 그들을 위해 열정적으로 활동하던 존 녹스를 제네바는 눈여겨보았습니다. 그리고 행여나 그의 신변에 어려움이 생길까 하여 그를 제네바로 초청합니다. 녹스는 제네바에 있는 동안 종교개혁에 대한 더 깊은 이해를 갖출 수 있었으며, 한편으로는 영어권 망명자들을 위한 목회자로도 일했습니다. 그들에게 영어로 설교할 사람이 필요하니까요.

그렇게 제네바에서의 유학을 마치고 돌아온 존 녹스는 스코틀랜드를 칼뱅파로 바꾸는 개혁을 단행합니다. 이 과정에는 수많은 종교개혁자들의 목숨을 건 노력이 있었음은 물론이고요! 그는 특히 교회의 조직을 '장로교회'라는 제도로 개혁합니다. 이것은 사실 제네바에서도 완벽하게 해내지 못했는데 스코틀랜드에서 이뤄낸 것입니다. 그 내용은 녹스가 작성한 제1치리서에 나타나 있습니다.

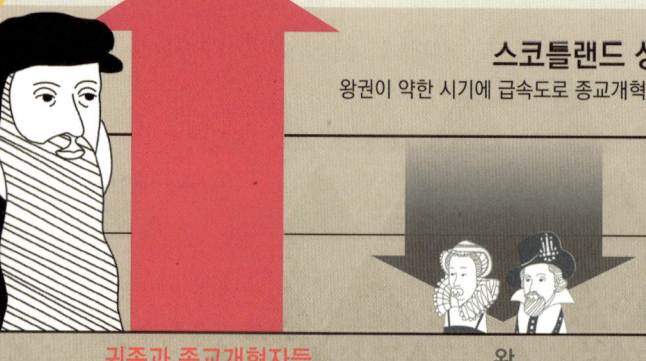

제네바 직수입!!
가장 잘 개혁된 교회
The Best Reformed Kirk

Kirk = Church
옛날 스코틀랜드에서는 교회를 Kirk로 표기했습니다.

가장 잘 개혁된 교회…
이 표현을 기억해두세요!
제5화에서 다시 등장합니다.

스코틀랜드 상황
왕권이 약한 시기에 급속도로 종교개혁 추진

귀족과 종교개혁자들   왕

메리 스튜어트, 제임스 6세
둘 다 어린 나이에 즉위, 섭정들이 다스림

제1치리서는 '종교개혁의 정신에 따른 교회 제도를 스코틀랜드에 정착시킨다'는 의지가 담긴 법령입니다. 그 안에는 잘못된 성직자 개념이 만들어낸 주교제도에 대한 문제제기가 이미 담겨 있었습니다. 존 녹스는 스코틀랜드의 교회를 교리뿐만 아니라 교회정치까지 개혁하기 위해 이 문서를 작성했던 겁니다.

제1치리서는 또한 교회를 다스리는 직분이 주교나 사제들이 아니라 '장로'들이어야 한다고 말합니다. 장로는 성직자가 아닌 일반 성도로서, 신앙과 인품으로 교회의 덕을 세우는 사람입니다. 말씀을 가르치고 설교하는 목사도 장로에 포함됩니다. (이 부분은 이 책의 '열매' 부분에서 자세히 알게 됩니다.)

존 녹스의 개혁은 스코틀랜드인들의 마음을 움직였고 급속도로 광범위한 지지를 받았습니다. 스코틀랜드는 종교개혁 초창기부터 이미 유럽 대륙과 교류하던 지식인들을 중심으로 종교개혁 사상이 전파되어 있었습니다. 그리고 영어 성경과 칼뱅의 기독교강요 등 출판물의 도움으로 많은 사람이 이미 마음속으로 개신교를 받아들인 상태였습니다.

특히 스코틀랜드 귀족들은 존 녹스에게 우호적이었고, 존 녹스는 그들의 도움으로 비교적 무리 없이 제네바에서 칼뱅에게서 배운 교회정치 제도를 스코틀랜드에 도입할 수 있었습니다. 따라서 그는, 이대로만 쭉 가준다면 스코틀랜드가 세상에서 가장 잘 개혁된 교회가 될 수 있을 것이라는 포부를 가졌던 것입니다. 이것이 바로 그가 가졌던 자신감의 근거였습니다. 실제로 당시까지만 해도 유럽에서 교회정치 측면의 종교개혁을 국가 차원에서 그 정도로 이뤄낸 나라는 없었습니다.

〈가장 잘 개혁된 교회〉라는 말은, 한편으로는 이웃나라 잉글랜드를 겨냥한 표현이기도 합니다. 당시 잉글랜드는 종교개혁을 하다- 말다- 하고 있잖아요? 하더라도 중도적 개혁에 그치려고 했고, 툭하면 다시 기존 스타일로 돌아가 버리기 일쑤였습니다. 그래서 스코틀랜드 개혁파는 잉글랜드의 교회를 불완전한 교회라고 보았고, 잉글랜드의 개혁을 '하다가 그만둔 개혁'으로 평가했습니다.

그러므로 〈가장 잘 개혁된 교회〉라는 표현은 "우리가 하는 것을 잘 보고 따라오셔!"라는, 일종의 정치적 제스처였다고도 볼 수 있겠습니다.

메리 스튜어트
프랑스에서의 행복했던 어린 시절도 잠시, 스코틀랜드에 돌아온 뒤로는 그야말로 막장 드라마의 여주인공으로 살아갔던 비운의 여왕. 왕실은 가난하고, 백성들은 반항하고, 하나님 외에는 누구도 겁내지 않는 꽉 막힌 종교개혁자들까지 설쳐댄다. 에라 모르겠다. 막 나가자.

비운의 여왕, 메리 스튜어트

그러면 스코틀랜드의 왕권은 왜 그렇게 약했을까요? 제임스 5세가 일찍 죽고, 그의 딸 메리 스튜어트가 고작 1살 때 왕이 되어, 귀족들에 섭정이 시작된 탓입니다.

한 살짜리 여왕이라… 독자 여러분, 분발하세요. 누구는 한 살 때 벌써 왕입니다. ^^ 하지만 그게 과연 좋은 일일까요? 너무 어린 나이에 왕이 되면 왕권이 튼튼할 수가 없습니다. 국내 귀족 가문들은 두말할 것도 없고, 주변에 있는 나라늘도 죄다 정략결혼의 대상으로 여기고 호시탐탐 노립니다. 아직 어리지만 미리 약혼이라도 해두면 나중에 자연스럽게 나라 하나를 통째로 차지하게 되는 투자 대상입니다. 특히 잉글랜드와 프랑스는 이 문제로 경쟁하다시피 하는데, 그중에서도 헨리 8세는 어린 여왕을 며느릿감으로 삼으려고 거의 납치라도 할 기세였다고 합니다. 섭정은 이 상황에서 어떻게 해야 모두가 안전할까를 고민하다가, 결국 외가였던 프랑스로 유학을 보냅니다. 잉글랜드에 바로 먹히는 것보다 낫다는 판단에 일종의 도피성 유학을 보낸 셈입니다.

프랑스에서 메리 스튜어트는 행복한 어린 시절을 보냅니다. 절대 왕정을 추구하던 프랑스 궁정! 메리에게 얼마나 좋은 동네였겠어요. 거기서 화려하고 발랄하게 살면서 그 나라 왕자랑 친하게 지내다가 결혼까지 합니다. 왕자는 자라서 왕이 되었고 ^(프랑수아 2세) 당연히 메리는 왕비가 됐지요. 스코틀랜드 여왕 겸 프랑스 왕비… 여기까지는 동화처럼 모든 것이 잘 풀리는 듯했습니다. 그런데 세상을 다 가진 것처럼 신나던 신혼생활도 잠깐, 남편이 덜컥 죽어버립니다. 결국 시댁 눈치에 못 이겨 쓸쓸히 스코틀랜드로 돌아오는데… 이때부터 메리 스튜어트는 한 여자로서 행복 끝, 불행 시작입니다.

메리 스튜어트를 일컬어 '스코틀랜드의 가장 운 나쁜 여왕'이라고들 합니다. 19살 꽃다운 나이에 고향에 돌아와 보니, 이건 프랑스랑 너무 다른 거예요. 명색이 여왕이라지만, 오랜 세월 섭정이 다스리던 나라에는 모든 실권을 귀족들이 차지하고 있었고, 춥고 우중충한 궁전에, 믿을 사람조차 없는 왕실에 덩그러니 앉아서 그녀가 할 수 있는 일은 별로 없었습니다.

진짜 문제는 따로 있었습니다. 타이밍도 참 기막히게, 여왕이 돌아온 그때는 하필이면 제네바에서 공부하고 돌아온 존 녹스가 이를 악물고 종교개혁의 깃발을 휘두르던 딱 그 시절입니다. 게다가 여왕은 로마 가톨릭 신자였습니다. 여왕의 스코틀랜드 통치가 얼마나 암울했을지는 누구든 예상할 일이었습니다. 메리 여왕은 어둡고 두려운 미래를 풀어보려고 이런저런 무리수를 두다가 돌이킬 수 없는 스캔들을 일으켜, 결국 귀족들에 의해 폐위되고 맙니다.

에딘버러에 위치한 존 녹스의 집. **벽면에 존 녹스와 메리 스튜어트가 조각된 목판이 걸려 있습니다. 서로 등을 돌린 것처럼 배치하여** 두 사람의 사이가 어땠는지 유머러스하게 표현했습니다.

제임스 6세 겸 1세
귀족들에게 쥐어뜯기며 어린 시절을 보냈던 초라하고 비굴한 왕. 그러나 훗날 대 잉글랜드 왕관을 공짜로 차지해서 '킹 제임스'라는 호칭을 얻은 인생극장의 주인공. 하지만 그 성공은 자신의 노력이라기보다 그저 주어진 것이었기에, 그의 통치는 그다지 선진국스럽지는 못했고….

조지 뷰캐넌
훗날 웨스트민스터 총회에서 총대로서 큰 역할을 했던 사무엘 러더포드 (Samuel Rutherford, 1600~1661)의 정신적 스승이기도 합니다. (p.145 인포그래픽 참조)

입헌군주제
군주의 권력을 헌법으로 제한하는 정치 형태

마음 한구석 트라우마를 지닌 제임스 6세

이제 제임스 6세로 넘어갑니다. 메리 스튜어트의 어린 아들이었고, 메리가 귀족들에 의해 결국 폐위된 뒤, 엄마처럼 그도 1살 때 왕이 됩니다. 당연히 '왕 같지 않은 왕'으로서 어린 시절을 보냈지요. 여왕을 마음대로 폐위시킨 귀족들에 의해 왕위에 올랐으니 무슨 힘이 있겠습니까. 게다가 당시 스코틀랜드 왕실은 돈도 별로 없습니다. 어쩌면 역사 속에서 별로 중요한 역할을 하지 못하고 그렇게 살다가 갔을지 모를 인생의 출발이었습니다.

하지만 우리는 이 사람의 인생을 잘 살펴볼 필요가 있는데, 그가 장로교회를 극도로 혐오했던 사람이었고, 그 덕분에 잉글랜드와 스코틀랜드의 종교개혁이 크게 휘청거렸기 때문입니다. 무슨 일이 있었던 것일까요?

그 전에, 제임스 6세가 왜 그토록 장로교회를 싫어하게 되었는지를 잠깐 살펴볼 필요가 있습니다. 장로교회에 대한 제임스의 반감은 어린 시절부터 시작됩니다. 당시 스코틀랜드는 종교개혁이 한참 탄력받던 때입니다. 존 녹스의 후배들이 더 철저한 종교개혁을 추진하면서 교회 조직에서 주교들의 자리를 거의 다 밀어냈습니다. 제임스 6세는 그런 환경에서 기죽어 자랐습니다.

특히 제임스 6세의 교육을 맡았던 조지 뷰캐넌(George Buchanan, 1506~1582)은 프랑스 위그노의 영향을 받은 철저한 칼뱅파였으며, 장로교회 정치제도에 대한 소신도 강한 학자였습니다. 그는 왕실 교사의 자격으로 당시에만 해도 급진사상이었던 '입헌군주제'를 어린 왕에게 가르쳤습니다. 그리고 장로교회 제도가 얼마나 성경적이며 주교제도에 비해 얼마나 발전된 제도인지를 또한 강조했습니다. 즉, 종교개혁이 추구했던 새로운 국가 제도와 교회 질서 속에서 국왕이 갖추어야 할 소양을 어린 왕에게 교육시켰던 겁니다.

물론 그건 좋은 일인데, 문제는 그 과정에서 때로는 회초리를(왕에게 신하가 감히!) 들기도 했으며, 심지어 제임스 6세의 엄마 메리 여왕이 폐위된 이유도 직설적으로 가르쳤다고 합니다. 그런 이유로 어린 제임스 6세의 마음은 상처를 입었고, 반항심이 싹텄던 모양입니다.

한술 더 떠서, 그 후임자로 들어온 앤드류 멜빌은 더욱 엄밀한 종교개혁 사상가였습니다. 제임스 6세는 이렇게 장로파 종교개혁자들의 신앙교육에 시달리며 청소년 시기를 보냈습니다. 하지만 눈치가 빨랐던 제임스 6세는 속마음을 숨기면서, 꽤 잘 참고 지냅니다. 엄마가 어떻게 죽었는지를 잘 알고 있던 그는 강력한 왕권을 갖기 전까지는 귀족들에게 - 적어도 겉으로는 - 굽히고 지냅니다. 그는 그렇게 치밀하게 자신을 감추고 있다가 나중에 자기가 정말 큰 힘을 가졌을 때 비로소 자기 본심을 드러냅니다.

왕을 납치한 황당한 사건

장로교도들이 제임스 6세의 자존심에 씻을 수 없는 상처를 준 사건을 하나 더 소개합니다. 그 사건은 무려 '국왕 납치 사건'입니다. 왕이 사냥 중에 장로파 귀족들에게 납치를 당해서, 10개월 정도를 외딴 성에 갇혀 지내면서 장로교회 제도를 전면 시행하라고 강요당한 일이 있습니다. 루스벤 습격이라는 유명한 사건인데, 제임스 6세 입장에서는 참으로 어이없는 일이었을 것입니다.

그는 '장로교도들은 항상 이렇게 극단적이구나.'라는 인상을 굳혔으며, 그래서 장로교회가 대세인 나라의 왕이었음에도 불구하고 마음속으로 장로교회를 증오하게 됩니다.

여기서 무엇을 배울 수 있을까요?
아무리 바른 신앙을 추구하고 엄밀한 종교개혁을 추구하더라도, 비인격적으로 거칠게 하는 건 좋지 않습니다. 보세요! 왕이 삐뚤어지잖아요?? 개혁은 성경대로 해야 하지만, 개혁의 대상이 늘 '인간'이므로, 인간을 잘 이해하고 배려하는 것 또한 중요합니다. 인간이란 참 오묘한 존재라서, 아무리 좋은 것도 억지로 강요하면 반발심만 싹트기 마련입니다. 우리는 역사를 통해 그런 점도 생각해볼 필요가 있습니다.

앤드류 멜빌
존 녹스와 뷰캐넌의 뒤를 이어받아 스코틀랜드 장로교회를 완성하다시피 한 사람. 국왕도 대주교도 겁내지 않고 기존 종교개혁자들까지도 개혁해버린 '초능력 종교개혁자'. 특히 그가 개혁한 대학교육과 커리큘럼 덕분에 스코틀랜드는 지식 강국으로 거듭났다.

앤드류 멜빌, 장로교회를 완성하다

존 녹스가 스코틀랜드 종교개혁을 시작했다면, 그 완성은 앤드류 멜빌의 공로였습니다. 메리 스튜어트가 각종 무리수를 두며 왕실판 막장 드라마를 찍는 동안, 앤드류 멜빌은 쑥쑥 자라고 있었습니다.

그 역시 제네바 유학파입니다. 그는 5년간 제네바 아카데미에서 배우면서 동시에 강의도 했습니다. 그만큼 기본 실력이 뛰어났습니다. 그 시절에 제네바에 있던 사람들은 그야말로 '드림팀'이라 할 수 있겠는데, 칼뱅 사망 뒤 5년쯤 되던 이 시기가 실제로 제네바 아카데미의 전성기입니다. 칼뱅의 수제자였던 베자(Theodore Beza)가 교장으로 버티고 있었고, 앞에서 본 잉글랜드의 종교개혁자 토마스 카트라이트를 비롯하여 월터 트래버스, 프랑스의 라무스 등이 죄다 와서 공부하던 바로 그 시절입니다. 멜빌은 그렇잖아도 그 시대의 '엄친아'였는데, 제네바 유학 시절을 거치면서 더욱 무시무시한 존재로 '레벨업'을 하여 스코틀랜드로 돌아온 겁니다.

돌아온 멜빌은 글래스고 대학 총장이 되어 제네바에서 배운 것을 기초로 대학 시스템 전반을 뜯어고칩니다. 그가 도입한 새로운 커리큘럼 덕분에 스코틀랜드의 지식수준은 급성장을 합니다. 오늘날 스코틀랜드는 세계 최정상급의 대학과 도서관 시스템을 갖추고 있는데, 조금 과장하면 이 모든 것의 출발은 그 시절에 활동했던 멜빌 덕분이라 할 수 있습니다. (그리고 그 뿌리는 제네바 아카데미였고요!)

멜빌의 개혁 작업은 자연스럽게 종교개혁에도 도움을 주었습니다. 당시 스코틀랜드 장로교회는 여전히 주교제도를 완전히 없애지 못해서 아옹다옹하고 있었습니다. 하지만 멜빌의 등장으로 장로교회는 더욱 정교하고 탄탄하게 개혁될 수 있었습니다. 멜빌은 녹스의 제1치리서를 더욱 보완하여 제2치리서를 작성합니다. 이 문서는 스코틀랜드에서 장로교회 체제가 이제 거의 완성 단계에 이르렀음을 보여줍니다.

앤드류 멜빌의 종교개혁이 어느 정도였는지 단적으로 알게 해주는 일화가 있습니다. 멜빌이 제임스 6세의 면전에서 주교들을 혼내고 왕까지도 언짢게 만든 사건이 그것입니다. 공식 석상에서 교회 정치에 대한 토론이 있었는데, 제임스 6세가 "짐이 한 마디 하겠소…" 하면서 주교제도를 옹호하는 발언을 꺼내자 멜빌이 막아섭니다.

"아무것도 모르는 왕이시여!"

> 스코틀랜드에는 두 왕과 두 왕국이 있습니다.
> 그리스도와 교회가 그 하나로서,
> **국왕께서는 그 왕국에서 왕도, 귀족도, 머리도 아니요,
> 단지 한 사람의 구성원일 뿐입니다!**

이것을 멜빌의 '두 왕국 이론'이라고 부릅니다.(김중락 논문, 복합왕국의 종교적 이질성과 교회통일정책, 1603-1647, 각주36 참조)

발언 수위가 당황스러울 정도입니다.
이때가 4백 년 전이라는 사실을 아직 잊지 않은 독자라면 깜짝 놀라실지 모르겠습니다. 해석하기에 따라 이것은 충분히 반역자로 몰릴 수 있는 발언입니다. 이것은 당시 스코틀랜드에서 장로파의 세력이 얼마나 강했는지를 보여주는 하나의 사례이지만, 국왕의 입장에서는 어쨌든 자신에 대한 엄청난 모욕이자 도전으로 받아들일 수밖에 없는 사건이었습니다.

제임스 6세는 아직 충분한 힘을 기른 상태가 아니었기에 꾹 참았고, 그날은 별다른 사건 사고 없이 넘어갔습니다. 하지만 속마음은 어땠을까요. 국왕은 부들부들 이를 갈며 이날의 치욕을 잊지 않고 있다가, 훗날 확실히 보복합니다. (p.118 참조)

앤드류 멜빌의 '두 왕국 이론'

제임스 6세의 기분과는 별개로, 멜빌의 이 발언은 굉장히 중요한 성경적 원리를 담고 있습니다. 왕은 스코틀랜드의 왕이고 우리는 왕의 백성이기는 하지만, 교회에서는 왕도 한 사람의 성도일 뿐이다, 이렇게 선언한 것입니다. 이를 가리켜 '두 왕국 이론'이라고 하는데, 이는 훗날 본격적으로 등장하는 입헌군주제의 사상적 바탕이 되기도 하는 아주 중요한 이론입니다. 입헌군주제, 더 나아가 민주주의의 근본 원리는 종교개혁의 신학에서 비롯되었다는 것을 기억합시다.

➕ 심화학습

앤드류 멜빌의 두 왕국 이론
정교분리의 바른 이해

여러분은 '**정교분리**'라는 말을 들어보셨을 겁니다. 하지만 그것을 '**어떻게**' 이해하느냐가 중요합니다. 여러분은 어떻게 알고 계셨나요? 특히 한국 교회에서 이 말을 오해하는 경우가 너무나 많습니다. 정교분리라고 하면 '**교회는 정치문제에 간섭하면 안 된다**', 이렇게 이해하는 경우가 참 많은데, 오히려 거꾸로 이해해야 합니다. 정확하게는 다음과 같이 정리할 수 있습니다.

1. 세속 정부는 교회를 보호해야 한다.
   그러나 교회의 영적인 문제에는 간섭할 수 없다.
2. 교회는 세속 권세를 직접 다스릴 수 없다.
   그러나 하나님의 법에 따라 세속 정부에 충고(권면)할 수 있다.

즉, 교회의 영역과 세속 권력의 영역이 구분되어 있으며, 서로 할 일과 역할이 명확하게 구분되어 있다는 뜻입니다. 그리고 각자 할 일을 제대로 하라는 의미입니다.

그 할 일이라는 것이 무엇입니까? 세속의 권력은 교회가 이단이나 세속 정신으로부터 오염되는 것을 보호하는 것입니다. 교회가 올바른 예배를 드리고 올바른 신앙을 지키며 살아갈 수 있도록 법적인 보장을 해주고, 필요한 지원을 다 하는 것이 세속 권력의 역할입니다. 다만, 교회의 교리나 예배나 치리(교회정치)에 간섭하려 들거나 그것을 제어하려 해서는 안 되는 것입니다. 마찬가지로 교회는 세속정부가 하나님 뜻에 따라서 선정을 베풀도록 권하고 권면하는 역할을 해야 합니다. 다만 직접 정치에 뛰어들어 정략적인 행동을 취하거나, 실제로 권력을 차지하려 해서는 안 된다는 뜻입니다.

이것을 오해하여, 교회는 정치 문제에 입을 닫고 있어야 한다는 식으로 해석한 것은 한국 교회의 오랜 실수이자, 고쳐야 할 과오입니다.

물론, 이러한 장로교회의 국가관에 대해, 제임스 6세는 극심한 거부감을 가지고 있었습니다. 나는 왕이고, 왕은 하나님이 세우셨고, 당연히 이 나라에 속한 교회의 머리이기도 하다, 왜 교회가 내 정치에, 내 통치에, 내 나라에 간섭하느냐 이겁니다. '나는 주교를 임명할거야! (왜냐하면, 주교가 없으면 나는 교회에 아무런 힘도 발휘할 수 없으니까…속닥속닥~)' 안타깝게도 그의 생각은 이런 수준에 여전히 머물고 있었습니다.

✚ 심화학습

날짜와 장소를 바꿔서 교묘하게 총회 훼방 놓기
제임스 6세의 교통비 꼼수

귀족들과 종교개혁자들의 기세에 눌렸던 제임스 6세였지만, 자기 나름대로 장로교회와 경쟁하는 방법이 있었습니다. 그가 주로 사용한 방법은 무력으로 억압하는 방법이 아니라 교묘하게 방해하는 것이었습니다. 당시 국왕에게 총회 소집 권한이 있었는데 제임스 6세는 그것을 아주 적극적으로 사용했습니다. 예를 들면, 자기에게 유리한 참석자가 많은 북부 지방에서 총회를 소집, 반대파가 많은 남부 대도시의 목사들이 총회에 참석하지 못하도록 방해하는 겁니다. 그때는 멀리 여행하는 것이 쉽지 않은 시절이었기에, 가난한 목사들은 여행경비를 마련하기 어려워 총회가 열린 북부의 도시까지 가서 참석하기가 쉽지 않았던 겁니다.

이러한 제임스의 꼼수에도 불구하고 종교개혁자들은 끈질기게 싸워서, 국왕의 권한이 교회로 침범하지 못하도록 하는 법을 제정하기도 했습니다. (이것을 '황금법'이라고 부릅니다.) 하지만 제임스는 황금법을 겉으로는 인정하면서도, 그 뒤로도 끊임없이 총회를 제어하려 했습니다. 총회에 참석하는 인물을 자신이 직접 선정해서 '어용 총회'를 만들려고 한다거나, 총회 소집 횟수 자체를 줄여버리는 등… 계속해서 그는 총회에서 자신이 원하는 방향으로 의사결정이 이루어지도록 다양한 방면에서 영향력을 행사하려 노력했습니다.

이렇게 제임스 6세의 시절은 종교개혁자들과 국왕의 파워게임이 엎치락뒤치락 계속되던 시기였습니다.

이러한 힘의 균형은 그러나 뜻밖의 사건으로 완전히 무너지게 됩니다.

더 자세한 정보는 강미경 교수의 논문을
참조하기 바랍니다.
(이 책의 '참고도서'란을 참조하세요.)

복잡한 이야기가 많지만 부담 없이 차근차근 읽어나가시기 바랍니다. 수많은 내용을 외우려 하지 말고 그냥 그 시대의 분위기를 대략 파악해 나간다고 생각하시면 됩니다.

애버딘
몬트로즈
던디
퍼스
세인트 앤드류스
던펌라인
린리스고
글래스고
에딘버러

■ 왕에게 **반대**하는 지역
■ 왕에게 **우호적인** 지역

◉ 중간정리

스코틀랜드

왕권이 약한 틈을 타서 귀족들이 자기들 마음대로 할 수 있는 상황이었고, 덕분에 다행스럽게도 종교개혁자들과 서로 코드가 맞았던 역사 : 그래서 스코틀랜드는 종교개혁이 비교적 순조롭게 진행되어, 장로교회가 일찍 정착되어 갔습니다. 물론 어려움이 없지는 않았지만 잉글랜드보다는 나았습니다.

잉글랜드

절대왕정을 추구하는 왕들의 끊임없는 견제 속에서 국가 주도의 제한된 종교개혁이 정책적으로 추진되었고, 그 탓에 전체적인 분위기는 개혁의 온도가 미지근했던 역사 : 따라서 대부분의 잉글랜드 신자들은 자신들이 충분히 개신교도답다고 믿었지만, 실제로 잉글랜드의 청교도들은 답답한 시절을 보내면서 심신이 지쳐갔습니다.

이렇게 다른 두 나라의 상황을 머릿속에 정리해둔 상태로 우리는 아주 극적인 변화를 맞이하게 됩니다. **대체 브리튼 섬에는 이제 무슨 일이 생기게 되는 걸까요?**

제3화 스코틀랜드 준비되다

다음 질문을 읽고, 맞는 것에 O, 틀린 것에 X로 답하세요.

1. 종교개혁자 존 녹스는 제네바에서 장로교회 원리를 배웠다. 그리고 스코틀랜드에 돌아와 교회 조직을 장로교회 제도로 개혁해 나갔으며, 그 원리는 그가 작성하고 스코틀랜드교회의 총회가 채택한 '제1치리서'에 잘 드러나 있다. ⭕ ❌

2. 존 녹스는 제네바에서 공부하면서 그 도시의 너무도 발전된 모습에 놀라, 제네바를 '가장 잘 개혁된 교회'라 평가하였다. ⭕ ❌

3. 스코틀랜드 여왕 메리 스튜어트는 프랑스에서 자란 탓에 로마 가톨릭 신자로 성장했다. 그녀의 신앙은 장로교회 제도가 막 추진되고 있던 스코틀랜드와 맞지 않아 통치하는 데 갈등을 겪을 수밖에 없었다. ⭕ ❌

4. 메리 스튜어트의 아들 제임스 6세는 장로교회 제도를 극도로 싫어했지만, 겉으로 내색하지 않았다. ⭕ ❌

5. 제임스 6세는 존 녹스에 이어 뛰어난 개혁자였던 앤드류 멜빌을 매우 총애했다. 멜빌의 '두 왕국 이론'에 대해서도 찬사를 아끼지 않았다. ⭕ ❌

넓고 깊게 생각해 보기

2~3화에 이르기까지, 스코틀랜드와 잉글랜드의 종교개혁 흐름은 그 전개 방식이 사뭇 다릅니다. 차이점을 3가지 적어보고, 함께 나눠 보세요.

제4화
왕이 교회를 손보려 하다

서로 다른 스타일의 종교개혁으로 격차를 보이던 두 나라에 변화가 찾아옵니다. 바로 잉글랜드와 스코틀랜드의 '왕실 통합'입니다. 왕실통합과 종교개혁이 무슨 상관이냐고요? 자고로, 힘의 균형에 변화가 생기면 생각지 못했던 일이 벌어지는 법입니다.

잉글랜드의 종교개혁이 어려움을 겪었던 것은 왕권이 교권보다 강했기 때문입니다. 반대로 스코틀랜드의 왕권은 미미했습니다. 그러나 이제 그런 구도가 깨졌습니다. 연약했던 스코틀랜드 국왕이 잉글랜드의 왕실을 차지하게 되면서, 막강한 파워를 획득했습니다. 그리고 서서히 그 힘을 사용하기 시작했습니다. 교회를 향하여 말입니다…

키워드 : 왕실통합, 킹 제임스, 햄프턴 총회, 퍼스5개조, 유흥장려 정책
찰스 1세, 카디스 습격, 라 로셸 습격

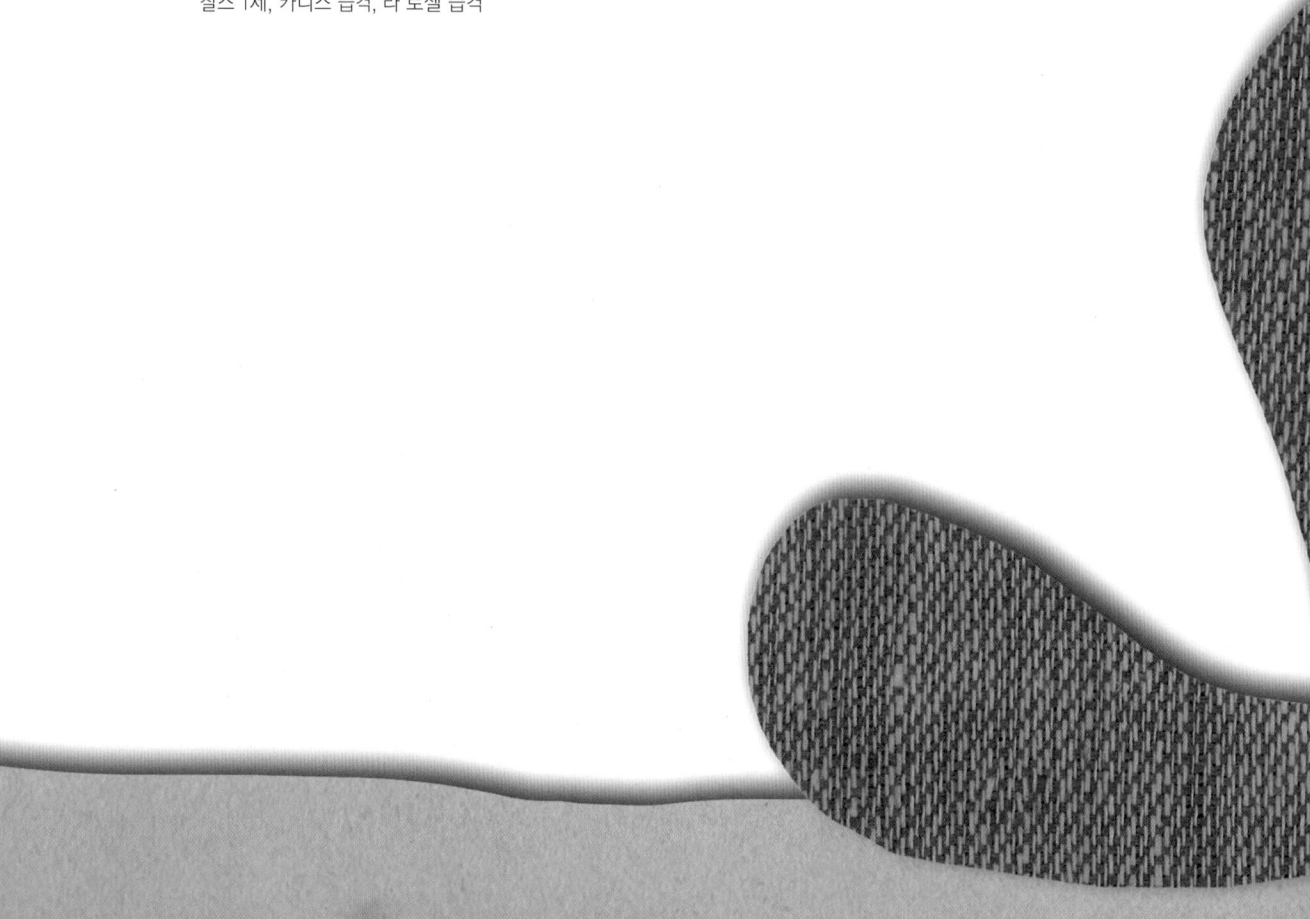

미리 섭취하는 배경지식

다음 도표는 그때 그 시절의 영국 왕들입니다.
각각의 통치 기간을 한눈에 비교해볼 수 있도록 표현했습니다. 설명을 잘 읽어 주세요!

> 왼쪽은 잉글랜드입니다.
> 헨리 8세가 꽤 오래 통치했습니다. 에드워드 6세와 메리 튜더의 짧은 통치기간이 이어지고, 다시 엘리자베스 1세가 오래 통치했지만, 결혼을 하지 않아서 후계자가 없습니다.
> 대영제국을 출발시킨 화려했던 튜더 왕조가 거기서 끝납니다.

> 에드워드 6세와 블러디 메리는 병으로 금세 죽기 때문에 통치기간이 짧구나!

> 잉글랜드의 엘리자베스 1세가 죽으면서 제임스 6세에게 왕위를 물려준 덕분에 그는 제임스 6세 겸 1세가 되어 스코틀랜드와 잉글랜드 양국을 통치하게 됩니다. (왕실통합!)

잉글랜드

튜더 왕조
- 헨리 8세
- 에드워드 6세
- 블러디 메리
- 엘리자베스 1세

스튜어트 왕조
- 제임스 1세
- 찰스 1세

스코틀랜드

제임스 5세

> 오른쪽은 스코틀랜드입니다. 제임스 5세가 사망하고 메리 스튜어트가 왕이 되지만 너무 어렸던 탓에 힘이 없습니다. 대부분의 기간을 섭정이 다스리다가 결국 귀족들에 의해 폐위됩니다.

메리 스튜어트

스튜어트 왕조

> 헨리 8세의 딸 메리와 스코틀랜드의 메리는 동명이인입니다. 그래서 종종 헷갈리는데, 잉글랜드의 메리를 〈메리 튜더〉라고 부르고 스코틀랜드의 메리를 〈메리 스튜어트〉라고 불러서 구분합니다. 왕조 이름을 사람 이름 뒤에 붙이면 됩니다. ^^

제임스 6세

> 제임스 6세도 어려서 왕이 되어 섭정이 다스렸지만, 성인이 되면서 점차 직접 통치에 나섭니다.

왕실 통합!

제4화 왕이 교회를 손보려 하다 / 111

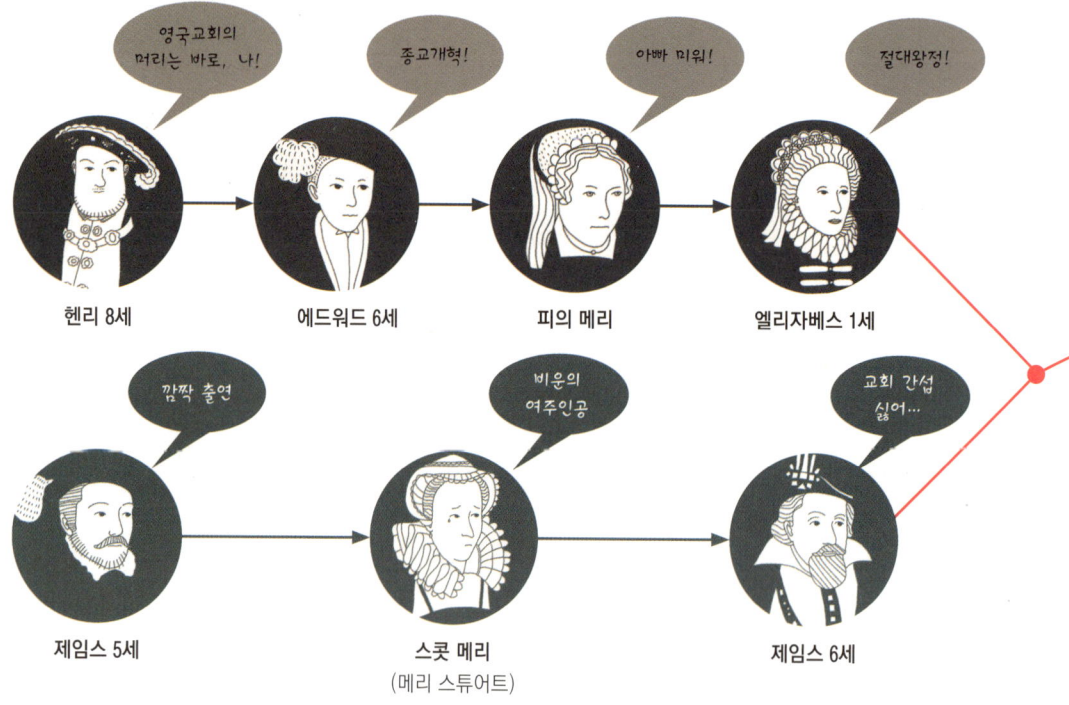

위쪽은 잉글랜드이고 아래쪽은 스코틀랜드입니다. 두 줄기는 제임스 6세 시기에 와서 한 줄로 통합됩니다. 그런데 거기에 제임스 1세라는 단어가 함께 적혀 있습니다. 왜 갑자기 제임스 1세가 되었을까요?

독특한 이름을 갖게 된 왕

위쪽 스코틀랜드 그림을 보면 제임스 5세, 제임스 6세, 이런 말이 보입니다. 쉽게 설명하면 그 나라에서 제임스라는 이름을 가진 사람이 몇 번째 왕이 되었느냐 하는 것입니다. 그러니까 제임스 6세라고 하면, 이전에 스코틀랜드에 제임스라는 이름을 가진 왕이 다섯 번 더 있었다는 뜻입니다. 그러므로 저 그림에서 제임스 6세는 제임스 5세의 아들이 아니라 손자가 되는 겁니다. 메리 스튜어트는 제임스 5세의 딸이고, 제임스 6세의 엄마입니다. (아래 가계도 참조)

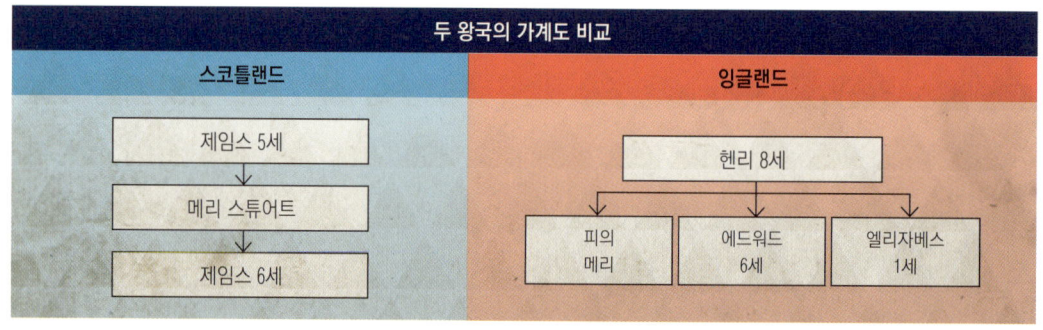

스코틀랜드의 제임스 6세가 잉글랜드의 왕이 되면서, 제임스 6세라는 이름을 그대로 쓸 수 없었습니다. 왜냐하면, 잉글랜드에는 그동안 제임스라는 이름을 가진 왕이 한 번도 없었기 때문입니다. 잉글랜드 입장에서는 첫 번째 제임스 왕이므로 제임스 1세가 되어야 하니까요. 그래서 양국의 입장을 다 반영해서 이 왕의 공식 이름은 다음과 같이 독특해집니다.

'제임스 6세 겸 1세'

1603년. 드디어 스코틀랜드의 왕이었던 제임스 6세는 잉글랜드의 엘리자베스 여왕으로부터 왕관을 물려받아 두 나라를 통합한 왕실의 주인이 되었습니다. 이제 그의 이름은 제임스 6세 겸 1세가 되었습니다. 이름은 좀 우습지만, 어쨌든 그는 그야말로 행운의 사나이였습니다. 튜더왕조가 그토록 애써서 기틀을 닦아놓은 대영제국의 왕실을 공짜로 차지했습니다. 그것도 가난한 나라의 왕이었던 사람이 말입니다. 하지만 이렇게 **제임스 6세 겸 1세**가 강한 파워를 갖게 된 것은 종교개혁자들로서는 결코 좋은 일이 못 되었습니다. 전세가 완전히 뒤집힙니다.

제임스 6세 겸 1세 / 찰스 1세 / 공화정 (올리버 크롬웰)

그럼 스코틀랜드는 어쩌고요?

추밀원(Privy Council, 樞密院)
정치·행정·사법 등에 관한 일을 긴밀하게 자문하고 처리하는 기관

두 나라의 서로 다른 제도 때문에 제임스 6세 겸 1세는 이름처럼 복잡한 통치를 해야 했습니다. 잉글랜드는 잉글랜드의 법에 따라, 스코틀랜드는 스코틀랜드의 법에 따라 다스려야 했으니까요. 그래서 제임스는 런던과 에든버러에 각각 자신의 권위를 대리하는 **'추밀원'**을 두고 두 나라를 동시에 다스렸습니다.

제임스는 잉글랜드 왕관을 받으러 스코틀랜드의 에든버러를 떠나 런던으로 거처를 옮깁니다. 얼씨구나! 하면서 옮겨갑니다.

왜 그렇게 좋아했을까요?

스코틀랜드는 당시에만 해도 유럽의 후진국이었습니다. 춥고 가난한 나라였고, 늘 우중충한 날씨에 허구한 날 비는 내리고… 그런데 잉글랜드 쪽은 어떻습니까. 일단 훨씬 더 따뜻하고, 크고 화려한 궁전에, 무엇보다도 엘리자베스 1세가 다져놓은 왕실의 권위가 하늘을 찌르던 때였습니다. 에스파냐의 무적함대를 무찌른 뒤 해상 무역을 장악하면서 벌어들인 수입으로 왕실 금고에는 금은보화가 가득했고, 신대륙에는 버지니아 식민지가 한창 개척되고 있었으며, 동인도회사를 설립하여 아시아 쪽에도 세력을 뻗기 시작하던 화려한 잉글랜드였습니다. 스코틀랜드 왕관 하나만 쥐고 있던 제임스로서는 상상도 할 수 없는 멋진 환경이었죠. 그걸 공짜로 얻은 겁니다. 그야말로 '로또' 맞았습니다.

잉글랜드의 매력에 빠짐 : 교회를 내 마음대로!

무엇보다 제임스를 짜릿하게 했던 것은 잉글랜드의 교회였습니다. 왜일까요? 잉글랜드에서는 왕이 교회의 수장이라는 사실을, 와서 보니 실감했던 겁니다. 잉글랜드는 왕에게, 즉 제임스 자신에게 주교임명권이 있습니다. 기억나시죠? 헨리 8세 시절의 종교개혁 이후 에드워드 6세와 엘리자베스 1세 시절을 거치면서 성공회의 주교제도가 정착해 있던 나라입니다. 특히 엘리자베스 시절에 종교개혁자들을 꾹꾹 억누르며 부지런히 확보해놓은 성공회의 정치 시스템은 제임스의 마음에 아주 흡족했습니다.

왕이 주교를 임명할 수 있다는 것은 교회를 손아귀에 쥐고 철저히 통제할 수 있다는 걸 의미했습니다. 제임스는 이불 속에서 자다가도 깨서 이렇게 소리 지르지 않았을까요? "내가 꿈꾸던 왕이란 바로 이런 거였어~!" 집도 좋지, 직장도 좋지, 교회도 좋지… 왕의 행복이 시작됨과 동시에 교회의 비극도 시작됩니다. 왕은 참았던 본색을 드러냅니다.

이제 장로교회는 잉글랜드와 스코틀랜드 양쪽에서 서서히,
그러나 확실히 박살 나기 시작합니다.

스코틀랜드에서 기죽어 지내던 제임스는 왕이 본래 이렇게 살 수 있다는 사실에 놀라면서도, 동시에 그동안 당했던 것이 서러워서 부들부들 떨었을지도 모르겠습니다. ^^;;

천인청원(千人請願 Millenary Petition, 1603)
잉글랜드 청교도 목회자들 수백 명이 자신의 서명을 담아서 새 국왕이 된 제임스 1세에게 제출한 종교개혁 청원서.

제임스 1세는 잉글랜드 청교도들의 청원을 처리하기 위해 햄프턴 궁전에서 회의(1604)를 소집했습니다. 그러나 청교도들의 기대와는 달리 청원서의 요구사항을 대부분 거절했습니다.
(참고도서 중 헤더링턴의 책 참조)

제임스 6세 겸 1세, 정체를 드러내다.

잉글랜드의 청교도들은 처음엔 이런 속도 모르고 제임스 6세가 철저한 장로파라고 생각했습니다. 스코틀랜드의 국왕이 우리 왕이 되었으니, 이제는 우리도 스코틀랜드 수준의 종교개혁을 추진할 수 있겠거니 여겼던 그들은 제임스의 즉위를 무척 반겼습니다.

그래서 그들은 1603년 제임스가 런던으로 향하는 이삿짐을 싸는 사이에 '천인청원'을 준비합니다. "폐하, 잉글랜드 교회는 지금 개판이 되었나이다. 저희 왕으로 오시연 부디 잉글랜느 교회를 스코틀랜드 장로교회 수준으로 제대로 한번 개혁해 주시옵소서. 통촉하여 주시옵소서!" 대략 이런 내용이었죠.

제임스는 어떻게 대응했을까요? 이제 우리는 대충 예상을 할 수 있지요? 제임스는 장로교회에 치를 떠는 사람입니다. 그런 그에게 청교도들의 상소는 달가울 수가 없었습니다. 그는 일단 잉글랜드 분위기 파악부터 마치려고 그 자리에서는 답변을 미룹니다. 런던에 내려와서 왕관부터 확실히 머리에 쓴 뒤, 비로소 첫 번째 교회총회를 소집합니다. 그리고 거기서 청교도들의 뒤통수를 칩니다.

총회 첫째 날은 조용히 넘어갔습니다.
두 번째 회의 때 일이 터집니다.

장로제도와 군주제는
하나님과 악마만큼 잘 어울리는 한 쌍이다!

제임스가 소리쳤습니다. 갑자기 이게 무슨 말이죠? 왕의 입에서 저런 말이 나왔다는 것은, 내가 왕으로 있는 한 장로교회는 인정하지 못하겠단 것입니다. '둘 중 하나는 죽어야 되는데, 너 죽고 나 살자!'라는 것이죠.

유약했던 제임스 6세가 이제 강력한 제임스 1세가 되어 단호하게 자신을 드러내는 장면입니다. "까불지 마라고, 나도 이제 다 컸다고!"

그리고 또 이런 말도 합니다.

 주교가 없으면, 국왕도 없다!(No Bishop, No King!)

이건 또 무슨 말인가요? 장로제도의 핵심은 교회에서 주교를 제거하고, 사제가 아닌 일반 신자들 가운데서 교회를 다스릴 직분자를 뽑는 것이었습니다. 그러나 왕은 자기 입장을 분명히 밝힙니다. "주교를 없앤다고? 내 눈에 흙이 들어가기 전에는 그럴 일 없다!" 주교제를 거부하는 것은 곧 반역이라는 식입니다. 총회 석상에 있던 청교도들은 예상치 못한 왕의 강경발언에 벌어진 입을 다물 수 없었습니다.

회의 석상에서 저런 말을 했으니, 분위기가 싸~해진 것은 당연합니다. 왕도 이런 말을 해놓고 좀 미안하니깐, 세 번째 회의 때 '그대들의 요구사항을 몇 개는 들어주겠노라' 해서 통과된 것이 바로 '성경책 발간 사업'입니다. 그 유명한 킹제임스 버전(KJV) 성경은 이런 썰렁한 분위기에서 나온 선심성 국책사업의 결과물이었습니다.

제임스 1세의 서슬에, 청교도들은 일단 주춤합니다. 자신감을 한껏 얻은 제임스는 깨알같이 복수를 시작하는데, 그동안 자신에게 모욕감을 안겨주었던 스코틀랜드의 앤드류 멜빌을 온갖 트집을 잡아서 런던으로 불러다 런던탑에 가둡니다. 그리고 이런저런 종교정책을 자기 스타일대로 추진합니다. 역사는 반복됩니다. 엘리자베스 1세도 그러했습니다. 그때는 토마스 카트라이트라는 인물이 싸워주기라도 했지만, 지금은 그도 죽고 없습니다.

이 총회는 1604년 햄프턴 궁전에서 열렸습니다. 더 자세한 내용은 이 책의 참고도서 항목에 소개한 김중락 교수의 논문들을 구해 읽어 보시기 바랍니다.

잉글랜드 청교도들의 기를 죽인 제임스 1세는 그 눈을 스코틀랜드 교회로 돌렸습니다. 자신이 친히 임명한 주교들을 파송해서 스코틀랜드 교회를 다스리게 하고, 그들을 이용해서 스코틀랜드 장로교회가 받아들이기 어려운 정책들을 슬금슬금 도입합니다. 그는 15년 뒤에 스코틀랜드를 다시 방문해서는, 장로교회 제도 자체를 부정해버립니다. 사제가 아닌 목사의 존재는 인정하지만 그 목사를 주교가 다스려야 한다고 선언했습니다. 그리고 왕은 당연히 주교도 목사도 모두 다스릴 수 있고요… 사실 그가 진짜 하고 싶은 말은 이것이었을 겁니다. "요놈들아, 이제 나는 멜빌 따위에게 빌빌대던 옛날의 그 제임스 6세가 아니란 말이다!"

그는 또 훗날 스코틀랜드 퍼스(Perth)에서 총회를 열고 로마 가톨릭 시절을 연상시키는 다섯 가지 예배 원칙을 강압적으로 통과시키는데, 이것은 그동안 잉글랜드의 청교도들과 스코틀랜드의 장로교회가 힘겹게 싸우며 이뤄왔던 종교개혁의 성과를 한순간에 물거품으로 만드는 것이었습니다. 이렇게 해서 제임스 1세의 치세 동안 브리튼 섬의 청교도들, 특히 장로파 교인들에게는 울적한 나날이 계속됩니다.

➕ 심화학습

제임스의 종교정책
왕권 강화와 복수를 위한(?) 퍼스 5개조

퍼스 총회에서 결정된 다섯 가지 조항은 다음과 같습니다.

> 01. 성례는 무릎 꿇고 받으라(사제 앞에서)
> 02. 병자에게 사적으로 성례를 집행하라
> 03. 필요시 사적으로 세례도 허용하라
> 04. 세례받은 아이들은 주교의 견신례와 축복을 받으라
> 05. 크리스마스나 부활절, 승천절 등 절기를 지키도록 하라

이 다섯 가지는 종교개혁 이전의 상태로 교회를 되돌리는 것인데, 특히 주교와 사제들의 권위를 높여주고 그들에게 힘이 실리도록 하는 것입니다.

스코틀랜드 교회는 훗날 이 결정을 크게 부끄러워했으며, 나중에 이 결정들을 모두 무효라고 선언하면서 다시금 제2의 종교개혁을 하게 됩니다. "하나님의 말씀에 없는 로마교적인 성례와 의식들을 모두 없앤다. 주교제도를 폐지한다. 따라서 주교에 의한 안수도 당연히 폐지. 사적인 성례나 세례도 폐지. 이는 오직 공적 집회를 위한 것이다. 절기나 축제도 완전히 폐지한다." 이 부분은 나중에 자세히 공부할 것입니다. (5화 p.143)

재미있는 사실 : 로마 가톨릭의 제임스 암살 시도(1605)

장로교회파나 청교도 입장에서만 서술하다 보니까 잉글랜드와 스코틀랜드 왕들이 되게 나쁜 사람들 같지만, 사실 큰 틀에서 보면 종교개혁의 범주 안에 있긴 합니다. 제임스 왕은 장로교회도 싫어했지만 로마 가톨릭은 더 싫어했습니다. "짐은 양 극단을 싫어하느니라!" 뭐 이런 표현도 하는데, 그 양 극단이 바로 장로교회파와 로마 가톨릭입니다. 우리가 보기엔 양 끝에 더 심한 극단도 있는데, 제임스가 보기에는 그랬나 봅니다.

장로교회파의 극단주의자들이 젊은 제임스를 납치했었다면, 로마 가톨릭 쪽의 극단주의자들은 왕을 암살하려고까지 합니다. 의사당 건물 지하에 엄청난 양의 화약통을 쌓아놓고 폭발시키려던 사건이 있었습니다. 테러를 공모한 사람들은 따로 있었으나, 화약에 불을 붙이는 실제 범행은 가이 포크스가 맡았습니다. 엄청난 음모였는데, 물론 실행되지 못했습니다. 실행 직전에 밀고로 가이 포크스가 붙잡혔기 때문입니다. 이것이 역사 속에 유명한 '화약 음모 사건(Gunpowder Plot, 1605)'입니다.(이 사건으로 하마터면 런던의 유명 관광지인 국회의사당 건물이 역사 속으로 사라질 뻔했어요.)

해마다 11월 5일이 되면 영국에서는 이날을 가이 포크스의 밤(Guy Fawkes Night)이라 부르며 불꽃놀이를 시작합니다. 가이 포크스의 암살 시도가 실패한 것을 기념하는 것입니다. 시대가 바뀌면서 영국 사람들은 소설과 영화를 통해 가이 포크스를 저항의 아이콘으로 재해석하기도 합니다.

유흥장려 정책

제임스 1세의 종교정책은 이런 스타일이었습니다. Book of Sports라고 해서 이름부터 요상합니다만 직역하면 '스포츠 관련 법령', 즉 유흥과 오락에 관한 국가 정책을 뜻합니다. 이게 정확히 무엇일까요? 쉽게 말하면 주일에 '놀도록' 하는 법입니다. 무슨 이런 법을 다 만드나 싶겠지만 실제로 있었던 법입니다. 주일에 경건하게만 지내지 말고, 춤도 추고 게임도 하고 스포츠도 즐겨라, 이런 법입니다. 왜 이런 법을 만들었을까요?

주일을 경건하게 지키는 것은 청교도의 대표적인 특징입니다. 제임스는 어떻게 하면 청교도의 확산을 막을 수 있을까를 고민한 끝에, 이런 법을 만듭니다. 겉으로는 일종의 복지정책으로 보이지만, 실제로는 청교도 말살정책입니다. 제임스의 속셈은 청교도 안에서 내분을 일으키는 것이었습니다. '이 정도는 괜찮지 않을까? 좋은 게 좋은 거 아냐? 사람들이 좋아하잖아…' 이런 생각을 청교도들 사이에 심어주어, 단합하지 못하게 했습니다. 탄압이란 무력으로 하는 것도 있지만, 이렇게 정신(얼)을 혼탁하게 만드는 것이 진짜 무서운 겁니다.

"Keeping Sunday" according to King James's Book of Sports.
우습게도 이 그림의 제목은 '주일성수'입니다. 제임스 1세의 의도가 느껴지십니까?

당시에 유행했던 놀이, '곰 놀리기'를 그림으로 그려 보았습니다. 사람들이 즐겼던 오락이 순수하고 건전한 레크레이션 아니냐는 질문도 있습니다만, 그렇게 보기는 곤란합니다. 극단적인 사례이긴 하지만 곰을 묶어놓고 쇠꼬챙이로 찔러서 괴롭히는 모습을 보며 즐기거나, 사냥개와 죽도록 싸우게 하면서 내기를 하는 도박 등이 주일에 성행했던 것입니다. 청교도들로서는 - 저희 흑'곰'북스로서도 - 받아들일 수 없는 잔혹하고 저속한 놀이였습니다.

실제로 이 법이 시행된 뒤, 잉글랜드 교회는 급속도로 타락합니다. 결국 이런 분위기 속에서 한 무리의 청교도들은 이 나라에 더 이상의 희망을 두지 못하고 신대륙으로 떠나갑니다. 신앙의 자유를 찾아 '메이플라워 호'를 바다에 띄운 청교도들에게는 바로 이런 사연이 있었던 것입니다.

유흥장려 정책이라는 기발한 아이디어는 사실 제임스가 처음 시도한 건 아닙니다. 엘리자베스 1세도 똑같은 일을 했습니다. 강력한 탄압보다는 오히려 이런 포용 정책이 더 효과적일 때가 있습니다. 긴장을 풀게 만들고, 슬그머니 들어와서 핵심을 빼앗는 방식입니다.

필그림 메모리얼 주립 공원과 메이플라워 플랜테이션 (미국 매사추세츠 플리머스)
1620년 메이플라워 호가 정박했던 해안가에 복원된 메이플라워 호와 '1620'이 새겨진 기념석 등이 있습니다.
인근에 있는 청교도들의 정착촌 '메이플라워 플랜테이션'을 둘러볼 수도 있습니다. 보스턴에서 차로 1시간 반 정도입니다.

제4화 왕이 교회를 손보려 하다 / 121

킹 제임스와 의회의 관계

제임스의 말년은 상황이 좀 나았을까요? 처음에 나름대로 정치를 잘하던 제임스는 나이가 들어가면서 점차 노골적으로 왕권신수설을 강조했는데… 잉글랜드라는 나라가 어떤 나라입니까. 의회 민주주의의 꽃을 피운 나라잖아요. 한참 전에, 이미 존 왕(John, 1166~1216) 시절에 벌써 '마그나카르타(Magna Carta)'에 서명을 했던 나라입니다. 잉글랜드는 다른 건 몰라도 의회만큼은 함부로 건드려서는 안 되는 나라입니다.

제임스가 늙어가면서 자꾸만 의회에 고압적인 자세로 나오니까, 잉글랜드 의회는 그야말로 잉글랜드답게 대처합니다. 왕정 체제에 겉으로 복종은 해드리면서, 현실적으로 협조를 하지 않습니다. 현실적 협조란 곧 '돈'입니다. 진짜 무서운 것은 돈을 안 주는 겁니다. 왕이 뭘 좀 해보려고 하면, "네~" 하고 대답은 잘하는데, 재정 지급이 되지 않습니다. "전하~ 알아봤는데, 안타깝게도 돈이 없나이다.", "그것은 법에 없는 세금이라 거둘 수가 없나이다~." 매번 이런 식으로 버티기를 하니, 왕실 재정은 점점 바닥을 보이기 시작합니다.

마그나카르타
(Magna Carta, 1215)
잉글랜드의 존 왕이 국정을 운영하며 실패를 거듭하자, 귀족들이 반기를 듭니다. 이러이러한 것은 간섭하지 않겠다는 문서에 왕의 서명을 받아 왕권에 제한을 두기 시작했습니다. 유명한 '로빈 후드' 이야기에서 로빈 후드가 맞서 싸웠던 왕은 마그나카르타에 서명했던, 욕심 많고 무능한 존 왕을 모델로 하고 있습니다.

결국 제임스는 왕실 물건을 내다 팔고, 시종을 해고하고, 심지어 매관매직까지 하다가 그조차 여의치 않자 사돈 덕이라도 보려고 아들(찰스 1세)의 정략결혼을 에스파냐와 추진합니다만, 이 사건으로 의회가 완전히 열 받습니다. "아니, 왕께서는 자존심도 없으시나이까? 로마 가톨릭 국가랑 사돈을 맺으려 하는 것이 말이 되나이까! 천부당만부당하옵나이다. 전하~" … 엎친 데 덮쳐서 에스파냐는 찰스 1세의 혼사를 깨끗이 거절합니다. 잉글랜드 체면이 아주 말이 아닙니다. 제임스는 화병에 걸려 쓸쓸히 죽고 맙니다.

◯ 특별자료

오늘날 우리가
제임스 6세 겸 1세를
평가한다면?

제임스에게 있어서 눈엣가시는 장로교회파 신자들이었습니다. 제임스가 보기에 그들은 너무 극단적이었습니다. 장로파는 늘 불평불만이나 일삼고 국론이나 분열시키려는 자들로 보였습니다. 그래서 제임스는 엄밀한 종교개혁을 추구했던 장로파를 과격분자로 규정하여 핍박했습니다. 자, 그러면 제임스는 '나쁜 놈'일까요?

생각을 조금 더 깊이 뻗어가 봅시다. 사실 어찌 보면 제임스도 불쌍합니다. 그는 원만하고 둥글둥글한 왕이 되고자 했습니다. 잉글랜드와 스코틀랜드 두 나라를 함께 통치해야 했던 킹 제임스는 종교 문제에 있어서 포용정책을 썼습니다. 대부분의 사람들은 극단적인 것을 좋아하지 않습니다. 중도적인 개혁에 머물고자 했던 보수적인 백성들은 제임스를 지지했고, 종교개혁에 지쳐버린 많은 청교도들도 거기에 동조했습니다. 나름대로 제임스는 좋은 통치자의 역할을 했던 겁니다.

장로파를 극단적인 좌파로 본 것은 제임스만이 아니었습니다. 많은 사람들이 장로파 사상을 과격하다 여겼습니다. 왜 그랬을까요? 극단적으로 종교정책을 뒤흔들었던 선대 왕들의 행동과 잔혹한 처형, 뒤이은 급격한 사회변화의 고통이 잉글랜드 백성들을 질리게 했고, 트라우마를 심어주었을지 모릅니다.

어쩌면 이런 트라우마를 오늘 우리도 누군가에게 만들어주고 있을지 모릅니다.

○ 특별자료

지금도 우리는 종교개혁에 대해 한 줄이라도 배우면 그것을 곧장 우리가 다니는 교회에 적용하고 써먹으려 듭니다. 그러나 강하게 밀어붙인다고 해서 교회가 더 빨리 개혁되는 것? 아닙니다. 개혁은 그래서 어렵습니다. 뭔가를 바꾸자고 할 때는 지극히 조심해야 합니다. 말과 글의 표현을 가다듬어야 하며, 예의와 절차를 지켜야 합니다. 기다릴 줄도 알아야 하고요.

우리는 옳고 그름에 있어서 항상 분명함을 추구해야 하나, 그것은 일차적으로 자신을 보호하는 방어 도구로 써야 합니다. 그걸로 누구를 공격하기부터 한다면, 그래서 진리를 늘 극단적인 것으로 비치게 한다면, 그것은 교회에 결코 도움이 되지 않는다고 생각합니다. 그런 행동이 국왕에게 트라우마를 안겨주었으며, 그런 행동이 잉글랜드 백성들로 하여금 종교개혁을 배척하게 했습니다. 그런 행동이 종교개혁자들의 활동을 더욱 어렵게 만들었고, 또한 희생을 키웠습니다.

우리는 킹 제임스 시절을 반면교사로 삼아, 우리 자세를 돌아보아야 합니다. 그게 바로 우리가 역사를 배우는 이유입니다.

더 깊은 이해를 위한 추천도서 : 『사랑으로 말하는 진리』, 한재술 우리는 숲에서 시작해서 나무로 들어왔습니다. 찰스 1세부터는 나뭇가지 하나하나를 살펴보면서 가야 합니다. 연극으로 치면 한창 이야기가 무르익기 시작하는 부분입니다.

잉글랜드와 스코틀랜드의 역사를 이렇게까지 자세히 살펴본 이유가 뭘까요? 바로 지금부터 보려는 내용을 더욱 잘 이해하기 위한 것이었습니다. 고생한 보람이 반드시 있을 것입니다. 지치지 마시고, 조금 더 힘을 내주세요!

지금까지의 이야기를 중간정리해 보겠습니다.

당시 스코틀랜드는 왕이 두 번씩이나 고작 한 살 때 즉위를 하는 통에 귀족들이 상당 기간을 마음대로 할 수 있는 상황이었고, 이런 정황은 다행스럽게도 종교개혁자들과 코드가 맞아서 장로교회 정치제도가 일찍부터 안착될 수 있었습니다. 반면에 잉글랜드는 왕들의 방해로 종교개혁의 전체적인 분위기가 기대에 미치지 못하고 있었습니다.

스코틀랜드와 잉글랜드의 종교개혁이 수준 차이를 보이는 상황, 이렇게 서로 다른 수준의 교회가 공존하던 형국을 한방에 뒤바꾼 것은 엘리자베스 1세의 죽음에 따른 왕실통합, 제임스 6세가 제임스 1세가 되어야 했던 1603년의 바로 그 사건이었습니다. 그때부터 두 나라 모두 종교개혁의 흐름은 위축되었고, 킹 제임스는 본의 아니게 교회를 타락시켰습니다. 이제 우리는 그런 시대 상황을 이해한 가운데, 기구한 인생의 주인공 '찰스 1세'를 만나러 갈 것입니다.

찰스 1세의 통치는 시작부터 엉망진창이었습니다.

찰스 1세 : 영국을 모르는 영국 왕

아무리 생각해도 찰스 1세는 잉글랜드의 국왕으로 적합하지 않은 사람이었습니다. 그는 시대착오적인 절대왕정과 왕권신수설을 여전히 굳게 믿으며 자라왔던 사람입니다. 하지만 잉글랜드는 이미 입헌군주제 사상이 슬슬 퍼져나가던, 유럽에서도 상당히 깨어있는 편에 속하는 '글로벌 해상무역 국가' 아니었던가요? 이 둘 사이가 과연 어울릴까요? 벌써부터 걱정스러운 기운이 뭉게뭉게 피어오릅니다.

역시나, 즉위 순간부터 문제가 터집니다. 몇 페이지 뒤에서 그 은밀한 내막이 밝혀지지만, 찰스 1세는 이상하리만큼 프랑스와의 외교에 집착했습니다. 모든 신하들의 반대를 무릅쓰고 프랑스 공주 '앙리에뜨 마리'와의 정략결혼을 억지로 추진한 것입니다. 젊은 남녀가, 그것도 왕족끼리 결혼을 하겠다는데 그게 왜 문제겠어요? 문제는 프랑스가 에스파냐처럼 대표적인 로마 가톨릭 국가라는 사실이었습니다. 에스파냐와 프랑스는 로마 교황청 헌금 순위 1, 2위를 다투는 세계 최강대국이었습니다. 잉글랜드 국민들로서는 젊은 왕비가 새 왕을 뒤에서 살살 꼬셔서 친 로마 가톨릭 정책을 펴도록 하지 않을까를 걱정할 수밖에 없었습니다. 물론 나중에 밝혀지듯이 이 걱정은 전혀 지나친 것이 아니었습니다.

젊은 찰스 1세는 의회가 자기를 바라보는 시각이 곱지 않다는 것을 잘 알았습니다. 그래서 국민들의 부정적인 정서를 돌파하고 강력한 왕권을 과시할 필요를 느꼈던 모양입니다. 그가 선택한 방법은 무엇일까요? '전쟁'이었습니다. 전쟁에서 승리를 하면 국민들의 인기와 지지를 한 몸에 받을 수 있을 것으로 생각한 겁니다. 자고로, 정통성에 문제가 있거나 통제가 잘 안 되는 나라의 권력자가 쉽게 유혹을 받는 것이 바로 이런 **명분 없는 전쟁**입니다. 그걸로 국론을 통합하려는 겁니다.

그가 움직이기 시작합니다.

찰스 1세

킹 제임스의 아들. 절대왕정을 선망하며 프랑스의 멋에 취한 남자. 그래서 프랑스 여자와 결혼까지 했는데, 막상 다스려야 할 백성들은 프랑스라면 치를 떠는 잉글랜드. 그는 이 상황을 극복하기 위해 나름대로 고민이 많았지만, 세상은 이미 그가 꿈꾸던 중세 봉건제를 버린 지 오래되었다.

왕권신수설

왕권은 신으로부터 주어졌다는 정치이론. 교황에게서 적당한 거리를 유지하고, 귀족이나 백성들로 하여금 신성하고 절대적인 왕권에 감히 도전할 수 없도록 하는 철학적 기반을 제공합니다.

카디스 수비대

카디스 습격사건

찰스 1세는 의회와 상의하지도 않고 독단적으로 군대를 모았습니다. 부족한 병력은 네덜란드 용병을 사서, 도합 1만에 달하는 해군을 구성합니다.(그 돈이 어디서 났을지 한번 상상해보세요!) 그들의 미션은 에스파냐의 서쪽 끝, '카디스' 항구를 습격하는 것이었습니다. 카디스는 에스파냐가 신대륙의 금을 퍼 나르던 주력 항구로서, 우리나라로 치면 인천공항에 해당하는 전략 요충지입니다. 당시 에스파냐는 세계 최강대국. 이곳을 기습하는 작전은 성공하면 대박이지만 실패하면 나라 자체가 위태로워지는, 그야말로 국운을 건 도박이었습니다.

하지만 그런 식으로 벌이는 전쟁이 제대로 될 리 없습니다. 일단 가장 큰 문제는 재정 부족인데, 이는 곧 보급품 조달 문제로 이어졌습니다. 위풍당당 출발한 군대는 이베리아 반도를 빙 돌아 카디스에 도착했을 땐 이미 식량이 바닥난 상황. 병사들은 배 위에서 죄다 기아상태였습니다.

주린 배를 움켜쥐고 카디스 앞바다에 도착한 잉글랜드 해군은 어떻게 했을까요? 보통 상륙작전이라 하면 뒤에서 함포도 쏘고 앞에서 교두보를 설치하는 등 차근차근 작전을 펼쳐야 하는데, 지금 이 사람들은 배가 고파서 그럴 정신이 없습니다. 정예 병력 1천 명이 선발대로 상륙해서 식당부터 쳐들어가는 겁니다. 음식을 먹고 포도주를 꺼내 마시고 전부 해변에 드러누워 꿀잠을 자는 한심한 사태가 벌어졌고, 처음에 잔뜩 겁을 먹었던 카디스군은 어이없는 상황에 '뭐냐 이거?' 하면서 자고 있던 병사들을 다 찔러 죽입니다.

배 위에서 그 꼴을 보던 나머지는 공황상태로 황망하게 배를 돌리는데, 문제는 지금 배에 식량이 없다고요! 때마침 폭풍까지 만나서 수많은 군함이 침몰하고, 남은 배에 탄 사람들도 그야말로 아비규환, 수많은 젊은이의 목숨이 그렇게 헛되이 스러지는 대참사가 발생합니다. 가까스로 목숨은 건졌으나 거의 좀비 상태가 되어 돌아온 군인들의 숫자는 3천 명에 불과했다고 합니다.

잉글랜드 국민들의 충격은 어마어마했습니다. 분노의 화살이 국왕에게 향합니다. '도대체 작전 기획을 누가 했어!', '보급 책임자 누구야!' 이 시점에서 정상적인 통치자라면 잘못을 인정하고 돌이킬 텐데, 찰스는 두 번째 무리수를 둡니다. 이번엔 두 번째 강대국 프랑스를 칩니다. 대체 뭘 어쩌겠다는 것인지 도무지 모를 일이었습니다.

라 로셸 습격사건

찰스 1세는 이해할 수 없는 선택을 계속합니다. 두 번째 공격 목표는 프랑스의 수도 파리에서 서쪽 끝으로 멀리 떨어진 항구도시 '라 로셸'이었습니다. 도대체 이곳을 왜 공격합니까? 찰스 1세가 이런 행동을 하는 데는 다 사연이 있습니다.

프랑스의 신교도들(위그노)은 로마 가톨릭을 강력하게 신봉했던 프랑스 왕실의 탄압을 피해서 주로 '산골 마을'이나 '외딴 해변'으로 숨어들었습니다. 라 로셸 역시 그런 도시 중 하나인데, 이 아름다운 항구도시는 수년 전에 사실상 개신교도였던 프랑스 왕 앙리 4세가 나름대로 신경 써서 위그노에게 신앙의 자유를 보장받을 수 있는 도시로 떼어줬던 곳입니다.(낭트칙령) 3만 명이 넘는 위그노가 이 도시로 몰려들어 살았습니다. 스위스에 제네바가 있었다면 프랑스에는 라 로셸이 있었습니다. 두 도시는 활발한 서신 교환과 목회자 및 학생 교류로 종교개혁의 꿈을 키워갔습니다.

그런데 앙리 4세가 죽고 뒤이어 왕이 된 루이 13세는 전혀 다른 인간이었습니다. 그리고 루이 13세에게 영향력을 행사했던 고위성직자 리슐리외 추기경은 앙리 4세의 약속 따위는 깡그리 무시했습니다. 지극히 정치적인 고위성직자 리슐리외 추기경은 라 로셸을 그대로 두어서는 안 된다며 루이 13세를 충동질했습니다. 그는 정부군을 동원하여 반란을 진압한다는 명분으로 낭트칙령에 보장되었던 도시들을 하나씩 침략해서 파괴했고, 그 마지막 희생양으로 라 로셸을 포위했습니다. 위그노들은 천혜의 요새이기도 했던 그 도시의 성문을 굳게 잠그고 목숨을 건 항전을 준비했고요.

위그노 시민들이 옹성하고 있었던 라 로셸
찰스는 이곳을 지원하기 위해 인근 '레 섬'에 병력을 상륙시킵니다. 그러나 리슐리외 추기경이 이끄는 프랑스 군에 참패당하고 맙니다.

이 부분의 이해를 위해 132쪽의 '종교개혁지 탐방'을 참조하세요!

자, 여기서 이상하리만큼 무리수를 남발했던 찰스 1세의 비하인드 스토리가 드디어 밝혀집니다. 그는 사실 리슐리외 추기경과 밀약을 했던 것인데요, 프랑스 군대는 항구도시 라 로셸을 육지 쪽에서는 완벽하게 포위했으나, 바다 쪽은 막지 못했습니다. 리슐리외는 찰스 1세의 해군으로 라 로셸을 바다 쪽에서 공격해달라고 비밀리에 협상을 했던 것입니다. 그리고 그 대가가 바로, 프랑스 공주와 결혼하는 것이었습니다. **막대한 지참금**과 함께 말입니다. 물론 그 지참금은 카디스 침공 비용으로 대준 것이었고요. 리슐리외는 주도면밀하게 에스파냐까지 견제하려 했던 겁니다. 그리고 찰스 1세는 네덜란드 용병 구입비를 거기서 충당했던 것이구요.(p.127)

정말 아비한 밀약입니다. 그런데 찰스 1세는 여기서 발상의 전환을 합니다. 이미 지참금은 받아서 써버렸겠다, '라 로셸'의 위그노를 공격해봤자 더 얻을 것도 없을 것인데다, 같은 개신교도를 죽였다며 국내 여론만 더욱 악화될 거라 판단한 찰스 1세는 그냥 리슐리외를 배신하기로 합니다. '라 로셸을 공격하는 척하다가 오히려 그곳 시민들을 배로 구해와야겠다! 그러면 개신교 국가인 잉글랜드에서 내 인기가 하늘을 찌르겠지?' 나름대로 기발한 생각을 해냅니다. 리슐리외와의 밀약을 거꾸로 이용하는 겁니다. 라 로셸을 공격하는 척 해군 선단을 준비시킨 뒤 그 배로 위그노 3만 명을 구출해오는 17세기 엑서더스! 그야말로 엄청난 작전이었습니다. 성공했다면 말입니다. 하지만 그에겐 아무래도 '전쟁의 은사(?)'는 없는 모양입니다. 그 작전을 진작에 리슐리외에게 들키는 바람에, 리슐리외는 아예 바다 한 가운데 방파제를 쌓아놓고 기다리고 있습니다.

덕분에 잉글랜드 함대는 아예 항구에 접근도 못 해보고, 다급해진 마음에 가까운 해변에 병력을 상륙시켰으나 이것을 프랑스 저격병(Sniper)들이 효과적으로 막아냅니다. 완벽한 작전 실패. 결국 찰스 1세는 국제 밀약까지 파기하며 덤볐으나 보기 좋게 실패한 탓에 손실은 손실대로 보고 국제 망신을 당하는 처지가 되고 맙니다.

리슐리외 추기경. 어디서 많이 들어본 이름이지요? 알렉상드르 뒤마의 소설 '삼총사'에 악역으로 등장하는 인물입니다. 소설에서도 라 로셸 전투가 등장합니다. 아토스, 포르토스, 아라미스가 라 로셸을 포위했던 프랑스군으로 참전, 해안 쪽에서 성채로 돌격해오는 잉글랜드 군인들을 저격하는 장면이 바로 지금 이 배경을 묘사하고 있습니다.

의회를 해산해버린 찰스 1세

결국 또 허탕입니다. 찰스 1세는 즉위 후 계속해서 나라꼴을 급속도로 우습게 만들어가고 있습니다. 이제 더 이상 빠져나갈 길도 없습니다. 의회는 일단 왕이 멋대로 전쟁을 하지는 못하도록 해야겠다는 생각에 '권리청원'을 만들어 왕의 서명을 받습니다. 국왕은 의회의 동의 없이 새로운 세금을 만들지 말고, 전시가 아닌 상황에서 병력을 마음대로 모으지 말고, 병력을 주둔시킬 경우 그 동네 사람들에게 비용을 물리지 마라… 좋은 말로, 그러나 단호히 요구하는 내용들이 담겨있는 문서였습니다. 세계사 시간에 한번쯤 외웠을법한 '찰스 1세가 권리청원에 서명하다'라는 유명한 사건은 이런 배경 속에서 이루어진 일입니다.

의회가 이듬해 왕의 권한을 더욱 제한하려 하자, 찰스 1세는 의회를 해산해버립니다. 하지만 당시 엄청난 속도로 성장하며 복잡한 사회구조를 이루어가던 잉글랜드를 의회의 도움 없이 무능한 국왕이 혼자서 잘 다스릴 가능성은 제로에 가까웠습니다. 그렇게 해서 결국 찰스 1세의 통치 기간은 잉글랜드의 대표적인 흑역사 중 하나로 기록되고 맙니다.

문제는 여기서 끝나지 않습니다. 사고뭉치 찰스 1세의 진정한 삽질은 이제부터입니다. 그는 이번엔 말도 안 되는 종교정책으로 잉글랜드와 스코틀랜드의 교회를 건드렸는데, 내용이 워낙 심상치 않아서 많은 사람들의 속을 뒤집어 놓습니다. 다음 화에서 자세히 살펴보겠습니다.

권리청원(Petition of Rights, 1628)
1. 어느 누구도 법률에 의하지 않고서 함부로 구속되거나 구금되지 않는다.
2. 국민은 군법으로 처벌해서는 안 된다.
3. 군인이 강제로 민간인의 집에 머무를 수 없다.
4. 평화 시에는 계엄령을 선포할 수 없다.
5. 의회의 동의 없이 과세할 수 없다.

폐하…
아무래도 당분간 정치에서 손을 떼셔야겠습니다.
지금 상태로는 도저히…

혁명의 도화선

1625년 — 찰스 1세 즉위
① 프랑스 공주와 결혼
② 의원들이 국왕의 정책을 비판

1627년 — 프랑스와 전쟁
① 의회 지원 없이 프랑스와 전쟁, 그리고 참패

1629년 — 의회 해산
① 의회에서 권리청원 및 [세 가지 결의안] 제출
② 의회 승인 없는 조세는 없다
③ 격분한 찰스 1세가 의회를 해산

1634년 — 건함세 소송사건
① 모든 국민에게 상선건조 명목으로 세금 부과
② 존 햄던은 건함세 지불을 거부
③ 존 햄던, 재판에서 억울하게 패소, 민심 흉흉

🔵 종교개혁지 탐방

리슐리외 추기경은 왜 '라 로셸'을
못 잡아먹어서 그 난리였을까?

라 로셸은 수백 년 전부터 융성하던 무역항이었습니다. 종교개혁 이전부터 자체 선거를 통해 매년 시장을 뽑을 만큼, 실리적이고 자유로운 시민들이 사는 해상 무역 도시였습니다. 르네상스와 개신교 사상을 손쉽게 받아들일 수 있는 지리적 사상적 토양이 준비되어 있었던 것입니다. 신교도들에게 '자유'는 정말 소중한 가치였습니다. 도시의 번성과 함께 개신교를 믿는 사람들이 늘어나고, 주변 나바르 왕국이나 스위스, 잉글랜드 등 신교가 강세인 국가들과 긴밀한 관계가 이어졌습니다. 제네바 아카데미에서 배출한 목회자들이 라 로셸에서도 활동했으며, 이곳 출신들은 다른 도시의 종교개혁을 구체적으로 도왔습니다. 1572년 총회에서는 '라 로셸 신앙고백서'를 발표하고, 장로들을 세워 교인들을 살필 만큼 수준 높은 종교개혁의 도시로 모습을 갖추어 갑니다.

한편, 절대왕정 이전의 프랑스는 왕권이 강력하지 못했습니다. 1562년 위그노 전쟁을 겪으면서 귀족들 역시 구교와 신교로 나뉘어 지역마다 암살과 음모, 침략과 복수가 이어졌습니다. 신교국가인 나바르 왕국 출신의 앙리 4세가 차기 왕위 계승자로서 마르그리트 공주와 결혼하던 날, 신교도를 증오하는 기즈 가문은 카트린 드 메디치의 암묵적인 허락으로 결혼식에 참석하려고 모인 신교도들을 학살합니다. '성 바르톨로매오 축일의 대학살'이 이런 배경에서 일어난 것입니다. 이런 학살 뒤에는 신교도의 보호자이자 명망 있던 귀족 '콜리니 제독'을 제거하기 위한 음모가 도사리고 있었고요.

훗날 앙리 4세는 자신의 신앙을 번복한 덕에 간신히 프랑스의 왕이 됩니다. 대신 그는 낭트칙령(1598)을 공표해서 신교와 구교 간의 무익한 싸움을 그치게 합니다. 앙리 4세는 실리적인 정치를 펼치며 국민들의 사랑을 받지만, 로마 가톨릭 광신도에게 암살당하고 맙니다. (앙리 4세는 지금까지도 프랑스 국민의 사랑을 가장 많이 받는 왕입니다.)

앙리 4세의 암살 현장
페호느히 가(Rue de la Ferronnerie), 프랑스 파리

앙리 4세의 아들 루이 13세는 아버지가 신교도를 보호해주던 것과 전혀 다른 행보를 보입니다. 어머니인 마리 드 메디치의 섭정에서 벗어나자, 그는 본격적으로 왕권을 강화하고 싶어 합니다. 그 틈에 리슐리외 추기경은 권력을 잡았고, 이때부터 위그노들은 무지막지한 탄압을 받게 됩니다.

종교개혁지 탐방

분열된 국론을 잠재우고 왕권을 강화하기 위해 위그노를 말살시키는 쪽으로 방향을 잡은 루이 13세와 리슐리외는 신교도들의 정신적인 지주 역할을 하던 도시 라 로셸을 대대적으로 침공합니다. 리슐리외는 라 로셸에서 멀지 않은 뤼송(Lucon) 주교로 일하던 시절, 이미 라 로셸의 상황을 훤히 꿰고 있었던 겁니다.

루이 13세는 리슐리외의 병력 지휘로 1627년 8월부터 1628년 10월까지 15개월간 육지와 해상 모두를 철저히 압박 봉쇄한 끝에 라 로셸을 점령합니다. 신교 국가들의 원조가 있었지만 찰스 1세의 경우처럼 허망하거나 미약했을 뿐이었습니다. 1년이 넘도록 라 로셸 시민들은 시장 '장 귀통'의 지휘 아래 처절하게 저항합니다. 철저히 고립된 그들의 결말은 얼마나 참혹했는지요… 3만여 명이 넘던 시민들이 4천 명으로 줄어들 만큼 희생이 컸습니다.

라 로셸 함락을 기점으로 루이 13세는 프랑스 전역에 퍼져있던 위그노의 기선을 제압할 수 있었습니다. 이는 다음 왕인 루이 14세에 이르러 절대왕정의 꽃이 피도록 하는 거름 역할을 해줍니다.

라 로셸의 템플 교회당과 프로테스탄트 박물관

라 로셸 총회에 참석한 베자

라 로셸 신앙고백서(1572)

성 바르톨로매오 축일에 콜리니 제독이 살해당하는 장면을 묘사한 그림

뤼송

차로 40분 거리
자전거로 2시간 30분~

라 로셸

종교개혁지 탐방

라 로셸 함락 사건이 프랑스 역사에서 얼마나 중요한지는 파리의 '**미테랑 국립도서관**' 로비에 가보면 알 수 있습니다. 약 15미터 정도 되는 프랑스 연표에 표시된 중요한 역사적 사실들 가운데 '**라 로셸 지도**'를 확인할 수 있습니다.

처절한 패배 후, 라 로셸은 모든 것을 빼앗기고 말았습니다. 신앙의 자유를 드러내면 목숨을 부지하기 어려운 상황이었습니다. 위그노들이 목숨을 걸고 비밀리에 예배드리고 몰래 성경을 읽던 그 시절로 한순간에 돌아가 버린 것입니다. 마치 메리 여왕 시절의 잉글랜드처럼 말입니다. 살아남은 시민들은 그들의 신앙을 위해 조용히 분투합니다. 여인들은 작은 성경책을 머리장식에, 남자들은 가슴팍에, 집안 어느 벽장에 성경을 숨겨놓고 몰래 읽었습니다. 자녀의 신앙 교육도 그들답게 해냈습니다. (p.355)

이후 라 로셸의 위그노 후손들은 신대륙으로 떠났습니다. 그들은 신앙의 자유를 누릴 수 있는 정착지를 형성했고, 그곳의 이름을 '뉴(New) 로셸'이라고 지었습니다. 이곳이 바로 뉴욕 맨해튼 바로 위에 위치한 작은 도시입니다. 위그노들의 핵심 본부였던 도시, 그러나 로마 가톨릭 세력에 의해 잃어버린 도시 라 로셸의 정신을, 그들은 이렇게라도 이어가려 했는지 모르겠습니다.

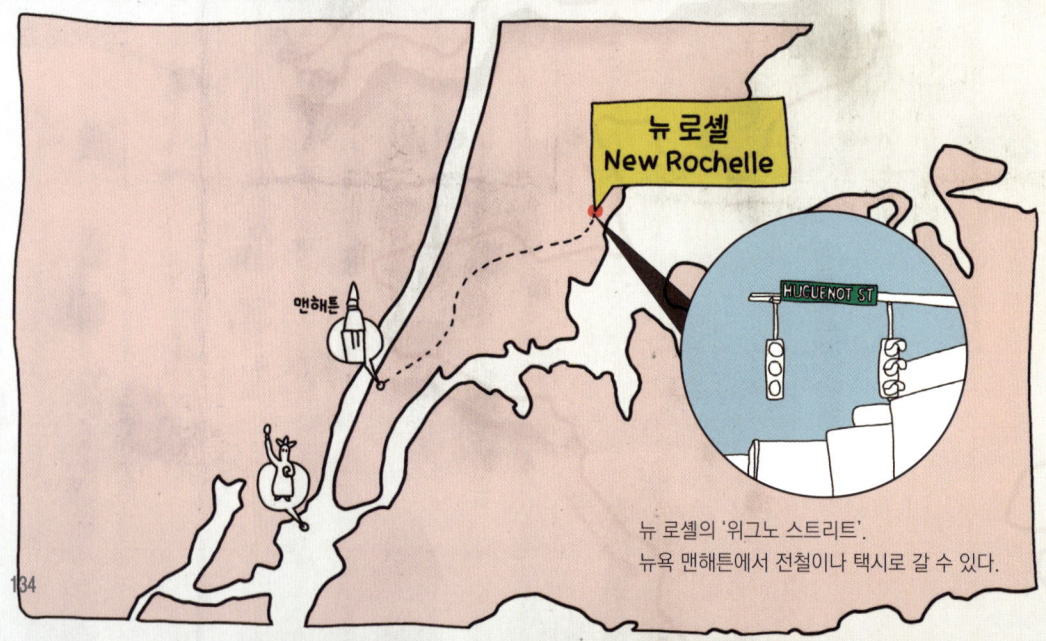

뉴 로셸의 '위그노 스트리트'.
뉴욕 맨해튼에서 전철이나 택시로 갈 수 있다.

제4화 왕이 교회를 손보려 하다

다음 질문을 읽고, 맞는 것에 O, 틀린 것에 X로 답하세요.

1. 엘리자베스 1세가 죽으면서 튜더 왕조는 막을 내리고,
   스코틀랜드의 제임스 6세가 왕위를 물려받았다.
   통합왕국의 왕으로서 그는 제임스 6세 겸 1세라는 이름을 갖게 됐다.　　　　　 O ☐　X ☐

2. 제임스 1세는 엘리자베스 1세 치하에서 억압받던 잉글랜드의 청교도들의
   근심을 덜어주고 주교 제도를 철폐할 것을 공식 선언했다.　　　　　 O ☐　X ☐

3. 제임스 1세가 시행한 유흥장려 정책은 주일 성수를 귀하게 여기던 청교도들의
   집단 반발을 일으켜 청교도들을 더욱 단합하게 하는 역효과를 낳았다.　　　　　 O ☐　X ☐

4. 잉글랜드는 의회의 힘이 약하고 유명무실했기에,
   제임스 1세와 찰스 1세가 무소불위의 권력을 휘두를 수 있었다.　　　　　 O ☐　X ☐

5. 의회는 독단적이고 무능한 찰스 1세의 권한을 일부 제한하기 위해
   권리청원을 제출하고 왕의 승인을 받았다.　　　　　 O ☐　X ☐

넓고 깊게 생각해 보기
유흥장려 정책을 어기면 국법을 어기는 것과 마찬가지였을 상황을 떠올려 보세요.
그런 시절에, 여러분이 영국의 청교도였다면 어떻게 행동했을까요?

제5화
내전이 터지다

찰스 1세는 정말 문제가 많은 왕이었습니다. 정치는 실패했고, 경제도 다 망가뜨렸고, 국민과의 소통 또한 차단했습니다. 하지만 진짜 문제는 따로 있었습니다. 그것은 다름 아닌 찰스 1세의 종교정책이었습니다. 찰스 1세가 자기만의 독특한 종교정책을 추진하기 시작하면서 상황은 급속도로 나빠졌습니다. 국왕의 새로운 종교정책은 개신교 국가의 백성들에 대한 최소한의 인식과 배려조차 없는 것이었습니다. 더 이상 아무도 참으려 하지 않았고, 누구도 참을 수 없었습니다. 전쟁을 원한 사람은 아무도 없었지만, 전쟁은 이미 그렇게 일어나고 있었습니다.

키워드 : 공동기도서, 국민언약, 주교전쟁,
　　　　　장기의회, 평화협상단, 잉글랜드 내전
　　　　　엄숙한 동맹과 언약

앞 단원에서 국정 지도자로서의 찰스 1세가 얼마나 무능했는지, 그리고 그로 인하여 국민과의 사이가 어떻게 멀어졌는지를 살펴봤습니다. 그러나 그게 전부가 아닙니다. 오히려 지금부터가 시작입니다.

찰스 1세가 원했던
이상적인 교회? 이상한 교회!

찰스 1세 인생 최대의 실수는 무엇보다도 그의 시대착오적인 종교 정책이었습니다. 이 사람이 원했던 것은 아주 독특합니다. 선왕 제임스 1세는 장로파가 싫었고, 로마 가톨릭도 싫어서 중도적인 것을 추구했다면, 찰스 1세는 머릿속에 뭔가 자기만의 어떤 이상적인 교회 형태가 있었습니다. 내용을 보면 황당합니다.

찰스 1세는 "예배당 동쪽 끝에 제단을 만들라"는 명령을 내립니다. 교회에 제단이라니요? 이것은 그야말로 종교개혁 이전으로 돌아가는 황당한 일입니다. 왜 하필 동쪽 끝인지는 뒤에서 설명하겠습니다. (p.140)

'화체설 분위기를 내는 성찬식', 이것 역시 마찬가지입니다. 떡을 높이 들고 기도하게 했고, 주교들이 입에 직접 넣어주게 했습니다. 이것은 사제주의 당시의 성찬예식을 그대로 보여줍니다. 종교개혁자들이 그토록 경계하던 바로 그 모습 말입니다.

교리적으로는 이미 '도르트 국제회의'에서 정죄된 '알미니안 주의'를 가르치도록 합니다. 알미니안주의에 대해서는 관련 서적을 참고하시기 바랍니다. 정요석, 『칼뱅주의 5대 교리 완전정복』(세움북스)

죄다 말도 안 되는 종교정책이었지만, 자기만의 이상 국가 건설에 푹 빠져있던 찰스 1세는 자신의 통치권이 미치는 세 왕국(스코틀랜드, 아일랜드, 잉글랜드)에 자신의 종교정책을 강요합니다. 교회법을 하나로 통일해서, 세 나라에 일괄 적용할 것을 지시한 겁니다. 교회법 통일이라… 말이 되는 이야기일까요? 가능키나 한 이야기일까요?

찰스 1세의 이상한 종교정책

- 교회당에 제단 만들기
- 화체설에 입각한 성찬
- 알미니안주의 신학 교육
- 스코틀랜드에 주교제도와 공동기도서 강요
- 세 왕국에 교회헌법 일괄 도입
- 성공회와 로마 가톨릭을 결합 자기만의 종교적 이상국가 건설에 집착

이 책의 참고도서 란에 있는 김중락 교수의 논문을 참조하세요.

앞에서 보셨던 지도가 기억나시지요? 로마 가톨릭, 성공회, 장로교회로 각각 다른 종교를 가진 세 왕국의 교회법을 하나로 통일하겠다는 발상이라니… 세 나라 모두가 좋아할 일이 아니라 세 나라 모두 황당한 일입니다. 가능한 일도 아니지만, 설령 실제로 그게 된다 하더라도 모두가 만족할 수 <u>없는</u> 교회법이 나오게 되겠지요?

스코틀랜드에 강요한 주교제도

교회법이 통일되면 가장 큰 문제는 서로 다른 교회정치가 하나의 교회조직 안에서 충돌하게 됩니다. 잉글랜드의 주교제도를 스코틀랜드에 다시 강요하는 경우를 상상해보세요. 지금 스코틀랜드는 존 녹스 이후 50여 년의 역사를 거쳐 오면서 주교제도를 약화시켜 왔습니다. 특히 앤드류 멜빌의 개혁으로 주교제도는 거의 사라졌습니다. 이것이 스코틀랜드의 종교개혁이 이룬 성과였습니다. 물론 주교들이 아직 구석구석에 남아있기는 했으나 실제로 힘은 없었습니다. 스코틀랜드는 이미 사제주의를 <u>개혁한 상태</u>입니다.

그런데 잉글랜드에만 죽치고 살면서 오매불망 프랑스만 바라보며 스코틀랜드에는 통 관심도 없던 왕이, 갑자기 "너희는 왜 주교를 푸대접하느냐! 주교제도를 속히 똑바로 시행하라!" 이러면서 간섭하기 시작한 겁니다. 그러더니 실제로 런던에서 주교를 임명, 파송합니다. 스코틀랜드는 그야말로 어이가 없었습니다.

찰스 1세의 이러한 시대착오적인 종교정책이 당시 종교개혁에 동참하던 신실한 성도들에게 실제로 어떤 느낌으로 다가왔을지, 다음 페이지 특별자료를 통해 더 구체적으로 살펴보겠습니다.

이런 모든 작업을 찰스 1세 혼자서 할 수 있었던 것은 아닙니다. 종교개혁을 반대하는 대주교가 그 배후에 있었습니다. 윌리엄 로드라는 사람은 가톨릭주의자인데, 잉글랜드의 가장 높은 지위인 켄터베리 대주교에 임명됩니다. 그는 당연히 주교제도를 철저히 신봉했고, 교리적으로도 잘못된 신학을 가진 사람이었습니다. (이 부분은 10화 p.291에서 자세히 살펴보겠습니다.)

○ 특별자료

웨스트민스터 사원
예배당 동쪽 끝에 담긴 의미

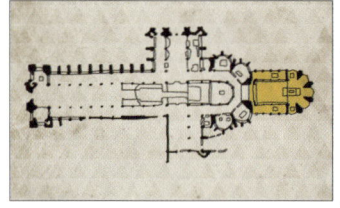

이 그림은 웨스트민스터 사원의 평면도입니다. 찰스가 교회당에 제단 만들기를 했다고 했는데, 그 대표적인 예가 바로 이 사원의 동쪽 끝 방에 제단을 놓도록 지시한 사건입니다. 참고로 영국에 있는 교회당은 십자가 모양의 건물 동쪽 끝이 마치 화살표처럼 예루살렘 쪽을 향하도록 건축되었습니다. 물론 이것은 일종의 미신입니다. 예루살렘을 '성지'라고 여기고, 그쪽을 지향한다는 식의 종교심을 담아서 건물을 세우는 것인데, 꽤 신앙적인 모습처럼 보이지만 실제로는 신학도 잘못되었고, 그 마음의 소욕 또한 중세판 바리새인의 외식에 다름 아니죠.

이 동쪽 끝 방(헨리 7세의 방)은 건물 전체에서 가장 밝고 화려합니다. 어두컴컴한 건물 내부를 지나다가 이곳에 이르면 주위가 환하게 밝아지면서 신비감을 줍니다. 3면의 벽이 유리창으로 되어 있어서 채광이 좋으며, 안쪽에는 금과 상아 장식으로 가득한, 고급스럽기로 이루 말할 수 없는 방입니다. 그래서 관광객들은 이 방에 들어오면 자기도 모르게 숙연해질 정도입니다. 종교적인 위압감까지 느낄 수 있는 이곳에, 찰스 1세는 제단을 설치하겠다는 겁니다. 이유가 뭐겠어요?

찰스가 원한 것은 바로 그런 **드라마틱한 효과**입니다. 이곳을 신전처럼 만들겠다는 것입니다. 비록 중도의 개혁이기는 했지만 종교개혁이 한참 진행되었던 잉글랜드로서는, 이러한 조치는 당혹스러움을 넘어 해괴한 일이었습니다. 오늘날 우리가 교회 건물 맨 앞에 제단을 놓고 이제부터 제사를 드리겠다고 하면 어떻게 될까요? 난리가 날 것입니다.

스코틀랜드의 공동기도서 폭동

무엇보다도 치명적인 것은 찰스 1세가 교회법과 함께 예배의식을 통일시키겠다며 스코틀랜드에 새로운 '공동기도서'를 만들어 강요한 사건이었습니다. 이것은 쉽게 말하면 우리가 예배를 드릴 때 사용하는 주보와 같은 것인데, 차이점이 있다면 예배 순서만 적힌 게 아니라 그 내용까지도 아주 상세히 적어 마치 소책자와 같습니다. 그 책자에는 예배를 어떻게 드려야 하는지, 예배 요소와 순서, 인도자가 뭐라고 말해야 되는지, 청중은 뭐라고 대답해야 하는지, 어디서 일어서야 하고 앉아야 되는지, 기도할 때는 뭐라고 해야 하는지 등등 예배의 모든 내용이 다 적혀있습니다. 말하자면 일종의 '**시나리오**'와 같습니다.

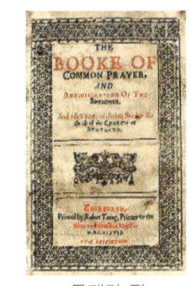

문제가 된 공동기도서(1637)

어떨까요? 이런 게 있으면… 예배시간에 참 편하겠지요? 실제로 이것은 로마교회에서 개혁할 때 개신교 예배란 어떻게 드려야 하는 것인지를 설명하기 위해 만든 것이었습니다. 즉, 편리한 사용과 교육을 위해 탄생한 것이죠. 하지만 문제는 이걸 너무 오래 사용해왔다는 겁니다. 거의 100년이나 지나도록 예배가 매번 똑같은 시나리오로 흘러간다고 생각해보십시오. 어떤 문제가 있을까요? 그렇습니다. 형식적이 되죠. 그래서 종교개혁자들은 이것을 사용해서 예배하는 것을 싫어해 오던 차였습니다. 그런데 찰스는 이걸 오히려 강화한 개정판을 내놓고, 제대로 사용하지 않는 성직자는 처벌하거나 면직시키겠다고 나옵니다. 잉글랜드 청교도들의 반발심은 컸습니다.

잉글랜드에서조차 받아들여지지 못하는 정책을 더구나 스코틀랜드에 강요했으니, 스코틀랜드가 좋아했을까요? 자존심 높은 스코틀랜드가 이것을 순순히 받아들일 것이라고 생각했다면, 그것은 찰스의 크나큰 착각이었습니다. 그는 스코틀랜드 장로교회를 너무도 만만하게 본 것입니다. 스코틀랜드는 참다못해 [**폭동**]을 일으킵니다.

공동기도서 폭동(1637)
세인트 자일스 교회당에서 의자를 집어 던진 여성의 이름은 제니 게데스입니다.

공동기도서를 도입한 첫 예배에서 어느 여성이 파송된 주교에게 의자를 집어 던지는 사건이 벌어집니다. 이 사건을 계기로 폭동이 일어났고요. 공동기도서 도입을 그들은 스코틀랜드 장로교회 자체를 폐지하려는 시도로 해석합니다. 선대 왕들이 교회를 손아귀에 쥐려고 사용했던 여러 가지 잔머리를 정확히 기억하고 있던 스코틀랜드 신자들은 빠르고 정확한 판단을 내리고 이를 행동으로 옮겼습니다.

이어서 공동기도서의 핵심 문제와 부작용을 간파한 젊은 종교개혁자 조지 길레스피는 [스코틀랜드 교회가 강요당한, 잉글랜드의 교황주의식 예식에 대한 항의서]라는 책을 써서 신속하게 출판합니다. 스코틀랜드 신자들이 공동기도서를 한뜻으로 반대한 데는 이 책의 역할이 있었습니다. 이 책에 대해서는 10화에서 좀 더 다루겠습니다.

급격히 번져간 제2종교개혁 : 국민언약

공동기도서 폭동 사건은 마치 잠자는 사자의 코털을 건드린 것처럼 급속도로 확대됩니다. 스코틀랜드 장로교회는 단결했고, 아주 독특한 일을 행합니다. 온 나라가 하나님 앞에 언약을 한 것입니다. 우리가 믿는 신앙은 무엇이며, 잘못된 신앙의 강요에는 어떻게 맞서겠다는 내용을 적은 문서를 회람하고, 그 앞에서 그 내용을 자신의 고백으로 받아들이는 언약을 하는 겁니다. 그리고 그걸 전국적으로 확대한 겁니다.

워낙 낯선 행동이라서 이것을 말로만 적으면 감이 오지 않지만, 실제로 스코틀랜드의 박물관에 가보면 이 역사를 소개하고 관련 물품을 전시하는 곳까지 있을 정도로, 스코틀랜드 종교개혁사에 있어서 매우 중요한 사건입니다.

국민언약을 최초로 서명했던 그레이프라이어 교회당

왼쪽 사진이 국민언약을 최초로 서명했던 그레이프라이어 교회당입니다. 3천 명 이상의 사람들이 이곳에서 서명을 했고, 그 사본을 전국에 돌려서 전 국민의 60%가 서명을 했다고 합니다. 사실, 전 국민이 한마음으로 언약에 서명한다는 일은 아무리 당시 교회가 '국가 교회'라 하더라도 실현되기 어려운 일 아니겠어요? 인터넷은커녕 전화도 교통망도 지금처럼 발달하지 않던 시대인데 말입니다. 그런데 그런 일이 실제로 일어나다니, 놀라울 뿐입니다.

⊕ 심화학습

국민언약(National Covenant)의
세계사적 의의와 장로교회 제도의 공식 선포

1638년도에 스코틀랜드가 거룩한 분노로 행동한 이 사건은 세계사적으로도 아주 중요한 사건입니다. 여기에는 국왕이 종교와 법과 신하의 자유를 존중한다는 조건 하에 충성을 하겠다는 내용이 포함되는데, 바꿔 말하면 이것은 국왕이 우리를 존중하지 않으면 무력으로 저항할 수 있다는 정당성까지도 부여했던 것입니다. 이어서 12월 글래스고 총회 때는 공동기도서 불법이라는 결정과 함께, 주교제도를 '아예' 폐지하고, 스코틀랜드 교회에서 모든 비장로회적 요소를 제거하기로 합니다.

반년 뒤, 글래스고에서 모인 스코틀랜드 장로교회 총회에서는 **"찰스 1세가 요구하는 모든 것은 결국 로마교회의 잔재다!"**라는 평가를 내립니다. 가만 보니까 이것은 사실상 종교개혁 이전의 발상이더라 이겁니다. 그래서 이건 도저히 받을 수 없다는 선언을 하고 찰스 1세가 제시했던 모든 조항을 폐지합니다. '주교제도'는 그야말로 확실히 사라지게 됩니다. 그리고 장로교회를 국교로 삼습니다. 공동기도서가 폐지된 것은 당연합니다.

여기서 중요한 것은, 이들이 장로교회 정치를 **'하나님이 주신 제도'**라고 선언한 것입니다. 그동안 장로회 제도를 '가장 잘 개혁된 교회'라고 에둘러 표현했다면, 이제는 신구약 성경의 근거와 함께 이것이 '하나님이 주신 제도'였음을 명백히 표방한 겁니다. 그들은 종교개혁이 그저 상황에 따라 어쩌다 보니 진행된 것이 아니라, 허탄한 미신과 이도교적인 사상에 오염되었던 교회를 순수하게 회복하려는 흐름이었음을 분명히 했습니다. 그래서 이 사건을 스코틀랜드 제2종교개혁이라고 부르기도 합니다.

+ 심화학습

그들은 갑자기 어디서 나타났을까?
킹 제임스의 암흑기에 준비된 자들

1638년 스코틀랜드 제2종교개혁은 정말 대단한 사건이었습니다. 그런데 이때 활약했던 종교개혁자들은 대체 어디서 갑자기 툭 튀어나온 것일까요? 제임스 6세가 제임스 1세도 되었던 1603년의 '전세역전' 이후(p.116 복습) 앤드류 멜빌이 투옥당하고, 퍼스5개조도 통과되고, 유흥장려 정책도 시행되고…. 그렇게 스코틀랜드 교회의 종교개혁은 암울한 상태가 되어버린 줄 알았는데, 어떻게 이런 놀라운 개혁이 갑자기 가능했던 것일까요? 지난 35년간, 한 세대가 훌쩍 지나가는 동안 스코틀랜드 교회는 완전히 망해버린 줄 알았는데, 지금 보니 꼭 그런 것만도 아닌 모양입니다.

대체 국민언약의 주역들은 누구였을까요?

이 시대의 개혁자들은 바로 제임스 1세 때 삐약삐약 자라나던 어린 학생들, 또는 청년들이었습니다! 그들은 어두웠던 시절을 견디며 신앙과 학문을 단련했던 준비된 사람들이었습니다. 즉, 스코틀랜드 교회는 모든 것이 막혀버리고 암담하고 불안하던 시절에 그들이 해야 할 일을 잘 알고 있었습니다. 그들은 절망하지 않고, 오히려 정신을 바짝 차리고 '다음 세대의 교육'에 혼신을 다했던 겁니다. 그리고 그렇게 잘 준비된 아이들은, 한 세기 뒤에 찰스 1세의 말도 안 되는 종교정책이 조국을 어지럽혔을 때, 분연히 맞설 수 있었던 겁니다.

오늘 우리가 희망 없는 시대라고 절망하지 말아야 하는 이유가 바로 여기 있습니다. 지금 우리가 할 일이 무엇일까요? 이토록 분명한 역사에서 그 해답을 찾았으면 좋겠습니다.

✚ 심화학습

1장으로 보는 스코틀랜드 종교개혁자 계보
그리고 그들의 영향을 받은 인문주의자들

스코틀랜드 종교개혁자들과 그 당시 인문주의자들과의 관계를 그림으로 그려보았습니다. 화살표는 직접적인 영향을 준 관계를 의미합니다. 존 녹스와 조지 뷰캐넌의 사상이 앤드류 멜빌에 의해 두 왕국 이론으로 정립되었고, 이는 스코틀랜드 장로교회의 침체기에도 불구하고 신앙으로 꿋꿋하게 자라났던 다음 세대 종교개혁자들에 의해 더욱 구체적으로 표현되었습니다. 특히 사무엘 러더포드의 사상은 이후 사상가들에게 매우 직접적이고 큰 영향을 끼쳤습니다.

실제로 스코틀랜드 종교개혁자들은 수많은 근현대 사상의 밑바탕이 될 정도로 선진적이고 훌륭한 내용을 가진 사람들이었습니다. 그들이 국민언약을 이끌어냈고, 스코틀랜드 제2종교개혁의 횃불을 들어주었던 것입니다.

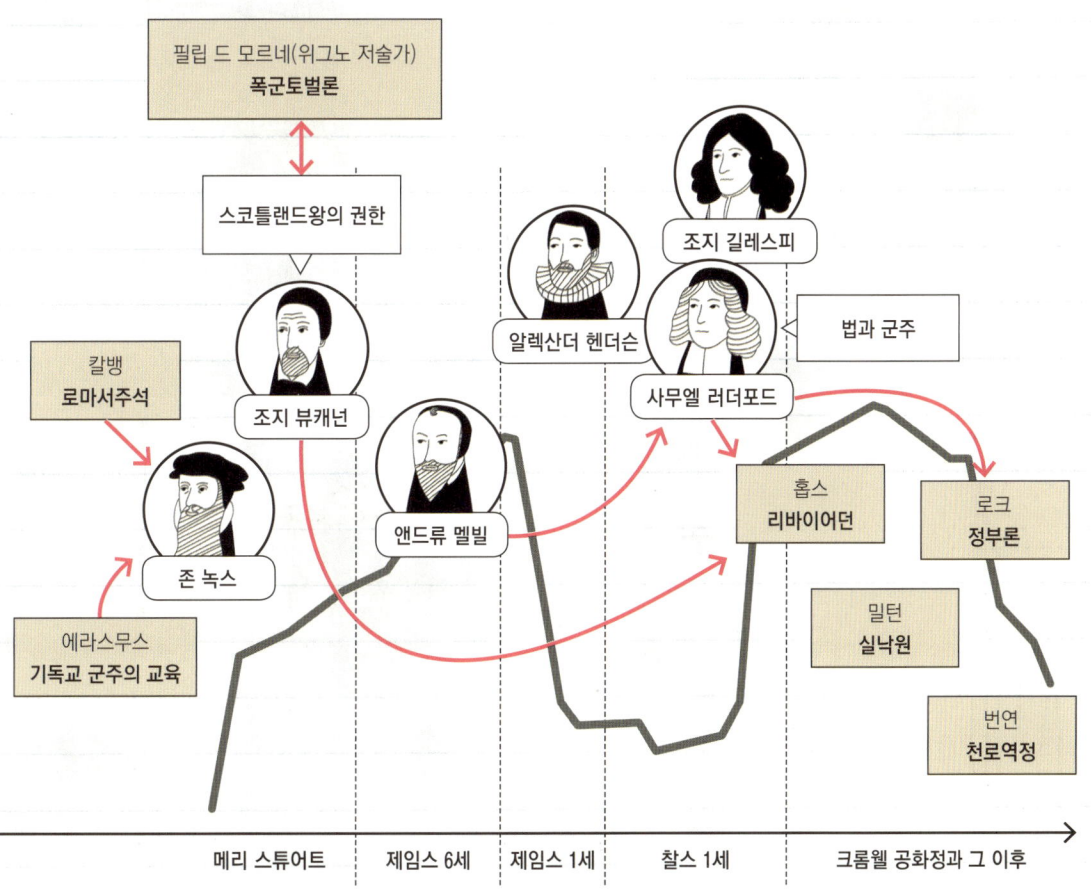

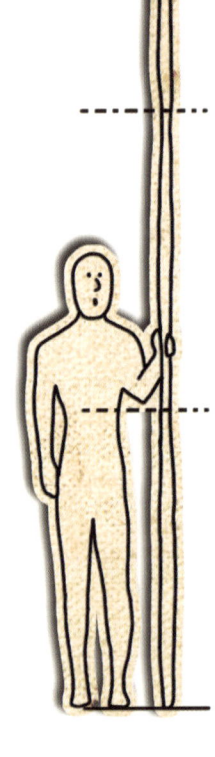

제1차 주교전쟁

스코틀랜드에서 일이 이렇게 돌아가자, 찰스 1세는 더 이상 가만히 앉아서 보고만 있을 상황이 아님을 깨닫습니다. 그가 보기에 스코틀랜드의 이런 행동은 '반역'이었습니다. 그는 지금 세 왕국이 조화를 이루는 자기만의 이상 국가를 머릿속에 가득 채워놓고 있는데, 스코틀랜드가 통째로 반기를 들고 나섰다는 이야기는 그야말로 복장이 터질 일이었습니다. 그래서 그는 또다시 늘 하던 결단을 내립니다. '전쟁' 말입니다. 어떤가요! 답답하시죠? "이놈들, 다 쓸어버리겠어!" 또다시 선전포고를 하는 국왕을 보는 잉글랜드 국민들도 복장이 터졌습니다.

주교제도를 유지하려는 찰스 1세와 폐지하려는 스코틀랜드 국민언약파 사이의 전쟁. 그래서 사람들은 이것을 '주교전쟁'이라고 불렀습니다. 여기서 누가 승리하느냐에 따라 스코틀랜드는 물론 잉글랜드 교회의 운명도 결정납니다. 하지만 앞에서부터 계속 봤듯이 찰스 1세는 전쟁하고는 안 맞는 인간이었습니다. 호기롭게 나섰지만, 전쟁이 그리 쉬운 일은 아닙니다. 정작 그에겐 아무런 준비도 되어 있지 않았습니다. 수중에 돈도 병력도 무기도 없는데 일단 질러놓고 보니 뒷수습이 안 됩니다. 반면에 스코틀랜드는 죽을 각오로 대항합니다. 찰스 1세는 무척 많이 당황합니다.

당시 전쟁에 쓰던 무기는 크게 두 종류입니다. 5미터 정도 되는 긴 창이 있는데 이것을 '파이크'라고 부릅니다. 창이라고 하니까 별것 아닌 것처럼 생각되지만, 그 긴 창을 보병부대가 일제히 겨눠 들고 전진하면 엄청난 숫자의 날카로운 창이 빽빽한 숲을 이루어, 앞에서 봤을 때 공포감을 주기 충분한 무기입니다. 또 하나는 '머스킷'이라는 화약총으로, 주로 장교와 기병들이 썼습니다.

하지만 이런 무기도 제대로 훈련된 병사가 똑똑한 사령관의 지휘 아래 사용해야 효과적인 법입니다. 이쯤 되면 모든 독자가 예상할 수 있듯이, 왕의 군대는 심지어 이런 기본적인 무기조차 구비하지 못해서 상당수의 병력이 헛간에서 몽둥이나 갈퀴를 주워들고 행군했습니다. 전쟁이 제대로 될 턱이 없습니다. 결국 찰스는 변변찮은 전투도 못 해보고 황망히 휴전을 선언합니다. 1차 주교전쟁은 그렇게 끝납니다.

단기의회 소집과 국왕의 좌절

찰스 1세는 서둘러 의회를 소집합니다. 예산도 없이 전쟁을 할 수 없다는 사실을 이제야 깨달았는지, 우선 휴전으로 시간을 벌어 놓고 의회에 손을 벌린 것입니다. 이런 찰스를 의회가 좋아할까요? 여러분이 의회의 의원들이라고 생각해보십시오.

자, 국왕의 최근 몇 년간의 행동을 되짚어 봅시다. 납득할 수 없는 이유로 에스파냐와 프랑스를 공격해서 국가 재정을 말아먹고, 그걸 뭐라고 했더니 의회를 해산시켰습니다. 의회 없이 11년간 통치를 하면서 경제를 더욱 어렵게 만들다가, 이상한 종교정책으로 국가 위기상황을 만들더니, 이제는 스코틀랜드와 틀어져서 전쟁을 하겠다며 돈을 달라고 다시 의회를 소집하는 철없고 뻔뻔한 국왕… 의원들은 그야말로 말문이 막혔습니다. (이게 단기의회*입니다.)

> **단기의회(the Short Parliament, 1640년 4월 13일~5월 5일)**
> 의회가 소집된 지 겨우 3주 만에 해산되었다고 하여 단기의회라는 이름이 붙었습니다.

당연히 회의 분위기는 엉망이었습니다. 의원들은 한 푼도 줄 수 없다고 버팁니다. 사실 찰스도 큰 기대를 했던 것은 아닙니다. 의회를 열어서 시간을 벌고, 뒤로는 어떻게든 귀족들을 줄 세워, 그들의 사병과 군자금을 모으려 했습니다. 하지만 이런 속셈을 스코틀랜드는 금방 눈치챕니다.

제2차 주교전쟁

스코틀랜드에서 가만히 보니 상황이 빤히 보입니다. 잉글랜드 의회가 국왕에게 우호적이지 않고, 오히려 스코틀랜드 편을 드는 세력도 상당하다는 것을 알게 됩니다. 이거 뭐 잉글랜드는 지금 콩가루 집안이구나 싶은 스코틀랜드는 기회를 놓치지 않고 밀고 내려와서 무혈입성하여 '뉴캐슬' 지역을 점령합니다. 이것이 제2차 주교전쟁입니다. 스코틀랜드는 점령한 도시에서 먹고 마시며, 전쟁 배상금을 주지 않으면 물러가지 않겠다고 선언합니다. 찰스 1세는 이제 진짜로 다급해졌습니다.

여기서 스코틀랜드의 노련한 정치적 포석이 보이는데, 휴전협상 대상자로 찰스 1세가 아닌 '의회'를 지목한 겁니다. 스코틀랜드가 보기에도 찰스 1세는 답이 없는 사람이며, 사실상 국가의 주도권이 의회로 넘어가고 있음을 눈치챘던 겁니다.

1639년 6월
1차 주교전쟁 발발
전쟁준비가 덜 되어서 협상으로 끝남

1640년 4월 13일
단기의회 소집
그러나 협상 실패

1640년 8월 17일
2차 주교전쟁 발발

1640년 11월 3일
장기의회 소집
바로 이 의회가 웨스트민스터 총회를 소집했음
1주일 뒤, 스코틀랜드 협상단 도착, 런던에서 평화협정

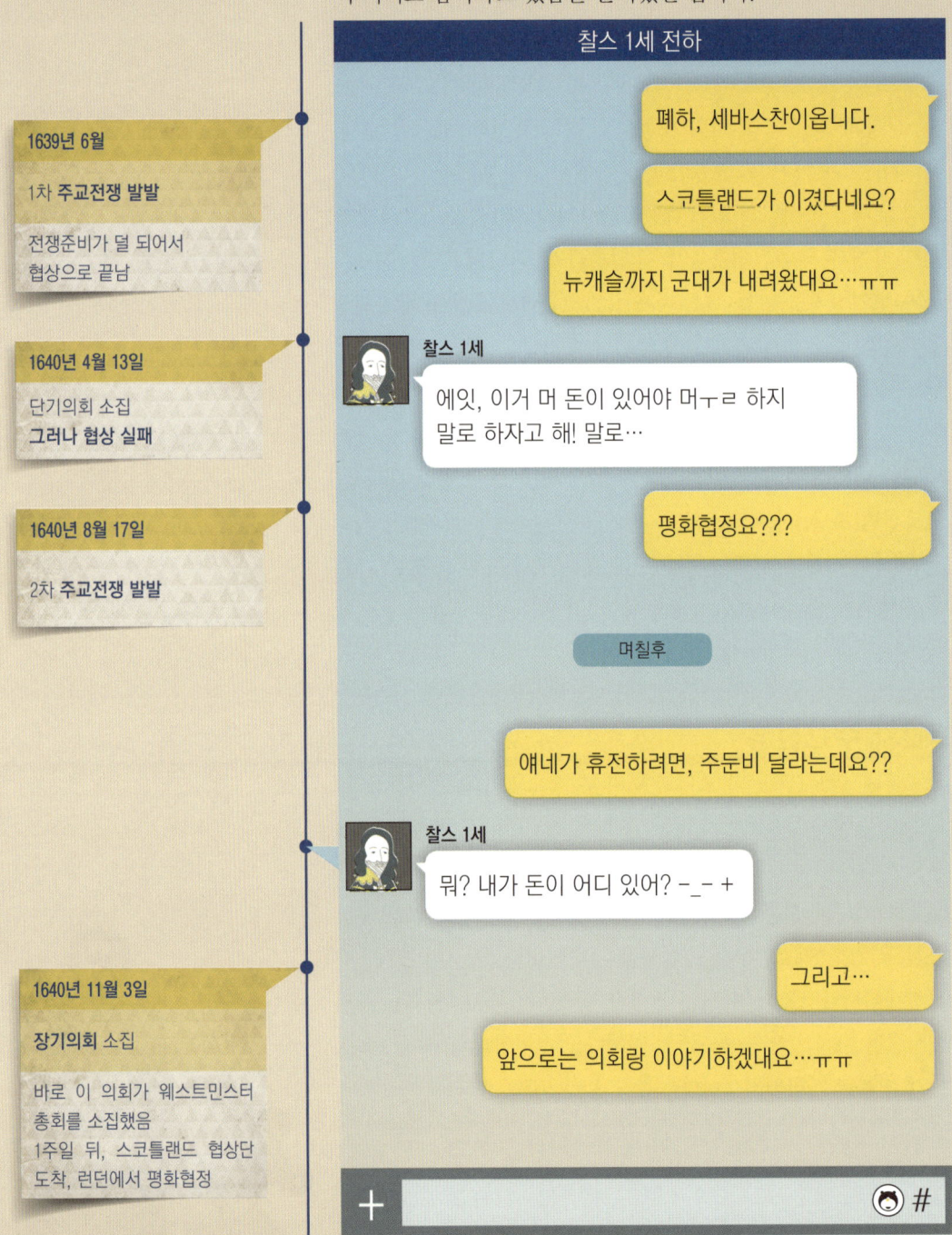

장기의회, 국왕을 집중 압박하다

스코틀랜드가 왕을 제쳐 두고 잉글랜드 의회랑 직접 이야기를 하겠다고 하는 이런 웃지 못할 상황 속에서 의회가 다시 열립니다. 이번에 열린 의회는 분위기가 좀 다릅니다. 이제 왕이 함부로 의회를 해산시킬 수도 없습니다. 의회는 이후 13년간 계속되면서 현대 영국 의회의 기틀을 닦게 됩니다. 이것을 지난번의 단기의회와 비교해서 '장기의회'라고 부릅니다.

지금까지 전면에 등장하지 않았지만, 이때 장기의회에 대거 진출했던 세력이 바로 잉글랜드의 청교도, 특히 장로파였습니다. 그동안 차근차근 실력을 길러온 장로파는 이미 잉글랜드 내에 정치적 입지를 가지고 있었으며, 그들이 의회에 다수석을 차지한 덕분에 스코틀랜드와의 협의도 발 빠르게 진행될 수 있었던 겁니다. 국왕은 이런 정황을 읽을 능력이 너무도 부족했습니다.

장기의회 의원들은 도대체 이런 왕을 언제까지 데리고 살아야 하나 진지하게 고민하기 시작합니다. 그리고 당장 급한 정치현안을 왕을 배제하고 하나씩 처리하기 시작합니다. 우선 왕의 허락이 없어도 의회가 3년마다 의무적으로 열릴 수 있도록 했고, 왕이 편법으로 거두던 건함세(군함을 만들기 위한 세금)를 폐지하고, 국왕이 마음에 들지 않은 사람을 잡아다 가두던 왕립재판소를 폐지하는 등 각종 개혁안을 속속 발표했습니다.

찰스 1세는 비록 지은 죄가 많아서 뭐라고 딱히 할 말은 없었지만, 돌아가는 꼴이 영 거슬렸습니다. 그래도 명색이 국왕인데, 신하들이 자기들 좋을 대로 모든 국정을 처리하는 모습을 보며, 찰스 1세의 자존심과 인내심은 바닥을 향해 가고 있었습니다.

장기의회(the Long Parliament, 1640~1653)
찰스 1세가 스코틀랜드와의 주교전쟁에 필요한 전쟁 경비를 요구하기 위해 소집했습니다. 그러나 실력을 키워오던 잉글랜드의 청교도, 특히 장로파 소속 위원들이 대거 의회에 진출하면서, 의회는 사실상 찰스 1세의 독재에 제동을 걸게 됩니다.

대간의서(大諫議書 Grand Remonstrance, 1641)
장기의회가 찰스 1세의 잘못된 정치를 조목조목 비판한 문서. 절대왕정과 부패, 불법과세 등을 비판하고, 특히 스코틀랜드 교회를 건드는 행위를 반대하고 목회자 임명권과 반란 진압군의 지휘권을 의회에게 달라고 요구하는 문서입니다.

+ 심화학습

스코틀랜드의 평화협상단은
무엇을 요구했을까?

장기의회가 소집된 지 일주일 뒤, 스코틀랜드의 협상단이 런던에 도착합니다. 그런데 멤버 구성이 특이합니다. 정치인이나 군사령관이 아니라 종교개혁자들이 내려왔습니다. 스코틀랜드의 의도를 여기서 알 수 있습니다. 분쟁의 핵심이 종교문제였으니, 평화의 핵심도 종교문제였습니다. 그들이 원했던 것은 찰스 1세가 그 이상한 종교정책을 포기하는 것이었으며, 적어도 스코틀랜드에서만큼은 장로교회 정치제도가 보장되는 것이었습니다. 그리고 좀 더 바란다면, 이웃나라 잉글랜드도 종교개혁의 흐름을 스코틀랜드 수준으로 따라왔으면 했던 겁니다. 그게 되려면 가장 이상적인 모습은 무엇일까요? 잉글랜드가 스코틀랜드와 동일한 교회정치와 예배형식을 가지면 되는 겁니다.

따라서 그들이 제출한 〈우리들의 요구〉에는 전쟁보상금이니 뭐니 이런 따위가 아니라, '교회의 일치'에 관한 내용이 담겨 있었습니다. 두 나라의 교회가 **'하나의 신앙고백, 교리문답서, 예배모범서 그리고 동일한 형태의 교회조직'을 소유**하자는 것이었습니다. 그런데 이것은 몇몇 독자에게는 익숙한, '어디서 많이 듣던 소리'일지도 모르겠습니다. 바로, 수년 뒤에 열렸던 **웨스트민스터 총회가 만들어낸 결과물**이 저 목록과 일치합니다.^(6화에서 자세히 살펴봅니다.)

잉글랜드 의회도 이 기회를 이용해서 자신들의 종교개혁을 착착 진행하려 했습니다. 평화 협상이 마무리되고, 잉글랜드 의회는 일단 우리 스스로 개혁을 해보겠다는 답변을 주었습니다. 스코틀랜드 평화협상단은 그 말을 믿고 런던을 떠났습니다. 그러나 교회는 그렇게 쉽게 개혁되는 것이 아닌가 봅니다. 이 책의 페이지가 아직 많이도 남아있으니 말입니다. ^^;

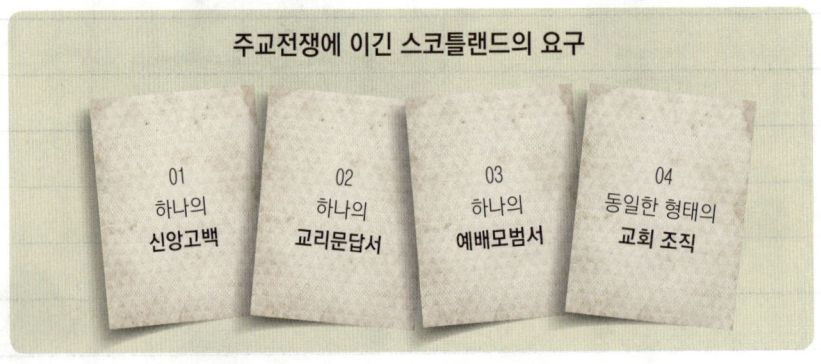

주교전쟁에 이긴 스코틀랜드의 요구

01 하나의 신앙고백 | 02 하나의 교리문답서 | 03 하나의 예배모범서 | 04 동일한 형태의 교회 조직

사건발생 : 의회 습격 사건

의회는 국왕의 절친들을 하나하나 '간신'으로 처단하고, 왕비까지 문제 삼습니다. 로마 가톨릭 국가인 프랑스 여자가 시집와서 나라 꼴이 이렇게 된 것이 아니냐며 따진 것입니다. 실제로 왕비가 친프랑스 성향의 정치가들을 후원했던 것이 적발되기도 했습니다. 찰스 1세는 결국 폭발합니다. 수백 명의 친위대를 이끌고 의회로 쳐들어가는 희대의 사건을 저지르고 맙니다.

이 상황에 몰입하지 않으면 그냥 무심코 넘어가기 쉽지만, **국왕이 군대를 끌고 의회에 쳐들어갔다**는 것은, 이제 갈 데까지 갔다는 뜻입니다. 앞에서도 설명했듯이, 잉글랜드에서 왕이 무력으로 의회를 건들던 시절은 벌써 오래전에, 로빈 후드가 숲속을 뛰어다니던 시절에 지나갔습니다. 아무리 왕이라도 의회 앞에서 해서는 안 될 행동이 있었습니다. 하지만 찰스 1세는 뼛속부터 절대왕정 신봉자였습니다. 의회고 뭐고, 그에게는 모두 자신이 기라면 기어야 마땅한 신하들에 불과했습니다.

그는 성큼성큼 걸어 들어가서 의장석 앞에 서더니, 자신의 반대파 의원들을 한 명씩 호출합니다. 반응이 없는 것을 본 찰스 1세는 의장(William Lenthall)을 다그칩니다. 의원들을 순순히 내놓으면 유혈사태는 피할 수 있을 것이라는 국왕의 요구에 맞서, 의장은 다음과 같이 대답합니다. "폐하, 저는 의회에 수종 드는 사람으로서, 의회가 시키는 것만 볼 수 있고 의회가 허락한 것만 말할 수 있습니다. (여보쇼, 여긴 의회거든? 당신 지금 아주 큰 실수한 거야!)" 민망해진 왕은 도망치듯 의회를 떠납니다. 하지만 이미 돌이킬 수 없는 일을 저지른 뒤였습니다.

찰스 1세는 적어도 일반 백성들은 자기편을 들어줄 것으로 생각했나 봅니다. 그러나 백성들은 예상했던 것과 완전히 다른 반응을 보입니다. 의회에서 있었던 일은 삽시간에 런던 전역에 퍼졌습니다. 소문을 들은 시민들은 주먹을 쥐고 광장에 모여 "의회의 권리!"를 외치기 시작했으니… 상황이 찰스에게 참 안 좋게 흘러갑니다.

찰스 1세의 의회 난입 사건을 묘사한 그림

잉글랜드 내전
English Civil War(1642-1651)
악화된 경제상황과 종교적, 정치적 긴장으로 인해 벌어지는 반란과 폭동이 결국, 내전으로 번지고 말았습니다. 왕당파와 의회파로 나뉘어 싸우던 이 내전으로 인해, 백만 명가량이 목숨을 잃었고 의회파가 승리하며 전쟁은 막을 내렸습니다. 이 전쟁을 통해 영국은 지금의 입헌군주제라는 정치 형태를 완전히 갖추게 됩니다.

대혼란

찰스 1세의 도발로 인해 런던은 그야말로 대혼란에 빠집니다. 그렇잖아도 정치적으로 혼란스럽고 물가도 불안정해서 가뜩이나 짜증났던 시민들은, 국왕이 의회에서 해괴한 짓이나 하고 다닌다는 소식을 듣고 열이 바짝 받아 폭동을 일으킵니다. 국민의 대표에게 총칼을 들이댄 찰스 1세에게 국민이 분노한 겁니다.

몇몇 과격한 시민들만의 폭동이라면 금방 진압되었을 것입니다. 그러나 상황은 찰스에게 치명적이었습니다. 런넌 민병대가 의회 편을 들었고, 상당수의 정규군도 그쪽에 합류했습니다. 위기를 느낀 찰스는 허둥지둥 런던을 빠져나갔습니다. "어휴, 이러다 전쟁이라도 나는 것 아냐?!" 시민들은 불안감을 달래며 농담을 건넸지만, 그 순간 국왕과 의회 양측은 그야말로 눈썹을 휘날리며 실제로 전쟁을 준비하고 있었습니다. 잉글랜드 내전 – 우리에게 '청교도 혁명'으로 알려진 그 유명한 전쟁이 이렇게 시작됩니다.

그리고 바로 이런 상황 속에서
웨스트민스터 총회가 열린 것입니다. (이 말을 하려고 지금까지 왔네요….)

자, 여기서 퀴즈 하나 풀겠습니다. 잉글랜드 의회는 왜 하필 지금, 전쟁 통에 바빠 죽겠는데, 한가하게 '종교 회의'를 개최하고 있는 것일까요? 생각해 봅시다.

한때 잘 나가던, 모든 면에서 아무 문제가 없어보였던 대 잉글랜드가 이제는 자기 국왕에게 총부리를 겨눠야 하는 한심한 처지에 빠져버렸습니다. 잉글랜드는 드디어 자각한 겁니다. 아! 우리가 그동안 잘못하고 있었구나! ㅠㅠ 엘리자베스 시대의 순교신학? 이걸로는 더이상 안 되겠다, 그동안 우리가 무시하고 외면했던 청교도들의 이야기를 들어야 되겠구나, 우리도 변해야 되겠다, 종교개혁이라는 것을 진짜로 해봐야겠다, 우리도 배워야겠다, 더 앞서가는 분들이 있다면 배워야 되겠다…. 웨스트민스터 총회는 바로 이러한 잉글랜드의 위기의식과 각성 속에서 추진된 새로운 개념의 종교개혁 움직임이자 국책사업이었습니다!

당시엔 국교 개념이 지배적이었기 때문에, 국왕이나 의회가 교회 총회를 소집하는 것이 자연스러웠습니다. 찰스 1세 때에도 총회가 열리긴 했지만, 윌리엄 로드 대주교의 손아귀에 놀아났으며, 성경보다는 국왕의 입맛에 맞추는 결정을 내려대는 통에 청교도들에게 '어용총회'라는 비판과 반발을 사곤 했습니다.

웨스트민스터 총회의 개최
그 목적과 역사적 의미!

찰스 1세가 말도 안 되는 종교 정책을 추진하면서 무모하게 세 왕국의 교회를 흔들다 보니까 나라 꼴이 이렇게 됐다고 판단한 잉글랜드 의회는, 다음과 같은 결정을 합니다.

"교회 총회를 열자! 우리도 교회개혁에 대해 주체적으로 매듭을 짓자! 지금이 기회다!
국왕을 배제한 상태에서 제대로 된 교회가 무엇인지 우리끼리 제대로 한 번 논의해보자!"

이렇게 해서 드디어 웨스트민스터 총회가 역사 속에 화려하게 등장합니다.

어쩌면 〈대각성과 회개의 순간〉이라고 말할 수 있는 의회의 이러한 결단을 낳기까지, 우리가 결코 잊어서는 안 될 사람들이 역사의 뒷면에 숨어있습니다. 그들은 바로 토마스 카트라이트 이후 지하교회로 숨어서 종교개혁의 노고를 감당해오던 잉글랜드 초기 장로교회의 성도들이었습니다. 그들은 엘리자베스 1세와 제임스 1세 시절에 늘 주변 세력으로 있으면서도 천천히, 그러나 차근차근 성장하여, 찰스 1세 시절에는 지식층과 상공인을 중심으로 상당히 큰 세력을 형성할 수 있었습니다. 그래서 두 번의 주교전쟁을 거치며 단기의회와 장기의회가 열렸을 때는 이미 의원들의 상당수가 장로파 신자들로 채워질 수 있었습니다.

사실상 웨스트민스터 총회의 개최와, 이어지는 스코틀랜드와의 언약은 이들의 활약 덕분에 순조로울 수 있었습니다. 그들에게 이번 기회는 종교개혁을 확 밀어붙일 수 있는 소중한 기회였습니다. 그래서 그들은 자신들이 갖고 있던 기존의 신앙고백서, 즉 엘리자베스 1세 당시에 만들어졌던 39조 신앙고백서를 더욱 엄밀하게 개정하는 작업부터 시작했습니다.

잉글랜드 의회, 스코틀랜드에 손을 내밀다

그사이 전쟁은 본격적인 접전으로 치닫고 있었습니다. 초반에는 왕당파가 우세했습니다. 당황해서 허둥지둥하던 찰스 1세도, 그 밑에 아부하러 잽싸게 달려온 귀족들과 그들이 갖다 바친 군비와 병력 덕분에 차츰 안정을 찾았습니다. 게다가 의회파가 불리한 결정적인 이유가 따로 있었는데, '아무리 그래도 우리 왕인데…'라는 생각이 심중에 있었던 겁니다. 지휘관이 "돌격!"했는데 "진짜로?" 하고 되물으며 머뭇거리는 형국입니다. 이런 상태로는 제대로 된 싸움이 될 수 없습니다. 결국 왕당파는 옥스퍼드를 점령하고 그곳에 본진을 설치합니다. 옥스퍼드는 당시 난공불락의 요새인데다가, 위치가 런던 코앞입니다.

사태가 이와 같이 흘러가자, 잉글랜드 의회는 공포와 불안감을 느낍니다. 그들은 다급하게 스코틀랜드에 군사동맹을 요청합니다. 스코틀랜드도 두뇌를 풀 가동합니다. 사실 동맹은 스코틀랜드로서는 내심 바라던 바였습니다. 만일 이대로 국왕파가 내전에서 승리라도 한다면 잉글랜드 교회의 개혁은 물거품이 될 것이고, 스코틀랜드 교회까지도 위험해질 것이 불 보듯 뻔했습니다. 스코틀랜드로서도 위기의 순간입니다.

바꿔 생각하면 절호의 기회이기도 했습니다. 잉글랜드와 스코틀랜드 두 나라의 참된 종교개혁에 정치적으로 힘을 실을 수 있는 아주 좋은 기회입니다. 스코틀랜드의 종교개혁 지도자들은 찰스 1세를 대항할 병력을, 그것도 대규모로 보내야겠다는 결론을 내립니다.

스코틀랜드의 제안은 이러했습니다. "병력은 2만 명까지 줄 수 있다, 그 대신 조건이 있다. 지금 중요한 것은 종교개혁이다. 이번 기회에 서로 힘을 합쳐 종교개혁을 확실하게 추진하자. 너희도 어차피 지금 종교개혁을 추진할 생각이라면 아예 장로교회 스타일을 배워볼 생각 없나? 한 섬에서 살면서 언제까지 이렇게 두 교회로 살아야 해? 이참에 아주 하나의 교회를 이뤄 보자구!"

화끈하고 놀라운 제안입니다. 두 나라의 교회 제도와 신앙고백과 예배 형태, 찬송가 등을 일치시켜서 하나의 교회를 이루자는 제안. 게다가 스코틀랜드는 이 문제에 대해 번복할 수 없는 확실한 약속을 받아야겠다고 생각했습니다. 그것은 바로 스코틀랜드와 잉글랜드 양국이, 단순한 군사동맹이 아닌, 교회 대 교회로 '언약'을 맺는 것이었습니다. 말로만 약속할 것이 아니라, 나라와 나라, 교회와 교회간의 엄숙한 맹세로 하나님 앞에 언약을 맺자는 제안. 이것이 바로 두 나라 사이에 체결된 '엄숙한 동맹과 언약'입니다.

잉글랜드 의회는 급했습니다. 이것저것 따질 겨를이 없습니다. 당장 오늘 밤이라도 국왕의 군대가 런던으로 치고 들어올 것만 같았습니다. 그래서 이 제안을 덥석 받습니다. 더 생각할 것도 없이 협상문에 동의합니다. "오케이! 어서 군대나 보내달라구!" 결국, 단 몇 주 만에 스코틀랜드 국민언약의 지도자들과 잉글랜드 의회 사이에 **〈엄숙한 동맹과 언약〉**이 체결됩니다.

이제 스코틀랜드는 <mark>동맹</mark>에 따라 2만 명의 정규군을 파병합니다.
그리고 <mark>언약</mark>에 따라 8명의 특수 요원(?)을 따로 파송합니다. 그들은 누구일까요?

가장 잘 개혁된 교회… 를 모방하기로 한 교회

스코틀랜드 교회는 군사동맹과 별도로, 교회의 언약을 이행하기 위해 특사들을 보냅니다. 그들이 향한 곳은 잉글랜드가 이미 시작해놓은 웨스트민스터 총회였습니다. 그들은 총대가 되어 총회에 참석했습니다. 잉글랜드 성공회 소속 성직자들에게 진정한 종교개혁이 무엇이며 장로교회란 무엇인지를 총회 석상에서 제대로 가르쳐주는 것이 그들의 미션이었습니다. 그러려면 웨스트민스터 총회의 품질을 끌어올려 주어야 했습니다. 언약을 통해 두 교회가 하나의 총회를 개최하는 개념이기 때문에, 스코틀랜드로서도 웨스트민스터 총회에서 좋은 결과물이 나와야만 했습니다. 이제 두 나라는 한배를 탔고, 함께 잘 되어야만 합니다.

이렇게 해서 웨스트민스터 총회의 성격이 바뀝니다. 더 이상 총회는 잉글랜드만의 것이 아닙니다. 처음에는 잉글랜드 자체의 개혁이 목적이었다면, 이제는 스코틀랜드 장로교회의 체계를 잉글랜드 교회에 '설득하여 받아들이도록'하는 작업을 해야 합니다. 제네바의 종교개혁이 스코틀랜드에서 정착했던 것처럼, 잉글랜드에서도 받아들여, 더 좋은 종교개혁을 꽃피워 보자는 식이 되겠습니다.

이 거대하고 뜻깊은 프로젝트를 위해 스코틀랜드 교회는 특사들에게 전적인 권한을 주었습니다. 말하자면 스코틀랜드 교회가 웨스트민스터 총회의 결정에 자신들의 미래까지도 맡겼다는 뜻입니다. 또한 잉글랜드 땅에서 결정된 사항을 스코틀랜드도 그대로 받아들일 마음의 준비까지 했다는 뜻이기도 합니다. (이 사실은 훗날 매우 중요한 결과를 낳게 됩니다.)

특명을 받고 런던으로 향하는 스코틀랜드 특사들은 어깨가 무거웠습니다. 그들은 이 일이 얼마나 소중한지를 잘 알았습니다. 그래서 그들은 비록 발걸음은 무거웠지만 **〈엄숙한 동맹과 언약〉**에서 약속했던 교회의 일치를 이루기 위해 자신의 인생을 걸고 혼신을 다하겠노라 거듭 다짐하며 길을 떠났습니다.

총회에 참석한 대표를 총대라고 부릅니다. 그래서 스코틀랜드 특사들은 웨스트민스터 총회석상에서는 '스코틀랜드 총대들'이라고 불리게 됩니다.

엄숙한 동맹과 언약 : 언약의 골자

〈엄숙한 동맹과 언약〉에서 군사동맹 부분을 우리가 볼 필요는 없겠고, 언약 부분을 보겠습니다. 스코틀랜드 교회와 잉글랜드 교회 사이에 맺었던 언약의 골자는 다음과 같습니다.

**스코틀랜드 교회의 교리, 예배, 규율 그리고 조직을 보호하고,
잉글랜드와 아일랜드 교회를 가장 잘 개혁된 교회에 따라 개혁하는 것**

이 문장에서 '가장 잘 개혁된 교회'란, 스코틀랜드 교회를 지칭하는 관용구입니다. (3화, 존 녹스의 제1치리서 참조) 그러니까 위 문장을 해석하면 잉글랜드 성공회는 이제부터 스코틀랜드의 장로교회를 잘 따라 배우면서, 자신들의 교회를 스코틀랜드 수준으로 철저히 개혁하겠다고 하나님 앞에서 엄숙하게 약속한 셈입니다.

이것을 기억하면서 다음 화로 넘어가기로 합니다. 이어지는 내용을 차근차근 보면서 스코틀랜드 특사들의 마음을 짐작해보시기 바랍니다.

〈엄숙한 동맹과 언약〉을 설명하는 포스터(팜플렛)

제5화 내전이 터지다 / 157

학습활동

엄숙한 동맹과 언약 들여다보기

아래에 **〈엄숙한 동맹과 언약〉**을 설명한 포스터 본문을 요약했습니다.
읽어보고 생각하고 느낀점을 나눠 보세요.

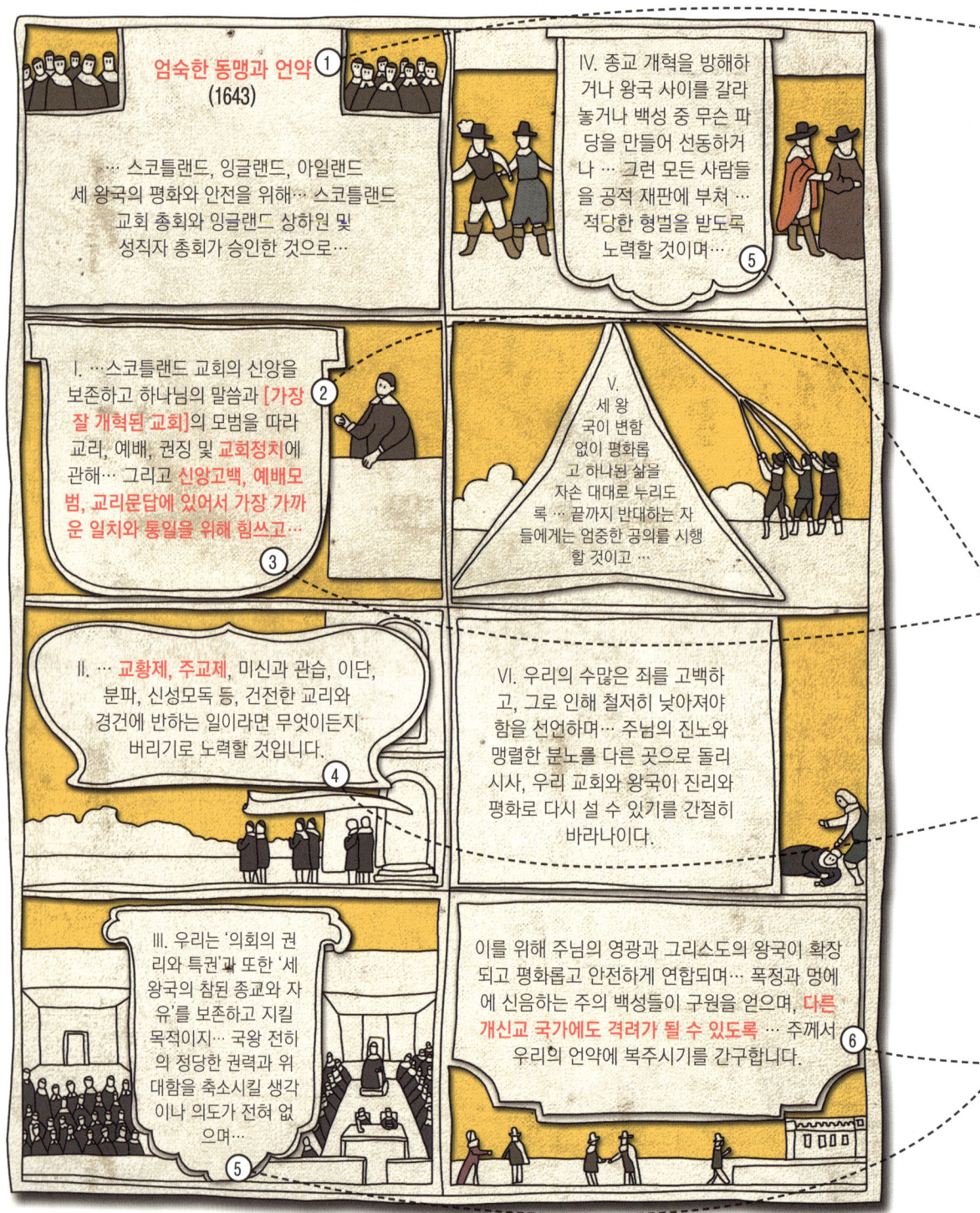

학습활동

① 엄숙한 동맹과 언약이 체결된 배경을 간단하게 설명해 보십시오.

② '가장 잘 개혁된 교회'라는 문구는 스코틀랜드 장로교회를 의미합니다.
스코틀랜드 교회는 어떤 점에서 잉글랜드보다 앞선 종교개혁을 이루었는지 설명해 보세요.

③ 웨스트민스터 총회의 결과물이 무엇무엇인지 여기에 힌트가 있습니다.
무엇일까요?

④ 교황제와 주교제의 차이는 무엇인가요?

⑤ 종교개혁을 이루는 데 방해가 되는 요소들은 무엇이 있을까요?
이 대목을 읽고 느낀 점을 나눠 보세요.

⑥ 만약 잉글랜드에서 종교개혁이 성공적으로 이루어졌다면, 다른 나라에 어떤 영향을 미쳤을까요?
상상해 보고 느낀 점을 자유롭게 나눠 보세요.

🔴 역사 속으로

스코틀랜드에서 파송한
웨스트민스터 총회 대표들

알렉산더 헨더슨 1583 ~ 1646
활동 나이 : 60세
역할 : 총대들의 리더이자 중재자(저서를 남기지 않음)

1638년 국민언약의 초안을 만드는 등 핵심 역할을 맡으면서 스코틀랜드 교회와 국가의 지도자가 되었습니다. 웨스트민스터 총회에 참여한 스코틀랜드 특사들의 리더이며, 총회에서 중재를 이끌어낸 중심인물입니다.

사무엘 러더포드 1600 ~ 1661
활동 나이 : 43세
역할 : 진리 보호 **저서** : 법과 군주(Lex, Rex)

당대의 뛰어난 설교자이자 라틴어의 권위자. 독립파에게 장로교회 제도가 성경적이라는 입장을 주장하고 설득했습니다. 특히 그의 저서 '법과 군주'는 국왕에 대한 저항을 주저하던 이들에게 명분을 만들어주고, 훗날 입헌군주제에 대한 정치원리의 모판이 되었습니다.

로버트 베일리 1602 ~ 1662
활동 나이 : 41세
역할 : 총회 실황을 꼼꼼히 기록하고 공유함 **저서** : 편지와 저널들

온건한 장로교회 지지자로서, 1638년 국민언약에 앞장서고, 주교전쟁에서도 군목으로 봉사했습니다. 웨스트민스터 총회 당시 역사적 현장들을 자세히 기록한 서신들을 많이 남겼습니다. 주교제도의 비성경적 특징을 드러내는 책을 출간하여 찰스 1세의 대주교 윌리엄 로드의 잘못을 논박하기도 했습니다.

조지 길레스피 1613 ~ 1648
활동 나이 : 30세
역할 : 장로교회 정치의 수호자 **저서** : 아론의 싹난 지팡이

주교에게 안수받을 수 없다며 목회직을 거부하다가, 국민언약으로 주교제가 폐지되자 비로소 장로회의 안수로 목사가 되었습니다. 국민언약 이전에 공동기도서 강요에 반박하는 책을 단시간에 써내 온 교회를 놀라게 했습니다. 스코틀랜드 특사 중에 가장 어린 나이였음에도 웨스트민스터 총회 기간 동안 가장 뛰어난 학식과 언변으로 키플레이어로서 움직였습니다.

위에서 언급한 네 사람 외에도 로버트 블레어, 로버트 더글라스 등 몇 명의 목사와 장로가 더 있습니다. 그러나 위 네 사람이 총회에서 큰 역할을 주로 감당했습니다.

제5화 내전이 터지다

다음 질문을 읽고, 맞는 것에 O, 틀린 것에 X로 답하세요.

1. 찰스 1세는 시대착오적인 종교통합정책을 버리고, 스코틀랜드, 아일랜드, 잉글랜드 세 나라가 원하는 종교를 믿도록 허락했다.   O □   X □

2. 찰스 1세의 종교정책은 국민들에게 환영받지 못했고, 특히 주교제나 공동기도서를 강요하는 정책에 대해서 스코틀랜드는 격렬하게 반발했다. 그 결과 스코틀랜드 국민들이 왕의 잘못된 정책에 대항하여 하나님 앞에 언약을 하는, 국민언약 사건이 일어났다.   O □   X □

3. 찰스 1세는 스코틀랜드와 전쟁을 벌이고, 전쟁 비용을 구하기 위해 잉글랜드 의회를 소집했고, 의회는 적극 협조했다.   O □   X □

4. 찰스 1세가 소집한 단기의회 회기 중에, 종교 문제를 매듭짓기 위해 소집한 회의가 웨스트민스터 총회이다.   O □   X □

5. 찰스 1세와 잉글랜드 의회가 내전을 벌이는 중에, 잉글랜드 의회가 스코틀랜드와 급하게 군사동맹이자 교회 간 언약을 맺는다. 이것을 '엄숙한 동맹과 언약'이라 한다.   O □   X □

넓고 깊게 생각해 보기
웨스트민스터 총회가 열린 계기에 대해서, 그동안 알았던 것과 다른 점이 무엇인지 이야기 나눠 보세요.

제6화
두 나라
한 교회
세 견해

웨스트민스터 총회는 도대체 어떤 정황 속에서 어떤 모습으로 어떻게 소집되었고 진행되었을까요? – 거룩하고 신성한 방식으로? 어느 날 뚝딱 이뤄진? 다수결로 밀어붙인? 정략적으로 이용당한? 인간들이 자기 욕심을 채우기 위해서 치고받고 싸운 결과물? 구세대의 하찮은 자기 합리화? … 도대체 어떻게 이해하는 것이 좋을까요?

궁금증을 풀기 위해서는 〈남의 이야기만 듣고 판단할 것이 아니라〉 직접 데이터를 관찰하고 분석해봐야 합니다. 문서로 남아있는 총회의 기록들을 토대로, 그때 그곳에서 정말로 무슨 일이 있었는지를 요모조모 살펴보겠습니다.

키워드 : 웨스트민스터 총회, 예루살렘 방, 5년 7개월 22일
장로파, 독립파, 에라스투스파

총회를 둘러싼 정치적 구도 파악하기

지금 우리는 상당히 복잡한 내용을 살펴보고 있습니다. 혹시 내가 왜 이 책을 집어 들었나 후회하는 분이 계실지도 모르겠습니다. 하지만 조금만 더 힘을 내주세요. 이 역사를 배우면서 얻는 유익은, 책을 읽는 순간의 고통보다 훨씬 클 것입니다. 조금 어렵다 싶을 때는 책장 넘기기를 멈추고 중간정리를 해보세요. 그리고 우리 교회의 현실을 떠올려 비교해보세요. 그러면 지치지 않고 끝까지 읽을 마음이 다시 생길 것입니다. ^^

지금의 복잡한 정황을 단 한 장의 그림으로 표현해보겠습니다.

최대한 단순하게 표현해 봤습니다. 오른쪽 아래에 잉글랜드 의회가 있습니다. 반대되는 세력이 왼쪽 아래의 찰스 1세와 왕당파 귀족들입니다. 둘이 싸우는데 의회쪽이 불리하니까 스코틀랜드에 병력 파송을 요청합니다. 그래서 북쪽에서 군대가 치고 내려와서 양쪽에서 국왕군을 협공합니다. 그 대가로 스코틀랜드의 특사들이 파송되어, 웨스트민스터 총회에 총대로 참석하는 것입니다. 자, 여기까지 정리됐지요? ^^

총회의 실제 현장 찾아가기 : 어디서(Where) 모였나?

총회는 실제로 어디서 모였을까요? 어느 건물의 어느 방에서 모였을까요? 궁금합니다.

웨스트민스터 사원에 들어가 보고 가장 놀란 것은 장소가 겉에서 보는 것만큼 크지 않고 생각보다 협소하다는 것이었습니다. 웨스트민스터 총회에 대해 '글로 배운' 우리는, 151명(청교도 성직자 121명+상하원의원 30명)에 달했다던 참석자 숫자만 보고 대단히 넓은 공간이 필요했을 것으로 생각하기 쉽습니다. 그러나 실제로 사원에 가보면, 여기서 대체 어디에 모였다는 것인지 궁금할 정도로 공간이 애매합니다. 게다가 이곳에는 온갖 왕족들의 무덤과 비석이 즐비합니다. 기념품과 장식물도 잔뜩 놓여 있습니다. 관광객들은 이곳을 지나면서 서로 어깨를 부대껴야 할 정도이고, 어떤 곳은 카메라 앵글조차 제대로 나오지 않습니다. (실내 촬영은 어차피 금지되어 있습니다.)

첫 회의 장소로 모인
헨리 7세 예배실

물론 그 당시와 지금은 상황이 좀 다르긴 합니다. 후대에 그곳에 묻히기를 원했던 왕족과 귀족들의 무덤 숫자가 더욱 늘어났습니다. 그래서 17세기 당시보다 더욱 좁아졌습니다. 하지만 그 점을 감안하더라도 사원 내부는 모여서 회의를 하기에 적합하지 않습니다. 실제로 거의 매일 모여야 했던 총회가 이곳을 하염없이 쓰고 있었으면, 여러 가지로 곤란했을 겁니다. 미술관이나 극장보다는 연수원이나 회의실에서 토론을 하는 것이 더 적합한 법입니다.

그래서 총회는 적당한 '방'을 찾았습니다. 총회는 처음엔 재미있게도 앞에서 등장했던 동쪽 끝의 '가장 화려한 방(헨리7세 예배실)'에서 모였다고 합니다. 그 방을 거룩한 장소인 것처럼 여기도록 꾸미고 급기야 제단을 설치하라고 했던 찰스 1세의 황당한 정책을 비웃기라도 하듯이, "다 치워, 여기다 테이블 깔고 회의나 하자!" 이랬던 모양인데, 익살스러운 영국인다운 결정이었습니다. ^^ 그런데 문제는 그곳이 유리창이 많다 보니 너무 추워요! 그리고 천장이 높아서 대화를 할 때 상대방 목소리가 울려서 잘 안 들립니다. 그래서 9월 중순부터 날씨가 슬슬 추워지자, 다른 방을 찾습니다.

그래서 옮긴 곳이 웨스트민스터 사원의 서쪽 끝에 있는
'예루살렘 챔버(Jerusalem Chamber)'이라는 방입니다.

동쪽 끝이 '예루살렘 성지' 방향이라면, 서쪽 끝은 반대로 '악마의 세력이 강한 곳'을 상징합니다. 물론 미신이지요. 하지만 당시에는 그런 의미를 붙여서 건물을 지었습니다. 서쪽 끝에 있는 서문(西門) 입구를 지키는 방이 하나 있습니다. 이 방은 십자군 전쟁에 다녀온 기사들을 위해서 만들었다고 하는 말이 있는데, 아마 자기들이 서쪽 문 앞에서 악마를 지키겠다는 의미를 담았나 봅니다. 지금으로 치면 해병대 전우회의 컨테이너 박스 역할이었을까요? 아무튼 우리가 보통 웨스트민스터 총회 장면이라고 보게 되는 그림(8화, p.219)은 바로 이 방을 배경으로 그린 '상상화'입니다.

총회의 주요 모임은 여기서 열렸습니다. 그리 넓은 공간이 아닙니다. 80~90명 정도가 모이면 꽉 차는 넓이입니다. 그런데도 굳이 여기서 모인 이유는, 단순합니다. '벽난로'가 있어서 따뜻합니다. ^^ 이곳에 참석자들은 오붓하게 빙 둘러앉았습니다. 맨 앞줄이 키가 가장 낮고 그다음 자리는 조금 더 높고 마지막 줄은 가장 높도록 세 줄로 계단식 좌석을 설치했습니다. 창문이 있는 쪽에는 의장과 서기가 앉고, 다른 세 면에 참석자들이 둘러앉아 서로 마주 봤습니다. 대화와 토론을 하기 딱 좋은 자리 배치입니다.

지금은 저 옆에 기념품 가게가 들어서 있습니다. 혹시 웨스트민스터 사원에 가보게 되면, 기념품 가게 입구와 서쪽 출입구 사이에 있는 공간을 유심히 살펴보시기 바랍니다. 바로 그곳이 웨스트민스터 총회가 모였던 예루살렘 방입니다.

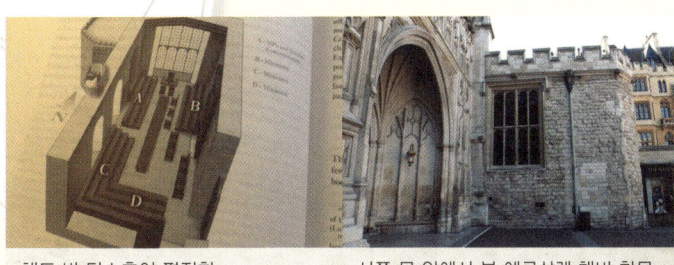

채드 반 딕스혼이 편집한 웨스트민스터 총회 회의록에서는 이와 같이 회의장소를 묘사합니다.

서쪽 문 앞에서 본 예루살렘 챔버 창문. 기념품 가게 바로 옆에 있습니다.

공간이 너무 좁지 않나요?

그렇다면 151명의 참석자가 어떻게 한자리에 모였다는 것일까요? 정답은, 참석자 숫자는 애초에 그 규모가 아니었다는 겁니다. 우리가 익히 알고 있는 명단은 총회에 '소집된' 분들의 명단이고, 실제로 회의에 참석한 사람들의 숫자는 더 적었습니다. 찰스 1세의 눈치를 보면서 처음부터 참석하지 않은 사람도 있었고^(왕당파), 마음은 원이로되 육신이 약하여 참석하지 못한 사람도 있었고, 중간에 돌아간 사람도 있었습니다. 그리고 30명의 상하원 의원들은 총회를 '참관'하는 역할이었으므로 대부분은 왔다 갔다 했을 뿐, 남아서 자리를 지킨 경우는 드물었습니다. 결국, 실무를 진행한 것은 생각보다 훨씬 소수였다는 뜻입니다.

자, 그러면 웨스트민스터 총회의 권위나 정당성에 문제가 생기지 않을까요? 합의에 이르는 절차에 문제가 있지는 않았을까요? 불참자의 의견은 어떤 식으로 처리했을까요? 그냥 무시했을까요? 오늘날 국회에서 다수당의 국회의원들이 퇴장을 해버리면, 그 회의는 정당성을 잃지 않던가요? 웨스트민스터 총회는 이런 문제를 어떻게 해결했을까요?

누가(Who) 몇 명이 모였나?

처음에는 121명의 청교도들이 초청됩니다. 그러나 모두가 참석하지는 않았고, 어디나 그렇듯 열심히 참석한 사람도 있었고 왔다 갔다 하는 사람도 있었습니다.

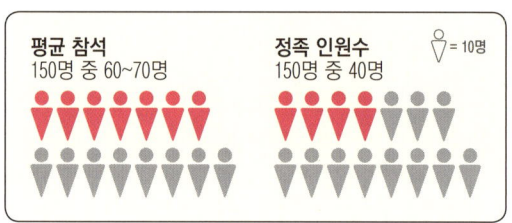

기록에 따르면 위 숫자에 30명의 상 하원 의원을 포함하여 총 151명의 다양한 구성원이 초청받았다고 하는데, 실제로 여기서 30명 정도는 처음부터 빠집니다. 왕당파 사람들은 왕의 눈치를 보느라 총회에 출석하지 않았습니다. 그래서 나중에 인원을 보충합니다. 그 밖에도 건강상의 이유라든지 분주한 일정으로 전원 참석은 불가능했고, 첫 모임에는 70명 정도가 출석했습니다. 그 뒤로도 매번 출석한 사람들의 평균 숫자는 60~70명 정도 된다고 합니다.

그러면 출석률이 너무 저조한 것 아닌가 싶은데, 그렇지는 않습니다. 실제로 의회가 정해준 '정족 인원수'는 40명이었습니다. 최소 40명 정도면 회의가 된다고 봤던 겁니다. 그래서 실제 출석 인원 70명은 충분하고도 넘치는 숫자였습니다. 게다가 이 숫자는 총회 기간 내내 **꾸준히 유지**됩니다. 그러면 오히려 출석률이 아주 높다고 봐야 합니다.

어떻게(How) 진행했나?

총회는 마치 학회나 세미나 형태로 진행되었습니다. 총회는 종교개혁과 관련하여 상상할 수 있는 대부분의 주제를 다루었습니다. 그야말로 'All about 종교개혁'이라 할 수 있습니다. 목표는 교회정치, 예배모범, 시편찬송, 신앙고백서, 교리문답 등…. 이런 문서들을 총회는 원점에서부터 재검토하여, 성경을 통해 연구하고, 토론하여, 만들고, 고치고, 확정합니다.

이 작업을 효율적으로 하기 위해서 여럿이 모이는 전체 모임과 별개로 분과별 소위원회를 만들었습니다. 중요한 토론이나 원칙은 전체 모임에서 토론했고, 세부적이고 전문적인 토의와 문서 작업은 소위원회 차원에서 추진했습니다. 각각의 소위원회마다 그 역할에 적합한 인물이 배치되었고, 위원장도 적임자를 골라서 세웠습니다. 소위원회가 만들어낸 결과물은 다시 전체 모임에 가져와서 보고하고, 토의하고, 필요하면 투표를 해서 최종 결정을 하는 형태로, 총회는 질서 있게 진행되었습니다.

총회에서는 전체 모임도 중요했지만, 소위원회의 역할이 아주 컸습니다. 소위원회는 맡은 주제에 대해 치열하게 토론했고, 성경의 근거를 추적하며, 하나님의 뜻을 구했습니다. 책도 만들고, 우리가 내린 결정이 과연 올바른지, 교회에 덕을 끼치는 결정인지를 거듭 고민했습니다. 정말 대단히 열심히 일했습니다.

회의를 하면서 무슨 책까지 만들까 싶지만, 이렇게 복잡하고 민감한 문제에 대해서는 회의시간에 말로 설명하기보다는 차분히 책을 써서 함께 읽고 설득하는 것이 좋습니다. 이때 만들어진 중요한 책 한 권을 뒤에서 소개하겠습니다.

그중에서도 스코틀랜드 특사들은 더욱 바빴습니다. 총회의 초기 분위기는 모두가 그들의 입만 바라보는 것이었습니다. 가장 좋은 종교개혁의 전통을 따라 교회를 개혁하자고 했으므로, 그 모범이 된 스코틀랜드 장로교회에 대해 설명하고 이해시키는 것이 그들의 책무였습니다. "이런 것은 장로교회에서 어떻게 하나요?" 거듭되는 질문에 대답하기 위해서 스코틀랜드 총대들은 새벽부터 밤 늦게까지 일해야 했습니다.

⋮

그리고 이것을 무려
5년, 7개월, 22일을 계속합니다!

웨스트민스터 총회 **5년 7개월 22일 동안**
거의 '날마다' 모여서 **1163번 회의**를 진행
월요일부터 금요일까지, **주 5일 근무**

오전
전체 모임 – 예배, 기도, 토론
9~10시부터 오후 1~2시까지

오후
위원회별(분과별) 모임
토론 및 결과물 산출

저녁
개별 토론, 성경 묵상
총회와 관련된 스터디 및 저술 활동

총회에 대한 각종 기록은 헤더링턴의 책 및 채드 반 딕스혼의 총회 회의록(1~5권)을 참조했습니다.
이 책의 맨 뒤에 참고도서 목록을 안내했습니다.

5년, 7개월, 22일의 땀방울

상상이 되십니까? 우리 시대의 교단 총회 등을 상상하면 안 됩니다. 국제 규모의 심포지엄을 이렇게 오래 지속했다고 보시면 됩니다. 당연히 예산도 엄청나게 소요됐습니다. 참석자들에게 지급하는 수당(하루 6실링)을 비롯하여 숙소와 식사는 물론 기타 경비까지, 관련된 모든 비용을 기본적으로 국가 예산으로 치러야 했습니다. 관련된 책과 팜플렛도 무수히 발간되었는데 물론 거기에도 소소하게 비용이 들어갑니다. 이렇게 총회에 소요된 금액을 모두 합치면 지금 돈으로 환산해서 수백억에 달하는 규모였습니다. 그야말로 초대형 프로젝트였습니다. 교회의 역사에서 이런 일은 전에도 없었고 그 뒤로도 없었습니다. 아마 앞으로도 이런 일이 또 생길 가능성은 거의 없지 싶어요.

그분들은 도대체 무슨 부귀영화를 누리겠다고 이렇게까지 총회를 위해 투자했던 것일까요? 그것은 바로 종교개혁을 위한 열망, 순수한 교회의 회복을 위한 헌신이었던 겁니다. 오늘 우리에게 그런 열정이 있을까요? 우리가 이런 투자를 할 역량이 있을까요?

참석자들의 엄숙한 맹세

총회의 모든 회원은 매주 첫 회의 시작 전에 다음과 같이 선서했습니다.

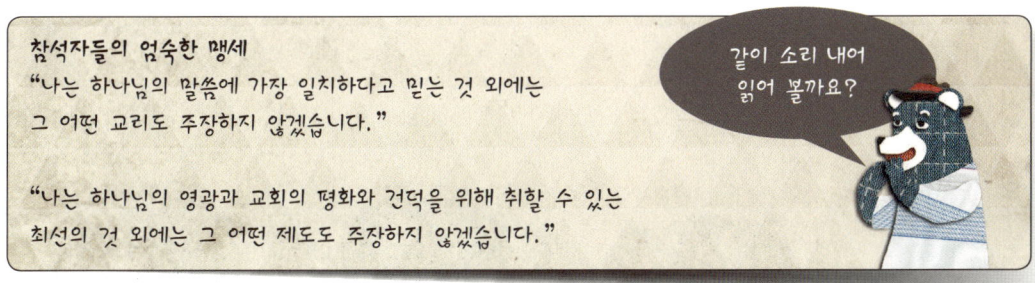

이 선서는 대충 가져다 붙이는 미사여구라거나 형식적인 제스처가 아닙니다. 회의에 **실제로 적용된 규칙**이었습니다. 즉, 누가 어떤 발언을 할 때 근거를 성경에서 찾지 않으면 그 발언은 타당성을 인정받지 못합니다. 그래서 총회의 분위기는 마치 신학 토론회처럼 흘러갑니다. 성경적 근거가 없는 발언은 토론에서 밀릴 수밖에 없었습니다. 누구든지 무슨 말이든 할 수야 있겠으나, 성경적 근거를 대지 못하면 공개적으로 망신을 당할 수 있으므로 함부로 아무 말이나 하는 자리가 아니었던 겁니다.

자, 이 같은 원칙과 맹세가 왜 그렇게 중요했을까요?

? 생각해보기

잉글랜드 의회와 웨스트민스터 총회와의 관계
"각각 독립된 원칙을 가진 기관이었다!"

이 그림은 17세기 당시의 것인데, 오늘날의 신문 역할을 하는 일종의 포스터입니다. 웨스트민스터 총회의 정치 역학 구도를 정확하게 표현하는 그림입니다. 풍랑이 이는 배 위에 세 집이 있는데, 각각 잉글랜드 상원, 하원, 그리고 웨스트민스터 총회를 상징합니다. 그러니까 의회와 웨스트민스터 총회가 한 배를 타고 있는 겁니다. 그러면 바다에 빠져 죽어가는 사람들은 누구겠어요? 왕당파 사람들과 주교제 신봉자들입니다.

4, 5화에서 살펴본 격동의 시대가 웨스트민스터 총회와 무슨 상관이 있는지를 가장 극적으로 보여주는 그림이라 생각합니다. 아울러, 잉글랜드 의회(상원과 하원)와 총회와의 관계 역시 잘 보여줍니다. (상원은 전통적인 귀족 중심의, 하원은 평민 중심의 의회 조직을 말합니다.)

웨스트민스터 총회는 잉글랜드 장기의회가 주도하여 개최했습니다. 이 사실이 왜 중요하냐면, 아무래도 물주(?)였던 의회의 입김이 총회 내부에 영향을 줄 수밖에 없기 때문입니다.

🔍 생각해보기

이런 사실을 정확히 이해하고 총회를 바라봐야 합니다. 그래야 겉으로 드러난 논의 뒤에 가려진 진실을 포착하여, 더욱 균형 잡힌 판단을 내릴 수 있습니다.

그러나 더욱 중요한 것이 있습니다. 정치 역학적 상황에 너무 몰입한 나머지 총회가 '**성경적인 해답을 구하던 곳**'이었음을 잊어버려서는 안 될 것입니다. 잉글랜드 사회가 격변하는 현장 속에서 진행했던 총회이기 때문에, 이것이 혹시 정치적인 압력과 영향력 속에서 이리저리 휘둘리기만 했던 건 아닌가 의심할 수도 있습니다. 물론 그런 측면도 있긴 있습니다. 배경과 정황과 의회의 분위기 등은 정치적 이슈 속에 있었던 것이 분명했습니다.

하지만 '**교회의 회의**'였던 총회 그 자체는 판단 기준이 분명히 성경에 있었습니다. 토론 중에 정치적 입김을 받기도 했으나, 그래서 결과물이 왜곡되기도 했으나, 총회의 결론만큼은 항상 성경에 근거해서 내려졌습니다. <u>오늘 우리도 교회에서 회의를 하려면 언제든지 그런 원칙을 가지고 해야 합니다.</u>

의회

의회가 총회에 내린 지침
의장이 없을 때는 두 명의 부의장이 사회를 본다.
모든 과정을 서기가 기록한다.
엄숙하고 진지한 자세로 발언해야 한다.
안건을 그날 다 해결하려 들지 말라.
뭔가를 입증하려면 성경의 증거를 댈 것.
의장이 발언을 중단시키면 누구든 그에 따를 것.
다수 의견이 아니더라도 합당한 이유를 들면 경청한다.
회의록은 전체 앞에서 낭독하고, 이의 없이 채택되면 의회로 발송.

총회

총회 자체 지침
기도로 시작하고 기도로 마친다.
기도, 개회 선언, 출석확인 순서로 시작한다.
지각한 사람은 서기에게 알려서 인원수를 확인할 것.
공식 모임은 오전 10시에 시작한다.
오후 시간은 비워둔다.
매주 상원과 하원의 예배를 인도할 담당자를 둔다.

➕ 심화학습

회의 분위기는 어떠했을까? :
세 견해가 충돌하며 합의점 찾아가기

우선, 잉글랜드 의회는 총회의 '물주'입니다. 의회가 총회를 소집했고, 비용도 다 댔으니까요. 그리고 이 총회 안에는 세 분파가 있었습니다. 에라스투스파, 장로교회파(장로파), 독립파가 그것입니다. 낯선 용어들이지요? 뒤에서 차근차근 설명할 테니 너무 어렵게 생각하지 않으셔도 됩니다.

사실 이것을 제대로 하려면 더 여러 분파로 나눌 수도 있습니다. 우선 총회에 초대받은 사람들은 애초에 네 그룹입니다. '주교파', '장로교회파', '독립파' 그리고 '에라스투스파'가 그것입니다. 그러나 주교제를 지지하는 사람들(30명 정도)은 국왕의 눈치를 보느라 총회에 참석하지 않았습니다. 따라서 세 그룹이 남는데, 그것도 간단치 않습니다. 모든 분파는 다시 과격파와 중도파, 온건파로 각각 나눌 수 있습니다! 그에 따라 구체적인 입장이 다 달라집니다. 하지만 이렇게 다양한 스펙트럼을 전부 설명하는 것은 불가능하므로(저에겐 그런 재주가 없습니다!), 이 책에서는 대표적인 세 그룹만으로 스토리를 짰습니다.

"노회가 중요해!"
장로교회파

장로교회에서 교회의 구조를 보는 입장은, 노회가 완전한 교회이고, 노회에 속한 개별 교회들은 즉 우리가 흔히 말하는 교회는 노회에 속한 '교구(parish)'입니다. 8화에서 자세히 공부합니다.

웨스트민스터 총회의 다수 세력은 장로교회에 속한 청교도들이었습니다. 그들은 몇 년 전만 해도 잉글랜드의 지하교회 처지였던 사람들이었습니다. 토마스 카트라이트 시절의 초기 장로교회에서 태어나고 자라고 교육받은 세대가 바로 이들입니다. 이들은 엘리자베스 1세, 제임스 1세, 찰스 1세의 핍박에도 불구하고 점차 세력을 키워왔고, 그 과정에서 개혁 의지를 더욱 불태울 수 있었습니다.

그래서 그들은, '세속 권력은 세속 정치에만 관여할 수 있고 교회는 온전히 교회가 알아서 다스려야 한다'는 앤드류 멜빌의 두 왕국 이론에 기초한 장로교회 정치원리를 추구했습니다. 스코틀랜드 특사들은 당연히 이 입장을 지지했고요. 그래서 장로파, 특히 스코틀랜드 총대들은, 비록 의회가 총회를 열었지만, 총회는 교회 회의로서 의회의 간섭을 받으면 안 된다고 봤습니다. 오롯이 총회 그 자체로 교회의 최종 결정이 될 수 있다는 겁니다. 교회 문제는 총회가 독립적으로 논의하고 결정하면 되고, 또한 집행까지도 총회가 할 수 있다고 봤습니다.

또 장로교회는 그 특징이 '노회'에 있기에 여러 교회가 모인 노회를 '온전한 교회'로 봤습니다. 교회를 정의하는 기준이 달랐던 겁니다. 만약 노회에서 중요한 사항이 결정되면 소속된 교회는 따르는 것이 옳고, 노회에 속한 어떤 교회가 문제를 일으킨다면 노회에서 그 문제를 다루고 치리도 할 수 있다고 보는 것이 바로 장로파의 입장입니다.

"개별 교회가 제일 중요하다구!"
독립파

독립파는 그 이름에서 짐작할 수 있듯이, 교회의 최종 권위를 '개별 교회'에 두어야 한다는 입장입니다. 장로파가 노회를 소중히 여기는 것과는 다르죠. 이들은 숫자는 적었지만 굉장한 실력을 갖추었고 열성적으로 총회에 참석했습니다. 솔직히, 잉글랜드의 역사를 떠올려보면 이들의 입장을 충분히 이해할 수 있습니다. 왕들이 오랜 세월 동안 자신들의 교회를 타락시켰던 아픈 경험을 가진 사람들 아닙니까? 그러므로 무엇이든지 교회 '위에' 조직이나 세력이 되어 영향을 끼치려는 것은, 지긋지긋했을 것입니다 왕은 물론이요, 주교도 못 믿겠고… 그러다 보니 장로교회가 제시하는 '노회'도 못 믿는 겁니다. 만약 노회가 타락해서, 자신들의 순수하고 깨끗한 교회에 악영향을 끼치게 된다면?? 독립파는 그런 가능성을 두려워하고 있었습니다.

"교회의 보호자는 국가!"
에라스투스파

'에라스투스'는 원래 사람 이름입니다.(토마스 에라스투스) 하이델베르크에서 활동했던 신학자로, 국가 권세의 포괄적인 권한을 중시했습니다. 그러면서 교회도 국가의 일부이므로 당연히 국가의 관리(?)를 받아야 한다고 주장했습니다. 그는 같은 시기에 활동했던 올레비아누스(칼뱅파이자 하이델베르크 교리문답 작성자)와 교회정치 문제로 대립했습니다. 올레비아누스는 교회의 독립성을 더 강조했습니다.

이들은 쉽게 말해서 '국가 권력이 교회 정치에 영향력을 끼쳐야 마땅하다'는 입장을 가진 사람들입니다. 당시 성공회에 속한 대부분은 기본적으로 이런 정서를 가지고 있습니다. '국가가 교회 위에 있다'는 것은 헨리 8세 이후 자연스럽고 전통적인 개념이었습니다. 비록 지금은 찰스 1세와 전쟁 중이라 왕이 떠나고 없지만, 그렇다고 국가권력이 공백으로 남은 건 아닙니다. 엄연히 그들에게는 '의회'가 있었죠. 에라스투스파는 대부분의 안건에서 장로파를 지지했지만, 교회는 여전히 '합리적인 국가 권력의 통제 아래에 있어야 한다'고 믿었습니다.

당시 잉글랜드의 젊은 지식층은 합리적이고 민주적인 의회의 활동으로 잉글랜드의 밝은 미래를 건설해 보겠다는 꿈과 희망에 부풀어 있었습니다. 그래서 그들은 왕과 귀족 등 기존 세력의 힘을 제거하는 한편, 역시 기득권층에 속하던 교권도 제약하고 싶었습니다. 그렇다 보니 웨스트민스터 총회를 바라보는 시각도 장로파와는 달랐습니다. 그들은 총회를 독립적인 의결기관이 아니라 의회에 그저 '조언(Humble advice)'을 하는 분과위원회에 불과하다고 보았습니다.

9화에서 이들에 대해 자세히 살펴봅니다.

잉글랜드 의회가 주로 모였던 웨스트민스터 홀
영국 의회정치의 산실, 웨스트민스터 국회의사당 건물에 속한 웨스트민스터 홀. 원래 영국 왕실이 사용하던 궁전 건물이었지만, 헨리 8세가 화이트홀 궁전으로 옮겨가면서 의회 건물로 사용합니다. 지금은 유명한 관광지로 개방되어 있으므로 기회가 되면 꼭 가보시기 바랍니다.

+ 심화학습

웨스트민스터 총회의
절묘한 세력 균형!

그런데 정말 신기하게도, 세 분파는 총회에서 오묘한 힘의 균형을 이루었습니다. 장로파는 다수라서 힘이 있었고, 의회를 등에 업은 에라스투스파는 주최측이라서 힘이 있었으며, 독립파는 군부와 친했습니다. 내전을 승리로 이끄는 데 지대한 역할을 했던 올리버 크롬웰 장군이 독립파였거든요.

이러한 힘의 균형 때문에 총회는 계속해서 긴장을 유지하면서 치열하게 논쟁해야 했습니다. 서로의 마음이 상할 만큼 멀어질 때도 있었고, 때로는 총회 자체가 위기에 빠질 정도의 심각한 문제도 있었습니다. 하지만 대체로 모두가 기뻐하는 합의가 이루어질 때가 더 많았습니다. 세 분파는 비록 몇 가지 주제에서 생각이 달랐지만, 모두들 잉글랜드의 종교개혁을 간절히 원하는 사람들입니다. 이들은 모두 어떤 '교리'를 택할 것이냐에 대해서는 뜻이 일치했습니다. 교리를 가지고 싸우지는 않았습니다. 문제는 교회론의 차이였지요. 논쟁의 핵심은 대부분 교회정치와 관련된 것이었습니다. 세 분파는 교회론에 대한 근본적인 시각 차이로 인해 총회 기간 내내 논쟁을 계속하게 됩니다.(열매 부분에서 구체적으로 다루겠습니다. ^^)

총회 내 힘의 균형

총회 일정표(Timeline)

대략의 총회 일정표입니다. 5년, 7개월, 22일동안 언제 무슨 작업을 주로 했는지 한눈에 살펴봅시다.

	1643												1644												1645									
	1	2	3	4	5	6	7	8	9	10	11	12	1	2	3	4	5	6	7	8	9	10	11	12	1	2	3	4	5	6	7	8	9	10
전황	왕당파 우세												비등비등						의회파 우세															
총회 전체 기간																																		
교회정치																																		
예배모범																																		
신앙 고백서																																		
교리문답																																		

교회정치(1643. 10 ~ 1646. 7)
총회가 가장 먼저 다룬 것은 바로 '교회정치'였습니다. 그럴 수밖에 없는 것이, 지금 초미의 관심사는 교회를 누가 다스려야 하느냐입니다. 주교제도를 강조하는 찰스 1세에 맞서, 스코틀랜드와의 엄숙한 동맹과 언약에 따라, 장로교회 제도를 받아들일 것인지 말 것인지를 결정해야 하는 순간입니다. 즉, **새로운 교회정치 제도부터 만들어야, 그에 따라 나머지 작업도 할 수 있는 겁니다.** 그래서 총회 일정표에서 맨 처음 진행된 작업은 교회정치에 관한 토론이었습니다. 7, 8화에서 자세히 다루겠습니다.

예배모범(1643. 12 ~ 1645. 2)
다음으로 거의 동시에 이루어진 것은 '예배'에 대한 개혁이었습니다. 이것은 왜 그럴까요? 스코틀랜드 공동기도서 폭동을 기억하시지요? 로마 가톨릭 예전에 더욱 가까워진 성공회 공동기도서(예식서)를 왕국 전체에 강요했던 찰스 1세에 맞서, 그들은 새로운 예배 모범도 만들어야 했습니다. 즉, **총회의 핵심 관심사이자 선행과제는 바로 '교회정치' 와 '예배모범'의 작성이었습니다.** 10화에서 다루겠습니다.

> 총회의 일정표는 전황의 변화와 함께 이해할 필요가 있습니다. 다음 페이지를 보세요. 더 자세한 내용을 알고 싶다면 부록 타임라인을 펼쳐보세요.

	1647		1648		1649
2 3 4 5 6 7 8 9 10 11 12	1 2 3 4 5 6 7 8 9 10 11 12	1 2 3 4 5 6 7 8 9 10 11 12	1 2

> 교회정치가 만들어진 뒤 총회 중반부에 장시간 진행되었던 토론은 에라스투스파와의 논쟁이었습니다. 이것은 권징에 대한 권한 및 역할과 그밖의 세부적인 논의였는데, 자세한 것은 9화에서 다루겠습니다.

> 예배모범이 완성된 뒤 총회는 예배개혁의 후속 작업으로 찬송의 개혁도 추진했습니다. 구체적으로 말하자면 '시편찬송가'의 검증 작업인데, 꽤 장시간이 투자된 프로젝트였습니다. 자세한 내용은 10화에서 다루겠습니다.

신앙고백서(1645. 5 ~ 1647. 4)

교회정치가 완성된 뒤, 본격적으로 진행된 것은 미뤄두었던 신앙고백서의 작성입니다. 이 작업은 기존 39개조 신앙고백서와 별개로 **아주 새롭고 건전한 신앙고백서를 만들자**는 목적에서 가열차게 진행되었습니다. 자세한 내용은 11화에서 다루겠습니다.

교리문답(1646. 9 ~ 1648. 7)

총회의 마지막 작업은 '교리문답 작성'이었습니다. 어쩌면 가장 오래 기다렸고, 또한 마무리 되기까지의 과정이 가장 길었던 작업이 바로 이 교리문답 작성 프로젝트였습니다. **여기까지 마치고 총회는 자기 할 일을 다 하여 서서히 역사의 뒤안길로 물러나게 됩니다.** 자세한 내용은 12화에서 다루겠습니다.

○ 특별자료

전황의 변화와 총회의 주요 논쟁
전쟁은 어떻게 변하고 있었을까요?

초기 접전, 왕당파 강공으로 런던 위기
처음에는 의회군이 북쪽으로 치고 들어갑니다. 찰스군은 옥스포드를 점령하고요. 의회군이 군사를 돌려 반격을 해봤지만 옥스포드성은 난공불락의 요새입니다. 옥스포드를 본진으로 삼은 찰스군은 안정적인 상태에서 왼쪽 지역을 다 점령합니다. 이렇게 찰스군과 왕당파가 우세를 점하면서, 런던이 위험해집니다. 그래서 잉글랜드 의회는 황급히 스코틀랜드에 원군을 요청했던 것입니다.

스코틀랜드 참전으로 의회군 강세
스코틀랜드 군이 아직 겨울(2월)임에도 불구하고 밀고 내려옵니다. 원래 추운 동네 사는 사람들이라, 그깟 겨울쯤이야~ 했나 봅니다. ^^ 스코틀랜드군이 이렇게 빨리 치고 내려올 줄은 몰랐던 왕당파는 당황하여 패배했고, 북쪽 지역을 거의 다 잃게 됩니다.(대표적인 전투: 마스틴 무어 전투)

왕당파 소탕 완료
이어서 의회파는 내륙에서의 결정적인 승리로 전세를 장악합니다.(대표적인 전투: 네이즈비 전투) 이제 찰스 1세는 옥스포드에 틀어박혀 옹성전으로 들어갑니다. 의회군은 옥스포드를 포위하고, 나머지 지역에서 패잔병에 불과한 왕당파 군대를 하나하나 소탕합니다. 이제 의회군은 더 이상 걱정이 없었습니다.

웨스트민스터 총회 이야기를 하는데 전쟁 이야기를 자꾸 꺼내는 이유가 있습니다. 웨스트민스터 총회의 논의 과정에 전황의 변화가 영향을 끼쳤을 것으로 추측되기 때문입니다. 오른쪽 페이지에서 이같은 전황변화가 총회에 어떤 영향을 끼쳤는지 살펴봅시다.

○ 특별자료

전쟁 상황이 이렇게 변해감에 따라
총회를 둘러싼 의회의 분위기의 변화

'사실 우리는 당장 군대가 필요했어…'

잉글랜드가 스코틀랜드와 엄숙 동맹 및 언약을 맺었던 가장 직접적인 이유는 전황이 불리해서, 즉 '살기 위해서'였습니다. 솔직히 말해서, 스코틀랜드의 장로교회를 그대로 받아들이는 것이 직접적인 목적은 아니었다는 겁니다. 하지만 그때는 위기 상황이었고, 깊이 생각할 시간도 없었습니다.

'흐음. 한 발짝 물러서서 바라볼 필요가 있겠는데?'

그런데 이제 전황이 뒤집어졌습니다. 잉글랜드 의회 입장에서는 발등의 불을 끈 것입니다. 이럴 때 사람의 마음은 변하는 법입니다. 총회의 공기 흐름에 미묘한 변화가 느껴지기 시작하더니, 점점 노골적으로 바뀝니다. 처음에 잉글랜드는 스코틀랜드에서 온 총대들을 국빈급 대우로 맞아들이며, 최고급 숙소를 제공하며 환영합니다. 총회에서도 그들의 말을 그야말로 '경청'하는 분위기였습니다. 그런데 전황이 잉글랜드에 유리해지니까 점점 분위기가 서먹해집니다. "장로교회 제도가 과연 성경적인가?"라는 질문이 나오기 시작합니다. '그건 스코틀랜드 제도인데 굳이 우리가 받아들일 필요가 있나?' 이렇게 한 발짝 물러서서 바라봅니다.

'상황 종료! 이제 더는 볼 일이 없겠어~'

의회군의 승리가 거의 확정된 뒤로는 의회에서 총회의 결정을 존중하지 않는 분위기도 생겨납니다. 총회에서 토론을 거쳐서 합의한 결과가 의회의 눈에 들지 않거나 불편하면, 정치인들이 한마디씩 합니다. '어이, 무슨 회의를 그런 식으로 하나?', '제대로 하고 있는 거 맞나? 한번 감사를 해야 하지 않겠어?' 이렇게 정치인들이 교회 회의에 영향을 끼치려는 모습이 보이면서, 총회의 분위기는 점차 어두워집니다. 이런 분위기는 총회 중반부 이후 계속됩니다.

이처럼 총회는 결코 쉽지 않았습니다. 정치적 상황의 변화 속에서, 총회는 의회의 눈치를 보면서 온갖 어려운 상황을 극복하면서 하루하루를 견뎌 나가야 했습니다. 스코틀랜드 총대들은 실망이 컸고 괴로웠지만, 끝까지 견딥니다. 결과물을 다 만들기 위해서는 그들이 반드시 참고 견뎌주어야 했습니다. 스코틀랜드 총대 중 한 사람인 로버트 베일리의 기록을 통해 보면 이러한 변화가 뚜렷하게 보입니다.

'열매' 부분에서 더 자세히 살펴보고, 평가도 하겠습니다. 지금 중요한 것은 총회가 대략 어떤 일정으로 흘러갔는지를 아는 것이며, 거기에는 정치적인 요소들도 영향을 주었다는 사실을 이해하는 겁니다.

제6화 두 나라 한 교회 세 견해 / 181

> **생각해보기**

전황변화와 그에 따른
총회의 일정표를 보면서 생각할 점

잉글랜드 의회는 종교개혁보다는 전쟁에서의 승리에 더욱 관심을 보였습니다. 그들은 함께 종교개혁을 하기 원했던 스코틀랜드 교회를 결과적으로 이용한 셈이 되었습니다. 처음에는 웨스트민스터 총회를 그토록 열렬하게 지원해주었으면서, 나중에는 외면하고 심지어 방해하는 모습을 보여줍니다.

웨스트민스터 총회는 잉글랜드 의회의 세속적인 의도와 무관하게, 성실한 준비와 토론과 설득을 거쳐 중요한 결과물을 하나씩 하나씩 만들어나갔습니다. 그러나 총회의 막바지에 이르러, 상황은 더욱 악화됩니다. 전쟁도 다 끝났겠다, 총회에 대한 국가적 관심은 거의 다 끊어졌습니다. 정치적 지각 변동으로 사회 분위기는 흉흉합니다. 조만간 크롬웰의 군대가 스코틀랜드까지 침공하는 최악의 시국이 예측되었고, 따라서 스코틀랜드 특사들의 처지는 매우 곤란해졌습니다. 그들의 일터가 곧 '적국'이 될 형편입니다. 이렇게 모든 것이 다 엉망이 되어버린 듯 했습니다.

하지만 우리는 역사 이면에 감춰진 중요한 사실을 볼 수 있어야 합니다. 놀랍게도, 그런 마지막 순간까지 남아서 총회의 과업에 집중했던 분들이 계십니다. 그분들의 희생과 수고로, 신앙고백서를 비롯하여 교회의 다음 세대 교육을 위한 대교리문답과 소교리문답까지, 총회의 모든 프로젝트가 완수될 수 있었습니다. 그분들은 회의 기간 내내 악전고투하며 끝까지 자기 자리를 지켜주었습니다. 왜 그랬을까요? **교회를 위해서가 아니었을까요? '더 좋은 종교개혁'의 대의를 위해서가 아니었을까요? 하나님 앞에서의 언약을 지키기 위해서가 아니었을까요?**

눈앞의 상황이 아무리 암담해도 영원한 가치를 위해 많은 것을 희생해주었던 분들이 계십니다. 그 덕택에 지금 우리가 있습니다. 웨스트민스터 총회가 해낸 업적 그 자체도 중요하지만, 우리는 그 업적을 이룬 사람들의 존재를 알아야 하고, 그분들이 품었던 '마음'을 배울 수 있어야 합니다. 이것이 역사를 배우는 목적이 아닐까 합니다. 복잡한 정치 상황을 종합적으로 이해하면서도 그 안에서 고뇌하고 헌신했던 분들의 마음과 자세를 배워야 하는 이유는, 언젠가 우리 자신에게도 그런 현실과 마주할 때가 반드시 오기 때문입니다.

5년 7개월
그리고 22일, 그 숫자의 의미

웨스트민스터 총회 기간을 말할 때 보통 1643년부터 1649년까지 6년간이라고들 말합니다. 이 숫자가 여러분에게 어떻게 다가오십니까? 별 감흥이 없을지도 모르겠습니다. 이걸 조금 더 정확히 해보면, 1643년 7월 1일부터 1649년 2월 22일까지로 5년 7개월 하고도 22일입니다. 환산하면 67개월 하고 22일이 되고요(2064일), 이 기간 중에 토요일과 주일을 제외한 평일을 한 달에 20일로 잡고 계산해서 소위 '근무일수'를 뽑으면 1362일이라는 숫자가 나옵니다.

저는 이 계산 결과를 보는 순간 전율을 느꼈습니다. 저 1362라는 숫자 앞에서 숙연해졌습니다. 왠 줄 아세요? 웨스트민스터 총회 기간 중 총 1163번의 모임이 있었습니다. 5년 반 동안 1163회라고 하면, 느낌이 뭐 그냥 그렇죠? 하지만 위 계산 결과와 비교해 보시길요. 이것은 거의 날.마.다. 모였다는 것입니다. 즉, 주5일 근무로 1362일 동안 총회가 열렸는데 빠진 날짜가 손가락에 꼽을 정도라는 말입니다. 기록된 회의만 해도 그렇습니다. 실제로 회의록에 공식 회합으로 기록되지 않은 비공식 행사와 목사의 임직을 위해 수시로 열린 모임까지 더하면 최소한 1385번의 회합이 있었다는 연구가 있습니다. (채드 반 딕스혼의 회의록)

저는 이와 같은 것을 본 적도 들은 적도 없습니다. 그리고 앞으로도 이런 일이 우리에게 가능할 거라고 전혀 상상되지 않습니다.

🔹 확인질문

제6화 두 나라 한 교회 세 견해

다음 질문을 읽고, 맞는 것에 O, 틀린 것에 X로 답하세요.

1. 웨스트민스터 총회의 정족 인원수는 40명이며, 참석자들은 5년 7개월 22일의 총회 기간 내내 정족 인원수가 넘칠 만큼 꾸준한 출석률을 보여 주었다.   O   X

2. 총회는 마치 학회나 세미나 형태로 진행되었으며, 작업을 효율적으로 하기 위해 전체모임과 별개로 분과별 소위원회를 만들어 운영했다.   O   X

3. 총회 기간 내내, 스코틀랜드 총대들은 정치적 문제로 인해, 꿔다 놓은 보릿자루처럼 아무런 영향력도 행사할 수 없었다.   O   X

4. 장로교회파는 교회의 최종 권위를 어디에 둘 것인가에 대해서 독립파와, 국가 권력과 교회 간 상호관계가 어떠해야 하는가에 대해서는 에라스투스파와 각각 견해 차이가 있었다.   O   X

5. 찰스 1세에 맞서 의회군의 승리가 확실시된 뒤로는, 의회에서 총회의 결정을 존중하지 않는 분위기가 생겨났다.   O   X

넓고 깊게 생각해 보기

여러분이 스코틀랜드 장로교도로서, 총대들 곁에서 참관인 자격으로 총회에 참석하고 있다고 상상해 보세요.
웨스트민스터 총회가 이루어지는 과정에서 무엇을 느꼈을지 함께 나누어 보세요.

중간점검을 위한 십자말풀이 : 예고편부터 6화까지

그동안 배웠던 것들을 복습합니다. 팀을 나누어 게임으로 진행할 땐 다음 규칙을 참조하세요.
(□ 도전 기회 5초 □ 문제당 10점 □ 오답 감점 5점 □ 못 맞추면 다른 도전자에게~)

가로열쇠

1. 경제적으로 다른 나라에 예속되어 자원을 수탈당하는 지역
4. 국왕이 절대 권력을 갖는 정치제도
6. 웨스트민스터 총회에서 가장 많은 숫자를 이루었던 분파의 명칭
9. 처음에는 선한 의도로 작성되었으나 시간이 지나면서 예배를 경직되게 만들었던 문서
11. 나라를 위해 충성을 다하는 신하
12. 기독교요를 쓴 종교개혁자의 이름(영어식 발음표기)
13. 잉글랜드 국왕이 잉글랜드 교회의 최고 수장이 된다는 법률
14. 프랑스 지역의 개신교도를 일컫는 용어
16. 작가의 상상력으로 허구적인 이야기를 꾸며 나간 문학
17. 제임스 6세를 잉글랜드에서 볼 때는 이 이름이 되어야 했음
21. 하나님이 우리와 항상 함께 계신다는 뜻의 히브리어
23. 숲의 나무를 베는 일
24. 권한 밖의 일에 관여하는 일
26. 군사에 관한 일을 총괄하는 군 수뇌부
28. 교회의 OO는 겉모습을 가장한다고 해서 세워지는 것이 아님.(p.248)
29. 잉글랜드 청교도들이 종교개혁을 열망하며 킹제임스에게 제출했던 문서
30. 중세교회의 핵심 잘못은 OOOO
31. 이 책을 만든 출판사 이름

세로열쇠

2. 모세오경 중에서 네 번째 책
3. 전투에서 상대편에게 사로잡힌 사람
5. 왕권은 신이 내려준 것이라는 설
6. 간직해둔 책. 또는 책을 가지런히 간직해두는 행위
7. 프랑스의 유명한 사상가이자 수학자. 저서로 '팡세'가 있음
8. 강원도 인제와 양양 사이에 있는 높은 고개로서, 설악산국립공원을 지남
10. 야구에서 주자가 수비의 허술한 틈을 타서 다음 베이스까지 가는 일
12. 스코틀랜드의 종교개혁자로 스코틀랜드 제1치리서를 썼음
15. 식물, 특히 나무를 세는 단위
18. 임무를 맡아보는 일정한 기간. 종신제냐 OO제냐
19. 가죽이나 통나무로 만든, 노로 젓는 작은 배
20. 중세교회가 헌금으로 벌을 사면해준다며 발행했던 증서로서 면죄부라고도 함
21. 어떤 사람을 자리나 직책에 세울 수 있는 권한
22. 피의 메리가 죽은 뒤 잉글랜드를 다시 성공회로 돌린 여왕의 이름
25. 잉글랜드 의회가 찰스 1세에게 제출했던 문서로서 의회의 동의 없는 과세를 금함(1628년)
26. 군주가 나라를 다스리는 정치제도
27. 어떤 일을 하는 데 바탕이 되는 돈이나 물건, 기술, 재주 등

열매

◉ 현재위치 점검

숲
- **제1화** 달려라 종교개혁!
- **제2화** 잉글랜드 주춤거리다
- **제3화** 스코틀랜드 준비되다

나무
- **제4화** 왕이 교회를 손보려 하다
- **제5화** 내전이 터지다
- **제6화** 두 나라, 한 교회, 세 견해

현재 위치

열매
- **제7화** 교회정치_1 교회의 머리가 누구인가
- **제8화** 교회정치_2 노회가 왜 필요한가
- **제9화** 교회정치_3 아론의 싹 난 지팡이
- **제10화** 예배모범, 오래된 철옹성을 깨다

씨앗
- **제11화** 신앙고백서, 폐허 속에 꽃피우다
- **제12화** 교리문답, 교육이 희망이다

숲을 지나 나무를 탐구하느라 고생하셨습니다.^^ 하지만 그동안 쌓으신 배경지식이 지금부터 본격적으로 도움이 될 것입니다. 이제 우리는 '열매'와 '씨앗'을 보려고 합니다. 이는 웨스트민스터 총회가 일궈낸 결실들입니다. 그 결실은 총회에서 결정한 사항을 의회에 제출한 보고서(혹은 법안) 형태의 문서들을 뜻합니다. 지금부터 소개할 네 개의 문서가 바로 그것입니다.

① 교회정치   ② 예배모범   ③ 신앙고백서   ④ 대·소교리문답

이 네 개의 문서 중에서도 이 책에서는 《교회정치》와 《예배모범》을 '열매'로 분류하고, 《신앙고백서》와 《대·소교리문답》은 '씨앗'으로 분류해보았습니다. 숲과 나무를 둘러보며 총회가 어떤 상황 속에서 열리게 됐는지 그것이 얼마나 소중한 것인지 알았다면, 이제 스코틀랜드 총대들의 도움을 통해 총회가 맺은 소중한 결실이 어떤 것들인지 알아볼 시간입니다.

자, 이제 논쟁의 핵심으로 뛰어듭니다.
뜨거웠던 총회의 현장 속으로, 마음을 단단히 먹고 지금부터 출발하겠습니다!

총회의 주요 일정표(부록 타임라인 참조)

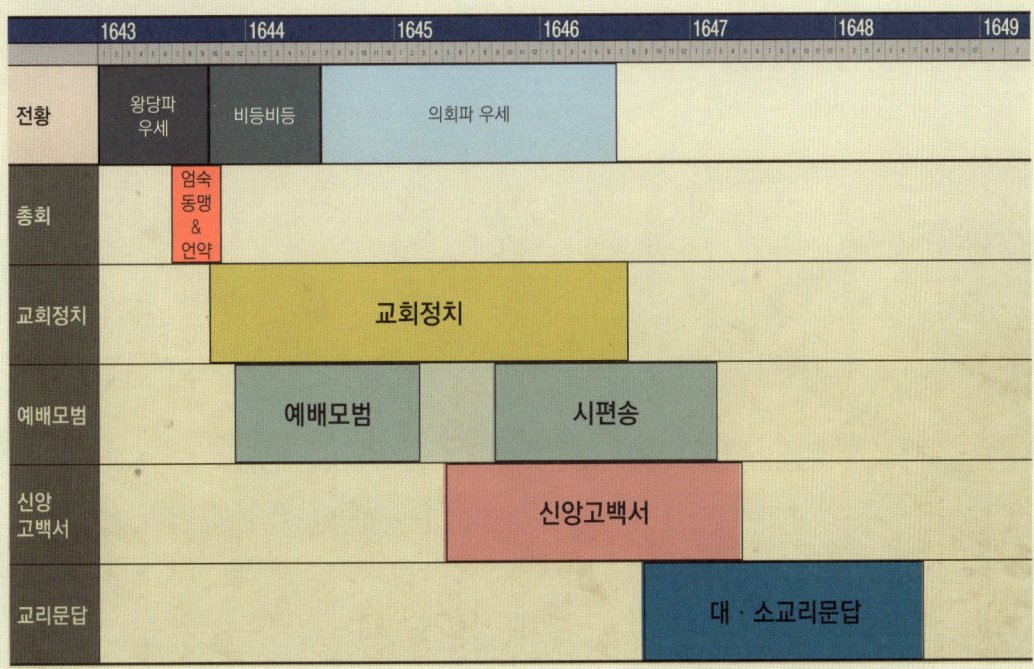

제7화
교회정치_1
교회의 머리가 누구인가

이제 우리의 시야를 더욱 작은 한 점에 집중할 필요가 있습니다.

지금부터는 웨스트민스터 총회가 열렸던 그 예루살렘 방으로 들어가서, 그곳에서 실제로 있었던 일을 관찰할 겁니다. 회의 진행 과정과 그 주요 결과물을 다 살펴보기 위함입니다. 왜 이렇게까지 해야 할까요? 우리의 신앙과 삶의 표준이 만들어진 역사의 현장을 들여다볼 수 있다면, 거절할 이유가 있을까요?

특별히 총회의 중요한 논쟁점은 교회정치였습니다. '교회'와 '정치'. 어울리는 단어가 아닌 것처럼 여겨집니다. 하지만 지금까지 살펴본 바와 같이 누가 교회를 장악하느냐에 따라 교회가 순수해지기도 하고 타락하기도 했습니다. 이것은 종교개혁의 흐름 속에서 어쩌면 가장 중요한 문제일 겁니다.

자, 생각해봅시다. 누가 교회의 머리가 되어야 할까요?

키워드 : 교회의 권위, 직분 개혁, 장로, 목사, 교사, 집사

 교회정치가 **뭐 중요한가요?**

 교회정치요? 솔직히 그런 거 필요 없지 않아요?

회의적인 질문을 던질 때가 참 많습니다. 실제로 이렇게 묻는 사람이 주위에 많습니다. 왜 그럴까요? 우선 '정치'라는 단어가 부정적입니다. 정치라는 말만 들어도 인상이 찌푸려집니다. '정치혐오증'이라는 말도 있습니다. 현실에서 정치가 희망을 주기보다는 실망과 좌절과 짜증을 느끼게 하는 경우가 많다 보니, 거기에 염증을 느끼는 사람이 굉장히 많습니다.

'교회정치'도 마찬가지입니다. 교회라고 하면 늘 순수하고 아름답고 평화로운 곳으로 생각하고 싶지만, 현실은 그렇지 못합니다. 그러나 그럼에도 불구하고 이 교회정치를 제대로 회복하고 개혁하는 것이 교회를 사랑하는 방식이자 우리 자신을 위한 길입니다. 올바른 교회정치의 실행 여부는 우리들의 건전한 신앙생활과 직결되는 문제입니다. 이것은 역사가 증명합니다.

교회정치란, 한마디로 말하면 교회를 누가 어떻게 다스리고 인도하느냐를 정하는 규칙과 제도를 말합니다. 교회의 질서를 위해 아주 중요하지요. 종교개혁자들은 오랜 세월동안 서서히 망가져 왔던 교회정치를 목숨을 걸고 개혁했습니다. (예고편 참조)

숲과 나무에서 공부했던 내용을 떠올려볼까요? 종교개혁 이전에는 사제와 주교가 교회를 다스렸습니다. 하지만 그들의 주요 업무는 미사의 집행이었지, 설교나 성경공부가 아니었습니다. 그들은 성도들을 말씀으로 먹이지 않았습니다. 우민화 정책을 폈던 겁니다. 심지어 그들 스스로도 학식이 부족했습니다. 처음에는 공부를 열심히 했겠지만, 차츰 공부를 해야 하는 의미를 찾지 못하게 되었습니다. 미사 때 사용하는 몇 구절의 라틴어만 암기해두면, 어느 타이밍에 뭐라고 말하면 되는지만 알고 있으면, 말 그대로 '한 사람의 직업인으로서' 사제의 삶을 문제 없이 살아갈 수 있었던 겁니다. 그래서 사제들은 점차 공부를 멀리했고, 라틴어로 된 성경을 읽을 수도, 해석할 수도 없게 되어갔습니다. 이것이 당시 수많은 사제들의 형편이었습니다.

종교개혁자들이 보기에 이런 자들이 교회를 다스리는 것은 아무런 유익이 되지 못했습니다. 게다가 이런 시스템 속에서는 사제들이 자신들의 인사권을 쥐고 있는 주교나 대주교에게만 잘 보이면 되었기에, 더더욱 성도들을 잘 돌볼 필요성을 느끼지 못했습니다. 바로 이것이, 종교개혁자들이 직분을 개혁했던 이유였습니다.

종교개혁자들은 미사를 위해서나 필요했던 사제를 없애고, 말씀을 맡은 직분자와 그들에 의해 조직된 '치리회(당회, 노회 등)'를 만들었습니다. 그리고 실력 있는 목회자를 양성하는 데 힘을 기울였습니다. 그리고 설교 시간과 횟수를 대폭 늘려서 신자들이 말씀을 먹고 자라갈 수 있도록 했습니다. 신자에게 말씀을 먹이는 것! 이것이 종교개혁의 목표였습니다.

이 흐름을 이어받은 것이 웨스트민스터 총회였습니다.
따라서 총회의 첫 번째 이슈는 바로 직분의 개혁이었습니다.

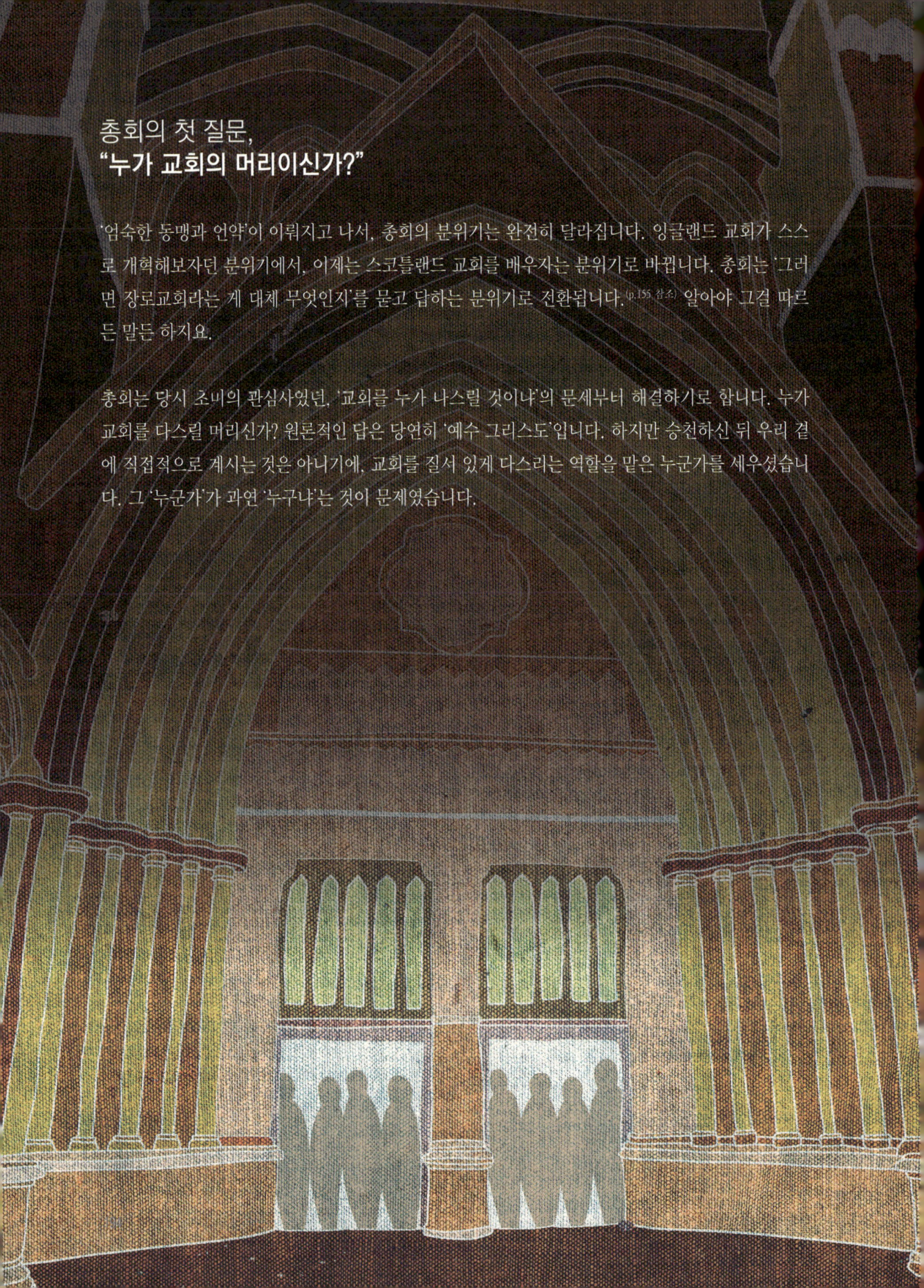

총회의 첫 질문,
"누가 교회의 머리이신가?"

'엄숙한 동맹과 언약'이 이뤄지고 나서, 총회의 분위기는 완전히 달라집니다. 잉글랜드 교회가 스스로 개혁해보자던 분위기에서, 이제는 스코틀랜드 교회를 배우자는 분위기로 바뀝니다. 총회는 '그러면 장로교회라는 게 대체 무엇인지'를 묻고 답하는 분위기로 전환됩니다.(p.155 참조) 알아야 그걸 따르든 말든 하지요.

총회는 당시 조비의 관심사였던, '교회를 누가 다스릴 것이냐'의 문제부터 해결하기로 합니다. 누가 교회를 다스릴 머리신가? 원론적인 답은 당연히 '예수 그리스도'입니다. 하지만 승천하신 뒤 우리 곁에 직접적으로 계시는 것은 아니기에, 교회를 질서 있게 다스리는 역할을 맡은 누군가를 세우셨습니다. 그 '누군가'가 과연 '누구냐'는 것이 문제였습니다.

참고로 이때는 그야말로 '특수 상황'입니다. 기존 성공회 제도가 틀렸다는 것은 참석자 모두가 동의했습니다. 하지만 아직 장로교회 제도를 통과시킨 상황도 아닙니다. 사제는 없앴지만 아직 목사도 없고 장로도 없고 집사도 없는 상황… 모든 것을 포맷하고 '새로 시작하는 순간'으로 보면 됩니다. 특히 주목할 점은 지금 그 자리에 모인 분들 중 상당수가 기존 성공회 제도 내에서 사제 서품을 받았던 사람이라는 사실입니다. 그들이 모여서 지금 스스로를 부정하고 있습니다. 자기 스스로 자기 자신을 개혁의 대상으로 삼는 놀라운 순간입니다. 종교개혁은 바로 이런 자세를 가진 사람들이 있을 때 이루어지는 겁니다.

교황도, 왕도, 주교도 아니라면
이제 교회를 누가 다스릴 것이냐?

총회는 그 대답을 성경에서 찾았습니다. 핵심은 교회를 다스리는 사람이 사제나 주교 등의 성직자가 아니라 일반 신자 중에서 나온다고 하는 '놀라운' 결론이었습니다. 이것은 당시 성공회 제도에 속했던 사람들의 시각으로 볼 때 굉장히 혁명적인 주장입니다.

총회는 이 원리에 따라 교회 안에 반드시 있어야 할 직분이 무엇인지 결정해야 했습니다. 참석자들은 이 문제를 풀기 위해 세 그룹으로 나뉘어 성경을 들여다봅니다. 성경에서 교회정치가 이루어지는 현상들을 구약에서부터 신약까지 전부 살펴봅니다. 어떤 직분들이 있는가, 혹은 사도로, 혹은 선지자로, 혹은 복음 전하는 자로, 혹은 목사와 교사로 등등…. 성경에 나오는 이런 명칭을 오늘날 실제로 교회에서 어떤 형태의 직분으로 봐야 하는지를 깊이 논의합니다.

그리고 그들은 몇 가지 결론을 내렸습니다.

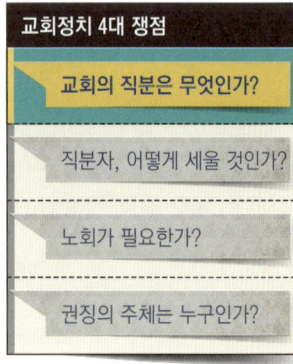

총회가 내린 결론

우선 개념을 먼저 정리합시다. 총회는 성경에 나오는 여러 가지 직분을 취합하고 재해석하여, 신약의 교회에 항상 있어야 하는 직분을 결정했습니다. 자, 여기서 교회에 '항상 있어야 하는 직분', 이것을 〈항존직〉이라고 부릅니다.

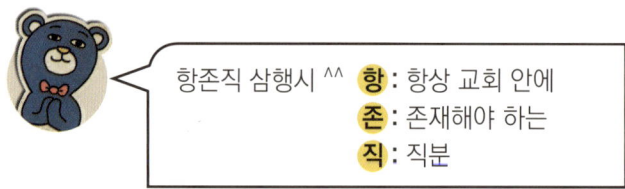

이 '항존직'의 의미를 오해하는 경우가 우리 주위에 참 많습니다. '내가 한 번 그 직분을 받으면 죽을 때까지 그 직분을 가지고 있어야 한다'는 의미가 아닙니다. 한 번 목사가 되면 끝까지 목사라거나, 장로가 되면 교회를 옮겨도 죽을 때까지 장로여야 한다는 그런 의미도 아니고요. 그것은 오히려 '종신제'냐 '임기제'냐의 문제에 더 가깝습니다. 국회의원 자리는 항상 있지만, 누군가 한 번 국회의원이 된다고 해서 죽을 때까지 그가 국회의원인 것은 아니듯이 말입니다.

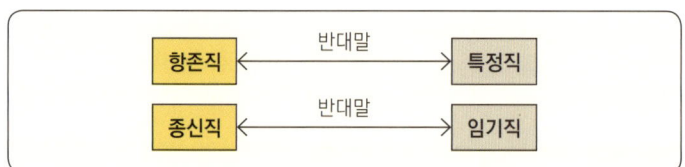

이런 오해는 교회의 직분을 어떤 승급(Level Up)의 개념으로 보기 때문에 더욱 고착되는 모양입니다. 역사적으로 수많은 종교가 결국 이런 제도를 선택했습니다. 어쩌면 인간의 본성상 끌리는 형태가 아닐까 합니다. 수직적인 명령 체계나 피라미드 구조에 속한다는 것은, 기분은 좀 그렇지만 솔직히 쉽고 편하기 때문입니다.

우리는 그동안 평소에 직분에 대한 기본적인 이해와 교육을 잘 받지 못했습니다. 그래서 좀 혼란스러울 수도 있습니다. 그러나 너무 걱정하지 마세요. 차근차근 살펴보겠습니다.

한국 교회에 유행하는 '서리집사'나 '부목사'등의 용어와 개념 때문에 혼란이 가중되기도 합니다. 예를 들어 서리집사는 매년 임명을 받아야 하지만, 안수집사가 되면 이제 항존직(?)이므로 그럴 필요가 없다는 식의 설명이 오해를 더하게 합니다. 장로나 목사 안수 때 과도한 구별의식을 심어주면서, 이제는 평범한 신자(평신도)가 아닌, 어떤 '특수 계층'으로 올라가는 것처럼 느끼게 하는 것도 결국 같은 문제입니다.

직분은 교회를 섬기는 '역할'을 위해 존재하고, 철저히 그 역할로 섬기는 것입니다. 직분자가 소중한 까닭은 그가 맡은 역할이 소중하기 때문이지, 그 자신이 어떤 성스러운 존재가 되는 게 아닙니다. 도구로서 소중히 쓰임 받을 뿐입니다.

직분에 대한 이해가 분명해지면 항존직에 대한 오해도 줄어들 것입니다. 교회 안에 직분이 바르게 회복되고 그에 따른 역할이 바르게 수행될 때, 그것이 교회 개혁의 가장 최종 단계가 아닐까 생각해봅니다. 그런 날이 오면 교회는 얼마나 아름다울까를 상상하며, 직분개혁을 소망해야겠습니다.

웨스트민스터 총회는 항존직에 크게 '장로'와 '집사'가 있다고 정리했습니다. 장로는 다시 세 가지 역할로 분화됩니다. 목사 - 교사 - 장로, 이 세 직분이 모두 장로의 직분에서 분화됩니다. 모두 다 장로이지만, 주특기가 다릅니다.

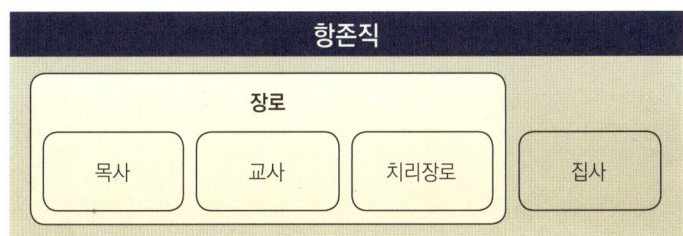

1. 장로(Elder, Church-Governor)

이제 각 직분별로 하나씩 살펴봅시다. 목사와 교사와 치리장로가 모두 큰 의미에서 '장로'에 속하지만, 여기서는 그 중에서 치리장로를 먼저 설명합니다.

웨스트민스터 총회의 '교회정치' 문서에 장로의 역할은 다음과 같이 표현되어 있습니다. "목사와 연합하여 교회를 다스리는(치리) 일을 수행한다."

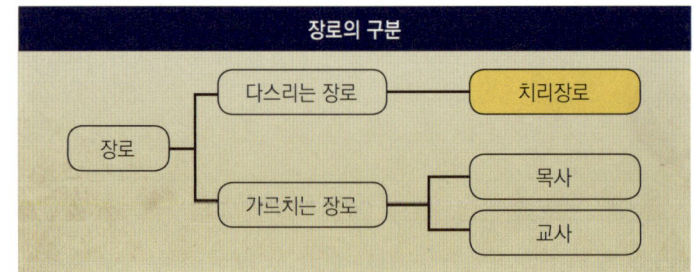

치리장로는 말씀이 실제로 신자의 삶 속에 적용되도록 교회를 다스리는 역할을 맡은 직분입니다. 그렇게 되려면 무엇이 필요할까요? 말씀대로 살도록 신자들을 권해야 하고, 때로는 강하게 말해야 하고, 꾸중도 해야 합니다. 물론 그런 역할이 결코 쉽지는 않습니다. 싫은 소리를 하는 것이 누군들 쉽겠습니까? 하지만 성도의 성숙과 교회의 순수함을 위해 반드시 필요한 일입니다. 그래서 이런 어려운 역할을 누군가는 잘 감당해야 합니다.

죄를 범하거나 나태한 신자에게 반드시 필요한 일이겠지요!

이 역할을 잘 감당하려면 무엇이 필요할까요?

이렇게 한번 생각해봅시다. 나를 전혀 모르는 사람이 와서 나에게 '너 왜 그렇게 살아' 하면서 이러쿵저러쿵 간섭을 한다면, 좋아할 사람이 있을까요? 아무도 없습니다. '당신이 뭔데?'라는 생각이 들고 짜증이 날 것입니다. 그래서 장로가 꼭 해야 할 일이 하나 있다면, 그것은 바로 '심방'입니다. 심방을 통해 신자의 삶을 잘 '아는' 상태가 되어야, 권면도 꾸중도 가능한 것입니다. 그러므로 장로에게는 심방이 필수 직무입니다. 심방을 하지 않는 장로는 장로로서 존재 의미가 없습니다. 반대로 말해서, 자기 역할을 잘하는 장로에게는 우리가 저절로 알아서 치리를 받고 싶어지는 겁니다.

그래서 장로를 뽑을 때, 조금 과장하자면 '저 사람이 우리 아버지였으면 좋겠다' 혹은 '저 사람이 내 남편이었으면 좋겠다' 싶을 정도의 사람을 뽑아야 합니다. 그 정도로 신뢰해서 기꺼이 다스림을 받을 사람이어야 한다는 뜻입니다. 폭력적이거나 무식하거나 도무지 신뢰가 가지 않아서, '어휴, 저런 사람이 우리 아버지였으면 어쩔 뻔했나, 상상만 해도 끔찍하다' 싶은 사람을 장로로 뽑으면 큰일인 겁니다.

심방을 통해 신자의 삶을 파악하고 이해하기

물론 심방은 쉽지 않은 일입니다. 바쁜 현대 사회에서 심방이 잘 이루어진다는 것은 꿈같은 일입니다. 요즘은 회사에서 일찍 퇴근하는 일조차 쉽지 않습니다. 피차 시간을 내기 어렵습니다. 더구나 요즘은 특히 자신의 가정을 공개하길 꺼리는 사람이 많다 보니 더더욱 어려운 것이 심방입니다. 장로의 첫 번째 업무가 심방이다 보니, 교인 수가 늘어나면 장로의 업무도 힘들어지고, 그래서 어느 정도 숫자가 늘어나면 장로의 숫자도 따라서 늘어나야 합니다. 일을 제대로 하기 위해서입니다.

한국의 장로교회는 대략 20~30명당 1명씩 장로의 숫자를 늘릴 수 있도록 법으로 정해두었습니다.

즉, 장로 직분은 철저히 역할로 봐야지, 결코 명예직이 아닌 겁니다. 만약 장로가 아무런 일도 하지 않고 스스로를 그저 명예직이라고 생각한다면 교회에 아무런 유익이 없습니다. 직분의 타락이란 그렇게 '자기 할 일을 하지 않으면서부터' 시작됩니다. 역할이 없으니 당연히 권위도 떨어집니다. 오늘날 젊은 사람들이 장로의 권면과 훈계를 잘 듣지 않는 이유는 단 하나입니다. "누구세요? 저 아세요?"입니다. 심방을 하지 않는 장로는 다스릴 수 없습니다.

장로의 직분은 힘들게 고생하는 일입니다. 주위에 누가 장로가 되면 많이 위로해주셔야 합니다. 장로직을 정말로 제대로 하면 영혼과 육신이 지치고, 어려운 일을 4~5년씩 계속하면 사람이 너무나 소진되며, 때로는 생업에 지장을 받기도 합니다. 그래서 유럽의 경우 장로직을 '임기제'로 하기도 합니다. 돌아가면서 하는 것입니다. 그만큼 격무에 시달리는 것이 원래 장로 직분입니다.

목사의 설교를 돕는 일(말씀의 파수꾼)

장로는 또한 목사의 설교가 성경적인지 교리에 어긋남이 없는지를 살펴야 합니다. 말씀대로 살도록 다스리는 것이 장로의 일인데, 말씀이 엉망이라면 아무런 의미가 없겠지요. 그래서 장로는 성경과 교리에 대한 신학적 지식이 상당해야 하며 목사의 설교를 가장 주의 깊게 들어야 하고, 신자들에게 알맞은 설교인지도 판단할 수 있어야 합니다. 그래서 목사가 가장 적절한 설교를 할 수 있도록 돕는 역할까지도 감당해주어야 합니다. 이런 일은 공식적으로 '당회' 안에서 이루어집니다.

2. 목사(Pastor)

목사도 장로인데, 그중에서도 가르치는 일에 특화된 장로입니다. 그래서 목사는 무조건 '잘 가르치는 사람'이어야 합니다. 그리고 이것을 위해 교회는 목사가 1주일 내내 다른 일에 신경을 쓰지 않고 가르칠 준비에만 집중할 수 있도록 생활비를 해결해드리는 것입니다. 잘 준비해서 최고의 품질을 보장하는 설교를 준비해달라는 것이 교회가 목사에게 내리는 특명입니다. 그래서 목사는 항상 성경과 교리를 공부하고 교수법을 연마하며, 가장 좋은 내용의 엑기스가 뭉쳐진(듬뿍 담긴) 설교를 주일 예배 때 신자들에게 선포해야 합니다.

특히 종교개혁 시대부터 이어온 장로교회의 전통은 목사를 혼자 두지 않고, 여럿이 모여서 공부하도록 했습니다. 목사가 신학교에서 전문적으로 훈련을 받지만, 그것만으로는 여전히 부족합니다. 그래서 매주 다른 목사들과 모여서 공부하고 토론하고 설교를 연습하고 서로 평가해주고 보완하는 일을 해야 합니다. 목사가 말씀을 제대로 해석하고 설교할 수 있는지를 끊임없이 검증할 수 있도록 하자는 것이 종교개혁자들의 생각이었습니다.

만약 이런 시스템이 잘 돌아가면 누구에게 좋을까요? 네. 모두에게 좋습니다.^^ 고품격 설교를 듣게 되는 신자들에게 좋은 일이고, 귀한 일을 잘 감당하게 된 목사에게도 좋은 일입니다.

이런 역할은 오늘날에도 노회(혹은 시찰회)가 어떤 형태로든 감당해줘야 할 소중한 종교개혁의 전통입니다. 오늘날 이런 모임이 노회에서는 현실적으로 어렵다면, 목사가 신학 세미나 혹은 좋은 특강이라도 자주 참석할 수 있도록 교회는 지원을 해야 합니다. 교육에 참석하거나 책을 사볼 돈이 없어서 설교가 엉망이 된다면, 그 피해는 고스란히 신자들의 몫이 되고 맙니다.

노회의 시초, 예언회

잉글랜드의 종교개혁 초기에 토마스 카트라이트의 주도로 만들어진 모임이 '예언회(prophesying)'였습니다.(p.86) 여왕의 탄압으로 인해 지하교회로 모일 수밖에 없었던 청교도들은 목사의 성경공부와 설교 훈련을 위한 모임을 만들었는데, 목사들과 몇몇 장로들이 모여서 설교를 연습하고 비평을 받으면서 성경을 더 깊이 연구하고 가르치는 훈련을 했습니다. 예를 들면 45분 동안 설교를 하고, 15분 동안 그 설교에 대한 평가를 받습니다. 다시 사람을 바꿔서 설교하고 그에 대한 평가가 또 이루어집니다. 이렇게 돌아가며 설교를 연습해서 설교의 품질을 높이고자 했던 것이 예언회였고, 이것이 바로 장로교회의 꽃, '노회'의 시초라고 할 수 있습니다. 그래서 - 8화에서 자세히 보게 되겠지만 - 목사는 노회와 떨어져서 생각할 수 없습니다.

3. 교사(Teacher or Doctor)

그럼 교사는 누구일까요? 정확히 일치하는 것은 아니지만, 오늘날 가장 비슷한 것은 신학교의 교수입니다. 교사는 목사와 달리 개별 교회를 담당하고 목회하는 것이 아니라 교회(교단) 전체의 신학적 '가이드라인'을 지키는 일을 합니다. 그래서 때로는 아주 첨예하고 민감한 신학적 분별 작업을 해야 하는 직분입니다. 그러므로 교사는 무엇보다도 신학적 소양이 고도로 훈련되어야 하며, 목사보다 훨씬 더 깊고 전문적인 공부를 해야 하며, 또한 그 학문적 결과물을 교회 앞에 내어놓고 공유할 책임과 의무가 있는 직분입니다.

그러므로 신학 교수는 스스로가 '나는 교회의 직분자이다'라는 인식을 가져야 합니다. 단순히 '학위를 따서 교수가 되었다' 이렇게 생각하면 안 됩니다. 교사는 교회의 공적 선생이자, 교회들을 섬기는 직분자입니다.

> 그런 차원에서 언급하자면, 신학계에서 흔히 말하는 '누구누구 학파' 이런 표현 역시 직분을 오해하게 하는 것으로, 쓰지 않는 것이 좋겠습니다.

성도들도 자신이 속한 교단의 신학 교수를 '우리 교회의 직분자'로 여기고 존중할 수 있어야 합니다. 더 나아가 교회는 신학적 순수함을 보호하기 위해 좋은 교사들을 양성해야 하며, 그들이 진리 앞에서 타협하지 않고 말할 수 있도록 배려해야 합니다. 그리고 순수한 학문적 연구의 터전이 되도록 신학교와 도서관을 지원해야 합니다.

'누구누구 목사님 교회'라는 표현은 곤란해요.
흔히 교회 이름을 말할 때 '누구누구 목사님 교회'라고 말하는 경우가 있는데, 이런 표현은 편리하긴 하지만 주의해야 합니다. 목사는 교회의 직분이지 그 교회의 주인이 아닙니다. 더 나아가, '어떤 특정 목사님의 스타일이 좋다 나쁘다', '나는 그 목사님이 맘에 들어서 그 교회에 가고 있어.' 이런 식의 평가는 장로교회가 추구하는 바와 거리가 있습니다. 목사는 교회의 공적 직분이기에 개인이 중요한 것이 아닙니다. 교회 이름이 떠오르지 않는다면, 의식적으로라도 '누구누구 목사님이 시무하시는 교회'로 고쳐 부르는 게 좋겠습니다.

장로교회의 지향점은 상향 평준화!
장로교회는 다수의 목사가 서로를 검증하고 보완하는 것을 추구합니다. 장로교회는 항상 목사가 서로 교류하고, 설교의 수준을 비슷하게 상향 평준화시키도록 노력하여, 개인의 편협한 이해로 편중되지 않도록 해야 합니다. 그래서 장로교회 간판을 달고 있는 교회라면 어느 곳에 출석하든지 안심할 수 있도록 해야 합니다. 사실, 장로교회라고 하면 어느 교회를 가든지 말씀과 예배가 대체로 비슷비슷해야 합니다. 같은 하나님을 섬기고 같은 신앙고백 안에 있는 교회라면, 같은 신학의 말씀을 선포하고, 같은 형태의 예배를 드려야 합니다.(그런 차원에서 보면, '우리 교회는 우리만의 독특한 특징이 있어!'라고 자랑할 일이 아닙니다. 그것은 오히려 우리 시대의 부끄러운 모습을 더 드러내는 일인지도 모르겠습니다.)

4. 집사(Deacon)

집사는 그 명칭부터가 '섬기는 자'입니다. 그런데 무엇을 섬기느냐가 중요합니다. 목사도, 장로도, 사실 다 교회를 섬기는 직분이기 때문입니다. 집사는 기본적으로 가난한 사람들을 섬기는 직분입니다. 즉, 교회의 재정으로 자선을 베풀고 구제하는 일이 주특기가 되어야 하는 직분입니다. 즉, 다스리는 역할보다는 섬기는 역할에 더욱 집중하는 것입니다. 이것이 집사가 목사나 장로와 다른 점입니다.

> 여기서 말하는 집사는 흔히 말하는 '안수집사'를 의미합니다.

그렇다면 한 교회에 집사는 몇 명이면 될까요? 물론 교회마다 다르겠지요. 하지만 이렇게 생각해봅시다. 장로보다 많아야 할까요, 적어도 될까요? 한번 생각해봅시다. '필요한 만큼'만 있으면 됩니다. 요즘 집사가 너무 흔해졌는데, 심방을 하지 않는 장로처럼, 일하지 않고 이름만 갖고 있는 집사가 많아진 까닭입니다. 집사는 일할 만큼 있으면 됩니다. 예를 들어, 섬기고 구제할 일이 없는데 집사가 많은 것은 뭔가 뒤바뀐 겁니다.

그럼 집사의 최소 인원은 몇 명일까요? 이것은 정답이 있습니다. '최소 2명'입니다. 왜냐하면 집사의 역할은 재정을 다루는 일이다 보니, 혼자 할 경우 비리를 저지를 수 있기 때문입니다. 사람은 연약해서, 직분자라 할지라도 재물 앞에서 연약해지고 실수할 수 있습니다. 그래서 항상 재정을 다룰 때는 2명 이상이 담당하는 것이 좋습니다. 교인 수가 늘어나더라도, 집사는 일하기 위해 필요한 만큼 있으면 됩니다. 반면에 장로는 교인 수에 비례해서 계속 늘어나야 합니다. 역할 기준으로 직분을 볼 때 자연스러운 결론입니다.

권사는 그럼 언제 나오나요?
웨스트민스터 총회가 결정한 네 직분 중에 '권사'는 없습니다. 이는 총회에서 '과부'라는 명칭으로 논의했지만 '항존직'에는 해당하지 않는다고 최종 결정되었기 때문입니다. 우리에게는 익숙한 명칭이지만 본래 장로교회 제도의 직분에는 없었습니다. 선교 초기의 한국교회는 직분자를 세우기에 연약했던 탓에 과도기적으로 권사의 역할을 받아들였습니다. 그리고 이것이 시간이 흐르면서 직분인 것처럼 고착되어버린 특별한 경우입니다.

➕ 심화학습

칼뱅의 기독교강요에서 말하는
직분의 동등성과 고유성

직분의 고유성	한 직분이 다른 직분을 침범하지 않는다.
직분의 동등성	한 직분이 다른 직분을 지배하지 않는다.

이처럼 직분의 핵심은 섬기는 '역할과 기능'에 있지, 그 직분자가 어떤 존재인가, 누가 높은가, 혹은 누가 낮은가, 이런 것은 중요하지 않습니다. 오히려 로마 가톨릭과 성공회의 계급구조에 반하여 종교개혁자들이 이해한 직분은 '고유성'과 '동등성'의 양면을 가지고 있습니다.

특히 장로교회의 직분은 여러 직분자들이 각각의 고유한 은사로 각자가 맡은 일을 '함께' 나누어 일하자는 것이 핵심입니다. 이것이 '직분의 고유성'입니다. 교회 일은 어느 능력 있고 카리스마 있는 한 사람이 다 하는 게 아니라, 각자가 조금씩 일을 나누어, 자기 역할을 충실히 하는 것이 가장 좋은 모습입니다. 그리고 이러한 직분과 직분 사이에는 어느 누가 높거나 낮은 것이 없이 모두가 평등합니다. 이것이 '직분의 동등성'입니다. 이 두 가지 개념을 잘 알고 실천하는 것이 직분의 개혁입니다.

예를 들어, 흔히 착각하듯이, 집사를 거쳐서 장로가 되는 것? 아닙니다. 집사는 목사의 지시사항을 무조건 따라야 한다? 그런 것 아닙니다. 이런 개념은 직분을 '계급구조'로 잘못 이해하는 것이자, 종교개혁 이전의 성직 위계질서로 돌아가는 것입니다. 직분의 동등성! 잊지 말아야 합니다.

그렇다면 직분의 동등성이니까 집사도 설교할 수 있나요? 역시 아닙니다. 직분의 동등성과 함께 직분의 고유성도 잊지 말아야 합니다. 집사가 막 설교하고 목사가 돈 관리하고 그러는 거 아닙니다. 각자가 맡은 직무에 충실해야 하는 겁니다. 약은 약사에게 진료는 의사에게, 설교는 목사에게… ^^

안수집사? 서리집사? 누가 더 높나요?
안수집사가 정식 집사이고, '서리'라는 말은 여러 가지 현실적인 이유로 집사가 없거나 부족할 때 임시로 혹은 대리로 봉사하는 사람을 일컫습니다. 선교 초기 시절에는 서리집사가 필요했을 것입니다. 그러나 이제 안수집사가 충분히 자기 역할을 하고 있다면 서리집사는 굳이 필요 없겠습니다. 물론 지금 당장 서리집사를 다 없애야 된다는 말이 아닙니다. 다만 주의할 것은, 이것을 계급구조로 이해하는 겁니다. 서리집사가 '승진해서(?)' 안수집사로 '올라간다'는 식으로 이해하면 안 됩니다. 그렇게 되면 〈안수집사 밑에 서리집사〉라는 '위계질서'가 생깁니다. 부목사 제도의 경우도 마찬가지입니다. 종교개혁자들이 그토록 경계했던 바로 그 폐단입니다.

지금까지 교회의 직분에 대해 배웠습니다. 이제 깜짝 퀴즈를 내보겠습니다. 다음 중 올바른 그림은 무엇일까요?

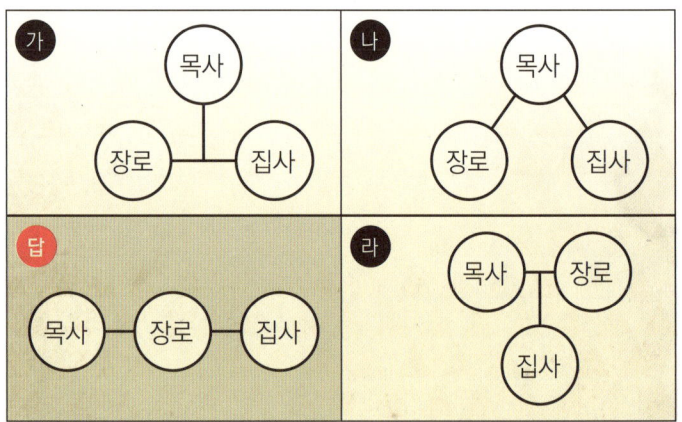

그림에 이미 정답이 표시되어 있듯이, 목사와 장로와 집사는 서로 동등한 직분입니다. 어느 한 직분이 다른 직분 위에서 지배하는 구조는 종교개혁 '이전'의 것입니다.

우리 현실과 비교해볼 때 어떻습니까? 누구나 머리로는 퀴즈의 정답을 맞힐 수 있지만, 과연 실제로 피라미드 구조를 탈피할 수 있을까요? 현실은 꽤 어려울 것입니다. 그러나 원리를 알아야 하고, 인식의 폭을 조금씩 넓혀서, 언젠가는 이상적인 직분론이 우리 교회 안에 실현되도록 준비를 해두어야 합니다.

방해물이 많습니다. 우리는 상호 동등한 입장에서 회의하는 문화가 어색합니다. 어쩌면 오늘날 한국 장로교회의 교회정치 원리는 '장유유서', '군사부일체', '혈연, 지연, 학연'의 원리가 아닌가 싶습니다. 한국식 문화를 극복하려면 갖춰야 할 것들, 배워야 할 것들이 참 많습니다. 때로는 절망스럽기도 합니다. 그런데 절망만 할 수는 없습니다. 사실 유럽도 쉽지 않았습니다. 17세기 유럽에는 계급제도가 엄연히 존재했습니다. 귀족, 부르주아 중상계층, 평민, 심지어 하인도 존재합니다. 그들이 모여서 만든 것이 장로교회 정치제도였습니다. 그들이 처한 환경이 우리보다 결코 쉽지는 않습니다. 희망을 버리지 말아야 합니다.

> 어려운 형편이지만 온갖 시행착오 속에서도 이런 노력을 멈추지 않는 교회들이 꽤 있습니다. 그런 모습을 보면서 힘을 얻었으면 합니다.

➕ 심화학습

'말씀, 성례, 권징'
세 측면에서 본 직분 개혁

모든 직분은 신자가 하나님의 말씀을 먹고 살도록 돕는 일을 해야 합니다. 이 원리를 '바른 교회의 세 가지 표지'라고 일컫는 '말씀', '성례', '권징'의 측면에서 더 알아봅니다.

바로잡고

1. 말씀
종교개혁자들은 오랜 세월 어둠에 묻혀있던 교회에 하나님의 말씀을 다시 전함으로써 '복음'을 선포했습니다. 그 복음이 사람을 다시 살렸고 교회를 회복시켰습니다. 그러므로 말씀 설교는 굉장히 중요했고, 말씀을 전할 '사람'이 또한 중요해졌습니다. 그게 바로 '목사'입니다. 이제는 사제가 아니라 목사가 중요해졌습니다. 그런 차원에서, 비록 직분이 동등하다 하더라도, 말씀을 직접 가르쳐야 하는 목사 직분은 다른 직분들의 출발점과도 같습니다.

살찌우고

2. 성례
귀로 듣는 말씀이 설교라면, 시각과 후각과 촉각으로 체험하는 말씀이 세례와 성찬입니다. 성찬에 참석하면 내가 그리스도로부터 모든 것을 공급받아 '먹고 자란다'는 것을 온 감각을 동원하여 풍성하게 경험합니다. 이와 관련하여 생명의 양식을 공급하며 성도를 양육할 사람이 필요한데, 여기에는 목사와 함께 치리장로의 역할이 강조됩니다. 또한, 누가 성찬에 참여할 것인지를 심사하는 역할도 장로들의 몫이었습니다.(그래서 심방이 중요합니다!) 또한 성찬과 관련하여 '가난한 사람들을 구제하는 일'도 교회의 중요한 사역이었는데, 그에 따라 집사의 역할도 강조됩니다.

튼튼하게 하는 것

3. 권징
종교개혁자들은 튼튼한 교회를 세우기 위해 신자들의 삶을 권면하고 때로는 재판을 했습니다. 교회는 죄를 지은 신자에게 단순히 벌금을 받고 끝내던 시절(목적이 돈이었던 시절)을 그치고, 이제는 실제로 회개를 요구했습니다. '그렇게 살지 마세요.'라고 담대하게 말했고, 돌이키지 않는 자에 대해서는 수찬정지와 출교 등의 단계를 두어 엄중히 경계하고, 권징 후에 죄에서 돌이키도록 최선을 다했습니다. 하지만 이런 일은 매우 조심스럽게 집행되어야 했고, 그래서 어느 한 개인이 담당하기보다는 치리회(당회)가 감당할 일로 여겼습니다. 치리회의 회복, 이것이 바로 직분 개혁의 최종 단계이자, 다른 어떤 것보다도 어려운, 가장 고차원의 종교개혁이라고 말할 수 있겠습니다.(치리회는 신자의 영적인 일에 집중하는 기관으로, 장로와 목사로 구성됩니다.)

이것이 바로 직분의 역할입니다!

더 깊은 이해를 위한 추천도서 : 장 칼뱅의 〈기독교강요 최종판〉 제4권
이 책은 직분론에 대해 가장 기본적인 참고서입니다. 기독교강요 최종판은 여러 출판사에서 번역 소개되어 있습니다.(크리스천다이제스트, 생명의말씀사 등)

쟁점 2 : 그러면 이제
어떻게 직분자를 세울 것인가?

이렇게 총회는 항존직 네 직분을 결정했습니다. 남은 일은 그들을 실제로 세우는 일인데, 문제는 무슨 기준으로 어떻게 세우느냐가 정해지지 않았다는 겁니다. 기존에는 이런 고민 자체가 필요 없었습니다. 온통 사제주의 계급구조였으니, 주교가 자기 마음에 드는 사제를 임명하고 일할 곳을 정해서 보내면 끝나는 문제였거든요. 즉, 주교가 가라면 가고 오라면 오던 시절이었습니다. 종교개혁자들은 이런 방식이 가져오는 폐단을 경계했기에, 어떤 한 사람의 권위로 직분자가 세워지는 것을 철저히 경계했습니다.

정 반대의 사람들은 그냥 내키는 대로 사람을 세웠습니다. 예를 들어, 어떤 교파는 빙 둘러앉아서 손잡고 기도하다가 누가 부르르 떨면 그에게 성령이 임하셨다(?)고 보고 그에게 설교를 시킵니다. 편리하고 실용적입니다. 하지만 그게 정말인지 검증할 길이 없습니다.

그러면 무엇이 답일까요? 어떻게 하면 주교제도를 피하면서도 콩가루 집안이 되는 것을 피할 수 있을까요? 종교개혁자들은 두 가지 극단을 모두 거부했습니다. 그들에게는 성경에서 추론한 명확한 원칙이 있었습니다.

첫째, 결코 어느 한 사람의 권위로 누군가를 세우는 일은 있을 수 없다는 것입니다. 그렇게 되면 그렇게 세워진 사람은 교회를 섬기는 사람이 아니라 자기를 세워준 사람을 섬기는 사람이 됩니다.

둘째, 누가 하고 싶다고 해서 그냥 시키지 않고 반드시 그 사람의 소명을 검증합니다. 여기서 짚고 넘어갑시다. 내가 직분자가 되어 교회를 좀 섬기고 싶다는데, 왜 남들이 검증을 하나요? 누가 감히 내가 받은 소명을 왈가왈부 따질 수 있나요? 종교개혁자들은 무슨 근거로 사람의 소명을 검증해야 한다고 말했을까요?

외적소명은 판단할 수 있으며
판단해야만 한다!

칼뱅은 '외적소명'과 '내적소명'을 구분합니다. 내적소명은 제 3자가 함부로 단언할 수 없지만 외적소명은 말 그대로 겉으로 드러나는 것이니 평가하고 판단할 수 있는 겁니다. 어떤 사람이 직분자로 적합한지 아닌지는 주위에서 함께 신앙생활 하던 성도들이 다 안다는 겁니다. 즉, 어떤 사람에게 아무리 직분자에 대한 내적소명이 있다 하더라도, 교회를 공적으로 섬기는 직분자가 되기 위해서는 '회원들의 동의'가 필요합니다. 교회가 투표로 그의 외적 소명을 판단하는 겁니다.

예를 들어, 장로와 집사를 선출로 세운다면, 판단 조건이 어떻게 될까요? 자기 가정을 잘 다스리지 못하면, 장로가 될 수 없습니다. 자기 재산관리를 잘 못하면, 집사가 될 수 없습니다. 이런 원칙에 따라 평소에 성도들은 어떤 사람이 장로와 집사로 적임자인지를 잘 살펴야 합니다.

목사 역시 같은 원리입니다. 다만 절차상 선출은 아니고 '청빙'으로 그의 외적 소명을 판단합니다. (왜 그런지는 뒤에서 설명합니다.) 청빙은 '우리 교회의 목회자가 되어주세요'라는 교회의 의사표현을 담은 일종의 초청인데, 이걸 위해서는 당연히 회중의 동의가 필요합니다. 그래서 투표를 통해 일정 비율 이상의 동의를 받아야만 그 교회의 목회자가 될 수 있습니다. (보통 2/3 이상의 찬성을 받아야 합니다.)

이것이 종교개혁자들이 기본적으로 갖고 있던 직분자 선택의 기준이었습니다. 하지만 총회에서 실제로 직분자를 세우려다 보니 약간 복잡한 문제가 발생합니다. 다른 직분자는 선거라는 형식으로 회중의 동의를 얻어서 뽑으면 되는데, 전문적인 실력과 소양을 갖추어야 하는 목사의 경우 회중에게 맡겨둘 문제가 아니었던 겁니다. (다음 화에서 이 문제를 자세히 살펴보겠습니다.)

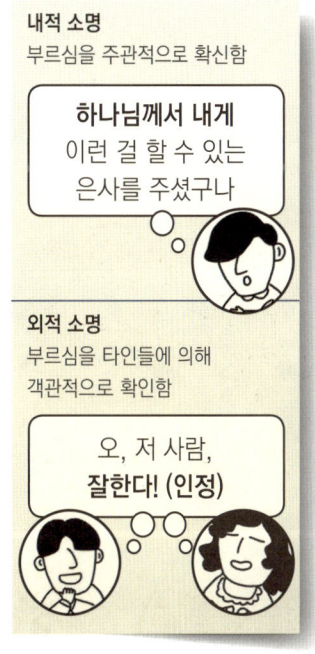

청빙(請聘, 청할 청, 부를 빙)
부탁하여 부름. 개별교회에서 일정한 절차(당회, 공동의회)를 거쳐 노회에 목회자를 보내 달라고 요청하는 일

개별교회에서 목회자를 결정하는데, 장로들의 지지와 회중 대다수가 원하는 것으로 충분하다 생각되지 않습니까? 하지만, 스코틀랜드 총대들은 또 하나의 조건이 있다는 것을 알려줍니다. 목사의 경우 반드시 노회의 검증을 거쳐야 한다는 겁니다.

"목사를 세울 때 반드시 노회의 검증이 필요할까?" 총회는 세 위원회로 나뉘어 성경을 열심히 분석합니다. 그리고 그들은 성경의 증거와 함께 스코틀랜드 총대들의 조언을 얻어서 '장로회'를 그 답으로 찾아냈습니다. 목사와 장로로 구성된 '노회'라고 하는 '더 넓은 치리회'에서 목사를 세워야 한다는 겁니다. 이렇게 되면 목사는 회중의 청빙뿐만 아니라 '노회'의 검증까지 받아야 합니다. 즉, 노회에서 검증된 사람을 노회에 속한 교회가 청빙할 수 있게 됩니다. 이런 시스템은 당시 장로교회의 독특성입니다.

> 와. 목회자를 정말 신중하게 배출하는 시스템이구나.
>
> 말씀으로 양 떼를 먹여야 하는 사람들이니까~

시취(試取, 시험 시, 가질 취)
시험을 보아 인재를 뽑다.

장로회 = 장노회 = 노회
모두 같은 말입니다.

더블 체크 : 회중의 투표 + 노회의 검증

이것은 아무리 바빠도 지켰던 원칙입니다. 잉글랜드가 주교제도를 벗어나면서, 당장 전국의 교회에 목사가 엄청나게 많이 필요해지는 상황에서도 마찬가지였습니다. 웨스트민스터 총회 회의록을 보면, 총회에서 신학적 논쟁과 토론만 있었던 것이 아니라, 이미 그때부터 목회자 후보생의 검증작업도 있었던 것을 알 수 있습니다. 회의록의 상당한 분량이 '목사 시취'와 관련된 기록에 할당되어 있었거든요! 이것은 당시 시대적 배경과 관련되는데, 목사를 세울 수 있는 공적인 권위를 가지는 기관(?)이 사실상 없었던 기간이었기 때문입니다. 그래서 총회는 이 일까지도 해야 했습니다. 총회는 5년 7개월 22일 동안 그 바쁜 와중에도 상당한 시간과 정성을 들여 목사후보생 면접을 계속합니다. 목사를 세울 때 노회가 (이 경우에는 총회가) 그 사람을 '검증'해서, 런던은 물론 웨일즈나 도서 산간지역까지도 보내어 그곳에 있는 교회의 청빙을 받도록 했습니다. 그만큼 목사를 세우는 일은 엄밀해야 했습니다. 이론상으로 장로교회 제도는 가장 고품질의 목사를 양성할 수 있는 시스템입니다. (원래는 말입니다.)

노회가 어떻게 목회자 후보생을 검증할까?

오늘날 누군가 신학교를 간다고 하면 특별히 말리는 사람이 없습니다. "자기가 하고 싶다잖아~" 하면서 그 사람 개인이 판단할 문제라고 생각합니다. 하지만 그게 과연 바른 모습일까요? 이상적인 형태는 무엇일까요?

먼저 어떤 교회에 한 학생이 목사로서 자질이 보입니다. 그러면 주위 성도들이 그것을 보면서, '아! 이 아이는 목사로서 교회를 섬길 외적 소명이 있구나.'라고 생각하며 주의 깊게 살펴봅니다. 특히 이런 일은 당회에서 담당합니다. 그에 대한 어느 정도 검증이 이루어지면 당회는 그 학생을 노회에 천거합니다. "이 사람이 앞으로 우리 노회에 속한 교회를 섬길 목사가 되어주면 좋겠습니다. 잘 가르쳐주세요!" 그러면 노회는 면접을 통해 살펴본 뒤, 전문적이고 객관적인 교육을 위해 신학교에 일정 기간 위탁하여 신학교육을 받도록 합니다. (위탁교육이므로 당연히 학비도 전액 노회가 담당하겠지요.)

그렇게 해서 신학교를 졸업하면 다시 노회로 와서 제대로 공부했는지 시험을 봅니다. 그것이 오늘날 강도사 고시입니다. 이렇게 해서 노회가 공인한 목회자 후보는 목사 고시를 거쳐 노회에 속한 교회 중의 한 곳에 청빙을 받아 시무합니다. 더욱 이상적인 것은 어린 시절에 처음 그 사람을 추천했던 교회에 가서 목회하는 것이겠지만, 노회에 속한 다른 교회들도 노회의 검증을 신뢰할 수 있기에 그 후보를 자신의 목사로도 청빙할 수 있는 겁니다. 이러한 과정을 통해 외적 소명이 검증된 한 사람의 신뢰할만한 목사가 세워집니다. 이것이 바람직하고 이상적인 과정입니다.

목사라는 직분이 중요한 만큼, 검증 과정 또한 철저해야 합니다. 교회에 속한 모든 사람은 그 목사 후보생을 계속해서 검증해야 합니다. 아니다 싶으면, '이 사람 때문에 훗날 교회 하나가 반드시 망한다는 각오(심정)'로 막아야 합니다. 철저한 검증이 필요합니다.

'노회 검증'은 오늘날 '강도사 고시'를 통해 구현되고 있다고 볼 수 있습니다. 사실상 신학교란 편의상 만들어진 것입니다. 원래는 노회에 소속된 목사와 교사들이 직접 가르치는 게 맞는데, 전문적인 기관인 학교에 교육을 위탁하게 된 것입니다. 그렇기에 공부를 마치고 난 후에 "그동안 공부 잘 하고 왔습니다!"라는 것을 검증 받는 것이 '강도사 고시'라고 할 수 있습니다.

현실은 어떤가요?
신학교 입학할 때 당회의 추천으로, 그리고 노회의 후원으로 가는 경우가 흔한가요? 지금은 그저 자기가 하고 싶어서 서류를 꾸며서 입학합니다. 교회가 불렀다기보다는, 내가 학교에 입학한 것이고, 학교에서 자격증을 받아서, 교회에 취직을 하거나 개척을 하는 형태가 되어있습니다. 이것은 아쉽게도 바람직한 모습은 아닌 것을 알 수 있습니다.

투표를 통해 선출하는 직분자

목사를 청빙으로 검증한다면, 장로와 집사 등 다른 직분자는 회중들의 선거로 뽑습니다.^(선출) 결국 모든 직분자는 선출이라는 방식으로 세워집니다. 그런데 보통 교회에서 장로나 집사 선출을 어떻게 합니까? 한마디로 말하면 '인기투표'입니다. 규모가 큰 교회에서는 그 사람이 누구인지, 이름도 심지어 얼굴도 모르는 사람에게 표를 던지는 일도 흔합니다. 그러니까 인기를 얻으면 직분자가 될 수 있는 시스템인데, 과연 그게 옳은지 생각해봅시다.

교회의 선거는 인간의 뜻을 모으는 민주주의와 다릅니다. 직분자를 선출로 세운다고 해서, 그들이 회중의 대리자인 것이 아닙니다. 그리스도와 그분의 교회를 위해 일하려는 자들을, 성경에 나오는 기준에 맞는지 확증하는 과정이 바로 교회의 선거입니다. 그러므로 우리는 선거를 할 때, "저 사람이 우리 뜻을 얼마나 잘 반영해줄까"를 기준으로 고르는 것이 아님을 명심해야 합니다.

> 소위 '부목사'의 경우 정당한 청빙 절차를 거치지 않고 마치 '채용'하듯이 하는 행태는 한국 교회의 큰 문제입니다.

목사의 청빙 역시 회중의 투표로 한다고 했습니다. 그러면 이때 기준이 무엇이어야 할까요? 저 사람이 우리의 목사로 적합한 사람인지를 회중이 판단한다는 것은 종교개혁 이전에 비해 일반 신자들에게 엄청난 권한이 주어지는 것을 의미합니다. 왜냐하면 '선출'이라는 방식은 또한 당시 로마 가톨릭의 교황제도와 당시 성공회의 주교제도가 추구했던 우민화 정책과는 완전히 반대되는 것입니다. '선출'은 성도 개개인의 판단을 그만큼 믿어야만 가능한 것이기 때문입니다.

'나뿐만 아니라 다른 사람들 안에도 계시는 성령님의 존재와 사역을 믿는 것.' 이것이 선출로 직분자를 세우는 제도의 원리입니다.

그리고 이것이 바로 종교개혁의 가치입니다.

실제로 섬길 수 있는 능력을 갖춰야

그런 차원에서 보면, 목사가 제대로 된 설교를 위해 특수한 훈련을 받듯이 장로와 집사도 직무 수행을 위해 특별한 훈련을 받을 필요가 있습니다. 장로의 경우, 주특기가 심방이라면 성경에서 제시하는 인품, 상담이나 대화법과 같이 가정을 잘 다스리는 기술 등, 성경에 대한 실력 외에도 실제적인 능력을 배워두는 게 좋습니다. 집사의 경우에도 마찬가지로 필요한 능력(재무, 회계, 보험, 건물 관리, 법에 관한 각종 지식 등)을 갖추어야 할 것입니다. 실제로 일을 하려면 당장 필요하니까요.

예를 들어 집사들이 교회 예산을 규모 있게 관리하고 잘 경영할 수 있다는 확신이 있으면, 성도들은 지금보다 훨씬 더 마음 놓고 기꺼이 헌금을 할 수 있을 것입니다. 아울러 원만하고 능률적인 '회의법'과 같은 기술은 모든 직분자가 공히 갖추어야 할 능력일 것입니다. 목사, 장로, 집사 모두가 다 각자 소명 받은 대로 그 일을 잘 하기 위해 - 즉, 직분을 위해 훈련을 받자는 것입니다. 다시 강조하지만, 직분은 명예직이 아니기 때문에 말입니다.

제직회에서 내 의견을 대변해줄 사람을 뽑는 게 아니라(인기투표가 아니라), 저 사람을 뽑아야 나에게 유리한 게 아니라, 그 직분의 본래 역할과 의의에 꼭 알맞은 사람이 그 자리에 갈 수 있도록 뽑는 것이 바로 장로교회가 추구하는 선거입니다.

장로교회에서 선출의 의미
직분에 걸맞는 은사를 받은 사람들이 선출을 통해 제 역할을 하는 교회가 건전한 교회입니다.

적용점
'집사 위에 장로, 집사 다음에 장로로 승급.' 이런 식의 관념을 이번 기회에 버려야 합니다. 그래야 직분이 개혁됩니다. 다시 강조하지만, 모든 직분은 각각의 고유한 직무가 있습니다. 만약 누군가 집사의 직무를 정말로 잘 감당하는 분이 있는데, 때가 되어(?) 이제는 관행적으로 장로를 시켜줘야 되겠다 싶어서 그냥 장로로 뽑아준다면 어떻게 될까요? 교회에 두 가지 손해가 생깁니다. 정말 좋은 집사를 하나 잃고, 그저 그런 장로를 하나 얻는 겁니다. 직분은 그런 겁니다. 직분을 바라보는 자세와, 그에 임하는 자세가 바뀌어야 합니다.

○ 특별자료

노회에서 검증하여
목사 한 사람을 세우기까지

웨스트민스터 교회정치 문서에 소개된 목사 안수 규칙 중의 일부분입니다. (손재익 역)
여기에 따르면 적어도 목사 한 사람을 세우기까지 '최소한' 아래와 같은 시험이 필요했습니다.
여러분이 심사위원이라고 생각하고 읽어보세요.

목사 시취(試取)를 위한 규칙은 다음과 같다.

1. 시취할 자를 형제처럼 온유한 심정으로 대하되 특히 각 사람의 신중함과 겸손과 자질을 볼 것이다.

2. 그는 성경 원어를 다루는 실력에 관하여 시험을 치되, 시험은 히브리어와 헬라어 성경을 읽고 어느 부분을 라틴어로 번역하는 것으로 한다. 만일 여기에서 결점이 드러나면 다른 학문에서는 좀 더 철저히 조사를 하되 논리학과 철학의 실력을 시험할 것이다.

3. 어떤 신학 저자들을 읽었으며 가장 통달하고 있는지, 또한 신앙의 근거들에 대한 지식을 갖고 있으며, 그 안에 포함된 정통 교리를 모든 불건전하고 그릇된 주장들에 대항하여, 특히 현대의 오류들에 대항하여 변호할 능력이 있는지를 시험할 것이다. 또한 그에게 제시하는 성경 구절의 뜻과 의미를 잘 알고 있으며, 양심의 문제들, 성경의 연대와 교회사에 대한 지식이 있는지를 시험할 것이다.

4. 만일 이전에 공적으로 설교하여 판단할 수 있는 자의 인정을 받은 일이 없다면 노회는 그에게 상당한 시간을 배정하여 노회 앞에서 주어진 성경 본문을 강해토록 할 것이다.

5. 그는 그에게 주어진, 신학의 일반적 논제나 논쟁에 관한 논문을 라틴어로 배정된 기간 안에 작성할 것이며, 노회에서 그 본문을 요약한 명제를 발표하고 그에 대한 논증을 할 것이다.

6. 그는 사람들 앞에서, 곧 노회 혹은 노회가 임명한 몇몇 말씀의 사역자가 임석한 가운데서 설교를 해야 한다.

7. 그가 부름을 받은 자리와 관계하여 그의 은사의 정도를 고려할 것이다.

8. 설교의 은사를 시험하는 것 외에도, 그는 이틀에 걸쳐서 (2)항에서 이야기한 과목들의 시험을 치를 것이며, 노회가 필요하다고 판단하는 경우에는 더 여러 날 동안 시험을 볼 것이다.

9. 이전에 목사로 임직되었다가 다른 임지로 옮기려 하는 사람은 그의 임직 증명서와 그의 능력과 행실에 대한 증명서를 가져올 것이며, 그 자리에서 설교함으로써 그 자리의 적임자인지의 여부를 판단할 것이고, (필요하다면) 더 시험할 것이다.

◯ 특별자료

웨스트민스터 교회정치가 말하는
목회자의 외적소명

이런 과정을 거쳐 실력을 갖추고 검증된 사람이면서, 동시에 인격적으로나 성품적으로 회중의 인정을 받고 동의를 거친 사람이 목회자가 되면, 성도들은 얼마나 행복할까요? 그리고 그 교회는 또 얼마나 복될까요? 웨스트민스터 총회의 수준과 오늘날의 현실은 많이 다르지만, 분명한 것은 이것이 바로 우리가 지향해야 할 목표이자 추구해야 할 방향이라는 점입니다.

🔖 학습활동

제7화 교회정치_1 교회의 머리가 누구인가

다음 질문을 읽고, 맞는 것에 O, 틀린 것에 X로 답하세요.

---

1. 총회는 교회를 질서 있게 다스릴 수 있도록 교회 내에 항상 있어야 할
   직분(항존직)으로 '주교'와 '장로'와 '집사'를 결정했다.   O ☐   X ☐

---

2. 장로는 다스리는 장로와 가르치는 장로로 구분되며,
   다스리는 장로는 치리 장로라 하며, '심방'이 주요한 업무다.
   가르치는 장로에는 목사와 교사가 있으며,
   말 그대로 성경 말씀을 잘 가르쳐야 하는 직분이다.   O ☐   X ☐

---

3. 집사는 교회의 재정으로 자선을 베풀고 구제하는 일을 주로 하는 직분이다.
   장로와 집사 직분 간엔 상하 계급구조가 존재하는 것이 정당한 일이다.   O ☐   X ☐

---

4. 직분자를 세울 때엔 외적소명과 내적소명을 모두 확인해야 하며,
   특별히 목회자들에 대해서는, 노회가 철저하고 전문적으로 목회자 후보생을
   검증함으로써 신뢰할만한 목회자를 배출해야 한다.   O ☐   X ☐

---

5. 교회의 선거는 민주주의 선거와 다르다. 회중의 대표가 아닌
   그리스도를 대신하여 교회를 섬길 사람을 선출하는 것이다. 따라서,
   투표자의 친분, 그 사람의 인기와 상관없이, 각 직분에 걸맞은 은사를 받은
   사람들이 선출되어 제 역할을 해야 한다.   O ☐   X ☐

넓고 깊게 생각해 보기

웨스트민스터 총회에서 결정한 〈교회정치〉에 비추어 오늘날 교회들이 처한 문제들이 있다면 어떤 것들이 있을까요? 또, 문제가 해결되기 위해 어떤 것들이 먼저 준비되어야 할까요? 각각 3가지를 적어보고, 은혜를 구하는 심정으로 의견을 나누어 보세요.

문제점 3가지

문제해결을 위해 필요한 것 3가지

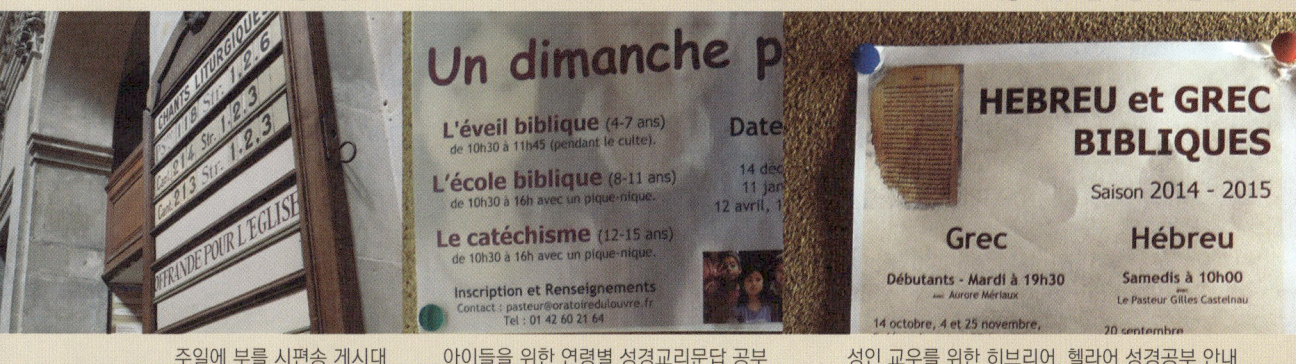

설교단 아래에 놓인 성찬대  회중석 위로 높이 설치된 설교단

주일에 부를 시편송 게시대 아이들을 위한 연령별 성경교리문답 공부 성인 교우를 위한 히브리어, 헬라어 성경공부 안내

종교개혁의 흔적 (파리 루브르 오라투아 개혁교회당)
직분의 이름이 적혀 있는 좌석(치리회, 장로, 집사)

제8화
교회정치_2
노회가 왜 필요한가

…… 처음엔 뿌듯했을 겁니다. 주교제도를 철폐했고, 회중에 의해 선출된 직분자가 교회를 다스리도록 교회정치를 개혁했습니다. 이것은 엄청난 변화였습니다. 사제가 모든 것을 다 하던 시절에 비해 얼마나 많은 변화입니까. 총회 참석자들은 마치 모든 것을 다 이뤄낸 기분이었을 겁니다.

하지만 문제는 계속 터져 나왔습니다. 직분자 중에서 목사 직분의 소중함은 더 말할 필요가 없었습니다. 그래서 총회는 목사가 더 많은 사람들의 엄정한 심사를 거쳐 세워지기를 원했고, 그래서 노회의 검증을 기본으로 삼자고 했습니다. 좋은 결정이었습니다.

문제는 그것을 싫어하는 사람도 있었다는 겁니다. 그들은 누구이며, 왜 그것을 반대했을까요? 이거, 알고 보니 생각보다 중요한 문제였습니다.

키워드 : 노회, 천국의 열쇠, 세 치리회, 올리버 크롬웰
　　　　 May-be 논쟁, 양보와 합의, 잉글랜드 장로교회 시범서비스

당시 총회는 세 분파로 나뉜다고 했습니다. (p.174~177 참조)
장로교회파(장로파), 독립파, 에라스투스파 이렇게 세 분파입니다. 기억나시죠?

목사의 소명을 검증하여 세우기 위해 노회가 반드시 있어야 한다고 주장하는 쪽이 장로회파입니다.

여기에 반발하는 사람들이 독립파입니다. 독립파는 노회가 반드시 있을 필요는 없고, 개별 교회만으로도 충분히 완전한 교회리고 주장하는 분파입니다.

세 번째 논쟁은 바로 이 두 분파간에 발생합니다.

장로파
다수

독립파
군부

목회자를 세우는 데 노회가 꼭 필요한가?

장로파의 기본 입장은, 성경이 애초부터 장로교회 형태를 지지하고 있다는 것입니다. 장로교회 형태는 기본적으로 한 지역에 여러 교회가 존재하고 그들이 모여서 노회를 구성하는 것입니다. 이런 형태는 어쩌다가 만들어진 것이 아니라 처음부터 교회정치의 형태였고, 또한 이것이 바람직한 교회정치라는 것입니다.

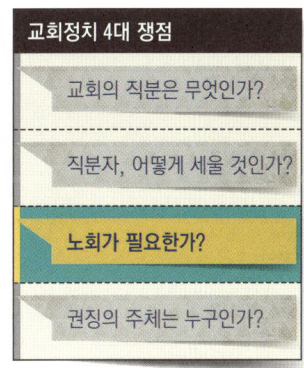

그러나 독립파는 생각이 달랐습니다. 이들은 개교회의 독립성을 강조합니다. 개별 교회만으로도 충분히 완전한 교회가 될 수 있다고 주장했습니다. 노회나 대회, 총회를 인정하려 하지 않습니다. 왜 그랬을까요?

이들은 노회가 타락할 것을 걱정했습니다. 악한 노회가 개별 교회를 지배하게 되면, 과거에 악한 왕들이 그러했던 것처럼 또다시 교회가 슬픔에 빠질 것으로 보았던 겁니다. 그래서 교회는 각자의 판단으로 교회 안에서 어려서부터 잘 길러온 목사 후보생을 그 교회의 목사로 세우면 된다고 주장했습니다. 이것을 만약 타락한 노회에서 주관한다면 잘못된 목사를 보낼지도 모르고, 그러면 우리 교회가 위험해질지 모른다는 걱정을 했던 겁니다.

 좀 더 생생하게 그 당시를 상상할 수 있도록, 그림 하나를 보겠습니다. 아주 유명한 그림입니다. 마치 웨스트민스터 총회의 회의 장면을 순간 포착한 사진처럼 현장감 있게 잘 그렸습니다. 그래서 마치 그 당시 회의에 참석한 누군가가 기록용으로 그린 것처럼 생각하지만, 사실은 후대에 그린 상상화입니다. 열띤 토론이 진행되는 분위기가 아주 좋아 보이지요?

그런데 말입니다. 그림을 자세히 들여다보면 실제로는 좀 다른 분위기가 감지됩니다. 그림을 확대해봐야겠습니다.

이 그림은 전체적으로 좌우의 인물들이 서로 대치하는 긴장감을 보여주고 있습니다. 그림의 주인공은 오른쪽에 서서 발언하는 사람입니다. 왼쪽에 높은 의자에 앉아서 성경책을 들고 있는 사람은 총회 의장 '윌리엄 트위스'입니다. (트위스는 지병 때문에 총회에 거의 참석하지 못하고 다른 사람이 의장 역할을 대신했습니다.)

오른쪽에 일어서서 발언하고 있는, 독립파 중에서도 지도자격에 속하는 강경파 '필립 나이'입니다. 발언자는 지금 매우 억울한 표정을 하고 있습니다. "우리는 회의에서 소외되고 있다, 총회가 너무 일방적이다"라며, 우리 소수파들의 의견도 간과하지 말라는 간청을 하는 모습을 묘사했습니다. 독립파는 만약 노회가 개별 교회 '위에' 있으면 자칫 교회의 독립성을 해칠 수 있다고 우려했던 사람들입니다.

그리고 이 그림의 제목은 '양심의 자유'입니다. 그러니까, 독립파는 노회를 인정할 수 없는데, 소수파라고 해서 총회에서 밀리고 있다, 소수 의견도 간과하지 말고 용인해 달라, 이렇게 호소하는 타이밍입니다. 왼쪽 총회 의장 바로 앞에 한 줄로 앉아있는 분들이 스코틀랜드 총대들입니다. 독립파의 주장을 들은 그들의 표정을 보십시오. 무척 당황하고 있으며, 분위기가 심각합니다.

웨스트민스터 총회 현장 중앙이자 전면에 불만스러운 표정을 하고 있는 사람은 독립파를 지지했던 올리버 크롬웰입니다. 사실, 크롬웰은 전쟁터에 있느라 그 자리에 있지도 않았던 사람입니다. 그런데도 이렇게 부각된 것은 **웨스트민스터 총회와 크롬웰로 대표되는 독립파 간의 긴장을 보여 주는 작가의 의도**가 담겨 있습니다. 무엇보다 이 그림은 지금부터 벌어지는 사건을 압축적으로 보여주고 있습니다.

사뭇 다른 입장 차이
장로교회파 vs 독립파

스코틀랜드 총대들은 신구약 성경에서 그 근거를 찾아 설명을 해 주었습니다. 구약의 교회를 보면 중요한 논의 때마다 장로들을 모으는 것을 볼 수 있습니다. 신약을 봐도, 예루살렘 교회, 안디옥 교회, 에베소 교회, 고린도 교회, 이게 다 뭐냐 이겁니다. 안디옥 교회라고 하면 안디옥이라는 도시 안에 있는 커다란 대형교회 하나가 아니라, 수많은 작은 교회들의 모임을 말한다는 해석입니다.

장로교회파는 사도행전의 해석을 통해, 성경에 나오는 어느 어느 교회라는 언급은 그 지역에 속한 여러 교회들의 집합, 즉 노회를 뜻하고, 거기에는 교회들을 다스리는 많은 장로(감독)들이 있었고, 이들은 또한 하나의 교회로 불렸으며, 하나의 행정 조직 아래 있었다고 설명했습니다.

> **장로교회파의 기본 입장**
> 교회는 원래부터 장로회 형태로 존재했다. 성경을 보자. 예루살렘, 안디옥, 에베소, 고린도 교회를 볼 때 그러하다.(딤전4:14, 5:17, 행15:2, 4, 6, 대하19:8 등) 목회자 임직도 어느 한 개인에 의해서 시행되어서는 주교제도의 폐단으로 돌아갈 수 있다. 그러므로 이것은 기본적으로 장로회에 의하여 시행되어야 한다.

그러므로 장로교회파는 말씀 봉사자(목사)를 세우는 것과 같은 중요한 문제를 개별 교회가 알아서 할 것이 아니라 장로회가 맡아야 한다고 믿었습니다.

또한 장로교회파는 목사 직분의 성격상 자주 모여서 공부하고 성경을 연구하며 신학적 의논을 해야 하므로 노회가 필요한 것이 당연하며, 아예 목사는 노회 소속으로 두는 것이 훨씬 더 안전하다고 봤습니다. 그래서 목사는 자기가 그냥 하고 싶다고 해서 되거나 개별 교회에서 이 사람 괜찮다 해서 되는 게 아니라, 노회의 검증을 거쳐야 한다는 것이 장로파의 핵심 주장입니다. 이 땅의 교회는 항상 불완전할 수밖에 없다는 신학적 원리 때문입니다.

한편, 독립파의 입장도 충분히 이해됩니다. 잉글랜드의 청교도들은 그동안 정말 오랜 세월, 신앙의 자유를 침해받으며 지내왔기 때문입니다. 못된 주교가 파송되면 교회 하나 망가지는 것은 정말 순식간이었습니다. 거기에 저항하면 공권력을 동원해서 억압했고요. 그런 지긋지긋한 경험을 반복하기 싫었던 그들은 교회 위에 어떤 형태로든 상위 조직이 생기는 것을 크게 염려했던 겁니다.

하지만 여기엔 논리적 모순이 있습니다. 물론 노회가 타락할 수 있습니다. 그럴 가능성이 언제나 있지요. 하지만, 반대로 개별 교회가 타락할 가능성은 없나요? 그럴 때는 어떻게 해야 하나요? 바로 이런 문제에 대해 딱히 대책이 없었습니다.

실제로 당시 독립파 형태를 취한 몇몇 네덜란드 교회들이 훗날 방종으로 흘렀고, 누구도 그것을 제어하지 못했던 역사가 있습니다. 아무리 수준 높은 사람들로 교회를 이루더라도, 여전히 그곳도 불완전한 교회이며, 언제든 타락할 수 있습니다. 그럴 때 노회가 없으면 그 교회의 타락을 막거나 교정할 길이 없습니다. 이것이 독립파의 한계였습니다.

실제로 이분들은 당대에 아주 훌륭한 분들이었고, 수준 높은 교회를 이뤄가고 있었습니다. 교회 회원들을 엄중하게 '선별'하여 정회원으로 받아들일 정도로 철저하게 교회를 세워가는 중이었기에, 노회가 딱히 필요 없다고 보았던 겁니다. 하지만, 독립파의 이런 교회론은 현실적으로 불가능하며 위험하기까지 합니다. 독립파의 주장이 마치 수준 높고 참된 교회를 말하는 듯하지만, 그게 그럴 수 없는 이유는 <u>우리 안에 도사리고 있는 본성, 즉 누구나 나약한 한계를 가지고 있다는 사실</u>입니다.

> **독립파의 기본 입장**
> 개별 교회만으로 충분히 완전한 교회이다. 교회의 독립성을 위협할 수 있는 노회나 대회 등을 인정해서는 안 된다. 당연히 목회자 임직도 개별 교회가 알아서 할 문제이다. 한마디로 말해서, 어떤 형태로든 '상회'가 존재하면 그것은 권위적이 되어 우리 교회의 독립성을 해칠 것이다!

개별 교회로 충분하다 VS 아니다

장로교회파와 독립파의 생각이 어떻게 다른지 그림으로 비교해보겠습니다.

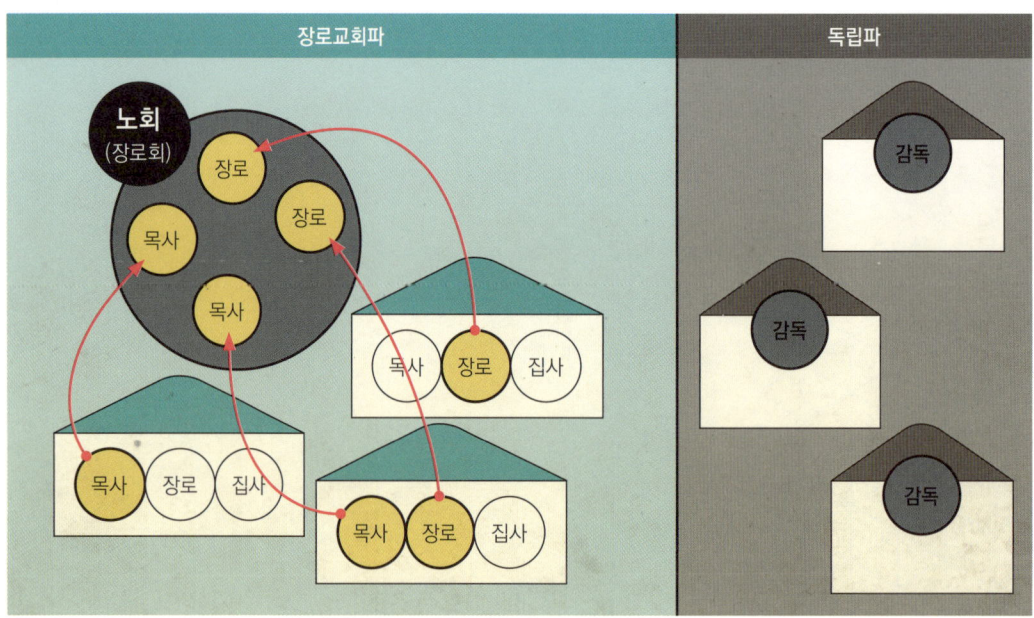

장로교회파의 핵심은 개별 교회 안에 직분자가 있고 장로들(목사, 장로)이 총대가 되어 노회에 모여서 필요한 논의를 하는 것입니다. 신학생도 거기서 교육하고요. 이런 시스템 전체를 가리켜 '장로회'라고 하는 것입니다.

반면, 독립파는 훌륭한 지도자가 중요합니다. 그래서 독립파에도 목사 장로 집사 등의 직분자가 있기는 하지만, 대체로 훌륭한 목사 한 명에게 많은 것이 집중되는 감독제 형태를 띱니다. 회중의 선택으로 한 사람의 훌륭한 목사가 세워지면 그가 한 교회를 훌륭하게 다스리면 되는 것입니다. 감독제는 신학생도 기본적으로 개별 교회에서 자체적으로 교육시켜서 목사가 되게 합니다. 장로교회파는 신학생을 개별 교회가 아닌 노회 소속으로 보고요.

자, 누가 옳습니까? 뭐가 더 좋아 보이나요? 그냥 각자 선호하는 교회 제도를 고르면 될까요? 그럼 참 편하겠습니다. 그러나… 교회정치는 내가 생각할 때 이렇다! 해서 되는 건 아닙니다. 총회는 항상 '성경적인' 대답을 찾아야 했습니다. "성경이 뭐라고 말하는지 보자!" 결국 총회는 성경 주해와 토론을 계속한 끝에, 노회가 반드시 있어야 한다는 1차 결론을 내립니다.

장로교회파, 특히 스코틀랜드 총대들은 독립파가 불안한 마음을 풀 수 있도록 차근차근 설득했습니다. 특히 조지 길레스피는 노회에 대해 비유적으로 설명하기를, 마치 장교들이 모여서 작전회의를 하는 것처럼 필요할 때 모이는 것이라고 했습니다. 전쟁 때 평소에는 부대별로 싸우다가 어떤 문제가 발생하거나 넓은 차원에서 작전을 짜야 할 때 장교들이 모여서 작전회의를 합니다. 노회는 마치 그런 역할과 같으므로, 평상시에 개별 교회의 독립성을 방해하는 것은 아니라고 안심시켜주기 위한 비유적 설명입니다. 노회는 회기 때 모였다가 회기가 끝나면 흩어집니다.

이렇게 보면 노회장, 총회장이 어떤 권력자라든지 높임을 받을 자리가 아님을 알 수 있습니다. 노회장은 노회 기간에 그 회의를 진행하는 의장이며, 총회장 역시 그러합니다. 회의할 때 의장으로 누구를 뽑습니까? 회의 진행을 잘하는 사람을 뽑으면 됩니다. 회의 진행법을 알고, 건강에 특별히 이상이 없고, 판단력이 흐리지 않으면 되는 일입니다. 사실 돌아가면서 해도 되는 일이라는 겁니다.

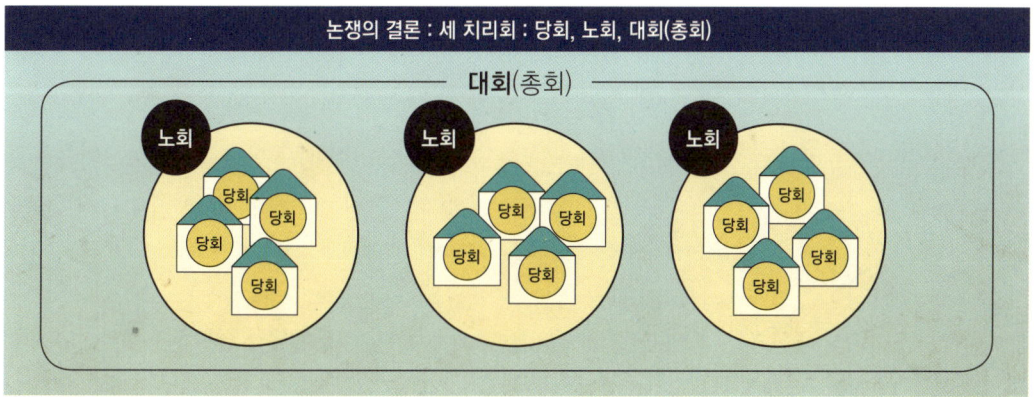

총회의 입장은 장로회(노회) 형태가 합당하다는 쪽으로 정리되어 갔습니다. 예루살렘 교회와 에베소 교회 등 성경에 나타난 증거를 확인한 결과입니다. 개별 교회의 치리회는 당회이고, 지역의 여러 교회가 모이면 노회, 그리고 노회보다 더 넓은 개념으로 대회(혹은 총회)라는 것을 두는 것에 합의했습니다.

자, 이렇게 해서 원만하게 결론이 나는 줄 알았습니다.
그런데 이상한 일이 벌어집니다.

심상치 않은 분위기!
독립파의 '팜플렛' 사건 발생

독립파가 순순히 물러나지 않고 행동을 취합니다. 소위 '팜플렛 사건'입니다. 그들은 총회 결정에 반대하는 문서를 작성해서 '의회'에 돌립니다. 자, 방금 중요한 단어가 하나 나왔습니다. '의회'에 돌렸다고 했습니다. 뭔가 이상한 점을 느끼셨나요? 왜 하필 의회죠? 총회가 아니라…?

의회가 웨스트민스터 총회를 열었던 이유는 그곳에서 성경의 원리에 따라 신학적 토론을 하는 '교회다운 회의'를 하라는 것이었습니다. 그런데 그곳에서 논의하던 독립파가 자신들의 주장이 먹히지 않자 '의회'에 말하고 있습니다. 문건을 돌려서 영향력을 행사하려 했습니다. 교회의 문제를 세속 정치로 풀려는 것입니다. 이들은 총회에서 자신들이 워낙 소수파라서 다수에 의해 억압을 받았다며 의회에 호소했습니다. 이게 과연 잘한 일일까요?

우리는 이 사건을 어떻게 봐야 할까?

평가를 해봅시다. 역사는 공정해야 한다고 말하지만, 그 말은 어느 쪽이든 판단을 하지 말라는 뜻이 아닙니다. 차근차근 생각해 봅시다. 의회 밑에 총회가 있었습니다. 그리고 총회가 독립적으로 성경적 판단을 내릴 수 있도록 했습니다. 그래서 총회는 이 문제로 토의를 했고 절차에 따라 표결하여 결론을 내렸습니다. 독립파의 주장은 성경적 근거를 제대로 제시하지 못해서 받아들여지지 못했습니다.

그러자 독립파는 의회에 공을 돌리고 있습니다. 합당합니까? 부당합니다. 이렇게 해버리면 총회가 의미가 없잖아요. 자기들이 그토록 필요하다고 생각했던 '총회의 독립성'을 스스로 깨버린 겁니다. 게다가 방식도 정당하지 못합니다. 그들은 문건을 돌리고 정치인들을 접촉했습니다. 이런 모습은 교회 회의에 참여하는 사람의 태도로서 정당하지 못합니다.

1644년 1월에 변증서가 나왔습니다. 굿윈, 필립 나이 등이 주도했습니다. 31페이지에 불과한 작은 분량이었지만 총회에 큰 파장을 가져왔습니다.
(헤더링턴의 책, p.183 참조)

정치적인 수단으로 총회의 권위를 훼손

우리가 어떤 회의를 할 때든 원칙이 있습니다. 그때도 지금과 마찬가지입니다. 회의에서 결정한 사항이 있는데 자기가 거기에 반대 의견을 냈다고 해서, 결론이 자기 뜻대로 안 됐다고 해서, 막 뒤집고 보이콧하고 밖에다가 호소하는 것은 좋지 않은 태도입니다. 독립파는 의회에 제출한 문서에 심지어 '관용의 정신'이라는 용어를 썼습니다. 관용은 좋은 말이죠. 소수의견을 들어주고, 약한 자들을 보호하고… 그러나 문제는 그런 판단이 지극히 자의적이란 겁니다. <u>무엇을 위한 관용인가요?</u>

이 투서를 받은 의회는 무슨 생각을 했을까요? 누구든, 앞뒤 맥락을 모르고 이런 문건을 받아들면, '아! 뭔가 총회에 문제가 있나보구나!' 하는 느낌을 받을 겁니다. '저런, 쯧쯧쯧… 누군가 소수파가 다수파에게 부당하게 밟히고 있나보구나, 어휴, 일처리를 그렇게 하면 안 될텐데!' 이렇게 생각하게 될 겁니다. 독립파는 여기서 바로 그런 효과를 노린 겁니다. 일종의 '피해자 코스프레'를 시도했던 겁니다. 자, 이런 행동을 잘했다고 볼 수 있을까요? 판단을 해보셔야 합니다.

이것은 마치 다음 그림과 같습니다. 회의 참석해서 토론에서 밀린 뒤, 페이스북 같은 곳에 이렇게 적는 겁니다. 뭔가 심각한 문제가 있는 것처럼…. 상당히 정략적이죠. 이런 식으로 세상 정치를 해도 비겁하다는 말을 듣는데, 하물며 지금은 교회 회의입니다. 이렇게 하면 안 되는 겁니다.

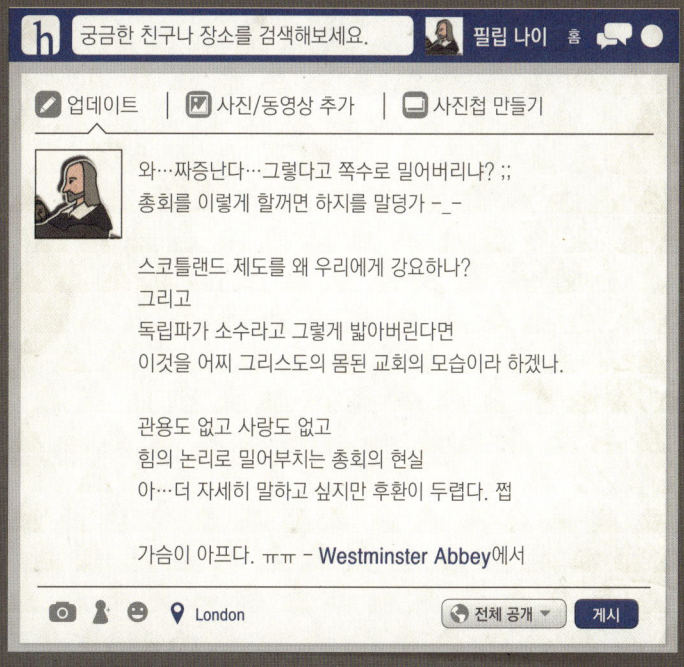

장로파의 대응, 그러나… 군부의 개입

스코틀랜드 총대들은 전혀 다른 차원의 대응을 합니다. 탄탄한 성경 근거를 가지고 논문을 쓰고 소책자를 제작합니다. '노회의 필요성은 직분의 순수성과 건전성을 보호하기 위함이다, 직분의 타락을 막기 위해, 놀랍게도 성경은 이미 오래전부터 노회의 필요성을 보여주고 있다…' 대략 이런 내용으로 설득 작업을 계속한 결과, 독립파조차도 차츰 노회의 필요성을 받아들이게 되었습니다.

군부의 입김…
독립파였던 군부 지도자 '올리버 크롬웰'은 정치력을 발휘, 의회(상원, 하원)와 총회의 대표로 구성되는 '확대연석회의'를 만들도록, 의회의 명령을 따냅니다. 그리고 조정위원회 성격의 회의를 통해, 독립파를 관용하라는 압력을 총회에 행사합니다.

부록 타임라인을 참조하세요!

하지만 문제는 영 엉뚱한 곳에서부터 다시 꼬입니다. 갑자기 군부의 입김이 들어옵니다. 독립파의 지지 세력이던 의회군의 올리버 크롬웰 장군이 의회에 의견을 내놓습니다.

> 거, 듣자하니 웨스트민스터 총회에서 마찰이 있는 것 같던데, 그러지 말고 쿨하게 합시다! **총회에서 몇 명 오시고, 하원에서 몇 명, 상원에서 몇 명 모여서, 조정위원회를 만들면 어떻겠소?**

1644년 3월 '조정위원회' 개설. 스코틀랜드 총대들이 포함됨. 결과는 우울.

이건 또 어떻게 봐야 할까요? 상당히 신사적인 의견으로 보입니다만, 여전히 문제가 있습니다. 총회의 결정으로 안 되면 그 위에 따로 기관을 두어서 조정하자는 것인데, 이렇게 되면 총회의 권위는 뭐가 됩니까? 사실상 의회가 직접 교회의 상위 기관이 되어버리는 겁니다.

역시나, 누구나 예상하듯이, 조정위원회의 결론은 다음과 같았습니다.

> 양측이 합의할 수 없는 문제가 있으면 더 이상 싸우지 말고 **서로 양보하여 중도를 택하도록 합시다.**

이런 결정이 소수파에게 절대적으로 유리하도록 힘을 실어주었을 것은 두말할 필요도 없습니다.

"양보해서 중도를 택합시다."

얼핏 보면 좋은 말 같습니다. 그래서 이런 말에는 반대하기가 참 어렵습니다. 총회는 원칙적으로 성경적인 판단을 해야 합니다. 의견이 다를 경우 무조건 중도를 택한다고 해서 그게 답이 되는 건 아닙니다. 하지만 외부에서 총회를 보는 시각은 그리 곱지 않았습니다. 목사를 세우는 데 노회의 검증이 필수적인가 하는 문제에서 시작된 노회의 존재 여부에 관한 심의는, 외부에서 볼 때 그저 나이 든 종교인들이 쓸데없이 논쟁이나 벌이면서 자원만 축내고 있다는 식으로 비쳤나 봅니다. 이런 분위기 속에서 수시로 들어오는 참견과 간섭을 방어하느라 고초를 겪었던 것이 바로 웨스트민스터 총회의 진행 과정이었습니다.

의회는 완전히 독립파의 기를 세워주는 형태로 총회를 간섭했습니다. 스코틀랜드 총대들은 억울하고 답답했습니다. 그런데 바로 이 지점이 중요합니다. 그들은 어떤 행동을 취했을까요? "여보세요, 이건 아니죠! 엄숙한 동맹과 언약에 따르면 당신들은 스코틀랜드 장로교회를 받아들여야 되거든요!?"라고 우길 수 있었습니다. 그러나 그렇게 하지 않습니다. "이미 총회에서 이야기 다 끝났는데, 의회가 왜 간섭합니까? 말도 안 됩니다!"라면서 항의할 수도 있었습니다. "자꾸 이런 식으로 할 거면 저희 그냥 올라가 버립니다. 두 나라의 동맹이 어떻게 되나 봅시다!"라고 판을 깨버릴 수도 있었을 겁니다. 하지만 그들은 그렇게 하지 않습니다.

스코틀랜드 총대들은 참았습니다. 그리고 총회도 의회 앞에 자세를 낮추었습니다. 그리고 문구를 수정합니다. 교회는 노회 안에 반드시 있어야 된다고 했던 문구를 살짝 수정합니다. 대의를 위한 양보를 해준 겁니다. 결론은 다음과 같이 정리됩니다. **노회는 "반드시 있어야 한다(Must Be)"라는 문구를 "있는 것이 좋다(May be)" 정도로 바꿉니다.** 노회를 두지 않을 수 있는, 가능성을 열어준 겁니다. 독립파는 이제 만족했습니다.

이런 과정을 통해 무엇을 배워야 할까요?

우리는 그동안 총회의 '결과물'만 보고 판단을 해왔습니다. 하지만 이런 비하인드 스토리를 알고 나면 과정도 소중하다는 생각이 들 것입니다. 과정까지 알아야 지금보다 더 앞선 개혁이 가능합니다. 과정을 모르면 그 안에서 신앙의 선배들이 먼저 해주었던 치열한 고민과 고뇌, 그리고 희생을 모르게 됩니다. 그런 것을 모르는 후배들이 선배들보다 더 나은 개혁을 이룰 수 있다고 자신하는 것은 근거 없는 허세일 수 있습니다.

스코틀랜드 총대들은 이 문제를 잘 추스르지 못하면 잉글랜드의 종교개혁을 돕는 일은 더 이상 불가능할 것이란 사실을 아마 정확히 인식하고 있었을 겁니다.

최종 결론:
Must-Be[머스트비]가 아니라 May-Be[메이비]로 양보

어떻습니까? 아쉬운 결론인가요? 물론 굉장히 아쉽습니다. 하지만 총회의 결정은 한편으로는 참 아름다운 결정이기도 합니다. 왜 그럴까요? 스코틀랜드 총대들과 잉글랜드 장로파는 이 문제로 인해 행여라도 총회 그 자체에 문제가 생기는 것은 막아야겠다는 판단을 했던 겁니다. 참으로 어려운 과정을 거쳐서 지금 막 아주 중요한 회의가 시작된 것인데, 여기서 만약 판이 깨지면 너무나 아쉬움이 크다는 겁니다. 그리고 애초에 대단히 어려운 과업을 이루어가야 했던 총회는, 이런 정도의 정치적 압력은 이미 예상했던 겁니다. 여기서 만약 멈춰버리면 어떻게 됩니까? 신앙고백서든 교리문답이든, 교회정치든 예배모범이든, 죄다 날아가는 겁니다. 그래서 참았습니다. 참아주었습니다. 그래서 이것은 비록 아쉽지만 동시에 감사하고, 또한 아름다운 결정이라고 저는 생각합니다.

> **Of Classical Assemblies.**
> THE scripture doth hold out a presbytery in a church.ˢ
> A presbytery consisteth of ministers of the word, and such other publick officers as are agreeable to and warranted by the word of God to be church-governors, to join with the ministers in the government of the church.ᵗ
> The scripture doth hold forth, that many particular congregations *may* ~~must~~ be under one presbyterial government.
> This proposition is proved by instances:

논쟁은 피곤한 과정이지만, 유익한 점도 있습니다. 덕분에 장로교회의 원리가 더욱 충실하게 가다듬어질 수 있었습니다. 독립파를 설득하기 위한 스코틀랜드 총대들의 섬세하고 성실한 설명은 총회 회의록에 고스란히 남아있으며, 주요 논지를 담은 소책자가 출간되기도 했습니다.

이제 총회는 다시 기운을 내서 다음 프로젝트를 진행하기로 했습니다. 하지만 우리는 여기서 잠깐 멈춰 서서, '지금 이런 논의가 도대체 나 자신에게 무슨 의미인가'를 생각해보기로 합시다.

우리는 어떤 입장을 취해야 할까?

웨스트민스터 총회는 노회의 존재 여부를 May-be로 가닥 잡았습니다.
그러면 우리는 어떤 입장을 취해야 할까요?

우선 ① 총회의 결정에 그대로 따르는 방법이 있을 겁니다. 또 하나는 과정에 실망해서 ② 총회 자체를 부정하는 경우도 있을 겁니다. 그러나 **가장 좋은 방법은 ③ 원안의 '의도'를 살리는 것입니다.** 이제 우리는 일이 이렇게 된 까닭을 알게 되었습니다. 과정까지를 알고 있는 우리는 단순히 결론만 붙잡고 나머지를 모른 척하기는 좀 그렇습니다.

결과에만 집착하면 자칫 결론만 남고 논의과정은 사라집니다. 그러나 사실 인류의 지혜는 남겨진 결과보다는 역사 속에 하나님께서 허락하신 그 모든 과정들 가운데 풍성히 담겨 있습니다. 웨스트민스터 총회의 진행 과정과 논쟁을 자세히 살펴보는 이유도 거기 있습니다. 비록 그 과정이 귀찮고 힘들더라도 말입니다.

우리는 총회의 결정을 거부하지는 않되, Must be가 본래의 성경적 판단이었다는 사실을 분명히 인식해야 하겠습니다. 동시에 May be 선에서 머무르는 분들을 정죄하지는 말고, 그들을 아울렀던 스코틀랜드 총대들의 귀한 마음을 본받아야겠습니다. 그러면서 실천적으로는 '노회'를 더욱 귀중히 여겨야 할 것입니다.

웨스트민스터 총회와 그 결과물에 대해 강조하다 보면, "그건 옛날 것이고, 이제는 우리가 더 좋은 개혁을 하면 되지 않아?"라는 반문을 받곤 합니다. 우리는 여기에 분명하고 자신 있게 대답할 수 있어야 합니다. **"우리가 총회에 대해 잘 알아야 더 좋은 개혁이 가능하다."** 라고 말입니다.

총회는 우리가 생각하는 것보다 더 많은 단계를 이미 〈경험〉했습니다. 논의가 있었고, 결론이 있었고, 반대가 있었고, 합의와 양보도 있었습니다. 그리고 전체 교회를 위해, 건덕을 위해, 대의를 위해, 연약한 자를 위해, 이 모든 것을 배려한 최종 결과물이 우리에게 주어졌습니다. 그렇다면 우리가 이보다 더 좋은 작품을 만들기 위해서는 적어도 총회 안에서 일어났던 과정들을 이해하고 소화해야 할 것이며, 또한 그 참석자들의 깊은 고뇌와 희생이 과연 어떤 마음에서 나온 것이었는지까지 이해할 줄 알아야 합니다.

+ 심화학습

천국의 열쇠를 베드로에게만 주셨을까?
아, 그래서 베드로의 후계자가 교황이라고??

천국의 열쇠라는 개념. 한 번쯤 들어보셨을 겁니다. 앞에서 본 장로파와 독립파의 견해 차이는 보다 근본적으로는 바로 이 천국의 열쇠권이 누구에게 있느냐에 대한 성경해석의 차이였습니다.

마태복음 16장을 보면, "주는 그리스도시며, 살아계신 하나님의 아들이십니다."라는 베드로의 멋진 고백에 이어, 예수님이 말씀하십니다. "내가 이 반석 위에 나의 교회를 세우리라", "내가 천국 열쇠를 네게 주리니 네가 땅에서 무엇이든지 매면, 하늘에서도 매일 것이요 네가 땅에서 무엇이든지 풀면, 하늘에서도 풀리리라.(18절)" 그런데 로마교회는 이 본문의 '반석'을 베드로 그 자신이라고 보고, 예수님이 베드로에게만 천국의 열쇠를 주셨다고 보았습니다. 베드로가 대답을 잘했고 평소에 말도 잘 들었고 공부도 잘했고 수제자이고…. 그래서 베드로를 초대 교황으로 정하고, 베드로의 후계자들이 2대, 3대 교황을 계승해 나가는 것이 그리스도의 뜻이라고 주장했습니다. 즉, 로마의 대주교가 다른 모든 교회 위에 있는 최고의 권한(열쇠권)을 가졌다는 겁니다. 이런 발상은 로마의 대주교가 다른 알렉산드리아나 안디옥이나 런던의 대주교보다 '상급'의 존재이며,(그래서 로마의 대주교가 교황이 됩니다!) 그의 신학적 판단은 잘못이 없다는 '교황무오설'로 이어졌습니다. (로마 가톨릭에게 이렇게 높임받는 베드로가 마태복음 16장 18절 이후 몇 구절 못가서 예수님께 곧바로 혼나는 장면이 나옵니다. 이것만 봐도 천국의 열쇠를 베드로 한 개인이 받았다고 볼 수는 없겠죠?)

하지만 올바른 해석은, 천국의 열쇠가 한 개인 베드로에게 주어진 것이 아니라 다른 제자들 전체, 즉 '사도들'이라고 하는 그 회(모임)에 주어졌다고 보는 것입니다. 그 사도들의 회를 대표하는 차원에서 베드로를 언급하셨을 뿐이고요.

천국의 열쇠를 형상화한 베드로 대성당
베드로 성당과 베드로 광장 부근의 열쇠 모양 시가지 구획을 직접 확인해 보세요. 구글지도(http://maps.google.com)에 접속하신 후, '바티칸 시티, 베드로 대성당' 등으로 검색하시면 됩니다.

'구글어스'로 로마 바티칸의 성 베드로 대성당을 찾아보세요. 평면적인 지도보다 훨씬 더 생생하게 볼 수 있어요. ^^
구글어스 설치 : http://www.google.com/earth/

올바른 해석은, 천국의 열쇠가, 제자들(사도들)의 '모임'에 주어졌다는 것!

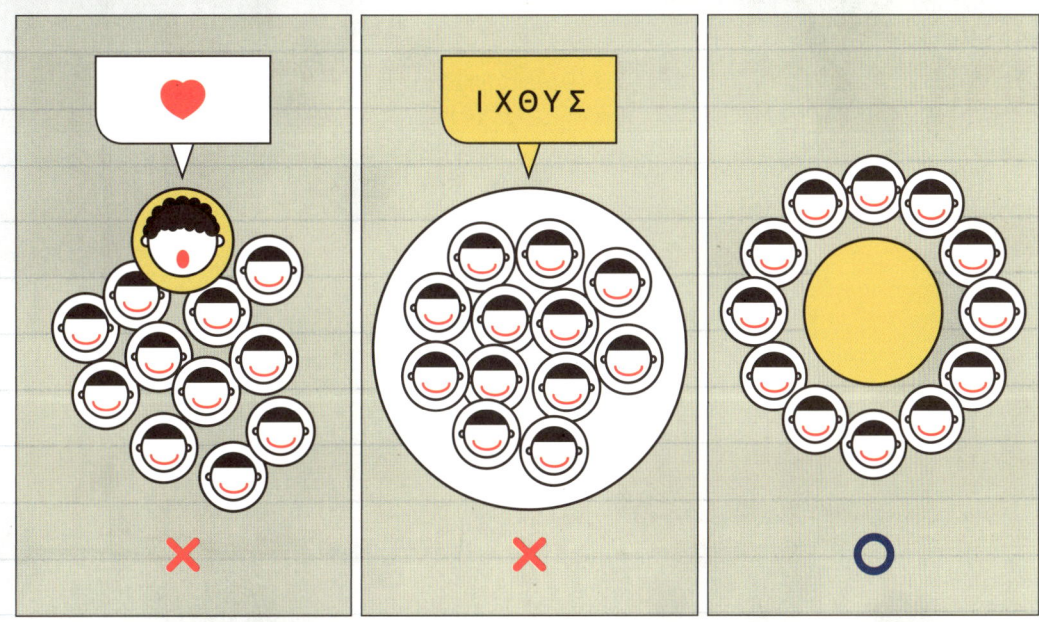

위 그림을 보면 맨 왼쪽의 그림 1번이 바로 '다른 제자가 아닌 베드로에게 천국의 열쇠를 주셨다'는 그림입니다. 이게 로마 가톨릭교회입니다. 중간 그림은 뭘까요? 그림 2번은 사람이 아니라 신앙고백이 중요합니다. '주는 그리스도시요 살아계신 하나님의 아들이십니다(익투스 ΙΧΘΥΣ)'라는 올바른 고백이 중요하다는 겁니다. 자, 왠지 이게 맞는 말처럼 여겨집니다. 그런데 이렇게 되면 그냥 신자들이 모이기만 해도 열쇠권을 가진 교회가 됩니다. 이렇게 되면 교회정치가 딱히 필요 없습니다. 교회와 선교단체의 구분도 없어집니다. 독립파의 입장은 대략 2번에 가깝습니다. 회중들이 분명한 신앙고백을 가지고 있으면 되며, 교회의 권세는 그 회중들의 신앙고백으로부터 나온다는 것입니다.

그림 3번을 보겠습니다. 제자들 가운데 동그라미를 그려두었습니다. 이게 뭘까요? 원탁입니다. 이것은 사도들의 모임(會)을 상징합니다. 올바른 성경 해석은, 베드로 개인도 아니고 그냥 신앙고백을 하는 사람들의 모임도 아니고, 올바른 신앙고백에 기초한 사도들의 모임에 그리스도께서 천국의 열쇠를 맡기셨다는 것입니다. 이것이 바로 조직체로서의 교회를 세우신 것이고, 초대 교회는 합당한 권위를 가진 교회의 직분자, 즉 치리회에 의해 천국의 열쇠를 이어받았다고 보는 것이 장로교회파의 입장이었습니다.

내가 출석하는 개별 교회만 소중히 여기고, 공교회나 노회에 대해서는 신경을 쓰지 않는 경우가 요즘 너무 많습니다. ㅠㅠ

이 시대에 되살아나는 독립파 입장을 주의하자

'노회가 우리에게 해 준 게 뭐가 있어?' 이런 생각을 하는 분도 계실 겁니다. 솔직히 그런 생각도 이해는 됩니다. 그런 생각은 대형교회는 물론 작은 교회들도 마찬가지로 하고 있을 수 있습니다. 더구나 요즘은 한 개의 노회 안에 50개 심지어 100개 교회가 있는 경우가 많은데, 그렇다 보니 서로를 잘 모릅니다. 그래서 직분자가 부정을 저지르거나 교회 안에 불법적인 일이 행해진다 하더라도, 노회에서 해결이 되지 않습니다.

굳이 언급하지 않아도 부정적인 사례는 얼마든지 있습니다. 이렇게 오늘날 노회의 기능이 상당히 망가져 있으며, 그렇다 보니 노회에 대해 아무도 별다른 기대를 하지 않고 있습니다. 하지만 노회제도는 누가 뭐래도 장로교회의 꽃이며, 노회가 없으면 장로교회 제도는 의미가 없습니다.

복습!

노회가 교회라면, 우리가 지금 출석하는 이 교회는 뭘까요? 장로교회 제도에 따르면 노회까지를 포함하는 것이 장로교회이고, 지금 우리가 말하는 개별교회는 교구(Parish)입니다. 225쪽의 그림을 참고하세요!

교회는 항상 노회를 고려해서 생각해야 합니다. 교회의 설립과 폐쇄도 노회에 속한 일입니다. 교회 재산의 처분도 마찬가지입니다. 누군가 목회자가 되고 싶어서 신학교에 가는 것도, 겉으로는 마치 자기가 판단해서 그냥 서류 준비해서 응시하는 형태를 띄고 있더라도 사실은 노회에 소속된 목사후보생이라는 인식을 반드시 가져야 합니다.

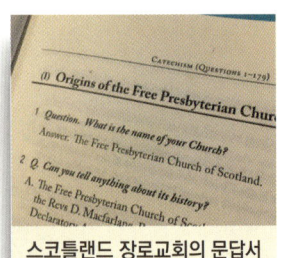

스코틀랜드 장로교회의 문답서
'교회 이름이 무엇이냐'는 질문에 개별 교회가 아닌, 소속 교단의 이름을 답합니다. 스코틀랜드 장로교인들은 어릴 때부터 교리와 함께 교회론을 배웁니다.

노회가 존재감이 없는 이유 중 하나는 예산 때문이기도 합니다. 노회를 중시하지 않으니 노회에 수집되는 재정이 부족할 수밖에 없습니다. 개별 교회마다 분담해야 하는데, 그 금액이 터무니없이 작아서 신학생 학비조차도 노회가 내주지 못하고 있습니다. 이런 모든 일은 오늘날 우리 성도들이 노회에 대해 별로 중요하게 생각하지 않아서 발생한 것이고, 노회가 중요하다는 사실을 배운 적 또한 별로 없었기 때문입니다. 우리는 지금부터라도 - 장로교회는 특히 - 노회가 중요하며, 더 나아가 '노회가 곧 교회라는 인식'을 가지도록 해야겠습니다.

장로회의 기본은 '성숙한 회의 문화'

회의의 핵심은 다수결이 아니라 '합의'입니다. 성숙한 회의는 실제로 투표가 별로 많지 않습니다. 합의가 안 될 때 투표를 하는 겁니다. 합의가 되려면 '대화'가 잘되어야 합니다. 대화가 되려면 '매너'가 중요합니다. 그래서 '매너가 장로교인을 만든다'라고 할 수 있습니다. 장로교회가 아무리 좋은 유산이 있을지라도, 그 후손들인 우리가 회의를 제대로 해낼 능력이 없다면, 장로교회는 유지되거나 발전할 수가 없습니다. 총회(會), 노회(會), 당회(會), 제직회(會), 집사회(會), 공동의회(會)…. 장로교회는 모조리 회의체로 돌아갑니다. 만약 우리가 회의를 제대로 하지 못한다면, 장로교회 정치제도는 허상에 불과한 것이 될 겁니다.

좋은 회의를 위해서는 구성원의 동등성이 회복되어야

직분의 동등성이 중요한 이유가 여기 있습니다. 목사, 장로, 집사가 제직회를 하면서 어느 한 직분이 다른 직분보다 우월하거나 열등하다면 제대로 된 회의를 할 수 없습니다. 각자의 역할이 있고 입장이 있지만, 모두가 1표씩 행사한다는 생각을 가지고 동등한 지위에서 발언해야 합니다. 그래야 합의입니다. 지시와 명령이 아니라.

직분의 동등성을 확장해서 적용하면 당회와 집사회와 제직회의 관계도 다시 생각해볼 수 있습니다. 당회는 교회의 유일한 치리회입니다. 이 말은 성도들의 영적 치리에 관련된 논의를 하는 곳이 당회라는 뜻입니다. 반면에 집사회는 실무회입니다. 예배나 영적인 업무를 주관하는 곳이 아니라 구제나 봉사 등의 실무를 잘하기 위해 모이는 곳이 집사회입니다. 당회와 집사회는 서로의 영역을 침범하지 말아야 합니다. 제직회는 말 그대로 제(모든) 직(직분자들의) 회(모임)입니다. 당회와 집사회가 모여서 영적인 일과 실무적인 일 사이에 혹시 충돌할지 모르는 일을 논의하는 협의체입니다. 즉, 각자의 역할이 있는 것입니다. 어느 하나가 우월하다거나 열등하다는 식으로 이해하지 말아야 합니다.

직분의 건전성을 보호하기 위한 장로회의 역할

1. 직분의 타락을 막고
2. 직분의 독재를 막고
3. 직분의 질적 수준을 보장하기 위해

◉ 중간점검

다이어그램으로 보는
장로교 정치 원리

1. 직분을 통해 교회를 보호하고 다스리심

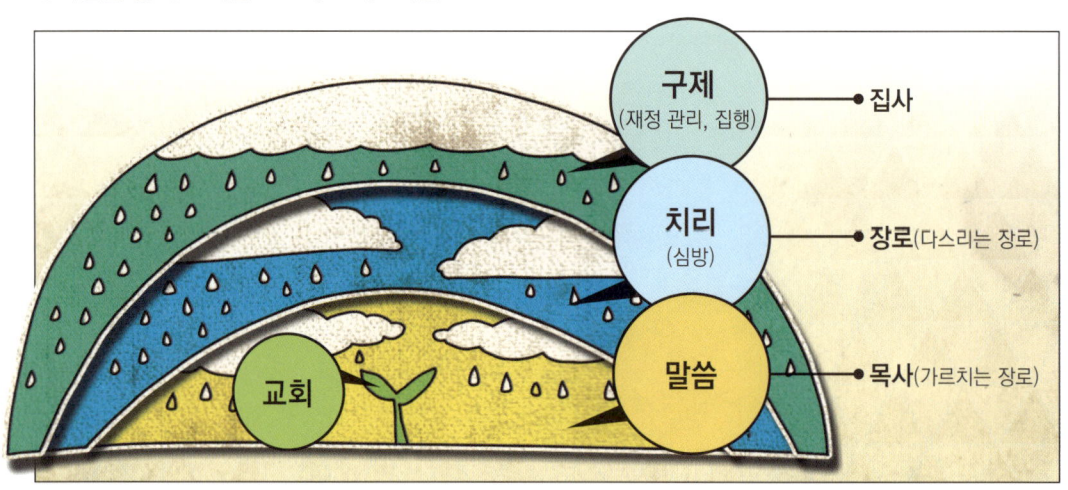

- 구제 (재정 관리, 집행) → 집사
- 치리 (심방) → 장로 (다스리는 장로)
- 말씀 → 목사 (가르치는 장로)
- 교회

2. 회의체를 통해 움직이는 개별 교회

모든 회의는 하나님의 뜻이 드러날 수 있어야 합니다.
목사나 영향력 있는 소수의 뜻에 따라 움직이는 것은 장로교회 정치와 거리가 멉니다.

넓은 의미의 치리회 : 노회 **더 넓은 의미의 치리회** : 대회 또는 총회

당회(치리회)
- 구성원 : 장로들(목사, 장로)
- 역할 : 말씀, 성례, 권징 등 **영적인 일에 관한 개별 교회 내의 유일한 치리회**
- 재판 성격 : 성경적 원리에 따라 협의를 거쳐 결정 (1~2명의 의견에 좌우지되면 안됨)

제직회(협의체)
- 구성원 : 당회+집사회
- 역할 : 당회와 집사회의 제반 협의 치리회와 실무회 사이에 혹시 발생할 수 있는 의견 차이를 조정하고 협의함

집사회(실무회)
- 전반적인 운영
- 구성원 : 집사들
- 역할 : 공동의회에서 의결한 예산을 집행함 구제와 교회 살림살이 운영

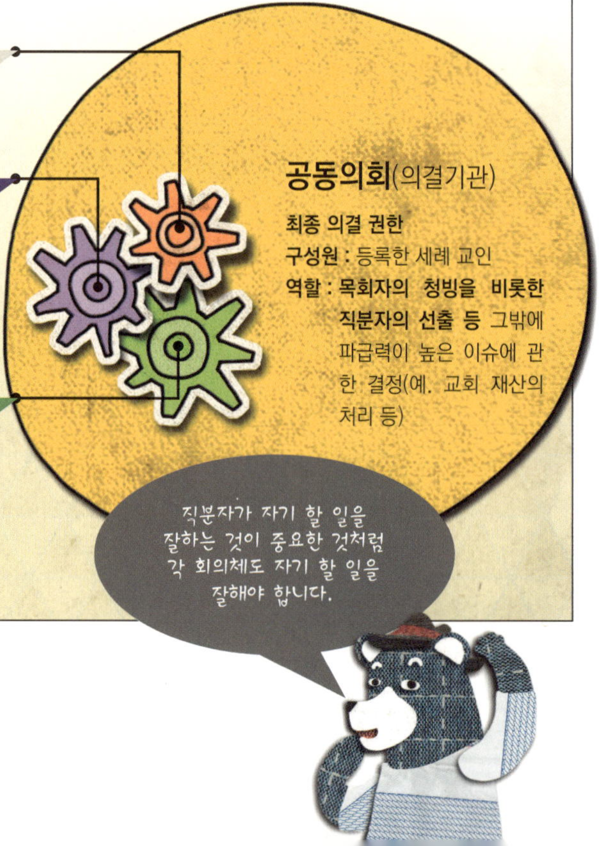

공동의회(의결기관)
- 최종 의결 권한
- 구성원 : 등록한 세례 교인
- 역할 : 목회자의 청빙을 비롯한 직분자의 선출 등 그밖에 파급력이 높은 이슈에 관한 결정(예. 교회 재산의 처리 등)

> 직분자가 자기 할 일을 잘하는 것이 중요한 것처럼 각 회의체도 자기 할 일을 잘해야 합니다.

3. 교회에서 한 명의 목사를 배출하기까지의 과정

신학생은 교회 공동체 내에서 내적·외적 소명을 확인받는 과정이 필요합니다. 이후에, 학비와 생활비를 교회가 책임져 줘야합니다. 물질적인 염려로 공부를 제대로 못 하면 결국 설교의 질과 목회 역량에 차질을 빚기 때문입니다. 교회의 손해입니다.

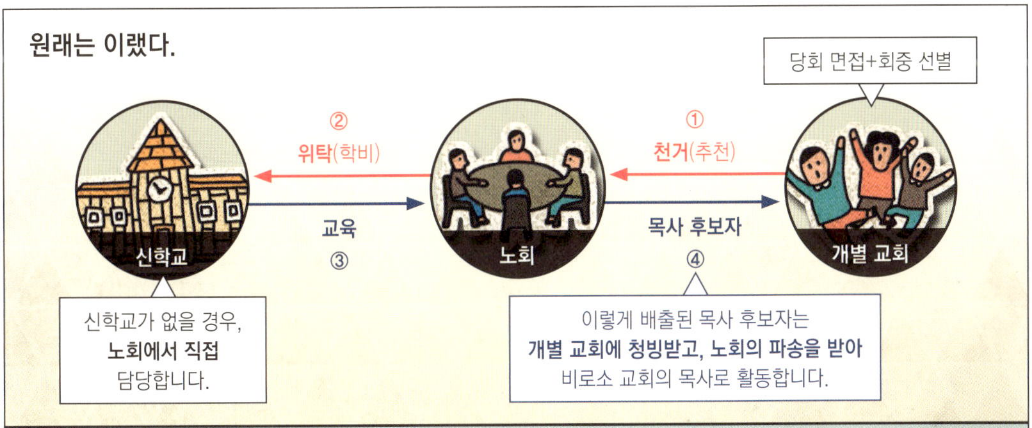

원래는 이랬다.

① 천거(추천): 개별 교회 → 노회 (당회 면접+회중 선별)
② 위탁(학비): 노회 → 신학교
③ 교육: 신학교 → 노회
④ 목사 후보자: 노회 → 개별 교회

신학교가 없을 경우, **노회에서 직접** 담당합니다.

이렇게 배출된 목사 후보자는 **개별 교회에 청빙받고, 노회의 파송을 받아** 비로소 교회의 목사로 활동합니다.

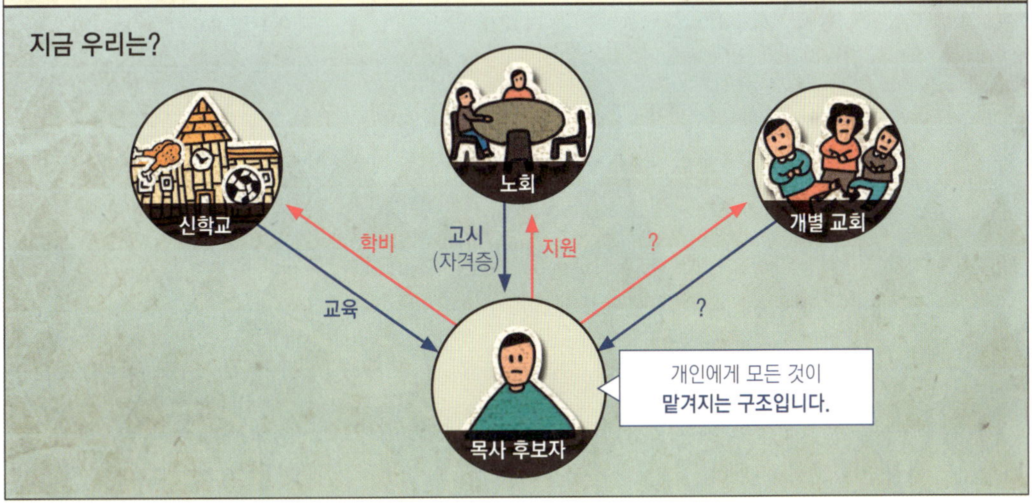

지금 우리는?

신학교 → (학비) → 목사 후보자 → (교육) → 신학교
노회 → (고시/자격증) → 목사 후보자
개별 교회 → (지원) → 목사 후보자
목사 후보자 → ? → 개별 교회

개인에게 모든 것이 맡겨지는 구조입니다.

4. 한 명의 목사가 개별 교회의 담임 목사가 되기까지

노회의 중요한 역할이기도 합니다. 약식으로 진행되는 것이 아니라 면밀한 검토와 테스트를 통해 수준 높은 목회자를 배출해야합니다. 성도들은 목회자를 분별할 수 있는 안목이 있어야 합니다. 공동의회에서 하나님의 뜻이 잘 드러나도록, 성도들의 실력이 배양되도록, 평소에 성경과 교리, 삶에 대한 자세 등이 교육되어 있어야 합니다. 이를 위해서라도 장로교회는 양질의 교육에 신경을 써야만 하는 것입니다.

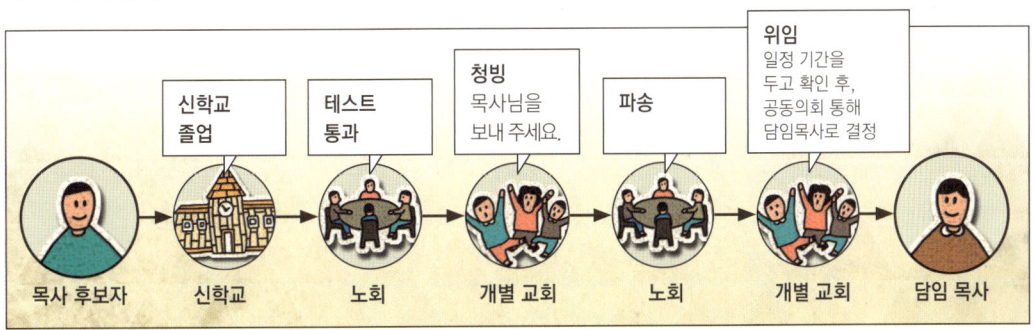

목사 후보자 → 신학교(신학교 졸업) → 노회(테스트 통과) → 개별 교회(청빙: 목사님을 보내 주세요.) → 노회(파송) → 개별 교회(위임: 일정 기간을 두고 확인 후, 공동의회 통해 담임목사로 결정) → 담임 목사

> 생각해보기

장로교회 제도에 반드시 필요한
합의의 기술 : 그 기초는 겸손의 원리

해마다 각 교단의 총회 때가 되면, 신자로서 보고 듣기에 괴로울 정도로 부끄러운 소식이 곳곳에서 들려옵니다. 결과를 떠나서, 회의 진행 과정이나 의사결정 방식을 보면 안타깝고 아쉬울 때가 많습니다. 총회나 노회까지 생각하지 않더라도, 우리가 출석하는 교회의 각종 회의를 보면 어떻던가요? 부족하고 부끄러운 부분이 참 많습니다. 회의체로서의 이상적인 교회를 지향하는 장로교회라 하더라도, 부족함은 마찬가지입니다. 교회 회의는 왜 늘 이런 모습일까요?

아주 쉽게 말해서, 장로교회 제도의 근본이념은 기본적으로 '겸손'이라고 말할 수 있습니다. 어느 한 개인에게 모든 권한을 주어서 교회 일을 판단하게 하지 않고, 우리는 누구나 부족하고 실수할 수 있다는 사실을 인정하고 들어가는 제도가 바로 장로교회입니다. 그래서 아예 처음부터 한두 사람이 아니라 **여럿이 모여서 의견을 나누는 회의체로서의 교회 형태를 지향**하는 것입니다. 성경으로부터 추출한 교회법에 따라 한 사람 한 사람이 동등한 입장에서 회의를 하되, 자기 생각이 곧바로 마치 하나님의 뜻이라도 되는 것처럼 우기지 않고, 성령께서 나뿐만 아니라 다른 성도에게도 품어주셨을 것이 분명한 하나님의 뜻이 무엇인지를 겸허히 살피는 것입니다. 뿐만 아니라 의사결정의 과정에서도 상식과 품위를 존중하며 질서 있게 하는 것입니다.

그것이 바로 이상적인 장로교회의 모습입니다.

이러한 회의체가 제대로 돌아가기 위해서 중요한 요소는 바로 '합의'의 기술입니다. 우리는 (한국인은) 부끄럽게도 합의라는 단어를 잘 모릅니다. 이 단어는 교통사고가 났을 때나 사용하지, 일상생활에서나 직장에서나 합의를 잘 끌어내는 사람을 찾아보기란 정말 어렵습니다. 이상한 일이지만, 교회에서는 더더욱 찾아보기 어렵습니다. 주장과 주장이 끊임없이 충돌할 뿐이고, 대개는 가장 쉽고 편한 길을 택합니다. 다수결이라는 '극단적인' 방식으로 얼른 해결하려 들거나, 아니면 무조건 양쪽 모두가 만족하지 못하는 '중간 입장'을 취합니다. 우리 모두가 가진 한계로 인하여, 다수결이 교회 안에서 항상 선할 수는 없으며, 많은 경우 그것은 다수의 폭력이 됩니다. 또한, 모두가 불만족했던 중간 입장은 며칠만 지나면 또다시 말이 나오게 됩니다.

> 생각해보기

교회가 이웃에 덕을 끼치는 존재로 남아있기 위해서는, 아니, 그런 점은 고사하고 성경적이기에 앞서 상식적이기라도 하려면, 지금부터 준비해야 합니다. 이런 회의의 기술을 익히도록 노력해야 하며, 민감하게 준비해야 합니다. 특히 직분자와 리더들은 각종 회의에 참석해야 하므로 더욱 준비할 것이 많습니다. 가장 먼저는 교회법을 알아야 하고, 그것을 지키려는 마음이 있어야 합니다. 또한, 일단 합의한 것은 지킬 줄 알아야 하며, 대화법과 회의 절차도 익혀야 합니다. **장로교회가 어느 한두 사람의 독재나 혹은 다수의 결정에 의존하는 것이 아니라, 직분자들의 회의체와 그 속에서의 합의에 따르는 것이라면, 그 회의체의 바른 작동을 위한 노력은 아무리 강조해도 지나치지 않을 것**입니다.

물론 그러한 노력은 쉽지 않습니다. 한국인은 특히 정에 이끌리는 문화이기 때문에 그렇습니다. 한국 교회의 회의 원리는 무엇일까요? 성경적 원리로 회의를 할까요? 그보다는 오히려 이런 것 아닐까요? 장유유서, 군사부일체, 혈연, 지연, 학연의 원리...... 이렇게 생각하면 좌절될 때가 많습니다.

하지만 꼭 그렇게만 볼 필요는 없습니다. 소망을 잃지는 말아야 합니다. 370년 전 웨스트민스터 총회가 열리던 17세기 유럽도 만만치 않았습니다. 당시는 분명한 계급사회였고, 왕족과 귀족이 있으며, 백작과 공작이 돌아다니며 부르주아 계층이 생성되고 하인도 있던 시절이었습니다. 바로 그런 사회에서도 해낸 것이 장로교회입니다. 우리도 극복하려고 더욱 노력해야지, 너무 쉽게 포기해서는 안 됩니다.

그리고 이 모든 것은, 자기주장만이 옳다는 교만을 버려내는 것부터 출발해야 합니다. 겸손하지 않은 장로교회는 더 이상 존재 의의를 상실합니다. 반대로 말하면, 상대방을 존중하며 합리적이고 발전적으로 회의를 잘 진행하는 교회는 우리의 희망입니다. 그리고 그런 교회는 반드시 세상의 빛과 소금이 될 것입니다.

➕ 역사 속으로

런던에서 장로교회 정치제도는
실제로 시행됐다!

총회가 이렇게 치열하게 논쟁하는 동안에도 전쟁은 계속되고 있었습니다. 독립파의 반대로 노회에 대해 May-be로 가닥을 잡을 무렵, 전황에 큰 변화가 일어납니다. 찰스 1세가 숨어서 버티고 있던 옥스퍼드를 탈출, 뉴캐슬에 주둔한 스코틀랜드에 항복해버린 겁니다. 다시 공이 스코틀랜드로 넘어간 셈이죠.

그토록 총회를 힘들게 하던 의회는 갑자기 런던시를 중심으로 서둘러 장로교회 제도를 구축하라고 명령합니다. 소속한 시일 내에 잉글랜드와 웨일즈, 그리고 아일랜드에서 장로교회 정치제도를 시행하라는 겁니다. 그리고 신앙고백서와 교리문답 완성을 서둘지 않고 뭐하냐는 깨알 같은 명령도 내립니다. 이런 분위기, 조금 어색하고 얍삽하다는 생각은 들지만, 어쨌든 총회로서는 잘된 일입니다.

역사 속으로

드디어 수많은 사람들이 목 빠져라 기다리던, 바로 그 순간이 왔습니다.

잉글랜드 의회는 장로교회 제도를 런던에 시범적으로 개시합니다. 런던 대회를 12개 노회로 구성하고, 각 노회에서 목사 2명, 장로 4명을 총대로 선출하여, 대회에 파송시킵니다. 총회에서 임직을 받은 목사들은 각자의 임지로 가서 청빙 절차를 밟으며 목회를 시작합니다. 놀랍고 감격스러운 순간입니다.

그러면 12개 노회는 어떤 식으로 배치되었을까요? 자, 아래 그림은 1640년대에 런던의 시가지를 실제로 눈에 보이는 것과 거의 비슷하게 그린 그림입니다. 템즈강 북쪽이 중심지입니다. 이곳이 12개 노회가 첫 시행되었던 바로 그 현장입니다.

이제 페이지를 넘겨보시기 바랍니다.

⊕ **역사 속으로**

자! 이것이 바로… 웨스트민스터 총회의 합의에 따라 잉글랜드 의회의 명령으로 런던에 실제로 시행되었던 장로교회 제도의 시범서비스입니다. 『Grand Debate』라는 책에 당시 의회 명령의 내용이 자세히 소개되어 있습니다. (참고도서에 안내했습니다.) 그곳의 정보를 가지고 1640년대의 런던 지도에 나타난 예배당 위치를 대입해 보았습니다. 지도를 출력해서 벽에 붙이고 예배당 위치를 찾아내어 색깔을 입혔습니다. 그 과정에서 가슴이 뛰었습니다. 잉글랜드에 그래도 한때 잠시나마 장로교회 제도가 정말로 실현됐다는 그 흔적입니다.

한 노회에 몇 개 교회(교구)가 적당할까요? 스코틀랜드의 경우 13개 교회가 1개 노회였다는 기록이 있습니다. 잉글랜드도 12개를 넘지 않도록 하라는 기록이 있었습니다. 이 정도 규모라면 모여서 공부하거나 무엇을 논의하기에 적절해 보입니다. 숫자가 너무 많아도 노회가 유명무실해집니다.

🄝 역사 속으로

장로교회 정치제도가 잉글랜드에서 이렇게 잠깐이나마 공인된 사실은 무척 중요합니다. 잉글랜드의 청교도들이 자신들의 의지로 장로교회 제도를 인정하고 실제로 경험까지 했다는 역사적 사실은 큰 의미가 있는 겁니다. 웨스트민스터 총회가 결코 헛되지 않았다는 뜻이기도 합니다.

총회는 끊임없이 수많은 토론을 거치면서 ①<u>역할 중심으로 분화된 다수의 직분자</u>와 ②<u>회의체 중심의 교회정치 제도</u>라는 장로회 제도의 두 가지 기본 원리를 우리에게 전해 주었습니다. 이것이 종교개혁의 방향성입니다. 우리는 어떤 제도가 남아있느냐 없어졌느냐보다, <u>그 제도가 지향하는 가치에 주목</u>해야 합니다.

장로교회 신자는 항상 어느 한 사람을 맹종하여 교주화시키지 않으면서도 교회의 질서를 무시하지 않습니다. 직분을 소중히 여기고, 직분으로 교회와 성도들을 실제로 보살피고 섬기며, 개별 교회 중심주의를 버리고, 노회를 소중히 여깁니다. 이것을 잊지 말아야 합니다.

확인질문

제8화 교회정치_2 노회가 왜 필요한가

다음 질문을 읽고, 맞는 것에 O, 틀린 것에 X로 답하세요.

1. 웨스트민스터 총회에서 장로교회파의 기본 입장은 성경이 애초부터 장로교회 형태를 보여주고 있었다는 것이다.　O　X

2. 독립파는 개별교회만으로 완전한 교회가 될 수 없다고 주장했다.　O　X

3. 조지 길레스피는 노회에 대해 마치 장교들이 모여 작전회의를 하는 것처럼 비유했다. 이처럼 노회는 회기 때 모였다가 회기가 끝나면 흩어지는 개념이다. 대회나 총회도 마찬가지다.　O　X

4. 웨스트민스터 총회는 노회가 "있어도 좋다(May-Be)"라는 데에서 더 나아가 "반드시 있어야 한다(Must-Be)"라고 적극적인 개념을 명시하기로 최종 결론 내렸다.　O　X

5. 장로교회파는 성경에 나온, '천국의 열쇠'가 베드로에게 주어질 때, 개인 자격이 아니라, 사도들의 모임을 대표하여 주어진 것으로 본다.　O　X

주관식

1. 장로교회파와 독립파가 생각하는 교회정치 제도의 차이점을 적어 보세요.

2. 웨스트민스터 총회에서 최종 합의한 메이비(May-Be) 논쟁을 통해 깨달은 점을 적어 보세요. 느낀 점을 자유롭게 나눠 보세요.

런던의 웨스트민스터 지구. 국회의사당과 웨스트민스터 사원 등 유명한 건물이 많이 있다.

가까이에 찰스 1세가 살던 화이트 홀 궁전도 있다.

제9화
교회정치_3
아론의 싹 난 지팡이

교회정치의 개혁이 쉽지 않았지요? 그런데 이것은 교회 내부의 문제만이 아니었습니다. 그 당시는 국가 교회, 즉 국가가 교회의 일에 아주 긴밀하게 간섭하던 시대입니다. 그리고 웬만한 사람들은 거기에 딱히 불만도 없던 시절입니다. 우리는 지금 그런 시대에 선구자적인 개혁을 이뤄낸 놀라운 종교개혁의 역사를 보고 있습니다.

웨스트민스터 총회는 직분을 개혁했고, 그 직분자들이 해야 하는 일을 결정했습니다. 그런데 바로 그 '해야 하는 일'을 바라보는 국가(시민정부)의 시선이 서서히 묘하게 일그러지기 시작합니다. 덕분에 총회는, 정말 쉽지 않은 논쟁을 더 계속해야 했습니다!

키워드 : 권위, 치리, 권징, 에라스투스, 아론의 싹 난 지팡이
조지 길레스피, 장기의회, 총회의 위기

총회의 원안

이 제도는
의회의
권위로...

의회 승인

> ❗ 들어가기 전에

쉽게 오해되는 극단과 극단의 문제
종교개혁은 교회의 권위를 부정하지 않았다!

종교개혁은 교회의 '잘못된 권위'를 부정한 것이지, 교회의 권위 자체를 부정한 것이 아닙니다. 정상적인 권위에는 문제가 없습니다. 항상 권위를 [잘못 사용]하는 경우가 문제입니다. 아래 그림을 보겠습니다.

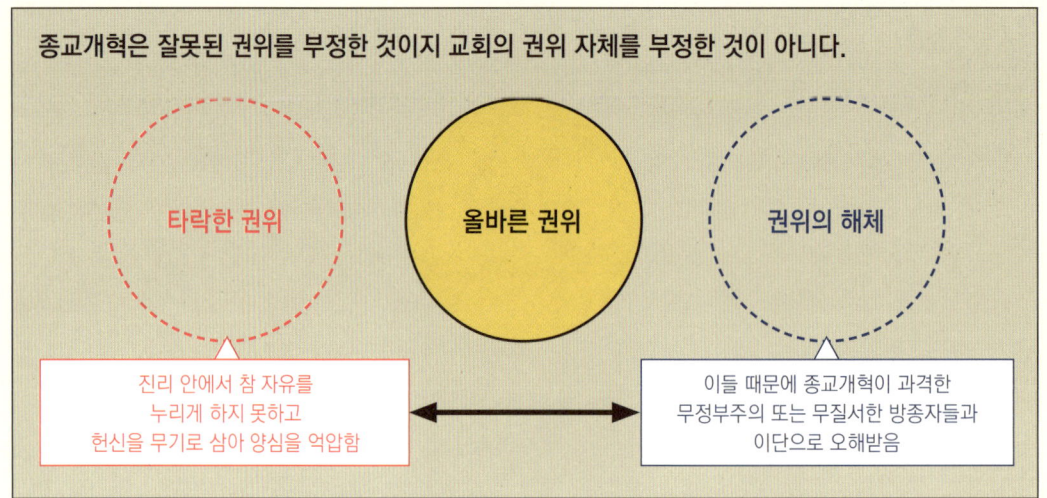

그림은 교회의 권위에 대한 양극단을 보여줍니다. 왼쪽은 잘못된(타락한) 권위, 오른쪽은 아예 해체된 권위입니다. 바른 권위는 겉모습을 가장해서 세워지는 것도, 그것을 아주 부정하는 것도 아닙니다.

1. 타락한 권위

당시 로마 가톨릭은 망가져 가는 교회의 권위를 다시 일으켜 세우려고 웅장하고 화려한 건축물을 만드는 데 노력을 기울였습니다. 대표적인 것이 로마의 베드로 대성당입니다. 면벌부 판매대금을 비롯하여 어마어마한 헌금이 여기에 건축비용으로 들어갔습니다.

물론 이런 방향은 올바르지 않았습니다. 이들은 그리스도께서 다스리셔야 하는 교회를 몇몇 인간들이 지배하는 교회로 바꾸었습니다. 그리고 그것을 합리화시키는 논리를 만들어 냈습니다. 사제주의, 성직 위계질서, 주교제도, 교황제도, 교황청의 권한 강화, 수도원 부의 축적, 고해성사 시스템, 사적인 세례나 성찬 집례의 허용, 연옥교리, 면벌부 판매 등이 그런 논리의 결과물입니다.

2. 해체된 권위

다른 한 부류는 교회의 권위를 인정하지 않는 것입니다. 이 분파 역시 크게 볼 때 종교개혁의 흐름에 속하기는 했지만, 교회론이 너무 급진적이었기에 건전한 종교개혁자들의 지지를 받지 못했습니다. 그러면서 당시 탄압을 받던 특수한 상황 속에서 이들은 아무래도 '이단+반역자'로 몰려서 더욱 고초를 많이 겪었습니다.

그들의 노력과 희생은 안타깝고 눈물겹지만, 올바른 교회정치를 수립해야 하는 상황에서는 아무래도 거리를 둘 수밖에 없는 입장이었습니다. 잘못된 교회의 권위에 저항했던 용감한 분들이기는 하나, 그렇다고 교회의 권위 자체를 부정한 것은 잘못이었습니다. 사실 이들 때문에 종교개혁자들은 기존 권력으로부터 '무질서하고 무정부주의적인 반역자'라고 싸잡아 매도당하고 탄압받기도 했습니다.

아론의 싹 난 지팡이(Aaron's Rod Blossoming)

민수기 16장 3절에 이런 구절이 있습니다. "그들이 모여서 모세와 아론을 거슬러 그들에게 이르되 너희가 분수에 지나도다 회중이 다 각각 거룩하고 여호와께서도 그들 중에 계시거늘 너희가 어찌하여 여호와의 총회 위에 스스로 높이느냐" 자, 이게 무슨 사건일까요? 모세와 아론에게 대항하는 사람들의 발언을 자세히 살펴보세요. "분수에 지나도다!" 즉, 너무 과했다는 거죠. "회중이 다 거룩한데!" 즉, 우리도 알 것 다 안다는 거죠. 이렇게 교회의 권위를 부정하는 태도에, 하나님의 엄중한 심판이 뒤따릅니다.

성경은 이어서 독특한 사건 하나를 더 소개합니다. 하룻밤 사이에 아론의 지팡이에만 싹이 돋아난 기적입니다. 바로 이 사건에서 모티브를 얻어서, 세속 권세와 다른 교회의 정당한 권위에 관해 서술한 책이 '아론의 싹 난 지팡이'입니다. 이는 웨스트민스터 총회 기간에 스코틀랜드 총대 조지 길레스피가 집필한 책으로, 장로교회 정치원리의 중요한 부분을 신구약 성경 주해를 통해 변호했던 대단한 작품입니다. 이 책의 출간으로 당시 총회에서 아웅다웅 논란이 되었던 권징에 대한 토론이 '상황 종료'됩니다.

지금부터 그 문제가 무엇이었는지, 어떻게 진행되었는지를 살펴보겠습니다.

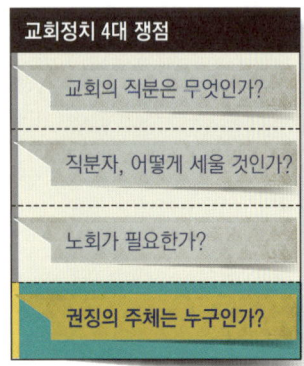

쟁점 4 : 교회가 어디까지 간섭할 수 있는가?

직분자를 뽑았습니다.[7화] 그 직분자 중에서도 특별히 목사와 장로로 구성된 '당회'가 교회의 가장 기초적인 치리회라는 것도 확정했습니다.[8화] 이것이 장로교회의 원리입니다. 이제는 그 치리회의 권한이 과연 어디까지냐의 문제로 토론이 이어집니다. 일명 '권징 논쟁'입니다.

이 문제는 특별히 국가권력과 관련해서 심각하게 논쟁되었습니다. 국가가 교회의 보호자를 자처하면서 범죄자를 재판하고 처벌하던 시대였기 때문에 어쩌면 당연히 겪어야 할 진통 과정이었습니다. 장로파는 그 권한을 순수하게 말씀으로 그리고 영적으로 다스리는 교회가 가져야 한다고 생각했습니다. 특히 수찬정지와 출교는 상당히 민감한 문제니까요. 기존 성공회는 이것을 국가기관인 재판정에서 담당했는데, 장로파가 그것은 치리회의 일이라며 교회에서 맡겠다고 나오니까, 문제가 심각해집니다.

예를 들면 수찬정지나 출교는 교회에서 가장 무거운 벌인데, 이러한 벌에 해당하는 죄가 무엇인지를 누가 정해야 하느냐가 이슈였습니다. 그 기준을 교회에서 정해야 한다는 것이 투철한 종교개혁자들의 입장이었습니다. 특히 앤드류 멜빌의 두 왕국 이론을 따르는 장로파는 교회가 오직 성경을 근거로 성도들을 지도할 수 있으며, 또한 그래야 마땅하다고 주장했습니다.

교회도 국가의 한 부분이기에,
목사는 단지 설교와 설득을 통한 권징만 해야 하며
각종 징벌은 세속 법정에 넘겨야 한다.

에라스투스

하지만 에라스투스파는 이렇게 주장합니다. '교회도 국가의 일부분 아니냐, 그러므로 국가는 교회가 제대로 되도록 보호하는 역할을 해야 된다'. 이 생각 자체는 나쁘지 않아요. 대표적으로 에드워드 6세라든가 엘리자베스 1세 시절만 해도 국가가 교회를 보호했던 모범사례가 있으니까요. 하지만 이것은 논리적인 답이 될 수는 없습니다. 그렇게 따지면 블러디 메리라든지 찰스 1세 시절을 설명할 길이 없습니다. 국가가 오히려 교회를 망가뜨렸던 것 또한 분명한 역사적 사실입니다.

에라스투스파는 일단 찰스 1세라는 악당을 쫓아냈으니, '이제 우리 의회는 앞으로 잘할 거야, 우린 잘할 수 있어!'라는 자신감이 넘쳤습니다. 그래서 이들은 국가가 교권도 통제해야 한다는 자신들의 주장에 거침이 없었습니다. 그러나 그들이 간과한 것이 있습니다. 국가 권력도 교회 권력과 마찬가지로 타락할 수 있다는 사실이었습니다.

이렇게 근본적인 논리적 한계가 있었음에도 당시 으쌰으쌰 하던 분위기에 따라 에라스투스파의 세력은 총회에서 강력했습니다. 그들은 의회를 등에 업고 총회에서 발언권을 행사했습니다. 우리는 그들의 입장을 좀 더 자세히, 그리고 진지하게 들여다볼 필요가 있습니다.

에라스투스파가 갖고 있는 기본 원리는 다음과 같습니다. 교회가 제대로 역할 하기 위해서는 대적자들로부터 교회를 보호해야 하는데, 그 역할을 국가가 해야 한다는 것입니다. 교회에는 '무력'이 없기 때문입니다. 예를 들면 당시 국제관계에서 서구 유럽의 공동의 적이었던 이슬람 투르크족으로부터 교회를 지키기 위해서는 강력한 군대를 조직할 수 있는 국가가 필요했습니다. 이와 달리 교회는 '영적인 권면만'을 하는 곳이므로, 물리적으로 벌을 주는 행위는 어울리지 않으니 세속 정부에 담당시키라는 논리입니다.

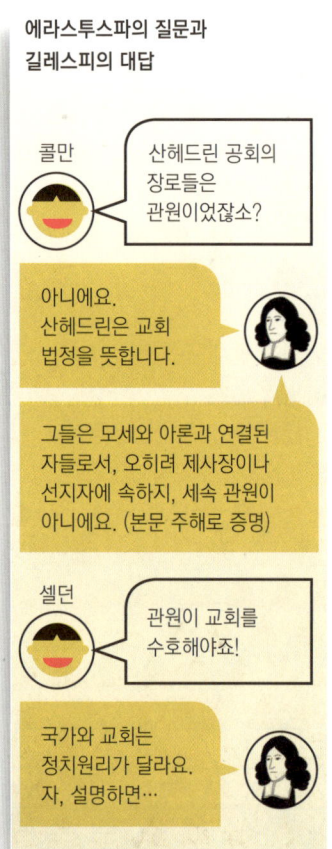

에라스투스파의 질문과 길레스피의 대답

콜만: 산헤드린 공회의 장로들은 관원이었잖소?

아니에요. 산헤드린은 교회 법정을 뜻합니다.

그들은 모세와 아론과 연결된 자들로서, 오히려 제사장이나 선지자에 속하지, 세속 관원이 아니에요. (본문 주해로 증명)

셀던: 관원이 교회를 수호해야죠!

국가와 교회는 정치원리가 달라요. 자, 설명하면…

길레스피는 성경 주해를 통해 산헤드린이 교회 법정임을 증명하는 등 교회정치와 세속정치가 어떻게 다른지 설명했습니다.

에라스투스파의 논리는 알겠는데, 더 깊은 곳에 들어 있는 그들의 심리가 궁금합니다. 그것은 무엇이었을까요? 지식층은 에라스투스파를 지지했습니다. 왜냐하면 그들에게는 기존의 타락한 '교권'과 싸워왔던 험난한 역사도 분명히 있었기 때문입니다. 과거에 자신들이 교권에 휘둘렸던 과오를 다시는 되풀이하기 싫은 겁니다. 뭔가를 고치고 합리적인 방향으로 나아가자는 발언을 하면 교회가 부당하게 권위를 내세우며 '파문'과 '출교'를 무기 삼아 억압했던 기억이 선명했으니까요. 그래서 잉글랜드 의회는 교회가 전횡을 하지 못하도록 견제하려는 의지가 강했습니다.

찰스 1세를 쫓아내고 이제 좀 제정신을 차리게 됐다고 스스로 판단한 의회가, 이번 기회에 교권까지 제어할 방안을 수립하려 했던 것은 어쩌면 자연스러운 욕망이었을 겁니다. 어떤가요? 솔직히 그 마음이 이해는 됩니다. 죄를 판단하고 벌하는 기준과 권한을 교회에 맡겨두느니 아무래도 전문화된 행정기관에 마음이 더 쏠리지 않았을까요? 현대인의 시각으로 보면 저 논리는 지극히 합당합니다. 당시 잉글랜드 지식층의 마음도 그러했습니다. 그러나 그들의 '근거'는 지극히 실용적이고 정치적이었습니다.

총회는 계속 **성경적 근거**를 원했습니다. 이 난제를 또다시 길레스피가 풀어줍니다. 자꾸 길레스피가 등장하죠? 이 사람 참 알면 알수록 대단한 사람입니다. 총회에서 중요한 핵심 논쟁은 거의 다 이 분이 해결해줍니다. 그는 총회를 위해 두꺼운 책까지 펴내면서 영적 권세와 세속 권세의 차이점을 논증합니다. 또, 기독교 정신을 가진 정치가가 나오는 것은 좋은데, 기독교인이 정치가가 된다고 해서 교회에 유익이 있다고 보는 것은 허상이라고 설명했습니다. '아론의 싹 난 지팡이(Aaron's Rod Blossoming)'가 바로 그런 논증을 위해 출판된 책입니다. 그야말로 엄청난 작품입니다. 뒤에서 (p.254~255) 자세히 소개하겠습니다.

장로교회파와 에라스투스파의 견해 차이는 다음 도식으로 정리해 볼 수 있습니다. 두 그림의 차이점을 자세히 관찰하시기 바랍니다.

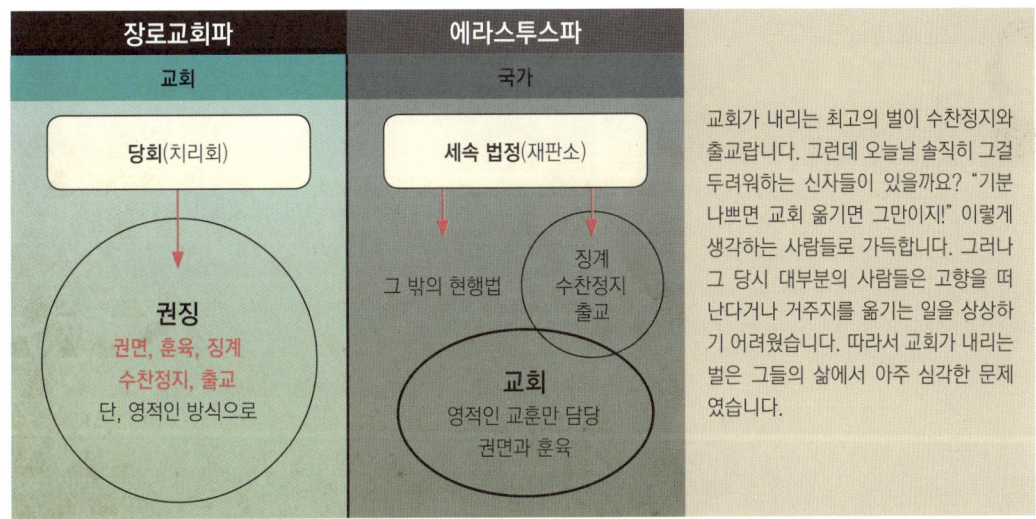

사실, 이런 내용은 거의 1백 년 전에 칼뱅이 제네바에서 상당 부분 개혁했던 것이었습니다. 그리고 녹스도 스코틀랜드에서 더욱 개혁했던 것이고요. 하지만 아무리 칼뱅이었어도, 교회가 권징을 행사할 때, 구조상 시의회의 영향과 간섭에서 완전히 자유롭지는 못했습니다. 그래서 종교개혁자들은 이것을 미완의 과제로 보고 끊임없이 개혁하고자 노력했던 주제입니다.

권징의 목적은 무엇일까요? 기록을 보면, 신자가 중죄를 범해서 출교되거나 성만찬과 세례에서 제외되더라도, 계속해서 예배에 참석하게 하고 설교를 자주 들을 수 있도록 하여, 결국에는 그가 돌이키도록 했습니다. 당회는 수찬정지를 받은 자들을 꾸준히 관리하면서 1년에 네 차례 다시 성만찬에 참여할 수 있도록 회복할 기회를 주는 등 적극적으로 그 영혼을 감싸 안았습니다. 로마 가톨릭이나 국가기관에서 행해지던 출교와 파문이 그 사람을 공동체에서 완전히 끊어내고 심지어 목숨까지 잃게 했던 것과 비교하면, 종교개혁의 권징은 목적부터가 달랐던 겁니다. 물론 방식에 있어서도 엄청나게 개혁된 것이었고요.

무엇이 그렇게 다른 것인지, 아무래도 '아론의 싹 난 지팡이'라는 책을 봐야겠습니다.

아론의 싹 난 지팡이

이 논쟁은 사실 이 책의 출간으로 상황 종료됩니다. 이 책의 구조도를 보겠습니다.

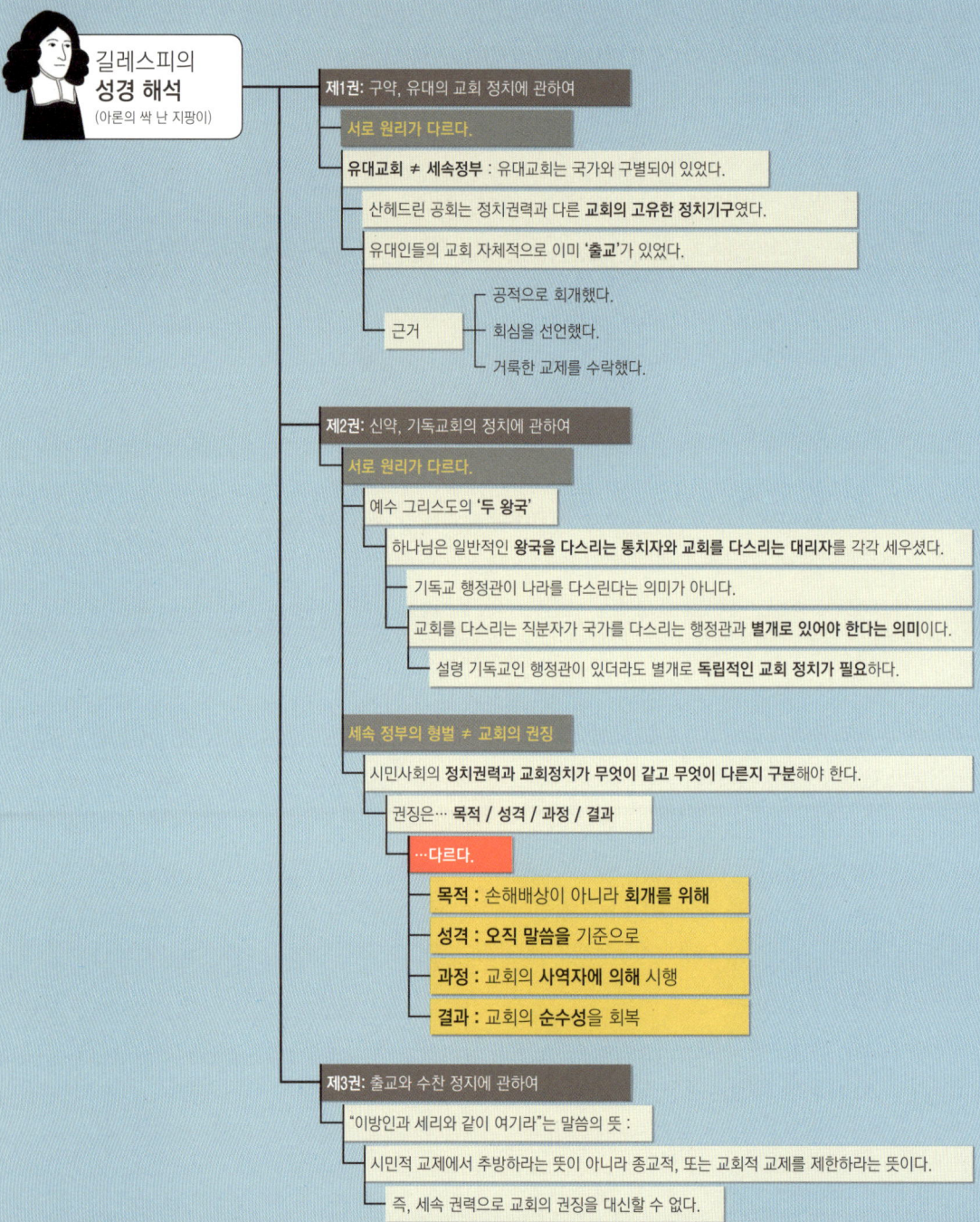

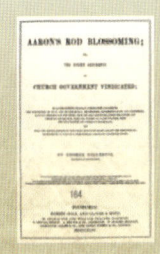

아론의 싹 난 지팡이
저자 : 조지 길레스피
목적 : 교회를 국가의 통제 아래 두고자 하는 에라스투스주의에 반대하여
교회 스스로 자신을 다스리는 장로교회 정치를 옹호하는 책
구성 : 세 권으로 이루어져 있음.   1권_유대의 교회 정치에 관하여
                                      2권_기독교회의 정치에 관하여
                                      3권_출교와 수찬 정지에 관하여

우선, 정말 '절대적으로' 에라스투스파의 주장이 잘못되기만 했을까요? 에라스투스파가 생각하는 통치는 결국엔 세상적인 방식으로, 즉 '합리성과 상식'으로 교회를 다스리자는 겁니다.

시대적 배경이 요구한 것도 그러했습니다. 과학적 지식이 발전하고 르네상스를 거쳐 합리주의와 계몽주의가 발현하던 시절입니다. 인간의 이성이 부각되며, 그걸로 세상이 좋아지고, 교회도 좀 업그레이드를 해보자는 정서가 사회 전반에 모락모락 피어나고 있었던 겁니다. 변호사, 법률가 등의 인텔리와 자본가들이 의회를 통해서 국가적 이상을 추구하면서, 동시에 종교개혁도 추진하던 시절… 얼마나 멋집니까? 하지만 문제는, 교회는 상식이 아니라 성경으로 다스려야 한다는 변치 않는 사실이지요. 에라스투스파는 그 점을 간과했습니다.

성경대로 다스리려면? 성경을 연구하는 목사가 말씀으로 원리를 제공하고, 그에 따라 장로들이 참여하는 당회(치리회)가 성도들을 지혜롭게 치리하는 것이 옳았습니다. 그리고 거기에는 국가권력이나 기타 세력이 영향을 주어서는 안 되었고요.

길레스피는 **'아론의 싹 난 지팡이'**에서 국가정치와 교회정치는 서로 성격이 다르다고 설명했습니다. 사람을 꾸짖을 때, 일반 법정이 원하는 것은 손해배상 또는 죗값을 확실히 치르는 처벌입니다. 하지만 교회는 다릅니다. 교회는 그 사람의 마음에 있는 죄악을 고치기를 원합니다. 목적이 그 사람을 살리는 데 있어요. 그래서 때리거나 감옥에 가는 게 전부가 아니란 겁니다. 교회가 권징을 세속 법정에 맡길 수 없는 이유가 바로 이것입니다. 관원(정치인)이 교회에서 권징의 권한을 가져서는 안 되는 이유가 바로 이것입니다. 기독교인 관원이 꼭 필요한 것은 아닌 이유도 바로 이것입니다. 길레스피의 이런 설명으로 총회는 어려운 에라스투스파 논쟁에서 해답을 찾을 수 있었습니다.

에라스투스파의 견해를 평가해봅시다.

이들의 꿈과 포부는 대단하지만, 그 꿈의 실현은 불가능한 것입니다. 말씀에 대한 이해와 훈련 없이 국가 공직자가 교회를 다스린다는 것은 있을 수 없는 일입니다. 권징이라는 것은 더구나, 딱 보면 죄인이 아닌지 알 수 있는 규칙과는 달리 인간에 대한 이해가 필요한 일입니다. 율법적으로 딱 잘라서 너 죄인이야, 무슨 벌을 며칠간 받아야 해, 이렇게 하는 게 아니라, 말씀으로 그 사람의 영혼을 치유해야 하는 목양의 문제인 겁니다. 그래서 스코틀랜드 총대들과 잉글랜드 장로파는 권징이 교회(치리회)의 고유한 역할이라고 보았던 것입니다.

권징은 교회(치리회)의 고유한 역할!

게다가 에라스투스파의 주장대로 국가가 교회를 장악하면 어떤 일이 벌어질까요? 교회의 순수성은 끝나는 겁니다. 왜냐고요? 간단합니다. 우리가 성경을 통해 죄라고 보는 것들이, 어느 순간 더 이상 죄가 아니게 되거나, 더 나아가 오히려 선한 것으로 권장될 수도 있습니다. 판단 기준이 바뀌기 때문입니다. 국가는 성경을 기준으로 판단하지 않습니다. 단적으로 말해서, 종교의 자유가 헌법으로 보장된 한국에서, 국회가 '성경적 기준으로' 법을 제정하고, 행정부가 '성경적 기준으로' 법을 집행하고, 사법부가 '성경적 기준으로' 판결을 내리는 것을 상상해보십시오. 그런 일이 있을 수 있을까요? 가능하지 않은 일입니다.

어떻게 보면 이것은 너무나도 명확한 문제였는데도 불구하고, 모두들 쉬운 문제를 어렵게 풀고 있었습니다. 교회의 권한을 자기들의 발밑에 두고 싶었던 의회의 의지는 너무나 강했고, 아무래도 총회는 서류상으로 확실히 의회에 '딸린 기관'이었기 때문입니다.

어쨌든 길레스피를 비롯한 스코틀랜드 총대들의 노력으로 총회의 분위기는 차츰 정리가 되어갔습니다. 그러나 문제는 또 총회 밖에서 터집니다. 이제, 웨스트민스터 총회의 전체 기간 중 가장 큰 위기가 닥쳐옵니다.

1646년 4월 30일, 총회의 위기!

총회는 토론 끝에 권징의 권한 문제에 대하여 합의된 입장을 문서로 만들어서 의회에 보고했습니다. 그러나 문서를 받아든 의회는 기분이 안 좋았습니다. 의회는 기본적으로 권징의 권한을 의회 산하 재판소나 공권력의 손에 두고 싶었는데, 총회의 결론은 그것이 교회(당회)의 고유한 권한이라는 식으로 나왔기 때문입니다.

의회는 그저 '종교 분과 위원회'에 불과한 웨스트민스터 총회가 감히 의회의 권위에 도전했다고 판단합니다. 그래서 의회는 총회의 몇몇 위원들에게 일종의 시말서를 작성하도록 했고, 총회가 모이는 시각에 그 장소(예루살렘 방)까지 찾아와서 도도한 태도로 공개 질책까지 하고 돌아갑니다. 사실 의회의 이런 태도는 솔직히 잘 이해되지 않습니다. 이럴 거였으면 애초에 물어보지나 말던지… 권징을 어떻게 해야 하냐고 물어봐서 애써 성경책 뒤져가며 대답했더니 기분 나쁘다고 하면 어쩌라는 것인지… 이럴 거면 애초에 총회를 소집할 필요도 없지 않나요? 기본적인 예의까지 상실한 의회의 태도에, 총회의 분위기는 한순간 술렁였습니다.

총회를 개최할 때만 해도 의회는 지식과 인품이 뛰어난 성직자들의 합의사항을 겸손히 듣겠노라며 총회를 추켜세웠고, 실제로 그것이 그들의 초심이었습니다. 하지만 내전에서 유리한 고지를 점하게 되면서부터, 급한 불을 꺼서 여유를 찾은 의회는 마음을 바꿨습니다.(p.181) 이날의 사건도 같은 맥락입니다. 어쩌면 의회는 '자신들의 총회'를 주도하는 스코틀랜드 총대들을 고까운 눈으로 바라보기 시작했는지도 모릅니다. 그러던 차에 권징 논쟁은 폭발의 불씨가 되었고요.

수년째 매일같이 그야말로 헌신적인 노력을 해오던 총회, 특히 스코틀랜드 총대들에게, 이날의 사건은 심히 모욕적이었습니다. 그들은 깊은 좌절감까지 느끼게 됩니다. 자칫하면 총회는 그날로 파장 분위기가 되었을지 모릅니다.

하지만, 이날도 하나님께서 총회를 지키셨습니다. 다행히 다수의 총대들은 그들이 해야 할 일을 아주 잘 알고 있었습니다. 그들은 목표가 뚜렷했습니다. 아직 가야 할 길이 멀었습니다. 해야만 하는 중요한 일이 남아있었습니다. 그것은 바로, 지금까지 이어온 토론을 정리한 〈교회정치〉, 그리고 다음 단원부터 공부할 〈예배모범〉, 그리고 〈신앙고백서〉와 〈대·소교리문답서〉를 완성하는 것이었습니다.

바로 이 일을 위해 총대들은 모든 모욕을 참아냅니다. 그들은 자신들의 수고가 억울하게 날아간 허탈함과 괘씸하고 부당한 처우로 뒤통수를 맞은 불쾌함보다도, 역사 속에서 자신들의 손에 맡겨진 더욱 중요한 사명에 집중하기로 했습니다. 그들은 겸손하게 의회의 처분을 받아들이고, 원망하기보다는 오히려 다음 날 하루를 금식일(또는 낮춤의 시; Humiliation)로 정하여 조용히 기도하며 보냅니다. 그리고 나서 힘을 내서 더욱 가열 차게 작업을 계속해주었습니다.

의회가 실시한 장로교회 제도

결론은 예상대로 됐습니다. 의회는 총회의 결과물에 수정을 가합니다. 총회의 원안은 의회를 거치면서 에라스투스파의 입장에서 재해석된 방향으로 첨삭되었습니다. 기껏 성경을 찾아가며 토의한 보람도 없이, 그렇게 장로교회 제도는 잉글랜드 스타일로 바뀌어, 시행됩니다.

의회가 우선 런던지역에 시범적으로 선포한 새로운 교회제도(잉글랜드식 장로교회 제도)에서는 수찬정지나 출교에 해당하는 중요 범죄의 항목을 국가에서 정한다는 조항이 들어갔습니다. 법안의 전문에도 '이 제도는 의회의 권위로 시행되고 멈출 수 있다'는 언급이 들어갔습니다. 그것을 지켜보는 총회는 아쉬운 마음을 달래야 했으며, 스코틀랜드 총대들은 허탈한 마음을 고향에 보내는 편지에 표현하기도 했습니다. 이렇게 해서 잉글랜드 장로교회는 권징 문제 앞에서 '절반의 개혁'에 그 발걸음을 멈추었습니다. 그래도 참 큰 성과였습니다.

🔵 생각해보기

교회정치의 개혁
그 성과와 한계

우리가 지금 보고 있는 웨스트민스터 신앙고백서와 대소교리문답을 비롯한 표준 문서는 웨스트민스터 총대들의 이와 같은 존경스러운 절제심의 결과물입니다. 그들이 이런 마음을 가졌던 이유는 무엇이겠어요? 답은 너무나도 분명합니다. '교회에 대한 사랑!' - 사랑의 힘이었습니다.

오늘날 교회 개혁의 목소리를 내는 우리도 이 마음을 품어야 합니다. 인정받지 못해도, 때로는 중상모략에 시달리며 허황된 비난을 당해도, 대의를 위해 그것을 몸으로 받아내는 것도 필요합니다. 열 받아서 판을 엎고 싶을 때도 있지만, 그럴 땐 하루쯤 금식하며 기도하면, 주께서 더 넓은 시야를 주십니다. 이것도 하나님께서 은혜 가운데 우리가 '겪도록' 주시는 일이요, 어쩌면 훗날의 상급을 위해 미리 살짝 맛보여주시는 자그마한 선물일지 모릅니다.

비록 부족하고 아쉬운 부분이 있었지만, 장로교회 정치제도는 합법적이고 공식적으로 스코틀랜드와 잉글랜드에서 시행이 됩니다. 어쨌든 의회가 '인준'했고 실현되었으니, 이것은 역사적 사실입니다. (p.242~243) 그러나 이 제도조차도 독립파에 속했던 크롬웰은 마음에 들지 않았습니다. 그는 훗날 장기의회를 해산시키면서, 장기의회의 결과물까지 소홀히 여기는 역대의 실수를 저지릅니다.

이후 찰스 2세에 의해 왕정복고가 되면서 잉글랜드에는 '무효법'이 발효됩니다. 이 법은 찰스 1세에게 저항했던 장기의회가 만든 모든 법안을 무효로 만드는 일종의 '정치 보복'이었습니다. 덕분에 장기의회의 모든 결과물은 - 웨스트민스터 총회를 포함하여 - 잉글랜드에서는 모조리 불법이 되고 맙니다. 잉글랜드의 역사에서 장로교회 제도는 그렇게 해서 허망히 사라지고 말았습니다.

하지만 정말 다행인 것은 **총회의 또 다른 주체가 바로 스코틀랜드 교회였다는 사실**입니다. 물론 스코틀랜드 교회는 잉글랜드와 달리, **웨스트민스터 총회의 교회정치를 원안 그대로 통과 및 시행**합니다. (스코틀랜드 만세!) 그리고 그 문서는 오늘날에도 남아있습니다. 구글(Google)이라는 회사가 모조리 스캔을 떠두어 간단한 인터넷 검색만으로 우리 손에 넣을 수 있거든요. (구글 땡큐!)

○ 특별자료

그 시절의 분위기를 느껴봅시다.
조지 길레스피의 〈아론의 싹 난 지팡이〉 서문

웨스트민스터에 소집된,
존경스럽고 박식한 신학자들의 총회에 드리는 글

신학자 여러분께

오래전부터 많은 하나님의 신실한 종이 우리가 보는 이 일들을 보고 우리가 듣는 이 일들을 듣기를 갈망했지만, 이는 우리 선조들께는 허락되지 않고 이 세대를 위해 마련된 특별한 은혜 중 하나였습니다. 그것은 곧 이 섬의 두 나라에 있는 신학자들이 한데 모여 교리와 예배, 권징과 정치의 측면에서 종교개혁을 평화롭고 자유롭게 논의하게 되었다는 것입니다.

이전에 공적 예배와 교회정치 형태에서 큰 차이를 보이던 두 나라가 하나님의 선하신 손길을 통해 - 서로의 위로와 행복을 위해, 그리고 서로에게 더 소중한 존재가 되기 위해 - 이제 하나의 예배모범에 동의하고, 하나의 신앙고백으로 나아가며, 마찬가지로 하나의 교회정치 형태까지 이르는 아름다운 발걸음을 내딛게 되었다는 것은 더욱 큰 은혜입니다.

이 모든 일에 대해, 그리스도의 진리와 규례들에 관해 우리가 공통적인 관심사를 지닌다는 점에서, 다른 개혁교회들뿐 아니라 특별히 스코틀랜드 교회의 형제들은 여러분께 빚을 졌습니다. 여러분의 이름은 그들 가운데 귀중한 향유와 같으며, 그들은 여러분께 애정을 갖고 매우 높이 존경하고 있습니다. 이는 여러분이 수행하고 있는 일로 인함입니다. 그 일은 비할 데 없이 놀라운 것으로, 주님의 성령을 감철로 요구하는 일입니다. 수많은 사람의 마음과 기도가 여러분과 함께하고 있습니다. 이는 주님의 기쁨이 여러분의 손에서 흥왕하게 하려 함입니다.

○ 특별자료

제 존경하는 동료들과 저 자신의 입장에서도, 여러분의 진지하고 해박한 토론에 참여하며 돕는 역할을 한 것이 저희에게 무척 행복한 일이었습니다. 하지만 - 우리가 처음 왔을 때 선언했듯이 - 우리는 여러분께 주제넘게 무언가를 지시하러 온 것이 아니라, 여러분께 기꺼이 빛을 제공할 뿐 아니라 얻기도 하며, 여러분과 우리 모두의 공통된 규범인 하나님의 말씀을 통해 공정하고 자유롭게 여러 사안을 논의하려고 여기 왔습니다.

지금 스코틀랜드 교회의 총회에 보내신 여러분의 편지 중 하나에서도 기꺼이 표현해 주셨다시피, 다른 때에 다른 일을 통해서도 여러분은 우리에게 이 책임을 맡긴 그 교회와 특히 우리 자신을 향한 큰 경의를 표해 주셨습니다. 이에 따라 가능한 모든 감사의 표현을 공적으로 드려야 할 것입니다.

바로 그 일을 위해 저는 이 기회를 택했습니다. 저는 그 빚을 갚거나 표현할 능력보다 훨씬 많은 것을 여러분께 빚지고 있다는 것을 압니다. 비록 저에게는 여러분의 은덕을 갚을 힘도, 여러분이 받아 마땅한 찬사를 표현할 힘도 없지만, 여러분이 베푸신 경의에 대한 저의 이 보답을 받아 주시기를 간청하는 바입니다. 저는 수준 높은 자들의 심사숙고가 요구되는 문제인 에라스투스주의 논쟁에 대한 이 해명의 글을 여러분께 헌정하는 바입니다.

저는 이 글이 그 문제를 푸는 적절한 해답이 되기를 희망합니다. 다른 이들이 더 좋은 글을 쓸 수도 있을 것입니다. 하지만 저에게 있는 기구를 성막 작업에 보탠다는 마음으로 이 글을 썼습니다. 저보다 더 뛰어난 학식과 판단력을 지닌 여러분 앞에 제 글을 제출하면서, 앞으로도 늘 여러분의 충실한 벗이 될 것입니다.

Gillespie

> 생각해보기

이 시대에 되살아나는
에라스투스주의를 주의하자

"에라스투스파 논쟁이 오늘 우리에게 무슨 의미가 있을까요?", "요즘은 국가에서 교회를 딱히 간섭하지 않잖아요?" 이렇게 생각할 수도 있습니다. 그래서 우리와 먼 이야기, 이미 지나간 이야기라고 생각할지도 모르겠습니다. 하지만 이 문제는 여전히 가까이 있습니다.

확실한 것은 **세속국가의 질서와 교회의 질서는 서로 다르며 또한 둘 다 소중하다는 겁니다.** 그런데 교회는 여전히 국가의 틀 안에 있고, 성도들은 시민사회와 더불어 살아갑니다. 거기에는 반드시 충돌이 발생합니다. 세상 법은 변해가지만 하나님의 법은 영원토록 변함이 없기 때문입니다.

예를 들어볼까요? 미션스쿨이 헌법이 보장하는 종교의 자유를 침해한다고 하여 제약을 받거나, 주일성수를 위해 주일에 시행하는 각종 국가고시에 응하지 못하고 갈등했던 일 등이 과거의 대표적인 사례였습니다. 시민사회의 편의를 위한 일은 국가가 당연히 취할 조치입니다. 그것을 나쁘다 말할 수 없습니다. 문제는 신자들이 그런 상황에서 어떻게 행동하는 것이 좋을지, 다들 원리를 몰랐다는 겁니다.

최근엔 더 복잡해졌습니다. 차별금지법의 일부 항목이 교회법과 충돌할 가능성 때문에 논란을 빚습니다. 종교나 성(性)적 지향의 차이로 차별을 받으면 안 된다는 규정은 시민사회에서 당연히 필요하지만, 교회에서 동성애를 죄로 규정하는 문제와 충돌하면서 엉뚱한 불똥이 튀고 있습니다. 동성애를 죄로 지적하고 동성애자를 교회의 직분자 후보에서 배제하는 등의 조치는 시민사회의 입장에서 볼 때 차별금지법을 어기는 것이 됩니다. 극단적인 예로, 목사가 설교 시간에 동성애를 죄라고 꾸중하면, 그 설교를 듣는 자리에 있던 동성애자가 '모욕죄' 혹은 '명예훼손죄'로 목사를 고발하는 환경이 경우에 따라 마련될 수도 있습니다. 이런 문제를 어떻게 풀어야 할까요?

목회자 세금 문제도 마찬가지입니다. 교회법에 따르면 목사는 교회의 직분자이며, 교회를 말씀으로 섬기는 봉사자입니다. 목사의 소득은 그 섬김에 감사하는 뜻에서 교회가 드리는 선물이자, 그 직분에 전념하도록 배려하는 일종의 후원금입니다. 따라서 이것을 '근로소득'으로 볼 수 없다는 것이 전통적인 교회법입니다. 갑종근로소득, 즉 '급여'가 아니라는 겁니다. 만약 목사가 교회 일을 직업으로 삼는 근로자라면, 장로와 집사도 마찬가지로 파트타임 급여를 받는 근로자로 보아야 할 것입니다. (물론 목회자도 '소득신고'까지는 할 필요가 있겠습니다. 근로가 아니라도, 소득은 소득이기 때문입니다. 그런 협조는 시민 사회를 함께 살아가는 사회 구성원으로서의 의무에 속합니다.)

🔵 생각해보기

간통법 폐지 등의 최근 변화도 교계의 근심입니다. 7계명을 어기는 일은 분명한 죄이지만, 사회적으로는 개인의 자유와 선택에 속하는 문제가 되었습니다. 이혼이나 미혼남녀의 성관계 등은 교회에서 수찬정지를 받을 만큼 큰 죄이지만, 사회적으로는 이미 오래전부터 아무런 징벌을 받지 않습니다.

이렇게 민감한 문제들을 앞에 두고 교회는 납득할만한 결론을 내지 못하여 많은 신자를 혼란스럽게 합니다. 그래서 신자들은 두 가지 극단적인 대처를 합니다. 교회법은 현실적이지 못하다고 포기하고는 세상에 따라 적응하는 것이 한쪽 극단입니다. 정반대는, 국가를 사탄에 휘둘리는 세력으로 규정하고 저항하는 겁니다. 전자는 신자의 정체성을 잃는 일이고, 후자는 덕스럽지 못한 행동으로 흘러가곤 합니다. 기독교인이 정권을 잡아야 한다고 주장하거나 실제로 기독교 정당을 만들고 나섭니다. 혹은 악한 세상과 선을 긋고, 시민사회와 구분된 교회만의 사회를 만들어, 그 속에서만 통용되는 법에 따라 살아갑니다. 그 과정에서 흑백논리가 힘을 얻는 것은 자연스런 수순입니다. 타 종교인에게 배타적이거나 적대적인 행동양식이 거기서 자연스럽게 발생합니다. 폭력으로 이어지기도 합니다.

이런 문제들은 사실 그 뿌리가 에라스투스 사상에 닿아있습니다. 기독교인 대통령을 뽑아놓으면 교회가 잘 될 거라 믿거나, 국가의 정책 방향성을 기독교인의 힘이나 숫자로 압도하려는 행동은, 대체로 하나님 나라 건설을 기독교 국가 건설과 혼동한 탓입니다. 기독교 정신에 입각한 각종 제도나 관습과 문화로 타종교인을 억압함으로써 기독교의 우수성을 증명하려는 종교순혈주의는 현대판 십자군 전쟁과 다를 바 없습니다. 그런 사람들이 문제를 푸는 지름길이 바로 에라스투스주의입니다. 그러나 앞에서 봤듯이 이것은 실제로 불가능할 뿐만 아니라 성경적이지도 않습니다.

종교개혁자들은 결코 그렇게 판단하지 않았습니다. 쉽고 빠른 길을 찾기보다는 어렵고 곤란하고 패배할 가능성이 많더라도 성경이 말하는 방향을 택합니다. 그것은 스코틀랜드 종교개혁자 앤드류 멜빌의 '두 왕국 이론'으로 제안되었고, 웨스트민스터 총회에 참석했던 스코틀랜드 총대 사무엘 러더포드가 출간한 '법과 군주(Lex, Rex)'라는 책에서 검증되었으며, 조지 길레스피가 '아론의 싹난 지팡이'로 에라스투스파를 논박함으로써 확증되었습니다. '아론의 싹난 지팡이' 제3장에는 "이방인과 세리와 같이 여기라(마 18:17)"는 말씀이 결코 시민 사회와의 분리를 말하는 것이 아님을 역설합니다. 출교는 종교적, 또는 교회적 교제의 제한을 뜻하는 것이지, '그 사람과 사회적으로도 일체 교제하지 말라'는 뜻이 아니란 겁니다. 권징은 왕따를 시키란 게 아닙니다. 실제로 총회 기간에 잉글랜드 의회가 명령한 권징서에 따르면 출교를 당한 사람도 여전히 시민의 일원으로 대하고 그의 가게에서 물건을 사는 등, 그에게 사회구성원으로서의 자격을 여전히 부여했습니다. 이처럼 <u>웨스트민스터 총회는 교회법과 세속법의 경계를 명확히 구분하면서도 함께 살아가는 사회를 무시하지 않습니다.</u>

❓ **생각해보기**

우리는 웨스트민스터 총회에서 힌트를 얻어야 합니다. 세상법과 교회법이 충돌하면 어떻게 해야 할까요? 신자는 교회의 고유한 질서를 생명처럼 지켜야 합니다. 그럼에도 불구하고 세속 질서 또한 존중해야 합니다. 세속 법정과 제도에 시민의 한 사람으로서 복종하고 협력해야 합니다. 물론 그 균형은 어렵습니다. 하지만 그게 답입니다.

구체적으로 어쩌라는 말인가요? 우선, 하나님의 법에 맡겨야 할 것을 세상 법정에 맡기는 것은 참으로 부끄러운 일입니다. 세상법이 교회법과 충돌하면 우리는 교회법을 따라야 합니다. 그리고 그로 인한 불이익을 감수해야 합니다! 벌금을 부과받으면, 벌금을 내야 합니다. 악한 정부가 들어서면 신자는 고통을 '받아야' 합니다. 그러나 거기서 머무는 것이 아닙니다. 동시에 하나님의 법에 따른 **권면**을 세속정부를 향해 건네야 합니다. 무엇이 선한 정부인지, 어떤 정책이 하나님 나라의 질서에 더 가까운지를 세속 정부와 법정 앞에 제시하고 설득해야 합니다. 스코틀랜드 총대들처럼 때로는 책을 펴내야 하고, 정치인을 설득해야 하고, 다음 세대를 교육하고, 믿지 않는 자들도 납득할 수 있는 보편타당한 정책을 모색해야 합니다. 즉, 마음을 다하고 지혜를 다하여 대안을 제시하되, 방식에 있어서는 힘과 돈으로 행하는 폭력이 아니라 말과 글과 성숙한 복종으로 싸우는 겁니다.

아울러 교회는 결코 정치세력의 도구가 되어서는 안 됩니다. 정교분리는 현실 문제에 침묵하라는 것이 아니었습니다. '정부가 하는 일은 속된 것이니 교회는 신경을 꺼야 해!'라며 외면하거나, '하나님이 세운 지도자잖아! 우리가 지켜줘야지.'라고 무조건 옹호하는 태도는 신학의 부재이자 정치권력에 교회가 스스로를 내어주었던 에라스투스주의입니다. 세속 권력과 교권의 콜라보에 대한 저항은 16, 17세기 종교개혁의 핵심 가치 중 하나입니다. 칼뱅이 제네바에서 끝없이 싸웠던 주제도 이것이었고, 프랑스의 위그노, 스코틀랜드의 장로파, 잉글랜드의 청교도 역시 마찬가지였습니다.

국가와 교회가 철저히 구분되어야 하는 이유는 그것의 성경적 근거가 없기 때문이기도 하거니와, 그것이 교회에도 신자의 삶에도 국가에도 아무런 유익이 없기 때문입니다. 유익은커녕, 해롭습니다. 그 증거는 교회사 속에서 한없이 찾아낼 수 있는데, 놀랍게도 이는 국가종교의 테두리를 벗어난 오늘날에도 답습되고 있습니다.

이런 일이 여전히 있는 한, 종교개혁은 21세기에도 여전히, 그리고 더욱 엄중히 요구됩니다. **우리는 종교개혁자들이 취했던 방향으로 나아가야 합니다.** 웨스트민스터 총회가 제시해주었던 그 열매를 소중히 읽고 적용해야 합니다. 그것이 복된 길입니다. 총회를 지키셨던 주께서 오늘 우리도 지켜주시기를, 우리에게도 지혜 내려주시기를, 간절히 기도합니다.

제9화 교회정치_3 아론의 싹 난 지팡이

다음 질문을 읽고, 맞는 것에 O, 틀린 것에 X로 답하세요.

1. 신자들의 범죄를 벌하고 다스리는 역할(권징)을 교회가 아닌 국가가 맡아야 한다고 주장했던 사람들이 에라스투스파였다. O X

2. 스코틀랜드의 총대로 참석한 조지 길레스피는 교회를 국가의 통제 아래 두고자 하는 에라스투스주의에 반박하기 위해 '아론의 싹난 지팡이'를 썼다. O X

3. 권징을 국가가 아닌 교회가 맡아야 한다는 총회의 합의 사항에 대해 의회는 분노했다. 총회 위원들을 공개적으로 질책하는 등 모욕적인 행동을 했다. O X

4. 교회 정치에 관하여 총회는 성경적 근거를 가지고 의회를 설득했다. 의회는 이를 적극 수용하여 전국적으로 장로교회 제도를 시행하기로 했다. O X

5. 총회의 또다른 주체인 스코틀랜드 교회의 총회는 웨스트민스터 총회에서 작성한 교회정치를 원안 그대로 받아 통과시켰다. O X

주관식
장로교회파와 에라스투스파의 입장 차이에 대해 설명해 보세요.

종교개혁지 탐방

노트르담 드 빅토리 성당 방문기
그리고 '리슐리외'라는 인물에 대하여

제임스 6세가 잉글랜드 왕권을 받게 되었을 때, 잉글랜드의 청교도들은 '천인청원'을 제출했습니다. (p.116) 거기에는 이런 내용이 적혀 있었습니다. "목사가 아닌 자에 의한 출교가 일어나서는 안 된다." 바로 여기서 겨냥한 것이 에라스투스주의, 즉 '국가 권력의 교권 침해'였습니다. 이러한 싸움은 잉글랜드뿐만 아니라 프랑스에서도 마찬가지였습니다.

파리 '승리 성당', 라 로셸 전승기념관

승리 성당 외부

승리 성당 내부

승리 성당 안내판

프랑스 파리에 갔을 때의 일입니다. 위그노의 후손들이 모여서 예배하는 어느 개혁교회에 방문했다가 숙소로 돌아오는 길에 다리가 아파서 잠깐 멈춰 섰다가 우연히 발견한 성당입니다. 성당 이름이 '승리(Victory) 성당'입니다. 무심코 안내판을 보다가 '라 로셸(La Rochelle)'이라는 단어를 발견했습니다. 라 로셸은 129쪽에서 설명한 바 있는 도시입니다. 저는 바로 전날 그곳에 다녀왔었기에 "엇!"하고 놀라서 들어가 봤더니 기가 막혔습니다. 이곳은 성당이 아니라 차라리 '전승 기념관'이라고 불러야 할 것 같았습니다. 벽에 붙어 있는 온갖 기념물은 이곳이 순수한 교회가 아니라는 것을 보여줬습니다. 17세기 초, 라 로셸을 포위했던 로마 가톨릭 군대가 위그노들을 짓밟아 이겨 승리한 것을 기념하고 축하하고 자랑하기 위해 세운 성당입니다. (함께 읽기: p.354~355 라 로셸 프로테스탄트 박물관 이야기)

종교개혁지 탐방

성당 정면의 그림은 이것을 확실하게 보여줍니다. 루이 13세가 보이고, 마리아가 승리의 잎사귀를 수여하고 있습니다. 오른쪽 구석에 쓰러져 있는 사람이 위그노이고, 뒤에 희미하게 보이는 성이 바로 라 로셸입니다. 라 로셸 전투에서 승리한 걸 기념하는 성당을 만들어 놓고 과시하는 그림을 그려 놓은 겁니다.

그런데 빨간 옷을 입은 사람이 중간에 보입니다. 누굴까요? 유명한 리슐리외 추기경입니다. 이 사람이 지금 여기서 무엇을 하고 있을까요? "자, 이쪽으로 오시죠."라며 루이 13세를 마리아 앞으로 안내하고 있습니다. 즉, 이번 승리에서 자기가 중간 역할을 잘했다 이겁니다. 자기 덕분에 라 로셸에서 프랑스가 승리한 것을 기록으로 남겨 자신을 드러내는 겁니다. 판단해봅시다. 지금 이것이 소위 성직자가 할 일입니까? 종교가 정치에 연루되었을 때, 교회를 섬겨야 할 사람이 권력을 탐닉했을 때, 그 결과가 이런 것입니다. 좋을 것이 하나도 없습니다. 오히려 부끄러운 줄도 모르는 채, 저렇게 자랑삼아 그림을 그려놓고 역사 속에 남겨 둡니다.

성당 전면의 그림

사실 이 그림은 두 버전이 있습니다. 처음에 그린 그림엔 리슐리외가 왕 앞에서 이끄는 위치에 있다가 나중에 왕의 뒤에서 왕과 마리아 사이를 중재하는 위치로 바뀝니다. 리슐리외가 원했던 바로 그 포지션입니다.

제9화 교회정치_3 아론의 싹 난 지팡이 / 267

🔹 종교개혁지 탐방

잉글랜드 청교도들과 스코틀랜드 총대들이 활약했던
성공회의 수도 런던과 '웨스트민스터'

이 책 대부분의 무대가 된 런던. 도시 전체가 하나의 박물관과도 같았지요. 헨리 8세가 로마 교황청과 갈라서면서부터 지금까지 잉글랜드 개신교회(성공회)의 본산이라 할 수 있는 이곳. 역사의 흔적을 둘러보며 종교개혁의 그 시절로 시간여행을 떠나보시기 바랍니다.

찰스 1세가 처형당하던 날

이탈리아의 루벤스까지 초청해서 꾸밀 정도로 공을 들이던 궁이었지만, 바로 이곳에서 찰스 1세는 처형당하고 맙니다. 1666년 런던 대화재 때, 모두 불타 버리고 지금의 연회장 건물만 덩그러니 남았습니다. 근처 다우닝가를 거닐고 근위병을 만나보실 수 있습니다.

화이트홀 궁 연회장(banqueting House)

무너질 뻔한 국회의사당

열렬한 로마 가톨릭 신자인 가이 포크스와 일당들은 제임스 1세를 암살하기 위해 폭탄 테러를 모의했습니다. 의사당 지하에 폭약을 잔뜩 쌓아 두지만 결국 거사 직전에 발각, 체포됩니다. 이 사건은 '저항'의 의미만 남아 매년 11월 5일 즈음에 가이 포크스 데이라는 이름으로 기념되고 있습니다. (영화 브이포벤데타는 이 사건을 모티브로 하고 있습니다.) 시간 맞춰가면 빅벤 시계탑에서 들려오는 웅장한 종소리를 들을 수 있어요!

템즈강 # 영국 국회의사당과 빅벤

잉글랜드 종교개혁의 흔적

여기서는 런던 중심가에서 다소 거리가 먼 곳들을 소개합니다. 옥스포드에는 블러디 메리가 본보기 삼아 화형에 처했던 라티머와 리들리 주교의 화형 장소가 지금도 남아 있습니다. 종교개혁을 도모했던 토마스 크랜머도 이 자리에서 순교했습니다. 다른 장소로, 잉글랜드 청교도들에게 제임스 1세가 '노 비숍 노 킹'을 외쳤던 장소, 햄프턴코트 궁(Hampton Court Palace)도 있습니다. 헨리 8세부터 여러 왕에 얽힌 이야깃거리가 숨어있습니다.

햄프턴코트 궁 # 옥스포드 순교지&기념비

예배당인가 왕들의 무덤인가

우리가 공부하고 있는 웨스트민스터 총회가 열린 바로 그 장소이지요! 내부가 궁금해서 들어갔다가 빼곡하게 들어찬 왕과 유명인의 무덤들을 발견하고 깜짝 놀랐던 기억이 납니다. 생전에 라이벌이었을 엘리자베스 1세 곁에 메리 1세(블러디 메리)가 나란히 묻혀 있는 모습도 매우 인상적입니다.

웨스트민스터 사원

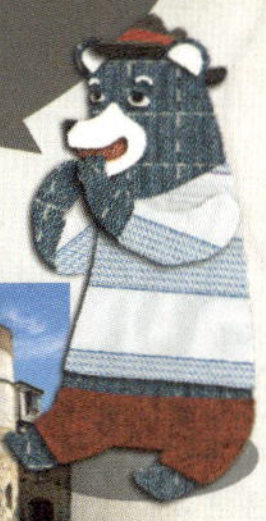

종교개혁지 탐방

종교개혁지 답사여행을 계획할 때, 그 지역의 성당이나 교회당 건물, 박물관만 다니지 말고 유명한 관광지를 비롯해서 흥미로운 지역을 방문지 목록에 꼭 넣어가세요. 역사 속에 이어오는 다양한 이야기거리가 장소마다 음식마다 깃들어 있습니다. 예상치 못한 곳에서 보물 같은 경험을 하게 될 때, 그 지역에 대한 애정이 깊어지고 역사에 대한 이해도 더욱 풍성해진답니다. ^^

④ 세계에서 2번째로 큰 성당

로마 바티칸의 베드로 대성당, 피렌체 대성당과 함께 세계 3대 성당으로 꼽히는 성공회 교회당입니다. 1666년 대화재 때 이 역시 불타 버려, 다시 지었습니다. 웨스트민스터 총회 당시 시범 노회에 속한 교회로서, 이곳에서 개혁자들이 설교도 하고 목회도 했을 것을 생각하면 아련한 마음이 듭니다.

\# 세인트폴 대성당

⑤ 비극의 현장

엘리자베스 1세를 비롯해서 수많은 사람들이 투옥되거나 고문, 처형됐던 곳입니다. 왕들이 바뀔 때마다 구교도와 신교도들이 번갈아 가며 이곳에서 고초를 겪어야 했습니다. 산업혁명의 상징이자 그 시절의 번영을 그대로 간직한 타워브릿지가 바로 근처에 있으니 꼭 둘러보세요.

\# 타워브릿지 \# 런던탑

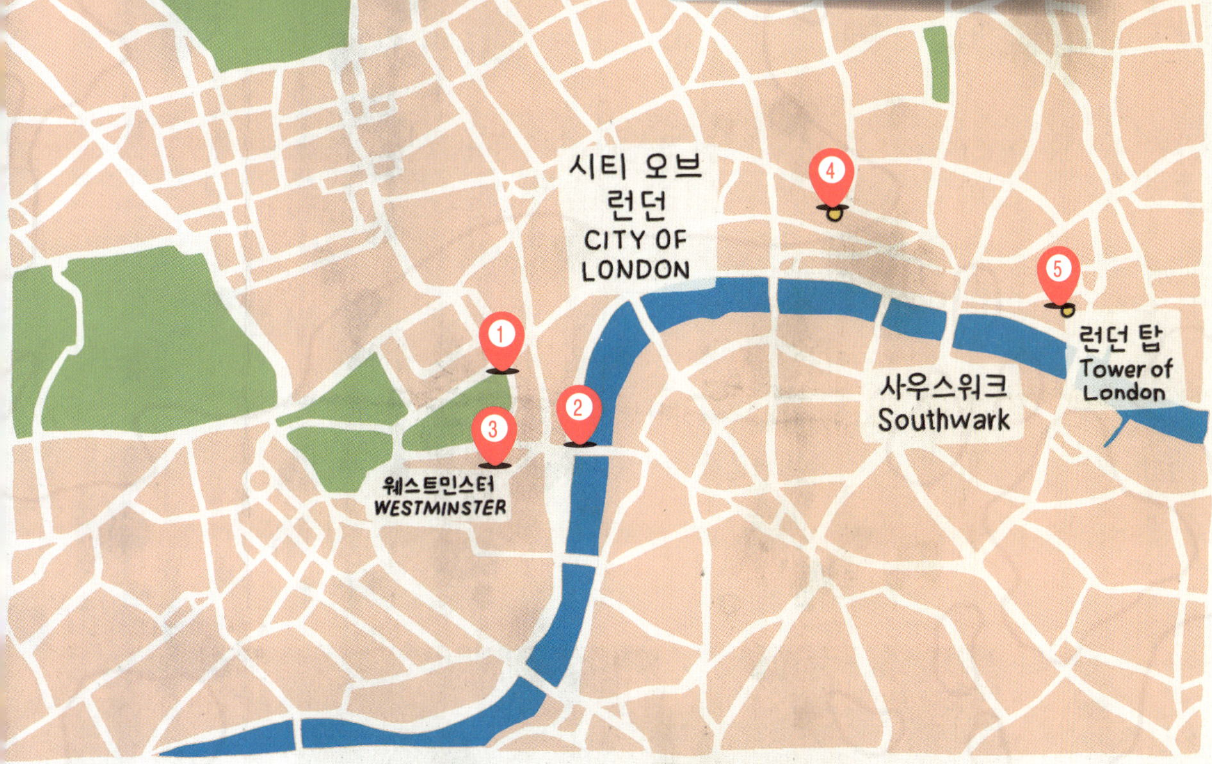

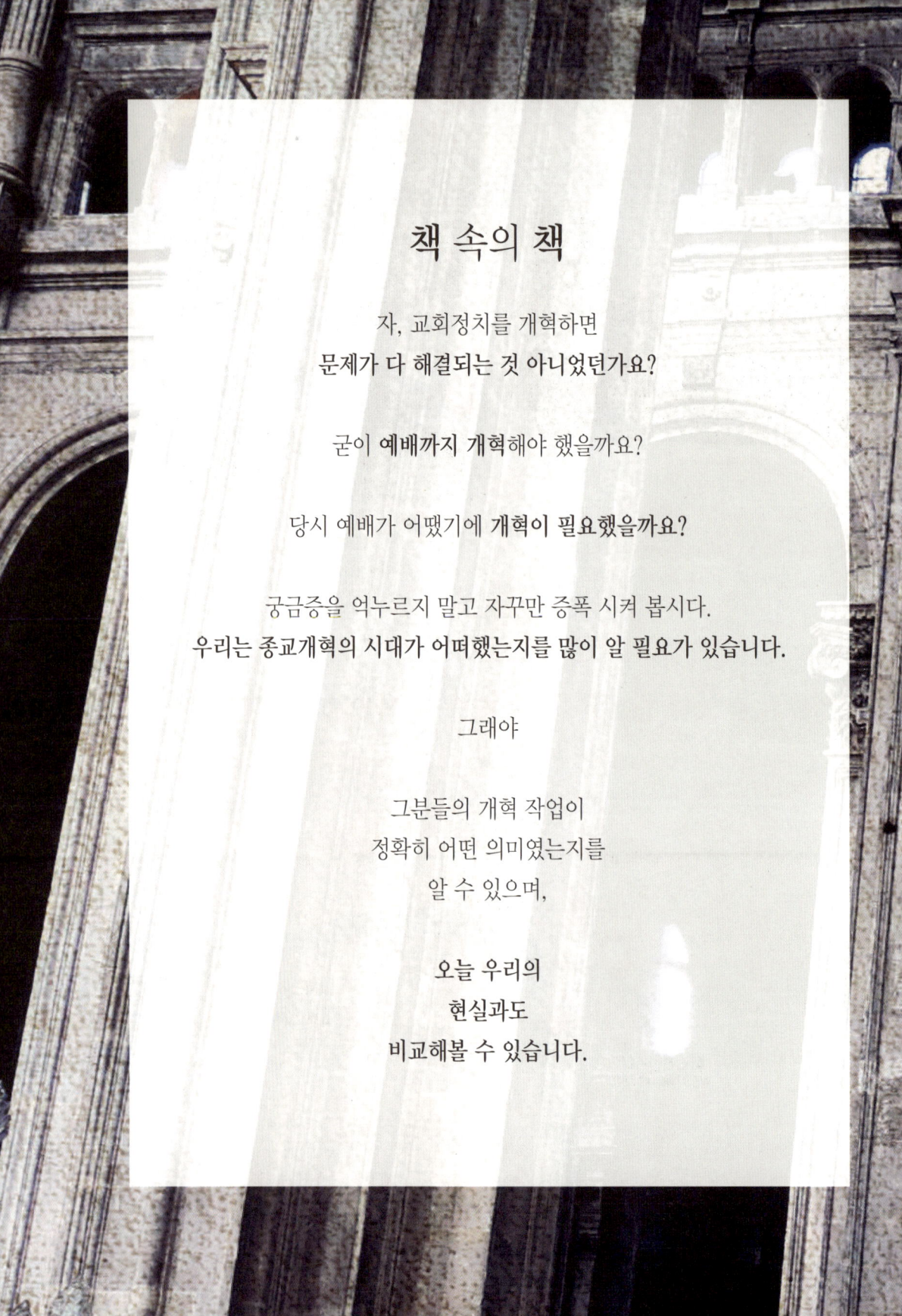

책 속의 책

자, 교회정치를 개혁하면
문제가 다 해결되는 것 아니었던가요?

굳이 **예배까지 개혁**해야 했을까요?

당시 예배가 어땠기에 **개혁**이 필요했을까요?

궁금증을 억누르지 말고 자꾸만 증폭 시켜 봅시다.
우리는 종교개혁의 시대가 어떠했는지를 많이 알 필요가 있습니다.

그래야

그분들의 개혁 작업이
정확히 어떤 의미였는지를
알 수 있으며,

오늘 우리의
현실과도
비교해볼 수 있습니다.

📖 책 속의 책

예배 개혁의 핵심
제사에서 예배로!

로마 가톨릭의 천사상과 성당
괴물 장치들이 주는 효과

예배 개혁을 한마디로 표현하면, '제사(Sacrifice)에서 예배(Worship)로의 개혁'입니다. 예배에 제사의 개념이 조금이라도 남아있다면 그 예배는 개혁해야 합니다. 그러면 제사는 무엇이고 예배는 무엇일까요?

지금도 로마에 가보면, 어떤 성당이든지 그 내부 장식이 대단합니다. 오늘날 아무리 멋진 건물과 화려한 인테리어를 자랑하는 교회라 하더라도, 로마의 어느 한 귀퉁이에 있는 성당의 화려함을 따라갈 수 없습니다. 화려함은 성당의 기본 세팅이었습니다. 왜 그럴까요? 왜 중세 사람들은 예배당을 장식해서 화려하게 만들려고 그토록 공을 들였을까요? 그것은 공간이 제사와 관련된 것으로 생각했기 때문입니다. 결국, 이것도 사제주의의 폐단입니다.

로마가 기독교를 국교로 삼은 뒤 기독교 신자의 수가 급증했고, 많은 신자들이 예배할 수 있도록 예배 공간이 많이 필요해졌습니다. 그래서 한때 버려졌던 로마의 신전들이 발굴되어 예배당으로 리모델링됩니다. 그런데 신전은 본래 용도가 이방신을 모시고 제사하던 곳이라, 내부 구조가 기독교 예배공간으로 썩 적합하지 않습니다. 신비로운 분위기를 주는 화려한 공간에서 예배하던 신자들은, 아니나 다를까 차츰 예배와 제사를 혼동하기 시작합니다. 성경을 잘 몰랐던 사람들은 우상숭배와 제사를 기독교 예배와 잘 구분하지 못했던 겁니다.

세월이 흐르며 이런 현상은 점점 심각해져서, 중세를 지나면서 예배당은 갈수록 화려하고 복잡한 신전 스타일로 건축됩니다. 물론 나름대로 온갖 종교적 의미를 담아서 내부와 외부를 설계했지만, 그 의미라는 게 딱히 성경적이지 못한 경우가 더 많았습니다. 건물에 그런 의미를 부여하는 것 자체가 과연 올바른 신앙의 행위인지부터 사실은 생각을 다시 해봐야 합니다.

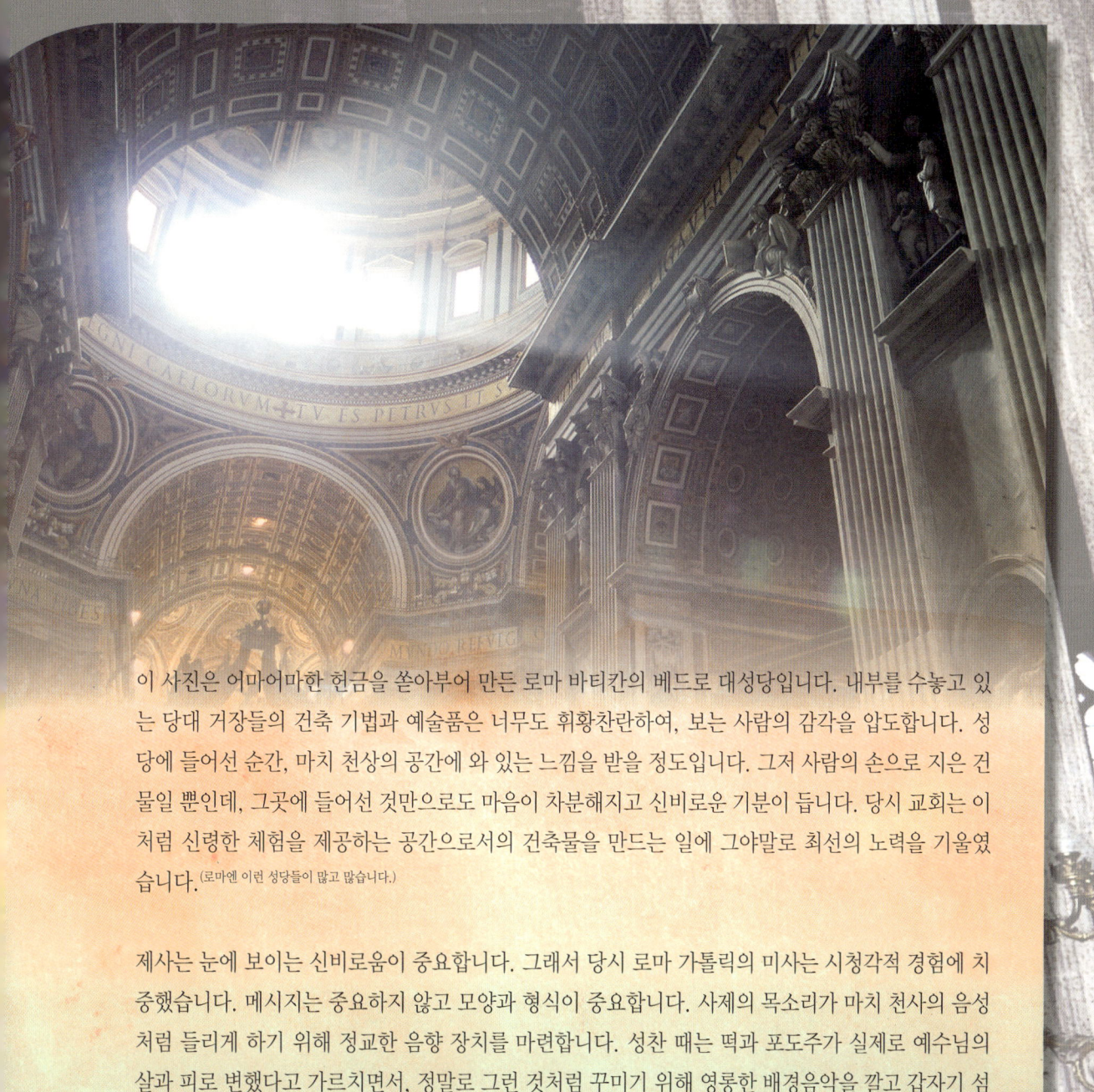

이 사진은 어마어마한 헌금을 쏟아부어 만든 로마 바티칸의 베드로 대성당입니다. 내부를 수놓고 있는 당대 거장들의 건축 기법과 예술품은 너무도 휘황찬란하여, 보는 사람의 감각을 압도합니다. 성당에 들어선 순간, 마치 천상의 공간에 와 있는 느낌을 받을 정도입니다. 그저 사람의 손으로 지은 건물일 뿐인데, 그곳에 들어선 것만으로도 마음이 차분해지고 신비로운 기분이 듭니다. 당시 교회는 이처럼 신령한 체험을 제공하는 공간으로서의 건축물을 만드는 일에 그야말로 최선의 노력을 기울였습니다. (로마엔 이런 성당들이 많고 많습니다.)

제사는 눈에 보이는 신비로움이 중요합니다. 그래서 당시 로마 가톨릭의 미사는 시청각적 경험에 치중했습니다. 메시지는 중요하지 않고 모양과 형식이 중요합니다. 사제의 목소리가 마치 천사의 음성처럼 들리게 하기 위해 정교한 음향 장치를 마련합니다. 성찬 때는 떡과 포도주가 실제로 예수님의 살과 피로 변했다고 가르치면서, 정말로 그런 것처럼 꾸미기 위해 영롱한 배경음악을 깔고 갑자기 섬광을 비추기도 합니다. 이런 것은 일종의 속임수이자, 모두 신비주의를 추구하는 예배의 공통 특징입니다. 예배가 순수함을 잃어갈 때 보편적으로 나타나는 현상이기도 합니다.

하나님이 원하시는 방식으로 예배드린다는 원칙을 철저하게 지켰던 사람들의 입장에서 볼 때, 로마 가톨릭 성당(또는 사원)의 잡다한 장식과 예식들은 무엇일까요? 그것은 '되지도 않을 것으로 하나님을 예배하려 드는 행동'에 불과한 것이었습니다. 그래서 그들은 종교개혁 당시 이러한 장식부터 떼어 냈습니다.

◻ 책 속의 책

참된 예배에 어울리는
예배당 건축은 어떠해야 하나

이와 관련해서 생각해볼 문제를 하나 드리겠습니다.

사진은 노트르담 사원입니다. 파리에 가면 꼭 봐야 되는 것으로 알려진 관광지입니다. '노트르담'이란 Our Lady란 뜻으로, 예수님의 모친 마리아를 의미합니다. 굉장히 멋진 건물인데, 특히 정문 한 가운데 있는 커다란 창문이 눈에 띕니다. 이런 형태의 창문을 건축 쪽에서는 '로즈 윈도우(Rose Window)'라고 부릅니다. 건축 양식이지요.

파리 노트르담 성당 로즈 윈도우

파리 노트르담 성당 로즈 윈도우(내부)

그런데 이 [로즈 Rose]가 뭘까요? 장미가 의미하는 것이 뭘까요? 이 역시 '마리아'를 뜻합니다. 그러니까 성당 건물에 이 창문이 있다는 것은, 소위 '성모 마리아'와 관련이 있는 종교건물이라는 뜻이 되며, 다른 표현으로는 이곳에서 신자들이 마리아의 은총을 받는다는 개념입니다. 장미창에 투과된 은은한 빛이 건물 내부를 밝혀줄 때, 신자들은 거기서 신비롭고 따스한 은총의 느낌을 받을 뿐만 아니라 하나님의 음성을 계시받는 기분이 됩니다. 상당수의 성당 건물에는 이런 창이 있습니다. 웨스트민스터 사원에도 대형 로즈 윈도우가 장착되어 있습니다.

웨스트민스터 사원 로즈 윈도우

한국의 많은 교회당 건물도 이것을 단순히 건축양식으로 알고 모방했습니다. 고딕 양식으로 지은 옛날 교회당에는 이런 창문이 꼭 있습니다. 건축양식에 담긴 신학적 의미까지는 생각하지 못했던 겁니다. 물론 신학적 의미를 담지 않고 단순히 예술로 이해하고 넘어가자는 입장도 있겠지만, 아무래도 종교적 상징은 예술 이상의 의미를 담고 있으니 주의가 필요합니다. 그냥 예뻐 보인다고 해서 교회 안에서 다 받아들일 수는 없으니까요.

분위기 조성을 위한
중세교회의 신전 제의 분위기

이런 건축양식의 문제점은 다른 게 아닙니다. 의도적으로 '분위기'를 조성한다는 겁니다. 신비로운 신전 분위기 말입니다. 오른쪽 사진은 고대 로마 신전 건축물로서 놀라운 걸작으로 인정받는 '판테온 신전'입니다. 천장에 있는 구멍으로 해가 비치며, 둥그런 구조로 되어 있어서 하루 동안 해가 한 바퀴 돌면서 빛줄기가 신전 곳곳을 비추며 회전합니다. 이때 사람들은 신비감을 느끼며, 마치 신적 경험을 하는 듯한 느낌을 받는데, 그렇게 되도록 건축물을 디자인하는 것은 신전이 갖추어야 할 기본 요소였습니다.

기독교가 로마의 국교가 되면서 이 신전도 성당으로 개축되는데, 여전히 기존의 기능이 유지되고 있습니다. 이곳은 오늘날에도 '장미'가 유명합니다. 일종의 '장미축제' 행사인 모양인데, 해마다 특정 날짜가 되면 마리아의 은총을 피부에 와 닿도록(?) 체험 시켜 줍니다. 천장에서 아르바이트 학생들이 어마어마한 양의 장미꽃잎을 삽으로 퍼붓습니다. 그러면 신전 안에 있는 사람들은 밝은 햇살 속에 쏟아지는 붉은 장미꽃잎을 얼굴과 온몸으로 맞이하며 황홀한 느낌을 받습니다. 왜 이런 것을 할까요? 전형적인 신비주의 예배의 모습입니다. 이런 체험은 인간의 근원적인 종교심을 자극하는 것으로, 가장 단순하고 손쉽게 종교심을 강화, 유지하는 수단입니다. 성경이 아닌 다른 것을 동원해서 신앙을 북돋우려면 이런 유치한 방법밖에 없습니다. 안타깝게도 중세 교회는 이런 미신적인 행위를 너무나도 오랜 세월 방조 혹은 조장했습니다.

장미 축제를 홍보하는 안내영상이 신전 내부에 설치된 기기에서 상영되고 있습니다. 동전을 넣어야 볼 수 있습니다.

성스럽다고 여기는 유골과 성상을 숭배하는 로마 가톨릭의 예배 풍습은 지금도 유지되고 있습니다.

▣ 책 속의 책

종교개혁자들의 본격적인 예배 개혁

이런 상황에서 종교개혁자들은 어떻게 했을까요? 신비주의를 제거하는 데 그쳤을까요? 아닙니다. 근본을 고쳐야 합니다. 성경으로 돌아가서, 기본 정의부터 가르쳤습니다. 예배가 무엇이냐에 따라서 예배의 모습과 예배자들의 마음가짐이 달라지기 때문입니다. 종교개혁자들은 예배에 대해 다음과 같은 원리를 갖고 있었습니다.

첫째, 무엇을 해야 하느냐에 대해서는, 예배는 하나님의 것이니 하나님께서 원하시는 대로 하자는 것이었습니다. 하나님께서 우리에게 예배를 명하셨으므로, 하나님의 말씀인 성경에 나타난 예배 요소만 사용하자고 주장했습니다. 그 주장 아래 깔린 것은, 하나님의 절대주권과 인간의 전적타락입니다. 우리는 무능해서 하나님을 자의적으로 예배할 수 없으며 예배는 오직 예배를 받으시는 그분의 뜻대로 드려야 한다는 것입니다.

둘째, 무엇을 제거하느냐에 대해서는, '어디까지가 우상인지'를 정해야 했습니다. 성경적 근거가 없는 모든 미신적 요소를 제거하는 이유는 '유한이 무한을 받을 수 없기 때문'입니다. 눈에 보이는 것으로 어떻게 눈에 보이지 않는 것을 표현할 수 있겠어요? 세상의 것으로 세상 밖의 것을 표현할 수 없으며, 한갓 피조물로 창조주 하나님을 감히 표상할 수 없는 것은 당연합니다. 억지로 표현을 한다고 해도 제대로 표현이 안 될뿐더러 오히려 하나님을 모욕하는 것입니다. 그 원리에 따르면 오늘날에도 제거할 것이 참 많습니다. (예수님 얼굴 캐릭터 사용 등)

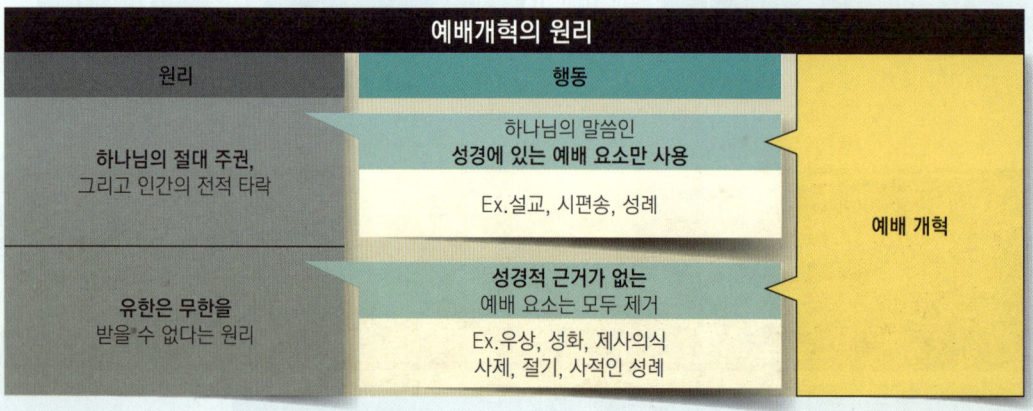

예배를 개혁할 수밖에 없는 것은 바로 이 두 가지 원리 때문입니다. 우리 삶에서 하나님의 이름을 함부로 사용하지 말자고 하는 것도 그런 이유입니다. 하물며 예배에서는 더욱 엄밀해야 하지 않을까요?

책 속의 책

종교개혁의 출발 : 성경

따라서 종교개혁자들은 로마 가톨릭에서 고안한 절기와 축제를 폐지했고, 찬양을 부를 때도 '제의적 요소'를 제거했습니다. 성가대와 파이프 오르간의 신비롭고 아름다운 하모니는, 사실 귀로 듣기에는 참 좋은 것이지만 예배를 극화(劇化)시키는 폐단이 있으니까요. 보통 사람은 도저히 따라 부를 수 없는 아름다운 미성으로 찬양하기 위해 심지어 소년들을 거세시키면서까지 천상의 음성을 흉내 내도록 했던 것이 중세교회 아닙니까? 하지만 이런 행위는 찬송을 특별한 사람(성가대)의 전유물로 만들어, 일반 신자들로부터 빼앗아간 일에 불과했습니다. 종교개혁은 이런 모든 잘못을 하나씩 고쳐나갔습니다.

성경을 알아야, 올바른 예배도 드릴 수 있습니다.

그렇다면 종교개혁자들은 어떤 예배를 추구했던 것일까요? 성경대로 하자는데, 그럼 성경대로 예배한다는 것은 대체 어떤 모습이었을까요?

개혁은 어렵기도 하고 쉽기도 합니다. 좋지 않은 것을 버리는 것은 참 쉽습니다. 문제는 대안입니다. 자, 로마 가톨릭을 버리고 나왔습니다. 이제 어떻게 하면 되나요? 그렇다고 시대에 맞지 않게 천년 이전의 초대 교회, 혹은 로마의 기독교 공인 이전 상태로 돌아갈 순 없습니다. 이제 와서 다시 지하 무덤이나 다락방에 모이자고 할 수는 없지요? 그러면 어떻게 해야 할까요? 여러분이 개혁자라면 어떻게 했겠습니까?

특히 공예배에서 더욱 엄격해야 할 '규정적 원리'
예배는 하나님의 것! 그러므로 예배는 하나님께서 정해주신 그대로 하자! 하라고 명하신 대로만 하고, 언급이 없는 것은 하지 말자!

종교개혁자들은 다시 근본 원칙으로 돌아갑니다.

> 책 속의 책

칼뱅은 시청각자극 중심에서 설교 중심의 예배로 전환

예배의 목적에 맞게
예배당 건물 건축
"말씀이 귀에 들려야 한다!"
그래서 설교를 하는 목사의
역할이 중요해짐

설교단도 설교가 잘 들리도록 높은 곳으로 이동

기존에 있던 공간을 벽돌로 막아버린 흔적(제네바 쌩삐에르 교회당)

종교개혁은 설교 중심 예배
예배당 건축 스타일도 그에 따라 변화

칼뱅을 포함한 종교개혁자들은 중세교회의 시청각 중심적 예배가 주는 오해와 폐단이 크다고 보고, 이를 말씀 중심의 예배로 바꾸길 원했습니다. 종교개혁의 결과 교회당에서는 연극을 보는 듯한 사제들의 예전이 사라지고, 목사에 의해 말씀이 모든 신자에게 설교되기 시작했습니다.

설교자는 알아들을 수 없는 라틴어가 아닌 모국어로 성경 본문을 열어 설교했습니다. 동시에 말씀에 집중하지 못하게 방해하는 온갖 성상과 장식들은 내다 버리거나 보이지 않게 치웠습니다. 설교자의 목소리가 잘 전달되도록, 성도들 한가운데 높다란 강단이 설치됩니다. 목적과 용도에 맞게 건물의 인테리어에 변화를 주는 것입니다.

처음엔 기존 성당을 개조해서 썼지만…

인테리어 이야기가 나와서 말인데, 종교개혁자들은 처음에는 예배 공간을 위해 기존 성당 건물을 그대로 썼습니다. 어쨌든 도시에서 가장 크고 고급스러운 건물이 성당이었기에, 그리고 도심의 중심이었던 그 건물에 사람들이 모이는 것이 오랜 세월 자연스러웠기에 (그리고 무엇보다도 돈과 시간이 없었기에^^) 건물을 신축할 필요성까지는 느끼지 못했습니다.

그래서 그들은 성당 건물을 약간 개조하고 청소하는 작업만 거친 뒤 거의 그대로 사용했습니다. 예전에는 사제들과 성가대만 출입할 수 있는 공간을 신자들에게, 심지어 아이들에게 열어서, 교리교육 공간으로 활용합니다. 화려한 스테인드글라스는 예배자들의 시선을 끌지 않도록 벽돌로 막아버리거나 단순한 유리로 교체합니다. 그런 식으로 개조하면 충분하다고 생각했습니다.

278

◐ 책 속의 책

미사를 드리던 공간에선 아무래도
순수한 예배가 쉽지 않았던 것

유럽의 성당에 가보면 앞쪽에 벽이 움푹 들어간 구역이 있고 그곳에 성인들의 유골 혹은 조각상을 보존해둡니다. 그리고 그 앞에는 촛대에 불이 켜져 있습니다. 신자들은 그곳에 가서 그 유골이나 조각상을 보며 기도합니다. 자연스럽게 그 성인들에게 기도를 '부탁' 하게 되고요. 심지어 그 성인들에게 기도하기도 합니다. 번지수가 잘못된 기도입니다.

기도실 앞에 놓인 양초에 불을 붙일 때는 약간의 돈을 냅니다. 촛불은 신자들의 기도를 의미하고, 그래서 양초의 크기가 클수록 가격이 비쌉니다. 그런 것을 보면서 살아가는 신자들의 믿음이 순수할 수 없을 것이며, 또한 그것을 보면서 자라난 자녀들이 올바른 믿음을 갖게 될 가능성은 무척 낮을 겁니다.

제네바에서 권징을 통해 신자들을 집중 교육했던 것 중 하나가 기도하는 방법이었습니다. 성인을 향해 빌거나 사제를 통해서 기도하지 말고, 오직 중보자 그리스도를 의지하여 하나님께 직접 기도하라고 가르쳤습니다. 제대로 된 교육은 예배 공간의 변형을 가져옵니다. 종교개혁이 이루어진 지역의 성당은 예배당으로 개편되면서, 저런 촛불 기도 공간은 폐쇄되거나 깔끔하게 치워졌습니다.

그러면 종교개혁 후반기에는 어떠했을까요? 나중에 더 많은 예배당이 필요해졌을 때는? 이제 더 이상 개조할 성당도 없고, 어쨌든 신축은 필요했을텐데요. 종교개혁자들이 새롭게 지은 예배당은 실제로 어떤 모습이었을지, 무척 궁금해집니다.

로즈 윈도우와 스테인드글라스 창을 벽돌로 막아버린 교회당. 사람들이 신비주의로 빠질 가능성을 배제하려는 일종의 고육지책. (네덜란드 암스테르담)

종교개혁 시기에 덧칠로 지워버렸다가 다시 복원 중인 성화 장식의 모습. 종교개혁 이전의 교회당이 어떤 모습이었는지 가늠할 수 있다.(스위스 바젤)

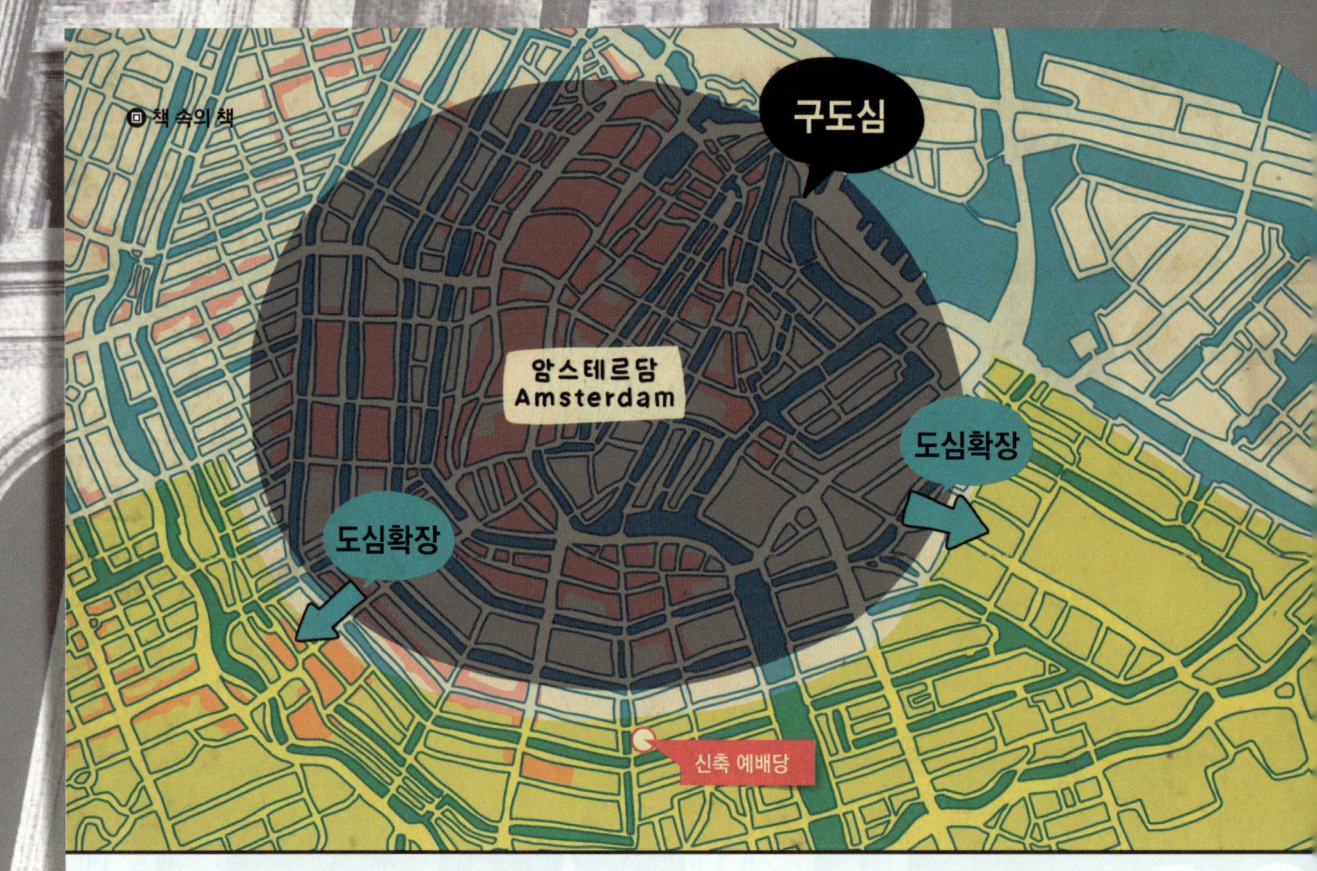

종교개혁 이후에 건축된 예배당은 어떤 모습이었나

이 사진은 종교개혁이 활발했던 네덜란드의 수도 암스테르담의 전경입니다. 가운데 어두운 부분이 16세기 이전의 구도심이고, 아랫부분이 17세기 이후 확장된 구역입니다. 옛날에 사람들이 고만고만하게 살 때는 광장 한가운데 성당과 구도심의 동서남북에 위치한 네 개의 성당으로 온 도시의 신자들을 커버할 수 있었습니다. 종교개혁 이후 개신교도들은 그 성당을 개조해서 예배당으로 썼습니다.

그러다가 점차 인구가 늘어나면서 도시가 확장되었고, 외곽 지역에도 추가로 예배당을 지어야 할 필요성을 느끼게 되었을 것입니다. 그렇다면 이때 신축한 예배당은 로마 가톨릭 성당의 건축양식이 아니라 '개신교적인 건축양식(?)'으로 지어졌을 것입니다. 그것이 건축학적으로 '어떻게' 설계되었는지를 확인하는 것은 꽤 흥미로운 주제입니다. 마침 암스테르담 구도심에서 지도를 보다가 건물 하나를 찾아냈습니다. 17세기에 지어진 예배당 건물… 지금은 레스토랑으로 쓰이고 있는 그 건물을 직접 찾아가서 사진에 담아왔습니다.

소박하고 일상적인 예배당의 형태

아래 사진이 바로 그 17세기에 '신축된' 개신교 예배당의 사진입니다. 개신교 예배당은 화려할 필요도, 어떤 상징을 압축해서 장식할 필요도 없었습니다. 어떻습니까? 개신교 예배당 건축의 특징이 사진 속에 드러납니까? 그냥 '집'처럼 보이지 않나요? 말 그대로 그냥 집(House)입니다. 종을 칠 수 있도록 종탑이 있는데, 저 단순하고 실용적인 종탑의 생김새 좀 보십시오! 다른 부분도 아주 지극히 평범합니다. 어떻게 보면 학교처럼 생겼습니다.

내부 사진을 봐도 평범합니다. 전~혀 신성해 보이지 않습니다. 텅 빈 공간에 간이의자가 놓여있습니다. 종교개혁자들은 예배당 건물을 생각할 때 많은 사람이 단정하게 모여서 설교를 들을 수 있는 '텅 빈 공간'만 있으면 만족했습니다. 신자들이 모여서 설교를 듣고, 교리를 배우며, 서로 토론할 수 있는 공간이면 충분했습니다. 눈에 보이는 것에서 신성함을 찾는 것은 이방종교의 특징입니다. 오히려 지극히 일상적인 순간에서 말씀의 지배를 받으며, 눈에 보이는 우상이 아니라 말씀 그 자체에서 신성한 유익을 누리는 것을 더욱 소중하게 생각했던 17세기 종교개혁자들은 예배당의 형태까지도 소박하고 일상적인 모습으로 마련했던 것입니다.

신도심지에 신축된 예배당 내외부(건물의 일부는 교회가 아닌 다른 용도로 사용되고 있었습니다.)

◨ 책 속의 책

네 개의 벽과 설교단

이처럼 종교개혁자들은 예배 개혁을 위해 아예 예배당 건축양식 자체를 바꾸었습니다. 사실 예배당의 건축양식이랄 게 따로 있을 필요가 없습니다. 설교가 잘 들릴 정도의 적당한 크기에, 비바람을 피할 수 있는 건물이면 됩니다. '네 개의 벽과 설교단' - 개신교 신축 예배당을 한 줄로 묘사하는 문구입니다.

오늘날 우리는 어떤 예배당을 선호합니까? 화려한 무대나 신비스러운 공간이 먼저 눈에 들어온다면, 그것은 우리가 지향할 방향은 아닌 겁니다. 일부 한국 교회는 예배당 건축을 너무 화려하게 한다는 비판이 그간 참 많았습니다. 요즘은 그래도 소박하고 실용적인 예배당 건축이 많이 시도되고 있어서 참 다행입니다.

성공회 : 산 파울로 예배당(로마)

로마 가톨릭 : 바티칸 대성당(바티칸)

백문이 불여일견! 신자들이 실제로 예배드리는 공간의 건축 형태만 보아도 종교개혁자들이 어떻게 개혁했는지, 예배의 무슨 요소를 중시하고 있는지 비교해볼 수 있습니다.

오해하지 말 것은, 성당 스타일의 예배당을 다 때려 부수자는 것이 아닙니다. 종교개혁자들도 기존 성당 건물을 고쳐서 사용했던 것을 잘 보고 배워야 합니다. 외형보다는 우리 삶이 바뀌는 것이 더, 더, 더 중요합니다. 나는 내 가정에서 역할을 잘하고 있는지, 내가 속한 회사, 학교, 교회에서 이웃과 함께 잘 살아가고 있는지, 이렇게 본질적인 것부터 주목하고 집중할 필요가 있습니다. 그리고 이렇게 나 혼자가 아니라 공동체 전체가 깨닫고 성숙하도록 규율과 절차를 바꾸는 것이 먼저입니다. 그렇게 우리의 내면이 바뀌면, 겉모습은 자연스럽게 바뀌기 마련입니다.

종교개혁자들은 그런 본질적인 거룩과 기쁨을 신자들에게 되찾아주려고 애썼습니다. 화려해서 정신을 압도하는 것에 마음이 가는 것이 예나 지금이나 자연스러운 인간의 본성입니다. 그러므로 우리는 성령님의 특별한 도움을 구해야 합니다. 소박하지만 활력이 넘치는, 일상에 깃든 거룩함이 우리에게 회복되기를 기도해야 합니다.

지금까지 종교개혁 시대, 유럽 종교개혁자들에 의해 예배의 정의가 어떻게 회복되었고 예배당 건축물엔 어떤 변화가 있었는지 살펴보았습니다. 그런데 변화는 건물에만 있었던 것은 아니었습니다. 예배 때 입는 복장과 예배 순서 역시 개혁되어야 했습니다. 정말이지 개혁의 길은 멀고도 험합니다.

개혁파 : 프로테스탄트 교회당(라 로셸)

이 문제의식은 김성한 목사님의 논문과 강의를 통해 얻게 되었습니다. 지면을 통해 감사를 드립니다.(참고도서의 해당 논문을 참조하세요.)

제10화
예배모범,
오래된 철옹성을 깨다

두 번째 열매인 예배개혁입니다. 예배개혁의 직접적인 계기는 바로 공동기도서 사건이었습니다. 기억나시지요? 이것이 웨스트민스터 총회와 무슨 관련이 있는지 궁금합니다.

웨스트민스터 총회는 예배에 있어서도 확실한 개혁을 추진했습니다. 종교개혁자들은 그저 염려만 하고 있지 않았습니다. 올바른 것이 무엇인지를 더 공부했고, 더 고민했으며, 대안을 준비했고, 그것을 위해 싸웠고, 또한 기회가 주어졌을 때 망설임 없이 개혁했습니다.

종교개혁으로 인해 예배가 어떻게 바뀌었는지, 예배 중에 부르는 찬송은 또한 어떻게 바뀌었는지… 이번에는 웨스트민스터 총회에서 추진했던 예배 개혁의 과정과 결과를 직접 확인해보기로 합니다.

키워드 : 공동기도서, 찰스 1세, 윌리엄 로드 주교, 사무엘 러더포드 조지 길레스피, 예배모범, 공예배, 시편찬송

사제 신분이었던 사람들은 어떻게?

종교개혁자들의 노력으로 예배가 개혁되고 예배공간도 개신교 스타일로 바뀌기 시작했는데, 남은 문제는 '사람'이었습니다. 미사가 폐기되었지만, 여전히 사제들은 그들의 복장을 입고 예배에 참석했습니다. 이들이 옆에서 스윽- 지나가면 어떻게 될까요? 사람들은 반사적으로 허리를 숙이거나 무릎을 꿇게 되는 겁니다. 습관이란 무섭습니다. 당시 사제는 - 특히 고위급 사제, 주교 등은 - 신비로운 능력을 발휘할 수 있다고까지 여겨졌습니다. 그런 분들이 당장 다음 주부터 우리와 똑같이 자리에 앉아 예배한다…? 쉽게 받아들이기 어려웠을 겁니다. 그래서 이 문제를 어떻게 하느냐의 문제로 에드워드 6세 당시 잉글랜드에서는 옥신각신 논쟁이 일어나는데, 이것을 '복식 논쟁'이라 합니다.

옷 문제로 무슨 논쟁까지 하느냐고요? 우리가 보기엔 별문제가 아닌 것처럼 보이지만, '사제를 어떤 존재로 보느냐'의 문제와 연결이 되면 이것은 아주 중요한 종교개혁의 주제가 됩니다. 복식은 앞에서 예배를 인도하는 사람이 어떤 존재로 보이게 하느냐의 문제입니다. 그가 어떤 존재인가에 따라 예배의 개념이 달라집니다!

사제는 거룩한 의복을 입어야 한다! VS **아니다, 그런 걸 입는 것은 신자의 양심의 자유를 침해한다!**

우린 이제 어쩌죠?

성스러운 의복을 입는다는 것은 그 사람이 성스러운 역할을 한다는 것을 의미하기도 하지만, 그를 성스러운 사람처럼 보이게 한다는 의미도 되며, 더 나아가면 그가 성스러운 사람이라는 해석도 가능해집니다. 예배가 제사가 아니며 사제는 이제 필요 없다는 것을 아무리 가르치더라도, 앞에서 인도하는 자가 사제 복장을 계속 입고 돌아다니면, 사람들은 그를 여전히 사제로 여기게 되는 것이 문제였습니다. 게다가 옷은 명예와 관련되며, 개인적이고 감성적인 문제에 속합니다. 입고 있던 예복을 벗으라는 것은 정체성의 문제이기도 하면서 자존심과도 관련된 문제였습니다.

믿는 자와 하나님 사이에 뭔가 자꾸 어떤 요소를 끼어들게 하려는 이방 종교의 오염을 철저히 제거하려는 사람들과, 적당히 타협하면서 "보기 좋으면 됐지~" 하는 사람들 사이에 논쟁이 계속 되었습니다. 국가는 어느 편을 더 좋아했을까요? 국가는 당연히 적당히 타협하고 따라주는 사람들을 좋아했습니다. 정해놓은 규정에 모두가 고분고분 따르기를 바랐던 것이죠.

결국, 이 문제로 감옥까지 간 사람이 나옵니다. 후퍼라는 개혁자는 사제 복장을 거부하고 예배를 인도했다가 감옥에 갇혔습니다. 부써와 버미글리, 리들리 등의 온건한 개혁자들은 최악의 사태를 막기 위해 그를 회유하러 감옥까지 찾아가기도 했습니다. 그들은 저걸 사제 복장이 아니라 그냥 직분자를 나타내는 것이라고 받아들이면 되지 않겠냐며 설득했습니다. 이런 것 가지고 굳이 이렇게 갇혀있을 필요가 있느냐는 겁니다. 지금 그럴 때가 아니라, 할 일이 많다고 회유하고 설득했습니다.

누구 말이 맞을까요? 사실 입어도 되고 안 입어도 되는 문제^(아디아포라)인데, 지금 시국은 좀 특별합니다. 국가가 예배를 규제하는 상황에서 국가가 입으라고 하면 '안 입을 수 없는' 상황인 겁니다. 그렇다면 이 문제는 더 이상 '입어도 되고 안 입어도 되는' 자율이 아니잖아요. 그래서 개혁자들은 이 문제를 신학의 문제로, 종교개혁의 중요한 요소로 여겼습니다.

급격한 변화는 사람에 따라 큰 충격으로 다가옵니다. 앞에서 이끄는 사람은 그래도 일반 회중과는 구별되는 뭔가가 있어야 한다는 생각을 가진 사람들이 – 지금도 많은데 – 그땐 정말 많았습니다. 그래서 후퍼의 주장이 '과격하고 급진적으로' 느껴졌던 것입니다. 이렇게 '튀는' 사람들 때문에 종교개혁의 분위기까지 해치는 것은 아닐지, 하는 걱정도 있었습니다. 동료들은 후퍼를 달래면서 '종교개혁은 그렇게 욕심껏 한 번에 할 수 없으니 천천히 단계별로 하자'라고 호소했습니다. 그는 결국 적당한 선에서 – 설교 때만 입는 조건으로 – 타협하고 풀려났습니다.

이 논쟁은 훗날 엘리자베스 1세 시대까지 계속 이어집니다. 사소해 보이는 논쟁일지라도 신학적으로 깊은 의미가 있으면 필요한 과정입니다. 무엇이 더 성경적이냐를 놓고 싸우면서 종교개혁이 점차 **〈더 좋은 종교개혁〉**을 향해 구슬땀을 흘리며 달려갑니다.

공동기도서, 넌 대체 정체가 뭐냐?

엘리자베스 1세가 통일법을 발표하던 시절, 그녀는 좀 더 중앙집권적이고 국가주도적인 종교정책을 펴나가고 싶었습니다. 잉글랜드 국가 안에서는 예배 형식이나 모든 가르침의 내용들이 좀 더 일치되기를 원했습니다. 그래서 이때 활용한 것이 바로 공동기도서입니다.

엘리자베스 1세 때 부활한
공동기도서

공동기도서는 예배의 모든 흐름을 녹음하듯 기록해둔, 일종의 '예배 시나리오'입니다. 에드워드 6세 당시 토마스 크랜머에 의해 처음 만들어졌는데, 원래는 아주 효과적인 종교개혁의 도구였습니다. 기존 로마 가톨릭 방식의 미사에만 익숙하던 신자들을 짧은 시간 내에 개신교 예배로 돌이키도록 하는 데 아주 큰 역할을 해주었기 때문입니다. 엘리자베스 1세도 이 공동기도서를 다시 개정해서 보급했습니다. 이제 더 이상 라틴어로 진행되는 '미사'는 열리지 않았고, 공동기도서에 따라 영어로 진행되는 '예배'가 정착되었습니다.

의도는 좋았으나 치명적인 부작용이…

사실 공동기도서는 국교회 입장에서 매우 편리한 제도였습니다. 그때는 지금과 달리 TV가 없습니다. 즉, 여왕이 왕실에 앉아서 "오늘부터 우리는 성공회다!" 라고 한다고 해서 전국의 교회가 성공회로 딱 변하는 것이 아닙니다. 그렇다고 저 시골구석에, 이름도 알지 못하는 마을의 작은 교회까지 일일이 다니면서 대국민 연설을 할 수도 없는 노릇이고요. 그래서 공동기도서가 유용했습니다. "다음 달부터 예배를 이런 식으로 해라!" 그렇게 인쇄물로 전국에 보급하는 겁니다. 그러면 깡 시골의 교회조차도 국가 시책에 따른 예배 형식을 그대로 따르는, 통제력이 강한 제도였습니다.

공동기도서 안에는 예배 순서는 물론, 인도자와 회중이 주고받는 문구가 다 적혀있었고, 순서와 절기에 따라 읽어야 할 기도문은 무엇인지, 심지어 아픈 성도를 심방하거나 개인적으로 기도할 때와 같은 다양한 상황에서 무엇을 어떻게 하면 되는지까지 친절하게 다 적혀있었습니다. 특히 기도문의 분량이 많아서 이 책자가 공동기도서라고 불린 것입니다.

종교개혁의 초기에는 이러한 가이드가 절대적으로 필요했습니다. 그런데…. 이 공동기도서에는 만든 사람이 예상치 못했던 치명적인 부작용이 있었습니다. 공동기도서를 통해 로마 가톨릭의 예전이 거의 다 제거되었다는 장점은 분명했으나, 잘 짜여진 형식은 세월이 지나면서 경직되고 고착되어, 오히려 더 이상의 예배 개혁을 막는 효과를 발생시켰던 것입니다.

개혁의 발목을 잡는 공동기도서

잉글랜드 성공회의 예배는 공동기도서에 적힌 그대로 진행되었습니다. 처음엔 편하고 좋았습니다. 그런데 문제는 이 책자가 바뀌지 않는 이상 매년 똑같은 예배를 반복한다는 겁니다. 그러면 당연히 예배가 형식적이 됩니다. 줄 달린 인형극의 주인공처럼, 예배에 아무런 감흥이 없습니다. 공동기도서 의존도가 높아지면서, 사람들은 예배를 드리는 동안 정신을 바짝 차리거나 깊이 생각할 필요가 없습니다. 공동기도서를 그저 무념무상 넘겨나가다 보면, 어느 순간 예배가 자연스럽게 끝납니다.

더 나아가, 공동기도서를 멋진 목소리로 읽어주는 예배 인도자를 신자들은 여전히 사제로 여기고 있었습니다. 공동기도시는 각본, 사제는 배우, 신자들은 그걸 구경하는 관객. 이렇게 수동적인 예배 태도는 차츰차츰 종교개혁의 근본정신을 다시금 망각하게 만들었습니다. 그들은 다시 우민화 되어갔습니다. 종교개혁자들은 불안했습니다. 이런 식으로 예배가 돌아가는 것은 심각한 문제였습니다. 개혁의 도구가 어느덧 개혁의 발목을 잡는 방해물이 되어 있었습니다.

국가의 통제로 넘어가 버린 예배

문제의식을 느낀 종교개혁자들은 공동기도서를 자주 개정하자고 요구했습니다. 그런데 이게 뜻밖의 문제가 되었습니다. 지금은 여왕이 다스리는 왕정이라는 점을 기억합시다. 여왕의 명령으로 보급된 공동기도서를 바꾸자는 요구는, 놀랍게도 '반역'으로 해석되었습니다.

예배를 '국가'가 장악하고 있는 것부터가 문제였습니다. 왜 그럴까요? 일단 어떤 형식이 법으로 정해지면, 그걸 지키느냐 지키지 않느냐가 중요해집니다. 공동기도서에 적힌 그대로 하지 않으면, 더 나아가 그걸 고쳐야 한다는 목소리가 나오면, 정부는 그것을 **〈국가 시책에 대한 반항〉**으로 해석합니다. "감히 국가가 정한 예배 방식을 반대해? 반역이냐!?" 예배 개혁을 부르짖었을 뿐인데, 무려 '반역자'가 되어버리는 기괴한 상황… 실제로 공동기도서를 거부했다가 교회에서 쫓겨나고, 사회생활에 불이익을 당하며, 경우에 따라 목숨까지도 위협받은 사람들이 생기기 시작했습니다. 많은 청교도들이 반역자로 모함을 받았던 이유는 이처럼 국가가 정한 종교정책보다 감히 더 나은 개혁을 주장했다는 괘씸죄 탓이었습니다. 국가보다 성경을 더 우선했던 분들이 겪어야 했던 고초입니다.

이처럼 초기에는 '개혁'이었다가 점차 개'악'으로 변했던 것이 공동기도서입니다. 결과적으로 '공동기도서 폭동'이라는 과정으로 이어졌고, 갈등은 쌓이고 쌓여서 찰스 1세 때 이르러 정말 커다란 사건으로 발전했던 겁니다. (p.141)

역사의 악역이 된 공동기도서

찰스 1세 치하에서 공동기도서와 관련된 갈등이 악화된 데는 한 인물의 역할이 있었습니다. 종교개혁자들을 끔찍이 싫어했던 윌리엄 로드(Laud)가 캔터베리 대주교가 되자, 비극은 구체화됩니다. 로드 대주교는 로마교 스타일로 공동기도서 내용을 변질시켜 개정합니다. 그리고 세 왕국의 교회에 찰스의 명령으로 공동기도서를 강요합니다.

이 기도서는 청교도가 볼 때 기존의 것보다 훨씬 더 부정적이었습니다. 굉장히 세세한 행동을 규정한 지침서로서, 전에는 그래도 개별 교회에 어느 정도 자율권이라는 게 있었으나, 로드의 공동기도서로 완전히 사라졌습니다. 그리고 굉장히 자세한 세부규정 양식(Form)이 교회에 제시되었습니다. 이것은 예배를 더욱 형식화시키는 퇴보였습니다. 그러나 사람들은 처음엔 이게 무슨 의미인지를 잘 몰랐습니다. 글자 좀 고치고 디자인 좀 새롭게 했나보다 했습니다.

그러나 정신을 차리고 있던 사람들이 있었습니다. 공동기도서가 이렇게 개악된다는 사실을 입수한 스코틀랜드의 길레스피가 바로 '**그 책**'을 썼던 것입니다. 5화에서 살짝 언급했었는데 혹시 기억하시는지요? 1637년, 찰스 1세가 공동기도서로 스코틀랜드 장로교회를 압박했을 때 당시 24살이었던 조지 길레스피가 이를 반박하는 책을 익명으로 출간했었습니다.(5화 p.142) 다음 페이지에서 한 번 더 소개하겠습니다.

잉글랜드 교회가 종교개혁 이전으로, 로마 카톨릭교회로 돌아갔다고 지적하는 길레스피의 책은 스스로를 개신교 신자라고 생각하며 일상에 매몰되고 안주하던 당시 잉글랜드와 스코틀랜드 교인들의 둔감한 가슴에 불을 지폈습니다. 그 결과가 스코틀랜드의 '**반**(Anti) **공동기도서 폭동**'이었던 겁니다.

찰스의 공동기도서에 정면 반대한 스코틀랜드,
여기에 결정적인 역할을 했던 한 권의 책

앞에서 소개한 책이 바로 아래 사진입니다. 조지 길레스피가 이 책을 썼을 당시 나이가 24살, 목사 안수를 받기 전 신학생 때였습니다. 사실 그는 이미 충분히 준비되어 있었지만 주교제도 아래에서 안수를 받기 싫어서 버티고 있었던 겁니다.

스코틀랜드 교회가 강요당한, 잉글랜드의 교황주의식 예식에 대한 항의서
(A dispute against the English Popish ceremonies, obtruded upon the Church of Scotland)

지혜가 있어서 이 일을 깨달을 만한 자가 누구며 여호와의 입의 말씀을 받아서 선포할 자가 누구인고 이 땅이 어찌하여 멸망하여 광야 같이 불타서 지나가는 자가 없게 되었느냐 여호와께서 말씀하시되 이는 그들이 내가 그들의 앞에 세운 나의 율법을 버리고 내 목소리를 순종하지 아니하며 그대로 행하지 아니하고 그 마음의 완악함을 따라 그 조상들이 자기에게 가르친 바알들을 따랐음이라 (예레미야 9:12-14)

그는 처음엔 익명으로 책을 냅니다. 생명이 왔다 갔다 할 수 있는 문제였기에 그랬을 것입니다. 나중에 저자가 밝혀지고, 스코틀랜드 교회 전체가 깜짝 놀랍니다. 두 가지 면에서 깜짝 놀랐는데, 첫째는 이렇게 젊은 사람이 이런 훌륭하고 방대한 책을 순식간에 써냈다는 것에, 둘째는 자신들이 지난 세월 동안 그만큼 무감각하게 받아들이던 일이 이렇게 심각한 위험성을 내포하고 있었다는 것에 놀랐습니다.

제목을 보면 교황주의(Popish)이라는 단어가 사용되는데, 사실 그때는 이미 잉글랜드에 교황은 없지 않나요? 그렇지만 길레스피는 여기서 일종의 언어유희를 사용해서, 찰스 1세의 정책에 숨은 위험성을 '교황제나 다름없는 것'이라고 찔렀던 겁니다.

스코틀랜드 국민들은 젊은 신학자의 지적을 뼈아프게 받고, 크게 각성합니다. 현재의 상황을 교회의 커다란 위기로 인식했던 준비된 젊은이의 용기 있는 행동이 가져온 결과였습니다.

예배 개혁. 확실히 이 주제는 일종의 '저항정신'이었습니다. 성공회가 시도했던 지속적인 청교도 말살 정책에 대한 저항 말입니다. 절기와 축제일을 강조했던 '퍼스 5개 조항'이 그러했고, 주일성수를 교묘하게 방해했던 '유흥장려 정책' 또한 그러했습니다. 스코틀랜드의 국민 언약과 잉글랜드의 청교도 혁명은 이러한 탄압에 맞섰던 용기 있는 저항이자, 소중한 개혁운동이었습니다.

하지만 그게 최선일까요? 저항만으로 할 일을 다 한 것일까요? 잘못된 것을 버리는 것은 쉽습니다. 항상 대안이 문제입니다. 공동기도서를 폐지하는 것은 쉽습니다. 그러나 당장 다음 주부터 "그러면 어떻게 예배를 드리라고?"라는 질문에 대답을 주는 것이 종교개혁이어야 했습니다. 개혁은 항상 기존 것을 비판하고 부수는 것으로 끝나서는 안 됩니다. 성경이 말하는 것은 무엇인지, 그리고 그것을 복잡다단한 현실 속에 어떻게 잘 일궈내야 하는지 고민하는 것. 그것이 진짜 개혁입니다.

이제 다시 웨스트민스터 총회 내부로 들어갑니다. 일정표를 보면 **〈교회정치 개혁〉**과 거의 동일하게 중시된 것이 **〈예배 개혁〉**이었습니다. 공동기도서 폭동이 유발한 국민언약의 정신이 웨스트민스터 총회로 고스란히 이어졌기 때문입니다.

총회의 주요 일정표(부록 타임라인 참조)

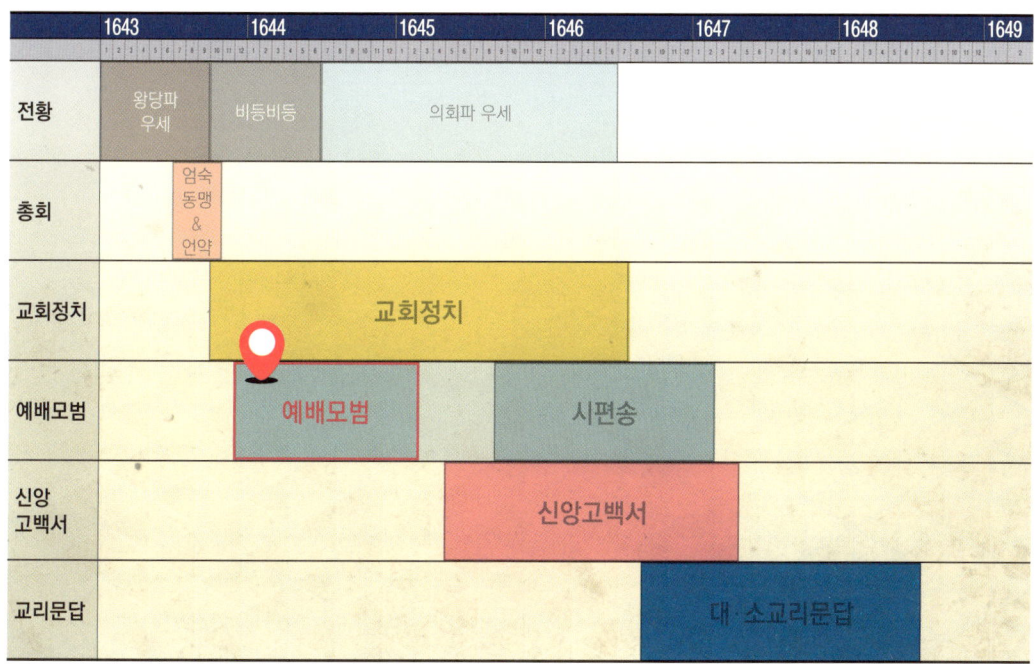

제대로 된 대안을 위한 고민과 배려
웨스트민스터 총회의 예배 개혁

당시 사제주의로 점철된 예배를 총회는 확실히 개혁하고 싶었습니다. 총회는 공동기도서를 아예 폐지하고 새로운 대안을 제시하려 했습니다. 그런데 만약 거기서 새로운 공동기도서를 만들어서 대안이랍시고 제시하면 어떻게 될까요? 똑같은 일이 또 반복될 겁니다. 그래서 그들의 고민은 더욱 깊었습니다. 섣불리 개혁하는 것은 안 하느니만 못하다는 것을 비로소 깨달은 겁니다.

정말 굉장한 주의가 필요했습니다. 자칫 잘못하면 균형을 잃게 됩니다. 예배가 너무 형식화되는 것을 피하려고 아예 모든 형식을 없애다 보면, 잘못하면 자기 멋대로 예배하는 방종으로 흐를 수 있었습니다. 우리도 항상 뭔가를 고치려다 보면 극단을 피하기 위해 다른 극단으로 가는 경우가 많지요. 여전히 갖춰진 예식도 중요했습니다. 완전히 다 풀어놓으면, 그것은 원시인들의 '발라드 댄스'가 되고 말 것입니다. 그렇다고 공동기도서를 조금 뜯어고치고 완화하는 정도로는, 그들은 만족할 수 없었습니다. 어디선가 그 중간에서 적정선을 찾아야 했습니다.

결론부터 말하자면, 총회의 결정은 이것이었습니다. 시나리오 형태의 공동기도서가 아니라 '예배의 모범'을 제시하는 것. 즉 이런 식으로 예배하는 것이 바람직하다고 설명하는 일종의 안내서 혹은 가이드북을 제공하자는 것이었습니다. 기존의 방식처럼 언제 일어서고 언제 무슨 말을 하고 어떻게 행동하라를 딱 정해주는 것이 아니라 예배의 요소들을 정리해주고 그 의미를 분명히 가르친 뒤 당회의 지도에 따라 자유롭게 예배하는 것이 좋겠다는 결정이었습니다.

이렇게 총회는 개별 교회마다 예배 형식을 획일화시키지 않으면서도 일정한 통일성을 유지할 수 있도록 하는, 절묘한 결정을 내려주었습니다.

주일 공예배 순서는 당회가 정하되 그 기본적인 요소들은 다음과 같다… 예배의 초청, 기원, 영광찬송, 회개기도, 감사 찬송, 성경봉독, 설교, 성례, 권징, 헌금, 축도 등의 요소가 있도록 한다.
… 순서는 규정하지 않고 당회가 적절히 정한다.

총회는 문서에 적힌 그대로를 따라 하는 방식이 아니라 바람직한 방향을 안내해주는 문서를 작성했습니다. 그래서 이 문서는 권위가 있으면서도 공동기도서와는 느낌부터 달라야 했습니다. 그래서 이때 만든 문서의 명칭에는 '형식Form'이 아니라 '안내, 모범Directory'이라는 단어가 사용되었습니다. 결코 '강제'하거나 '단언'하지 않고, 부드러운 논조로 '이러면 좋다'는 모범을 제시하는 형태였습니다.

예배모범 작성에도 당연히 스코틀랜드 총대들의 영향력이 컸습니다. 독립파는 여기서도 예배형식이 어떻게든 규정되는 것을 싫어했습니다. 알아서 잘할 수 있다는 거였습니다. 하지만 스코틀랜드 총대들은 이것이 강제가 아니라 '모범'이라는 사실을 끈질기게 설득해서 독립파를 안심시키고, 함께 결과물을 만들 수 있었습니다. 개혁된 예배를 결과물로 제시하면서, 그 제시하는 자세까지도 그들은 끝까지 겸손했습니다.

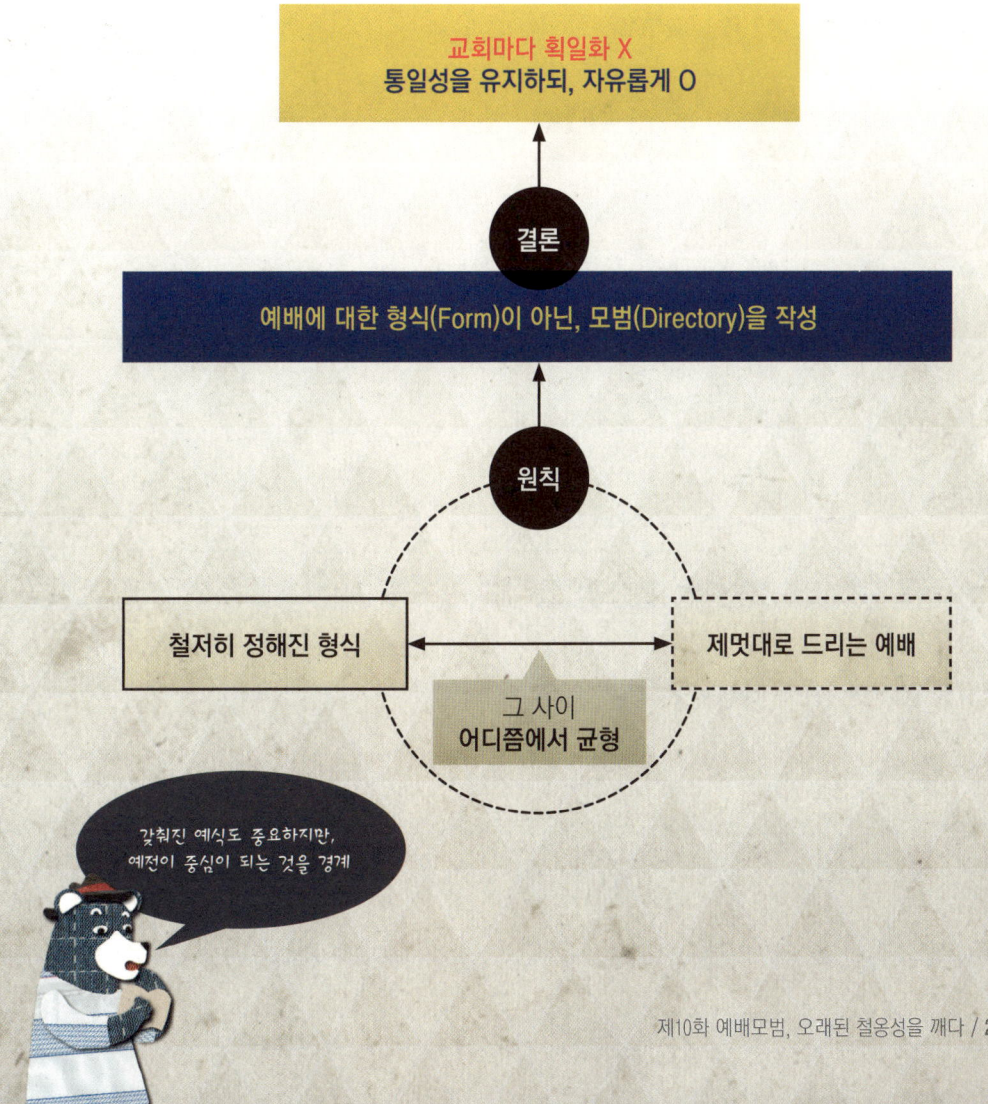

덕분에 자유로워진 우리의 예배

결국 오늘날 우리가 드리는 이런 자유로운 예배는 바로 웨스트민스터 총회 덕분이라고 할 수 있습니다. 생각해보세요. 이 작업이 없었다면 얼마나 끔찍했을까요? 어쩌면 우리는 여전히 공동기도서를 손에 쥐고, 형식적인 종교행위로 점철된, 예배 아닌 예배를 드리고 있어야 했을지도 모르겠습니다. 어쩌면 더욱 후퇴해서, 예배가 아닌 '제사' 행위를 예배로 착각하며 살아가고 있을지도 모를 일입니다.

OX 퀴즈를 풀어보자!

	O	X
정해진 예배 형식으로만 예배해야 한다.	☐	☐
정해진 예배 형식을 전적으로 버려야 한다.	☐	☐
정해진 예배 형식을 전적으로 따라 할 필요는 없다.	☐	☐
정해진 예배 형식을 따라서 활용해도 된다.	☐	☐

아주 쉽지요? 사실 지극히 상식적인데, 그 상식이 안 통하던 시절이 있었습니다.
참 감사하게도 종교개혁은 계속해서 달려주었고, 예배 형식까지도 개혁해 주었습니다.

X, X, O, O

엄숙한 것이 곧 경건한 것일까?

항상 인간은 뭔가를 잘하려고 하다 보면 긴장하고 경직되기 마련입니다. 이것은 우리나라 제사 장면만 봐도 그렇습니다. 제사를 하는 동안 아이들이 함부로 경거망동을 했다가는 어른들에게 얻어터집니다. 그런데 이렇게 엄격한 사람들이 대체로 '경건해 보이는' 것이 문제입니다. 뭔가 자유분방해 보이는 사람이 경건해 보이던가요? 매사에 조금 과하다시피 엄격한 사람이 대체로 뭔가 신앙심이 있는 듯한 아우라를 풍기기 마련입니다. 아, 저분은 뭔가 내가 알지 못하고 만나지 못한 것을 경험하셨나 보구나, 그래서 저렇게 조심스럽지… 이렇게 됩니다.

이런 것을 경계해야 합니다. 엄격함이 경건함과 동일시되는 순간, 교회는 타락합니다. 예배도 마찬가지입니다. 형식화된 예배는 겉으로는 경건해 보이지만, 그 안에는 새로운 종교가 싹트고 있을지도 모른다는 사실을 늘 주의해야 합니다.

웨스트민스터 예배모범
서문에 밝힌 예배개혁 이유

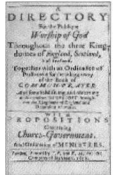 총회에서 작성한 예배모범은 항목마다 특징이 있습니다. 예배모범의 구조를 들여다보기 전에 우선 서문을 직접 확인해보겠습니다. 서문이 참 재미있습니다. 역사적으로 공동기도서가 만들어지게 되었던 배경까지 거슬러 올라가서 그 장점을 먼저 인정하고, 그러나 이것을 또다시 개혁할 수밖에 없는 이유를 설명하고 있습니다. 직접 읽어보시죠.

> 복된 종교개혁의 초창기에는
> 우리의 지혜롭고 경건한 선배들이 예배의 많은 것을 개혁했는데,
> 당시의 예배 중에 헛되고 그릇되고 미신적이고
> 우상숭배적인 요소가 많았기 때문이다.
>
> 따라서 많은 경건하고 똑똑한 분들이 공동기도서를 만들고자 했으며,
> 덕분에 미사와 라틴어 낭독을 제거한 모든 공적 예배순서를
> 우리말로 드릴 수 있게 되었다.
> 그동안 차단되었던 성경을 우리말로 읽을 수 있게 되었을 때
> 참으로 많은 사람들에게 유익이 있었다.
>
> 그럼에도 불구하고 그간의 과정을 지켜볼 때,
> 작성자들의 의도와 수고에 걸맞지 않게
> 잉글랜드 교회의 의식은 우리뿐만 아니라
> 국제적인 교회들에까지 걱정거리가 되고 말았다.
> 그 이유는 말할 것도 없이
> 모든 기도를 다 읽도록 함으로써 부담을 주거나
> 불필요하고 짐만 되는 예식들을 강요하는 일 때문인데,
> 이런 일로 인해 수많은 목사들과 교인들의 양심을 불편케 하여
> 이같은 불행이 발생하게 되었던 것이다. (후략)

웨스트민스터 총회가 만든 예배모범을 분석해보면 다음과 같습니다.

서문	1. 서문	
Part A. **공예배**	2. 회중의 집합과 공중 예배의 태도	
	3. 공중 성경 낭독	
	4. 설교 전 공중 기도	
	5. 말씀의 설교	
	6. 설교 후 기도	
	7. 성례	7-1. 세례
		7-2. 성찬, 가난한 자를 위한 연보
	8. 주의 날을 거룩히 함	
Part B. **기타사항**	9. 결혼식 집례	
	10. 환자 심방	
	11. 죽은 자의 매장	
	12. 공적 금식	
	13. 공적 감사일	
	14. 시편 찬송	
부록	공적 예배의 날과 장소	

파트 A. 공예배

우선 공예배에서 외경을 낭독하던 관행을 제거했습니다. 외경은 이제 예배에서 인용할 수 없게 되었습니다. 세례와 성찬에 있어서도 성경에 없는 내용들을 모두 제거했습니다. 주기도문과 사도신경을 외우도록 시킨다거나, 사적인 세례나 성찬이 행해진다거나, 대부모 제도를 시행한다거나 하는 일들이 모두 폐지되었습니다. 아울러 성찬 받기 전에 십자가를 긋거나 무릎을 꿇고 받는 행동을 금지시켰습니다. 성례를 집행하는 사람을 옛날처럼 사제로 여기지 않도록 하기 위해서입니다.

그리고 주일의 소중함을 잘 표현하면서, 동시에 주일 외의 절기는 거절했습니다.

> 이 예배 요소들의 순서가 정해진 것은 아닙니다. 특히, 여기서 독특한 것 한가지는 헌금에 대한 설명이 어느 위치에 있느냐입니다. 가난한 자를 위한 연보가 성찬에, 즉 음식을 나눠 먹는 쪽에 연보의 개념으로 들어가 있습니다.

파트 B. 기타사항

이 부분은 그동안 로마 가톨릭교회가 '예배'라는 이름으로 행했던 온갖 내용들에 대한 시정작업이라고 할 수 있습니다. 결혼, 환자심방, 장례, 금식기도, 감사일 등의 내용이 담겨있으며, 그 본래의 뜻을 규정하고, 오해하지 말아야 할 부분들을 짚어주었습니다.

마지막 부분에는 시편찬송에 대한 규정도 추가되었습니다. 시편찬송을 회중이 부르도록 결정하면서, 아울러 신비로운 느낌을 주게 하는 파이프오르간 반주를 금지했습니다. 이런 모든 내용은 종교개혁자들이 그토록 원했던 예배개혁의 종합판과도 같았습니다. 웨스트민스터 총회는 정말로 엄청난 업적을 이루어냈습니다.

> 총회가 만든 예배모범과 관련하여, '가정예배'에 대한 가이드도 있습니다. 우리 신앙의 선배들은 사소한 것까지도 최선을 다했습니다. 정말 자상하고 섬세한 배려입니다.
> 검색 키워드 〈Westminster Directory Family Worship〉

부록

공예배의 날짜와 장소를 정하는 방법에 대해서도 첨부했습니다. 여기서 중요한 것은 '진리의 문제가 아니라면 교회의 건덕과 편의를 위해 적절히 조율할 수 있도록 허용'했다는 겁니다.

예배모범이 결정되기까지

1644년 5월 24일	1644년 12월 27일	1645년 1월 3일	1645년 1월 3일	1645년 2월 3일	1645년 2월 5일
위원회가 예배모범 첫 보고서를 제출	예배모범 전체를 의회에 제출, 통과!	하원 승인!	상원 거쳐 법으로 결정!	스코틀랜드 총회 통과!	의회 통화!

신속하고 원만한 처리! (1645년 1월 3일 하원 승인)

감격적인 순간! (1645년 1월 3일 상원 거쳐 법으로 결정)

먼저 예배모범 위원회의 결과물이 의회에 제출되고, 하원이 승인합니다. 이어서 상원을 거쳐서 법으로 확정됩니다. 여기까지 반년이 걸립니다. 드디어 개신교다운 예배모범을 잉글랜드 교회가 갖게 됩니다. 감격스러운 순간입니다. 스코틀랜드 총대 길레스피와 베일리는 예배모범 초안이 나오자마자 이것을 스코틀랜드로 가져갑니다. 스코틀랜드 장로교회 총회는 이듬해 이를 통과시키고 새로운 예배 모범으로 삼습니다.

이런 성과도 잠깐, 잉글랜드는 얼마 지나지 않아 왕정복고가 이루어지면서 장로교회 예배모범은 흔적도 없이 사라지고 맙니다. 그리고 당연하다는 듯이 공동기도서가 복원됩니다. 영국 성공회는 지금까지도 공동기도서를 사용해서 예배하고 있으며, 웨스트민스터 총회의 예배 개혁은 영국에서 그저 과거에 잠시 있었던 해프닝처럼 취급되고 있습니다.

왕정복고 이후, 수많은 청교도들이 목숨을 잃습니다. 이유는 단순합니다. 다시 기존의 공동기도서를 사용하라는 국가의 명령을 거부한 탓입니다. 단지 그 이유만으로, 그분들은 불안한 인생에 스스로를 내던졌던 것입니다.

오늘날에도 사용하고 있는
성공회의 공동기도서

성공회는 지금까지도 공동기도서를 사용하는 예배를 드려오고 있습니다. 이것은 물론 찰스 1세 당시의 것과는 다르지만, 대체로 기존 성공회의 스타일을 그대로 유지하고 있습니다. "예배모범이면 어떻고 공동기도서면 어떻습니까? 그게 그렇게까지 해야 할 일이었을까요?" 우리는 이렇게 쉽게 물을 수 있습니다. 그만큼 둔감해져 있기 때문입니다. 우리가 지금 드리고 있는 예배는 이처럼 누군가의 처절한 희생으로 얻어진 개혁의 결과입니다. 예배모범 하나조차도 그냥 전해진 게 아니라 순교의 슬픈 역사를 거쳤어야 했다는 사실을 우리는 알아야 하며, 기억해야 합니다.

성공회 예배당에 비치된
오늘날의 공동기도서

… 왜 이런 이야기를 하고 있는 걸까요?

예배 개혁이 그토록 소중한 열매임에도 불구하고, 우리는 ①예배모범을 실제로 읽어본 사람이 별로 없습니다. 우리는 ②예배를 자꾸만 우리 마음대로 바꾸려 합니다. 이렇게도 해보고 저렇게도 해보고… 거기에 별다른 원칙이 없었고, 그저 딱 봐서 좋아 보이는 방향으로 바꿔왔던 것이 사실입니다. 물론 우리 스스로의 고민도 중요합니다. 하지만, 뭔가를 바꾸고 개선하고자 할 때, 과거의 지혜와 유산을 놓쳐서는 곤란합니다. 웨스트민스터 예배모범을 읽어봅시다. 꼭 읽어봅시다.

다음은 예배에서 사용하는 찬송가에 대해 이야기하겠습니다.

찬송의 개혁, 찬송가의 개혁
'오직 성경'의 구호를 찬송가에도!

예배의 개혁과 함께 찬송의 개혁이 따라가는 것은 지극히 당연합니다. 로마 가톨릭은 특수한 요원들(칸토: Cantore)이 아무나 따라 부를 수 없을 정도의 아름답고 신비로운 목소리로 찬송을 부르면서 신령한 분위기를 형성했는데, 종교개혁 덕분에 그들이 독점했던 찬송(찬트: Chant)을 다시 일반 신자들이 돌려받을 수 있었습니다. 지금 우리가 찬송을 직접 부를 수 있는 것도 다 종교개혁 덕분입니다.

그러면 웨스트민스터 총회에서는 찬송의 개혁으로 무슨 작업을 했을까요? 시편찬송가를 검토하는 작업이었습니다. 시편찬송은 어쨌거나 노래이기에, 곡조에 맞춰서 시편을 개사하는 과정이 필요합니다. 그런데 그 과정에서 단어를 축약하거나 늘이다 보면 성경 말씀이 왜곡될 수 있습니다. 그래서 그런 일이 없도록 검사하는 과정이 필요한데, 이것은 음악적이기보다는 신학적인 작업이라고 봐야 합니다. 웨스트민스터 총회는 기존에 있던 시편찬송가를 분석하고 검증하는 일을 맡았습니다. 별걸 다 했죠? 가장 좋은 종교개혁을 위해, 총회는 정말 많은 일을 했습니다.^^

시편 찬송 운율화 과정 검증

웨스트민스터 총회 당시, 프란시스 라우스라는 사람이 시편찬송가를 출간합니다. 그 사람은 장기의회 의원이었습니다. 의회는 총회에 그 시편찬송가를 검증해달라고 요청했고, 총회는 50편씩 세 팀으로 나누어서 점검합니다. 그리고 '괜찮다'는 결론을 냅니다.

상원은 다른 종류의 시편찬송가를 선호하고 있어서 약간의 위기는 있었지만, 총회의 지혜로운 대처로 무난하게 넘어갑니다. 온 교회가 한 곡조의 찬송가를 부를 수 있다면 얼마나 좋겠는지를 총회가 차분하고 겸손하게, 강조한 덕분입니다. 결국 상원이 양보해서 라우스판은 총회의 공식 버전이 될 수 있었습니다.

공교회를 위해 우리의 것을 버릴 수 있을까?

스코틀랜드는 이미 자기들의 시편찬송가를 쓰고 있었습니다. 이 사실이 참 중요합니다. 그들이 보기에 잉글랜드의 찬송가는 수준이 떨어질 수도 있습니다. 무엇보다도 자기들이 이미 부르고 있는 찬송가가 있는데, 다른 나라에서 만든 찬송가를 단지 교회의 하나 됨이라는 이유만으로 바꿔 써야 한다는 것은 쉬운 결정이 아니었을 겁니다. 그럼에도 불구하고 스코틀랜드는 웨스트민스터 총회의 결정을 존중하여 라우스판 시편찬송가를 자신들의 찬송가로 받아들입니다.

저는 이 결정이 웨스트민스터 총회 일정 전체에서 가장 감동적이었습니다. 교회의 하나 됨을 위해서 그렇게 한 것입니다. 우리에게 그런 일이 있다면 어떻게 했을까요? 우리가 쓰던 찬송가를 버릴 수 있을까요? "왜 우리가 바꾸냐, 너네가 바꿔라!" 당장 그렇게 하지 않겠어요? 우리가 이들의 신앙과 인품을 대체 얼마만큼이나 따라갈 수 있을까요?

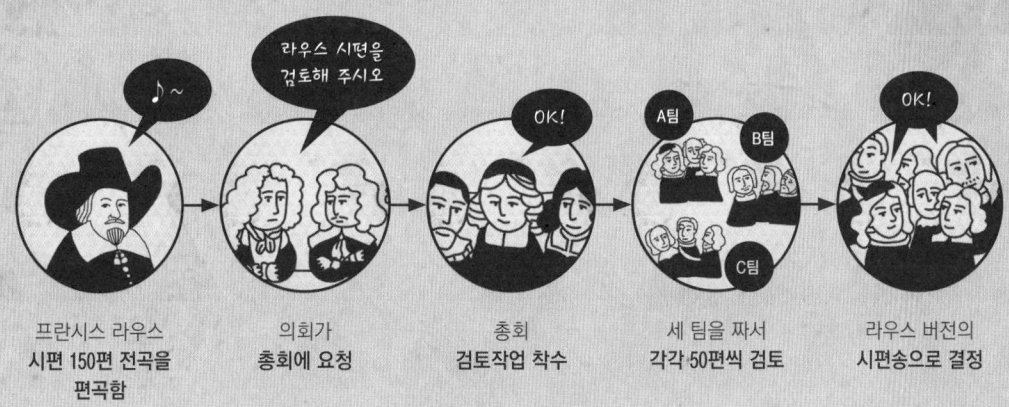

프란시스 라우스	의회가	총회	세 팀을 짜서	라우스 버전의
시편 150편 전곡을 편곡함	총회에 요청	검토작업 착수	각각 50편씩 검토	시편송으로 결정

시편송을 부르는 것 자체로 탄압과 학살을 당하기도…

종교개혁이 일어난 동네에서는 어디서나 시편송이 울려 퍼지는 것이 종교개혁 당시의 특징이었습니다. 네덜란드의 암스테르담은 에스파냐 총독에 의해 다스려진 식민지였습니다. 그곳에 살던 개신교 신자들의 삶은 무척 힘들었는데, 간척지의 힘든 삶 + 식민지의 수탈 + 이단이라는 누명까지, 삼중고를 겪고 있었기 때문입니다. 그들은 다른 건 다 참겠는데 자신들을 이단이라고 부르는 것이 억울해서 하루는 시편송을 부르면서 길거리를 행진했습니다. 그게 무슨 죽을죄라고, 잔혹한 탄압이 뒤따릅니다. 시편송을 부르는 것이 그만큼 로마 가톨릭 통치자들에게 위협이 되었던 모양입니다. 바른 말씀과 바른 교리로 무장된 신자가 하나님을 찬양할 때, 그 힘은 놀라운 것입니다. 결국 네덜란드는 독립하여 신교 국가가 되었습니다. 시편송 부르는 것을 무력으로 막는 사람은 이제 더 이상 그곳에 없었습니다.

+ 심화학습

시편송에 관한 칼뱅의 작업 : **원칙과 과정**

종교개혁자들의 모델은 역시 칼뱅의 제네바 시편찬송가입니다. 칼뱅이 교회를 개혁했다고 말할 때 교리적 측면만 강조하기 쉬운데, 그는 자신이 할 수 있는 모든 분야를 개혁합니다. 그래서 칼뱅은 종교개혁의 종합선물세트라 할 수 있는데, 심지어 '찬송가'까지 개혁합니다.

칼뱅이 제네바에서 쫓겨나 스트라스부르에 있을 때 프랑스 피난민을 목회했는데, 그들을 위한 모국어 찬송가가 필요했습니다. 피난민들은 고향을 떠나 말도 잘 안 통하는 동네에 와서 살면서 서글펐는데, 시간이 지나면서 모국어로 된 찬송이라도 부르고 싶었습니다. 칼뱅은 그들을 위해 당시 예술가였던 '끌레망 마로'라는 사람에게 시편 가사의 운율작업과 곡조 붙이는 작업을 의뢰합니다. 마로는 프랑스 서쪽 알자스 지방 민요를 응용해서 누구나 쉽게 따라 부를 수 있는 쉬운 곡의 시편찬송을 몇 곡 만들었습니다. 칼뱅은 이것을 기초로 나중에 다시 제네바에 돌아왔을 때 제네바 시편찬송가를 완성합니다.

이 찬송가의 특징은 곡조가 단순하고 소박하다는 것입니다. 음악으로 멋과 기교를 부리지 않고, 가사 전달을 중심으로 했습니다. 가사에 집중할 수 있도록, 곡조는 최대한 평이하고, 대체로 느리고, 높낮이가 크지 않습니다. 그래서 지금 우리가 듣기엔 약간 잠이 올 듯한 곡조가 사용되었습니다.

음악적 원칙 : **곡조보다 가사가 중요**

시편찬송가에는 어떤 곡조를 붙이는 것이 좋을까요? 정해진 것은 없습니다. 이런 곡조로 불러라 하는 성경 말씀이 있는 것은 아니니까요. 그러나 몇 가지 생각할 기준은 있습니다. 우선, 찬송은 공동체의 문제이므로, 전체가 공감하는 품격이 있어야 합니다. 곡조가 천박하면, 가사(말씀)가 방해를 받고, 말씀을 중시하는 예배의 정신이 흐려질 수 있습니다. 그래서 찬송은 기도하는 마음으로, 경망스럽게 부르지 않고, 중후하고 엄숙하게 부르는 것이 좋습니다.

회중에게 친숙한 곡조 가사 전달이 제일 중요!

그러나 너무 경직될 필요는 없습니다. 이를테면 말씀을 중시한다고 해서 가사를 정할 때 시편 말씀을 '있는 그대로' 토씨 하나 안 틀리게 써야 하느냐의 고민이 있겠는데, 이것은 노래이므로 운율에 맞춰 가사를 고치는 것이 자연스럽습니다. 그리고 반드시 시편'만' 써야 하는 것은 아니고, 하나님을 찬양하는 다른 성경 말씀도 가능합니다.

시편송 절대주의는 버려야…

시편송을 부르는 것은 종교개혁자들의 정체성이었습니다. 시편찬송은 종교개혁이 번져 나가면서 함께 퍼져 나갔고, 많은 개신교인들의 예배와 일상생활에서 사용되었습니다. 시편을 부르는 것은 종교개혁자들의 상징처럼 되어갔고, 그래서 종교개혁을 탄압하는 사람들은 시편찬송 부르는 것을 금지시키기도 했던 겁니다. 시편찬송은 종교개혁의 소중한 유산입니다. 우리는 시편송 부르는 것이 특이하고 이상한 일이 아니라 오히려 전통적인 일이며, 시편송을 안 부르는 것이 오히려 종교개혁 전통에서 멀어진 모습이라는 것을 인식하고 있어야 합니다.

하지만 시편찬송 절대주의는 버려야 합니다. 가끔 보면 16세기 곡조만을 고집하는 분들이 계십니다. 예를 들어 제네바 시편송만을 불러야 한다고 주장하는 경우입니다. 찬송이란 모름지기 단선적이어서 화음도 넣으면 안 된다고 하고, 음표가 너무 많아도 안 된다고 합니다. 그러나 그렇게만 고집하면 찬송이 다음 세대까지 전수될 수 있을까요? 이것은 어쩌면 특정 시대의 성과에 대한 맹신일 수 있습니다.

한 예로, 단순한 곡조만을 고집하는 분에게 그 곡조가 바로 중세 교회의 그레고리안 찬트와 같은 곡조라는 사실을 알려드리면 무척 당황하십니다. 철저한 종교개혁의 산물로만 알고 있었던 것이 사실은 중세 신비주의 예배에서 사용하던 음악과 다를 바 없었던 것이죠. 제네바 시편송만 최고라고 생각하면 안 됩니다. 그땐 그 당시의 음악 수준에 맞춰서 최선의 곡조를 붙였을 뿐이고, 시대가 바뀌면서 곡조도 다양해지고 발전해 나가는 법입니다. 더구나 제네바 시편송 작업을 했던 끌레망 마로는 그다지 신앙이 좋은 사람도 아니었거든요.

로마 가톨릭에서 선호하던 그레고리안 찬트 스타일의 곡조와 유사한 제네바 시편찬송 중 한 곡. 특정 시대의 시편찬송에 너무 지나치게 의미를 부여해서 완벽한 권위를 부여하는 것은 무리입니다. 일상적이고 보편적으로 전 연령층이 편안하게 부를 수 있는 곡조라면 충분합니다.

현재 한국에서 출간된 몇 권의 시편찬송가가 마치 종교개혁 당시에 사용되었던 바로 그 찬송가인 것처럼 생각해서도 안 됩니다. 대부분 이미 후대에 수없이 개정된 곡조들이 찬송가에 들어가서 지금 남아있는 것입니다. 그러니 "이 버전이 최고다.", "우리 교회가 부르는 시편찬송이 가장 성경적이다." 이런 식의 표현은 부끄러움만 더할 일입니다.

물론, 말씀이 소중하니까 그걸 지키고자 하는, 그리고 전통이 소중하니까 가능하면 그것을 존중하려는 정신은 중요합니다. 하지만 그렇다고 특정 시대의 곡조에 얽매일 필요는 전혀 없습니다. 곡조에 맞춰서 시편 가사가 왜곡되지 않는다면, 또한 남녀노소 누구나 쉽게 따라 부를 수 있다면, 그것은 적합한 시편찬송 곡조라 할 수 있습니다.

시대와 정서에 맞는 운율 작업의 필요성

오늘날 남녀노소 회중이 부르는 데 익숙해진 복음송이나 CCM 중에 시편 가사가 잘 반영되고 곡조도 훌륭한 것이 있다면 그것을 잘 검증하여 사용하는 것이 오히려 종교개혁자들이 지향했던 예배 개혁의 원리에 더 가까울 것입니다. 그럼에도 이런 모든 일들은 먼저 종교개혁자들과 같은 원칙과 실력이 있어야 합니다. 이와 함께 범교회적인 투자가 필요합니다. 쉬운 일이 아니기 때문입니다.

시편 운율작업은 결국 교회의 총체적 실력 문제

결국 판단의 기준은 모든 생각과 평가의 기준은 교회가 내 것이거나 우리의 것이 아니라 그리스도의 것이라는 사실에 두어야 합니다. 종교개혁자들은 교회의 주인께서 원하시는 대로 직분과 예배를 개혁하려 했습니다. 오늘날 예배모범과 시편송은 정반대의 원리로 흘러가는 중입니다. 그러나 거듭해서 말씀드리는 것은. 이것이 만약 역사상 가장 좋은 개혁이고 결과물이었다면, 그리고 그것이 우리에게 전수되었다면, 당장 쓰고 안쓰고가 문제가 아니라, 일단은 관심이라도 가져보자는 겁니다. 익숙치 않고 낯설고 재미가 없다고 해서 외면한다면 우리 자신에게 손해가 될 뿐입니다.

무엇보다 중요한 것은, 찬송의 개혁은 최대한 자연스럽게, 천천히, 최대한 많은 사람의 동의를 거치면서 해야 한다는 사실입니다. 어쨌거나 개혁된 찬송가는 실제로 주일 공예배에서 남녀노소 모두가 쉽게 부를 수 있어야 할 테니까요. ^^

> 생각해보기

소위 '예배 사역자'가 가능할까?
핵심은 정서적 감동이 아니라 말씀에 있다.

예배 개혁에 있어서 항상 주의할 것은 형식보다 내용입니다. 음악이라는 그릇보다는 그 그릇이 담고 있는 신학이 더 중요합니다. 악기를 잘 다루고 목소리가 좋아서 '찬양사역자'가 되었다는 말을 어떻게 생각하세요? 이것이 바로 종교개혁 이전으로 돌아가는 것입니다. 중세교회로의 회귀입니다.

카라바쪼라는 '미술 사역자'가 있었습니다. 그는 주로 성당 벽화를 그렸던 화가인데, 정말 대단한 실력자였습니다. 그가 그린 '그리스도의 매장'을 로마에 갔을 때 직접 눈앞에서 볼 기회가 있었습니다. 단지 그림을 봤을 뿐인데도 온몸에 전율이 흐르고 저절로 눈물이 고일 정도로, 깊은 감동을 받았습니다. 그런데 이 사람이 어떤 사람인지 아세요? 살인을 포함해서 무려 전과 19범의 망나니였습니다. 교계에 줄이 있어서 감옥에 갇혀도 곧바로 풀려납니다. 이런 사람이 그린 그림이 수많은 성당 안에 붙어있는 겁니다.

중세 교회는 말씀이 아니라 이런 예술 작품을 통해 감동을 주려 했습니다. 예술적 측면에서는 아주 잘하는 것이지만, 신학적으로는 이것이 바로 타락입니다. 미술 이야기를 했지만, 이 원리는 음악에도 동일하게 적용될 것입니다.

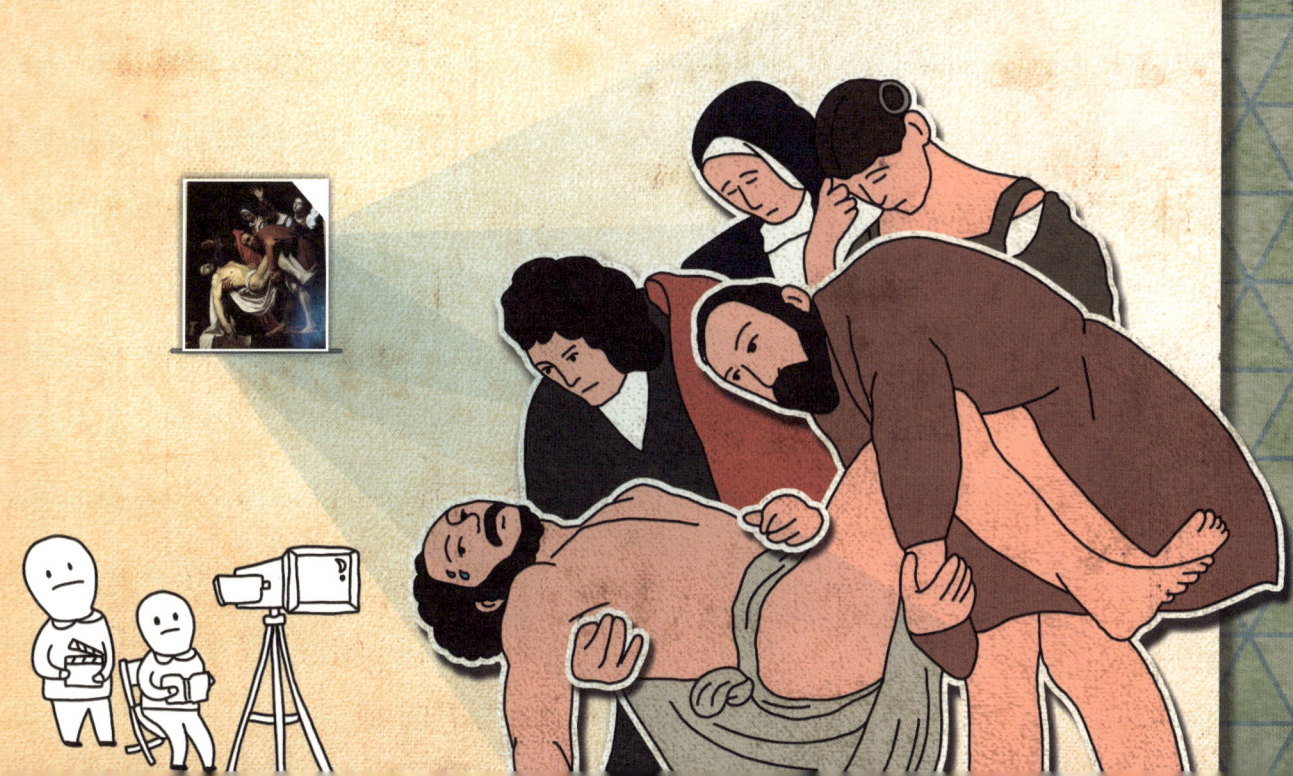

○ **특별자료**

대표적인 두 편의 시편송을 소개합니다. 제네바 시편송과 스코틀랜드 시편송입니다. 낯설더라도 직접 불러보면서 근현대에 만들어진 찬송곡과의 차이를 발견해 보세요. (악보 : 고려서원 제공)

제네바 시편송

시편 1편 (C)

GENEVA 1ST ● 10 10 11 11 10 10
Ionian

3

arr. by 김준범, 2011

Genevan Psalter, 1539
harm. Claude Goudimel, 1564

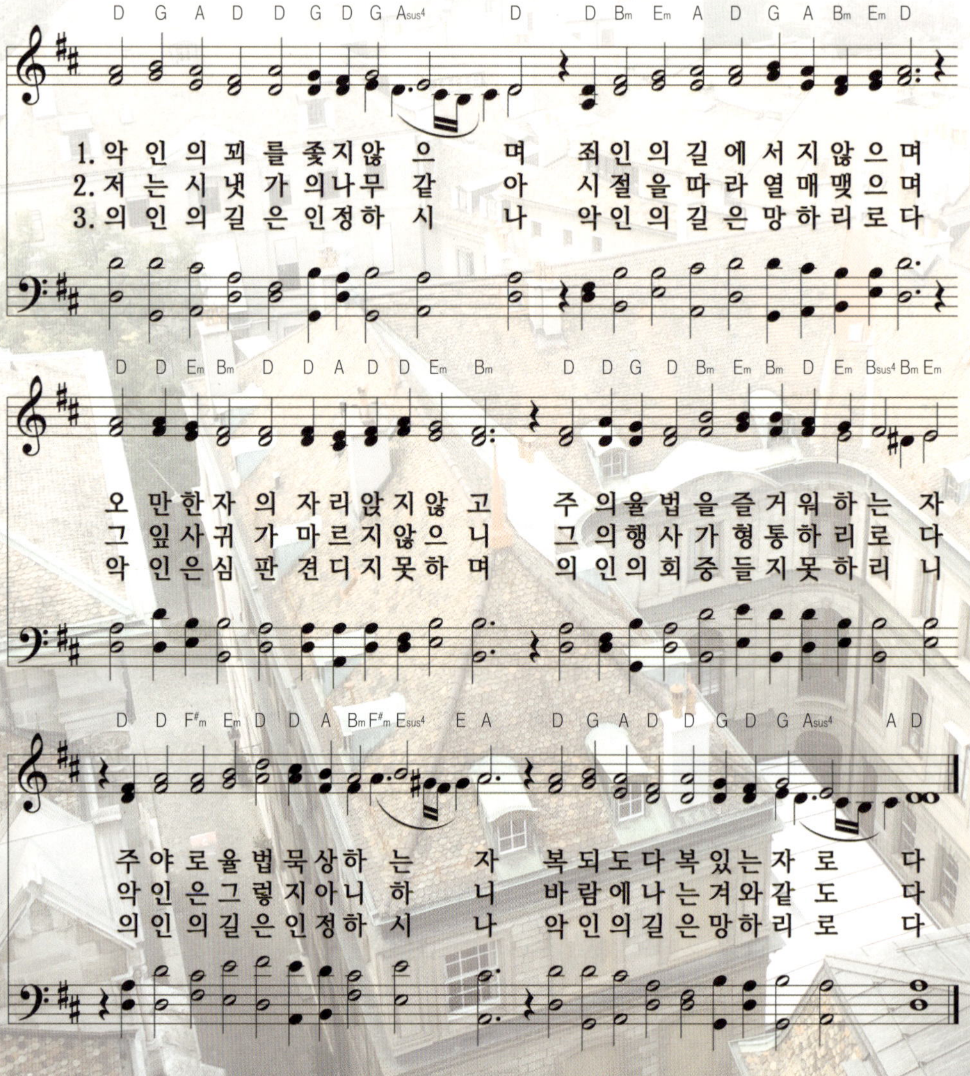

1. 악인의 꾀를 좇지 않으며 죄인의 길에 서지 않으며
2. 저는 시냇가의 나무 같아 시절을 따라 열매 맺으며
3. 의인의 길은 인정하시나 악인의 길은 망하리로다

오만한 자의 자리 앉지 않고 주의 율법을 즐거워하는 자
그 잎사귀가 마르지 않으니 그의 행사가 형통하리로다
악인은 심판 견디지 못하며 의인의 회중 들지 못하리니

주야로 율법 묵상하는 자 복되도다 복있는 자로다
악인은 그렇지 아니하니 바람에 나는 겨와 같도다
의인의 길은 인정하시나 악인의 길은 망하리로다

스코틀랜드 시편송

시편 84편 (A)
MELITA ● 888888

160

arr. by 김준범, 2011   J. B. Dykes, 1861

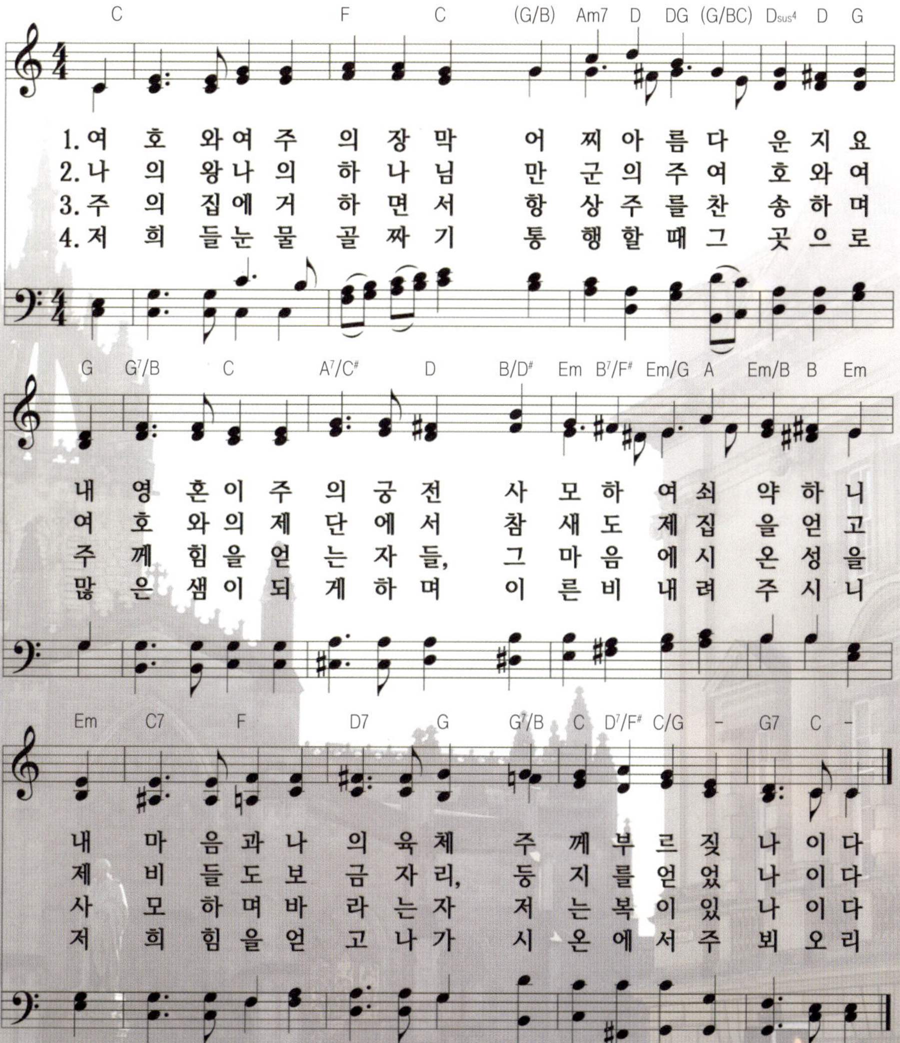

1. 여호와여 주의 장막 어찌 아름다운지요
2. 나의 왕 나의 하나님 만군의 주 여호와여
3. 주의 집에 거하면서 항상 주를 찬송하며
4. 저희들 눈물 골짜기 통행할 때 그 곳으로

내 영혼이 주의 궁전 사모하여 쇠약하니
여호와의 제단에서 참새도 제 집을 얻고
주께 힘을 얻는 자들, 그 마음에 시온성을
많은 샘이 되게 하며 이른 비 내려 주시니

내 마음과 나의 육체 주께 부르짖나이다
제 비들도 보금자리, 주 둥지를 얻 었나이다
내 사모하며 바라고 나가시 저는 복이 있나이다
저희 힘을 얻고 나가 시온에서 주 뵈오리

끝으로, 이것을 생각해봅시다.
오늘날 우리들, 즉 '이미 개혁된 예배를 드리는 우리'는,
저 예배 순서 하나하나에서,
실제로 개혁된 마음으로 예배드리고 있는가? 하는 것입니다.

예배시간에 무엇을 하느냐, 무엇을 하지 않느냐,
무슨 찬송을 부르느냐, 이런 것보다…
사실 이게 더 중요합니다.

실제로 우리 안에 저 각종 예배 요소를 대하는 마음이 진실하지 않다면
형식적으로 참석해서 아무런 의미도 감동도 없이
그저 시간을 보내는 것이 지금 우리의 예배라면,
우리는 알아야 합니다.
깨달아야 합니다.
우리는 이미
중세 교회의 저 '연극을 관람하던 관객'과도 같은 존재로,
되돌아간 것이나 다름없다는 사실을 말입니다.

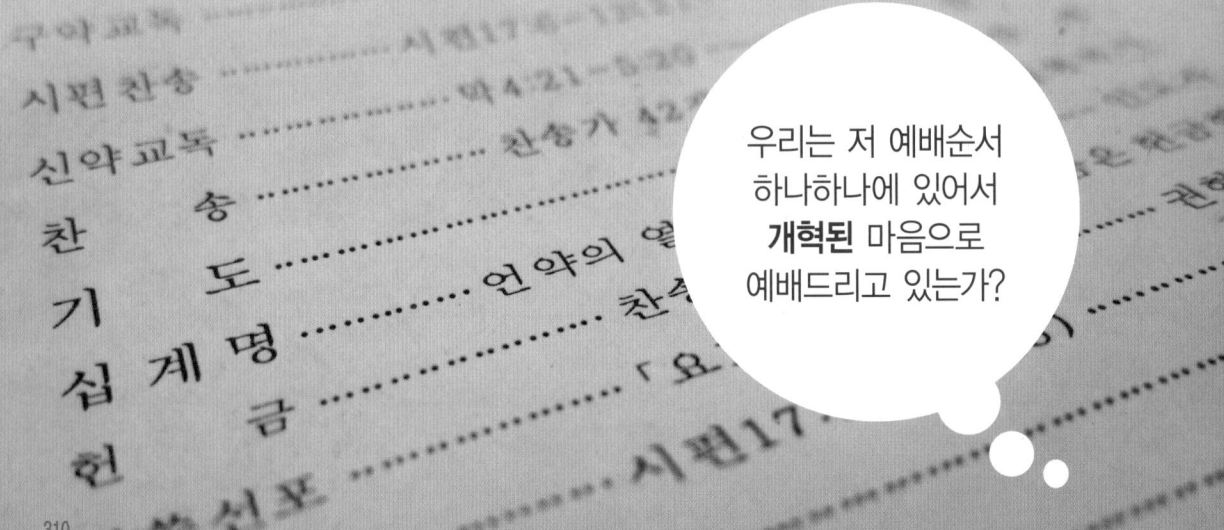

우리는 저 예배순서 하나하나에 있어서 **개혁된** 마음으로 예배드리고 있는가?

제10화 예배모범, 오래된 철옹성을 깨다

다음 질문을 읽고, 맞는 것에 O, 틀린 것에 X로 답하세요.

1. 개혁자들은 로마 가톨릭 형태의 예배를 개혁하기 위해 성경에서 원리를 끌어냈다. 성경에 있는 예배 요소(설교, 시편송, 성례)만 사용하고, 성경적 근거가 없는 예배 요소(성상, 성화, 제사의식 등)는 모두 제거했다. ☐O ☐X

2. 공동기도서는 처음에 로마 가톨릭식 예배를 개혁하기 위해 만들어졌다. 하지만, 시간이 오래 지난 후에는 더 발전된 개혁을 방해하는 장애물로 악용됐다. ☐O ☐X

3. 찰스 1세와 윌리엄 로드 주교가 공동기도서로 스코틀랜드 장로교회를 압박했을 때, 조지 길레스피는 성경적 근거를 들어 공동기도서에 대해 반박하는 책을 익명으로 출간하여 온 교회를 놀라게 했다. ☐O ☐X

4. 웨스트민스터 총회는 공동기도서보다는 다소 완화된 예배모범을 제시했다. 다만, 예배모범의 순서와 형식을 그대로 따라야 혼돈이 줄어든다고 강조했다. ☐O ☐X

5. 종교개혁자들은 공예배에서 시편찬송을 부를 때, 회중들의 감정이 절절하게 묻어나도록 곡조에 멋과 기교를 넣는 데 신경을 많이 썼다. ☐O ☐X

넓고 깊게 생각해 보기

예배를 위해 개혁자들이 개혁했던 것 중 인상적인 것 3가지를 적어 보세요. 그 당시의 신자였다면 여러분은 이런 변화에 대해 어떻게 받아들였을지 상상해 보세요. 그리고 느낀 점을 나누어 보세요.

종교개혁지 탐방

장로교회의 탄생지
에딘버러, 세인트앤드류스, 그리고…

런던에서 기차를 타면 스코틀랜드의 수도 에딘버러의 웨이벌리 역에 도착합니다. 높이 솟은 웅장한 석조 건물이 위압적으로 내려다봅니다. 두근두근 흥분되는 마음으로, 옛 모습을 잘 간직하고 있는 에딘버러 시내를 돌아봅니다. 예전에 비해 많이 줄었지만, 지금도 여전히 장로교회 신자들이 많은 나라 스코틀랜드. 곳곳에 남겨진 종교개혁의 흔적을 찾을 때마다, 이들을 통해 교회를 보호하시고 은혜를 부어주신 하나님께 감사한 마음이 들었습니다.

천혜의 요새
에딘버러 성은 암벽 위에 우뚝 선 요새입니다. 스코틀랜드는 오랜 역사 동안 잉글랜드의 침략을 받았습니다. 그래서인지 지금도 스코틀랜드 사람들은 잉글랜드를 별로 좋아하지 않는 마음이 남아있다고 합니다. 영화 '브레이브 하트'를 보시면 스코틀랜드인들의 애환과 굴하지 않는 용기를 엿볼 수 있습니다.

\# 에딘버러성

목회자 양성
에딘버러 대학캠퍼스 중 하나인데, 신학부가 여기 있습니다. 건물 내부로 들어갔다가 원래 세인트 자일스 교회당 앞에 서 있던 존 녹스 동상이 여기로 옮겨진 것을 발견했습니다. 구한말, 한국어 성경도 스코틀랜드 장로교회의 후원으로 번역되었으며, 우리에게 한국어로 쪽복음서를 번역해서 최초로 전해주신, 존 로스 선교사도 에딘버러 출신이랍니다.

\# 에딘버러대학 뉴 칼리지

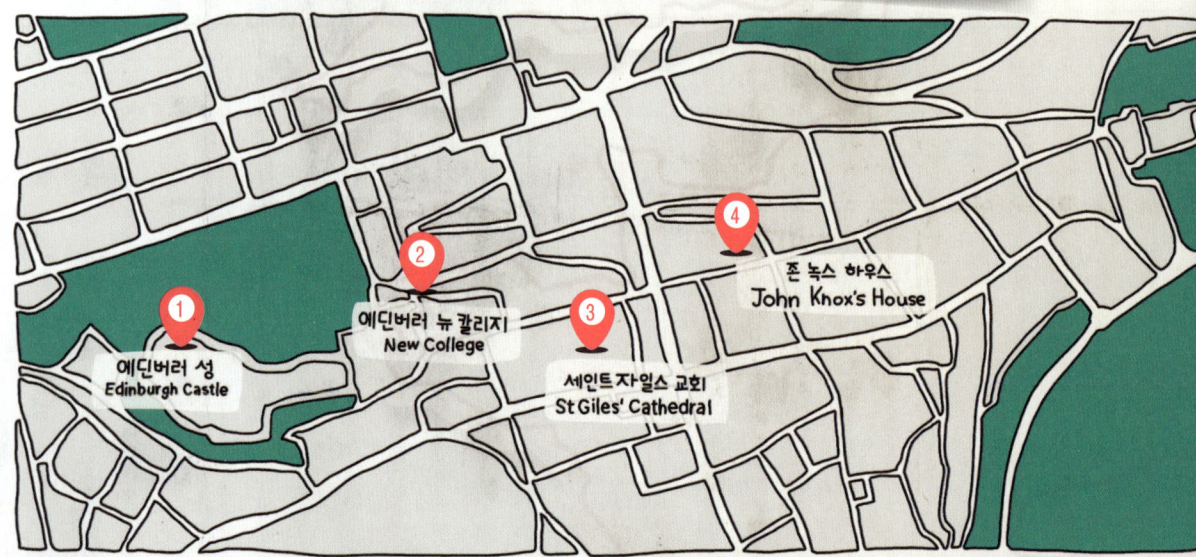

1. 에딘버러 성 Edinburgh Castle
2. 에딘버러 뉴 칼리지 New College
3. 세인트 자일스 교회 St Giles' Cathedral
4. 존 녹스 하우스 John Knox's House

종교개혁지 탐방

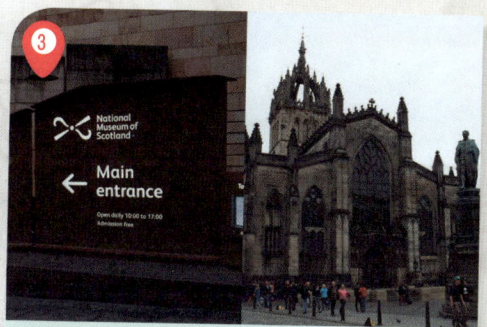

살아있는 역사 교과서

홀리루드 궁전과 에딘버러 성을 이어주는 로열마일의 가운데 쯤 위치한 세인트 자일스 교회당을 꼭 가보세요. 존 녹스가 설교했던 곳이며, 찰스 1세의 공동기도서에 반발하며 폭동이 일어났던 바로 그 현장입니다.(p.141) 제니 게데스라는 여인이 주교를 향해 던졌다고 알려진 의자는 스코틀랜드 국립박물관에 전시되어 있습니다.

\# 세인트자일스 교회, \# 스코틀랜드국립박물관

역사의 현장이 된 교회

교회(Church)를 스코틀랜드식 이름으로는 Kirk[커크]라고 부릅니다. 에딘버러에 가시면 그레이프라이어 교회당을 꼭 들러 보세요. 스코틀랜드 국민언약 때 서명이 이루어진 역사적 장소입니다.(p.142) 종교개혁이 실패하면서 무자비하게 박해받은 스코틀랜드 순교자들의 감옥과 기념비도 여기 있습니다. 하지만 과거는 잊혀지고, 지금은 '충견 보비' 동상을 보러 오는 관광객이 더 많은 것이 현실입니다.

\# 그레이프라이어 교회

스코틀랜드 장로교회의 아버지

존 녹스가 거주했던 집을 복원하여 작은 박물관으로 운영하고 있습니다. 세인트자일스 교회당과 가까운 이 집에 머물며 아침저녁으로 교회를 섬겼을 존 녹스 목사님을 떠올려봅니다. 메리 스튜어트 여왕과 사이가 나빴음을 암시하는 목판(p.97)도 재미있습니다. 1층 창문 위 벽돌에 '하나님을 사랑하고 이웃을 사랑하라'는 문구를 확인하고서 가슴이 뭉클해졌습니다.

\# 존 녹스 하우스

개혁의 불꽃이 휘감던 대학 도시

에딘버러 북쪽에는 세인트앤드류스라는 도시가 있습니다. 한때 엄청난 규모로 위세를 자랑하던, 그러나 지금은 폐허가 되어버린 세인트앤드류스 대성당의 공동묘지에는 개혁자들의 묘비가 있습니다. 칼뱅주의 사상을 전파하던 젊은 개혁자 패트릭 해밀턴과 존 녹스의 스승 조지 위샤트도 이 도시에서 순교했습니다. 또한 이곳 대학에서는 앤드류 멜빌과 사무엘 러더포드 등이 일하기도 했습니다. 대학박물관(BNU)도 규모는 작지만 알차게 꾸며져 있습니다. 대학가 근처에 스코틀랜드 톱5에 드는 피쉬앤칩스 가게도 있으니, 꼭 드셔 보세요!

\# 세인트앤드류스 대성당, 대학

처음 유럽에 갔을 때였습니다. 기독교인들로만 구성된 단체 여행이었는데 현지 가이드는 저희를 위한 특별한(?) 코스라며 안내했습니다. 발을 만지면 운수가 좋다는 동상, 마리아가 나타난 적이 있다는 장소 등이었습니다. 모두 중세교회의 미신인데, 가이드는 기독교인들이라면 이런 것을 좋아할 거라 생각한 모양입니다. 부끄러웠습니다. 종교개혁의 후손은 이런 풍습과 거리가 멉니다. 실제로 종교개혁자들이 오래 활동했던 지역에서는 미신과 우상숭배 풍습을 찾아보기 어렵습니다. 종교개혁지를 탐방할 때엔, 본받을 것은 본받고 버릴 것은 버려야 하겠습니다. ^^

제11화
신앙고백서
폐허 속에 꽃피우다

웨스트민스터 신앙고백서를 따르기로 서약한 수많은 목회자와 직분자들이 있습니다. 수많은 사람들이 이 신앙고백서를 나의 신앙과 삶의 표준으로 삼겠다고 다짐합니다. 하지만 정작 그것이 무엇인지, 어떻게 해서 생겨난 것인지는 잘 모릅니다. 오히려 이 신앙고백서를 폄하하는 온갖 소문이 돌아다닙니다.

"찰스 1세의 인허를 받지 못했으므로 적법하지 않다."
"처음엔 성경 각주도 달지 않고 만들었다가
의회를 통과하지 못해서, 나중에 황급히 추가한 것이다.
그만큼 이 신앙고백서는 졸속으로 만들어졌고,
그래서 내용도 엉망일 것이다."
"신앙고백서는 국가의 입맛에 따라 수정되었다.
성경적인 게 아니라 정치적인 것이며,
사람의 생각들로 오염된 것이다."
"구식이다. 370년 전의 신앙고백을
지금 우리가 꼭 따라야 할 필요가 있나? 시대착오적이다."

……… 과연 이러한 비판이 합당할까요?

키워드 : 신앙고백서, 신조, 경계선(바운더리), 42개 신조
39개 신조, 구조분석, 교회론

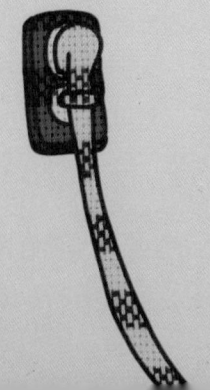

> ❶ 들어가기 전에

신앙고백서 기초 상식
당신이 성경을 사랑한다면…!

교회는 성경적 복음을 주님 다시 오실 날까지 지켜나갈 사명이 있습니다. 하지만 이것이 말처럼 쉽지 않습니다. 그래서 하나님의 말씀을 순수하게 보존하고 전승하기 위해 〈교리〉가 소중합니다. '우리가 믿는바 성경의 참뜻은 이러이러한 것이다'라는 내용을 말로만 전할 것이 아니라 글로도 명백하게 적어두는 일이 필요해진 겁니다. 그런 대표적인 작업이 바로 우리가 예배 시간마다 고백하는 '사도신경'입니다.

교회는 이런 식으로 성경을 오해하는 사람들에게 진리가 무엇인지 분명히 정리해줄 책임이 있습니다. 교회는 이 문제를 어느 유능한 특정 개인에게 맡기는 것이 아니라, 항상 모여서 의논했습니다. 이것이 바로 교회 회의(공의회)입니다. 교회가 진실로 다 함께 고백하는 진리가 무엇인지를 모여서 확인하고, 신앙고백이라는 형태의 문서로 남겨서 후대에게 전해주었습니다. 우리는 그런 문서들을 토대로 신앙생활을 안전하게 할 수 있습니다.

우리는 성경을 사랑합니다. 그래서 우리는 성경을 보존하고 지키려 했던 신앙의 선배들도 사랑해야 합니다. 그들이 성경에서 추출하여 우리에게 남겨준 교리 역시 소중하게 여기고 사랑해야 합니다. 그것이 바로 성경을 사랑하는 길이고, 하나님을 사랑하는 방식입니다. 성경을 사랑하고 올바로 해석하려는 많은 신앙인들의 노력이 신앙고백서라는 형태의 문서로 결실을 맺었습니다. 하나님의 말씀이 왜곡되지 않도록 분명한 표현으로 적어두려는 노력! 그것은 2천 년 교회의 역사 속에 쭉 이어져 온 감동의 스토리입니다.

업그레이드 신앙고백서

지금까지 만들어진 신앙고백서의 종류가 꽤 많습니다. 동일한 신앙을 고백하더라도 사람마다 생각이 다르고 표현 방식이 다르기 때문입니다. 물론 서로 다른 신앙고백서를 사용한다고 해서 무조건 서로 다른 하나님을 믿는다는 뜻은 아닙니다. 우리는 다양한 신앙고백서들을 공부하면서 교회가 공통적으로 고백해온 신앙을 더욱 풍성하게 배울 수 있습니다.

그런데 개중에는 잘못된 신앙고백도 존재합니다. 성경과 전혀 다르게 하나님을 설명하거나, 심각한 오해를 불러일으키는 표현이 사용되었다면, 그런 신앙고백서를 교회에서 사용할 수는 없을 겁니다.

> 들어가기 전에

그래서 교회는 잘못된 신앙고백을 거부하고 올바른 신앙고백을 공인하는 방식으로 정통 교리를 지켜 왔습니다. 초대 교회 때부터 벌써 이런 일이 있었습니다. 예를 들어, 우리가 잘 아는 '사도신경'은 교회의 소중한 신앙고백입니다. 가장 오래되었기도 하지만, 가장 보편적이라는 점에서 그렇습니다. 기독교라고 부를 수 있는 세상 모든 교회가 공통적으로 인정하는 신앙고백입니다. 사도신경을 올바로 고백하는 교회는 넓은 의미에서 모두 우리의 형제입니다. 반대로 말하면, 사도신경을 인정하지 않고 거부한다면 그것은 더 이상 교회가 아닙니다. 오늘날 수많은 교회가 분열되어 있지만, 사도신경의 고백 안에서 하나의 교회, 한 몸이라는 것을 잊어서는 안 됩니다.

그러나 여전히 문제가 있습니다. 사도신경만으로 충분할까요? 사도신경만 고백하면 교회는 충분히 이단들을 물리칠 수 있을까요? 아쉽게도 그렇지 않습니다. 사도신경의 모든 구절에 다 동의하더라도, 그 짧은 몇 구절을 '다르게' 해석하는 사람들이 항상 있었고, 여전히 그게 문제였습니다. 말로만 사도신경을 함께 고백한다고 하면서 실제로는 자기 멋대로 이해한다면, 그가 우리와 동일한 신앙고백을 하고 있다고 말할 수 있을까요? 그럴 수 없습니다. 그래서 더 정확하고 분명하고 자세한 표현을 담은 신앙고백서가 필요합니다. 교회는 이후 몇 개의 신앙고백서를 더 만들었습니다.

사도신경 이후 초기 기독교 시대에 만들어진 신앙고백서들을 '고대신조'라고 부릅니다. 이 신조들은 주로 예수 그리스도와 삼위일체에 대한 잘못된 생각들을 교정해주는 목적이었습니다. 니케아 신조, 니케아 콘스탄티노플 신조, 칼케돈 신조, 아타나시우스 신조 등이 그것입니다. 이 신조들은 온갖 이단적인 사상들로부터 교회를 보호하는 데 커다란 역할을 했습니다. 하지만 중세의 오랜 시간을 지나면서 교회는 또다시 잘못된 사상들로 오염되어갔고, 종교개혁 시대에 이르러 수많은 신앙고백서가 다시 필요해졌습니다. 이것을 글로만 적으면 재미도 없고 머리에도 들어오지 않으므로, 그 다양한 신앙고백서의 역사를 도표를 활용해서 간단히 살펴보겠습니다.

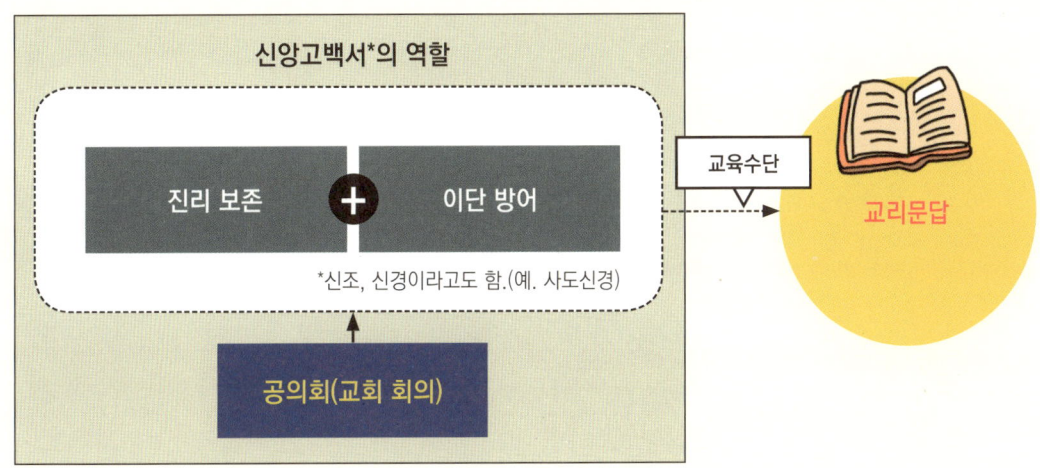

한눈에 살펴보는
신앙고백의 역사

이 그림은 교회사 전체 중에 주요 신앙고백서의 역사를 도표로 나타낸 것입니다.

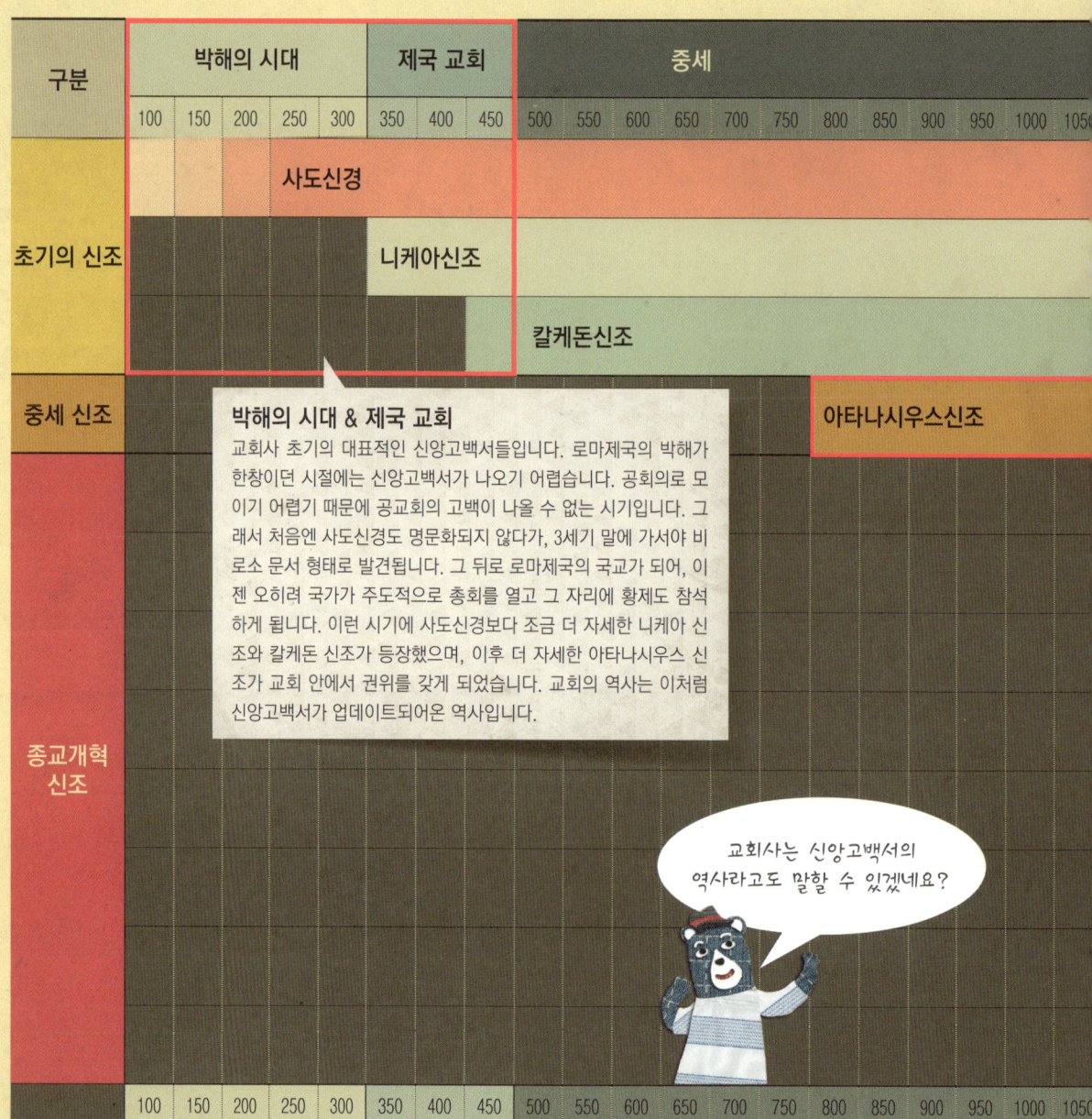

박해의 시대 & 제국 교회

교회사 초기의 대표적인 신앙고백서들입니다. 로마제국의 박해가 한창이던 시절에는 신앙고백서가 나오기 어렵습니다. 공회의로 모이기 어렵기 때문에 공교회의 고백이 나올 수 없는 시기입니다. 그래서 처음엔 사도신경도 명문화되지 않다가, 3세기 말에 가서야 비로소 문서 형태로 발견됩니다. 그 뒤로 로마제국의 국교가 되어, 이젠 오히려 국가가 주도적으로 총회를 열고 그 자리에 황제도 참석하게 됩니다. 이런 시기에 사도신경보다 조금 더 자세한 니케아 신조와 칼케돈 신조가 등장했으며, 이후 더 자세한 아타나시우스 신조가 교회 안에서 권위를 갖게 되었습니다. 교회의 역사는 이처럼 신앙고백서가 업데이트되어온 역사입니다.

교회사는 신앙고백서의 역사라고도 말할 수 있겠네요?

물론 신앙고백서의 종류는 훨~씬 더 많습니다. 여기서는 흐름을 보려 합니다.

		종교개혁			근현대					
1100 1150 1200 1250 1300 1350 1400 1450		1500 1550 1600 1650			1700 1750 1800 1850 1900 1950 2000					

중세

중세시대에는 신앙고백서가 뜸합니다. 왜 그럴까요? 굉장히 많은 시간이 흘러가지만 이렇다 할 신앙고백서가 없습니다. 그만큼 교회가 심각하게 타락했고, 타락한 교회를 고치고자 하는 마음도 연약했던 겁니다. 잘못된 것을 고치려는 의지와 실력이 부족했다는 의미입니다.(그래서 중세가 암흑기입니다.ㅠㅠ)

종교개혁

종교개혁 시절에 오면 급격하게 신앙고백서의 종류가 늘어나는 것을 볼 수 있습니다. 수백 개의 신앙고백서가 마치 유행처럼 작성됩니다. 전체 교회사에서 보더라도 굉장히 특수한 시기입니다. 하나님께서 특별한 은혜를 이 시기에 반짝 부어주신 덕분이 아니겠나 싶습니다. 16, 17세기 종교개혁 신앙고백서는 크게 루터파 신앙고백서와 개혁파(칼뱅파) 신앙고백서로 나눌 수 있습니다. 그중에서도 개혁파 신앙고백서는 종류도 많고 분량도 상당합니다.

루터파 신조
- 아우구스부르크
- 일치신조

개혁파 신조
- 기독교강요
- 벨기에 신앙고백
- 스코틀랜드 신앙고백
- 도르트신조
- 제2스위스 신앙고백
- 웨스트민스터 신앙고백

1100 1150 1200 1250 1300 1350 1400

다음 페이지에서 이 부분을 더 자세히 들여다보겠습니다.

종교개혁 시대의 주요 신앙고백서들

구분	1500	1505	1510	1515	1520	1525	1530	1535	1540	1545	1550	1555	1560	1565	1570	1575	1580
루터파 신앙고백							아우구스부르크신앙고백 →										
								스몰칼드신앙고백									
															루터파 일치신조	
대륙의 개혁파 신앙고백									기독교강요 →								
								제1스위스신앙고백									
									취리히신앙고백								
										제네바신앙고백							
													제2스위스신앙고백				
													프랑스신앙고백				
													벨기에신앙고백				
영국의 신앙고백								10조									
									13조								
									6조								
												42조					
														39조			
																스코틀랜드신앙고백	

> 도표에서 눈에 띄는 것은 칼뱅의 기독교강요입니다. 이것은 공교회의 작업은 아니지만 일종의 신앙고백서입니다. 종교개혁 사상이 불온하고 불경건한 이단자들의 생각이라는 오해에 맞서, 우리의 신앙은 그런 것이 아니라 오히려 정통 신앙을 회복한 것이라는 사실을 변호했던 중요한 책이지요. (p.46) 이후 초기 개혁파 신앙고백서는 주로 스위스에서 칼뱅, 불링거, 츠빙글리 등에 의해 작성되었습니다.

> 이것을 이어받은 것이 스코틀랜드 신앙고백서와 벨기에(벨직) 신앙고백서 등의 2세대 신앙고백서입니다. 이들 역시 로마 가톨릭 교회의 압제 속에 힘겨워하던 수많은 신실한 신자들에게 '진짜' 신앙이 무엇인지를 알려주면서, 그들이 결코 틀리지 않았음을 위로하고 격려하는 역할을 해주었습니다.

한꺼번에 너무 많은 정보가 들어와 머리가 아프시지요? 걱정 마세요! 자세한 것을 지금 다 알 필요는 없습니다. 다만, 신앙고백서가 이처럼 더 정교한 교리를 위해 차근차근 업그레이드되어왔다는 사실을 이해하고 넘어가면 됩니다.

> 지금 알아야 할 것은 두 가지입니다. ^^

> 1. 시대별로 국가별로 굉장히 많은 종류가 있구나!

> 2. 신앙고백서 중에도 더 좋은 것과 덜 좋은 것이 있겠구나!

| 1595 | 1600 | 1605 | 1610 | 1615 | 1620 | 1625 | 1630 | 1635 | 1640 | 1645 | 1650 | 1655 | 1660 | 1665 | 1670 | 1675 | 1680 | 1685 | 1690 |

앞의 그림에서 종교개혁 시대, 특히 **개혁파 신앙고백서를 확장해서 더 자세히 그려보면 아래와 같습니다**. 종교개혁 시기에 도시마다 신앙고백서가 쏟아져 나옵니다.

이들은 순식간에 이웃 마을에 전파되고, 널리 사용되고, 더욱 업그레이드(Upgrade)되기도 합니다. 혹은 아예 기존 것을 업데이트(Update)하기도 합니다. 그중에서도 **가장 우수한 몇몇 신앙고백서는 변하지 않는 보석처럼 수백 년의 시간을 뛰어넘어 오늘날까지도 실제로 사용되고 있습니다**. 웨스트민스터 총회의 신앙고백서 역시 그중의 하나입니다!

시간이 지나서, 구교와 신교가 벌이는 지리한 다툼 탓에 얻는 것 없이 희생만 늘자, 이제는 서로 터치하지 말고 각자의 지역에서 알아서 믿고 살자는 분위기가 생깁니다. 도르트 총회는 바로 이런 상황에서 개신교를 채택한 국가들의 대표가 모인 일종의 '국제 기독교 총회'입니다. 마침 당시 네덜란드는 예정론을 잘못 이해한 일단의 학파가 정치세력에 이용당하면서 내전 상황까지 치닫는 위기에 빠져 있었습니다. 각 국가의 대표들은 이 문제를 오래 숙고한 끝에, '잘못된 사상을 배격하고 올바른 교리가 무엇인지를 확립'합니다. 그리고 그 결과물을 다섯 조항의 신앙고백서 형태로 발표합니다. 이것이 바로 도르트 신조(신앙고백서)입니다.

도르트신조

잉글랜드의 신앙고백서는 별도로 구분해서 그려보았습니다. 앞쪽에 작은 파편들이 보일 것입니다. 헨리 8세는 솔직히 마음에도 없는 종교개혁을 했기에 처음엔 신앙고백서를 제대로 만들지 않았고, 단순한 '원칙들'에 불과했습니다. 그것이 10개조, 13개조, 6개조 등의 초기 신앙고백서입니다. 특히 6개조 신앙고백서의 경우는 개혁이 아니라 오히려 '개악'이었습니다. 그러던 잉글랜드가 비로소 종교개혁의 진도를 쭉쭉 뺐던 것은 에드워드 6세 시절이었고, 이때 42개조 신앙고백서가 탄생합니다.(p.324) 엘리자베스 1세 시절에 이것을 약간 개정해서 '40에 하나 감한' 39개조 신앙고백서가 만들어지는데, 이것은 100년 가까이 잉글랜드의 신앙고백서로 정착합니다.

39조

아일랜드신앙고백

웨스트민스터신앙고백

잉글랜드의 신앙고백서가 존 녹스에 의해 탄생한 스코틀랜드 신앙고백서와 통합되면서 완전히 새로운 신앙고백서로 재탄생한 것이 바로 웨스트민스터 신앙고백서입니다.(나중에 살펴보겠지만, 잉글랜드는 이 신앙고백서를 다시 버리고, 기존의 39개 신조로 돌아가 버립니다. 그래서 그래프를 저렇게 중간에 뚝 끊기는 모습으로 그렸습니다.)

웨스트민스터 신앙고백서가 가장 좋은 이유는 건전한 신앙고백서들 중에서 비교적 '최신버전'이기 때문입니다. 이것이 의미하는 것은 기존의 약점들이 보완되었다는 것입니다. **특별히 '중도'를 잡아주는 역할을 했습니다**. 공신력에 있어서도 확실합니다. 스코틀랜드 – 잉글랜드 – 아일랜드 교회가 하나의 신앙고백서를 고백해보자는 멋진 시도였으니까요. 더구나 단순한 신앙고백서의 개정작업이 아니라 새롭게 제작된 교회정치와 예배모범까지도 반영된 종합적이고 실제적인 신앙고백서의 형태였으니… 그야말로 종교개혁 전시대의 정신을 집대성한 최고의 엑기스라 할 수 있겠습니다.

○ 특별자료

과거의 잉글랜드 신조들: 누가 더 훌륭할까?
42개 신조와 39개 신조 비교대조표

> "참된 그리스도인이자 잉글랜드 국왕이신 에드워드 6세 전하께"

칼뱅의 이사야서 주석 서문은 에드워드 6세 헌정사로 시작합니다. 그만큼 핍박에 시달리던 초기 종교개혁자들에게 에드워드 6세의 존재는 큰 힘이었습니다. 그진에도 헨리 8세가 종교개혁의 물꼬를 텄지만, 당시 작성된 신조들은 종교개혁의 풍성한 내용을 담고 있지 못했습니다. 그러나 에드워드 6세에 와서는 (왕이 너무 어렸기에) 토마스 크랜머가 국왕의 눈치를 보지 않고 소신껏 일할 수 있었습니다. 그러나 그는 '어떻게(How) 개혁을 하면 좋을지'는 잘 몰랐습니다. 그래서 그는 아주 탁월한 방법을 선택합니다.

"모르면 배우자!"

당시 유럽 대륙 최고의 학자 '피터 마터 버미글리', '마르틴 부써'와 같은 사람들을 초빙하는 겁니다. 그리고 케임브리지와 옥스포드 대학을 이들에게 맡겨서, 대학교육과 교회개혁의 전권을 맡깁니다. 이들의 노력 덕분에 잉글랜드는 처음으로 제대로 된 종교개혁을 맛봅니다. 이 시기에 중요한 작업은 '42개 신조'의 작성입니다. 이 고백서는 기존 헨리 8세 시절과는 비교가 안 될 정도로 발전된 것이었는데, 예를 들면 연옥 교리를 완전히 깨버립니다. (p.326) 이게 왜 중요하냐면, 기존 로마 가톨릭의 재정과 위계질서를 지탱하던 끈이 바로 공로사상과 연옥교리였기 때문입니다. 중세 교회는 이런 사상을 바탕으로 '고해성사' 시스템과 '면죄부 판매' 프로그램을 돌려서 돈을 긁어모았던 것인데, 42개 신조는 이것을 정면으로 거부한 겁니다. 덕분에 더 이상 자금줄을 확보할 수 없었던 기존 세력은, 굳이 무력으로 억누르지 않아도 저절로 목말라 사그라듭니다.

이런 개혁이 모두 에드워드 6세 때 이루어졌던 겁니다. (2화 복습) 42개 신조는 당시로써는 대단히 뛰어나서, 후대에 엘리자베스 1세 시절에 만든 39개 신조보다 오히려 더욱 엄밀한 내용이 많습니다. 저는 전체적으로 볼 때 앞의 것이 더 좋아 보이는데, 여러분 눈에는 어떠세요? 두 신앙고백서의 차이점을 직접 살피고 판단해 보세요!

○ 특별자료

39개 신조가 42개 신조에 비해 어떻게 달라졌는지 비교해 봅시다. 또한, 각각의 신조가 어떤 시대적 정황 속에서 탄생했는지 숲 단원에서 공부한 것들을 떠올려 보세요.

39개 신조에서
- 삭제
- 추가
- 달라진 내용

	42개 신조 (Forty-Two Articles, 1553) 토마스 크랜머 마틴 부써, 피터 마터 버미글리		39개 신조 (Thirty-Nine Articles, 1571) 매슈 파커 대주교
1	성삼위일체 신앙에 관하여	1	성삼위일체 신앙에 관하여
2	참 인간이 되신 말씀, 하나님의 아들에 관하여	2	참 인간이 되신 말씀, 하나님의 아들에 관하여
3	그리스도께서 음부에 내려가신 일에 관하여	3	그리스도께서 음부에 내려가신 일에 관하여
4	그리스도의 부활에 관하여	4	그리스도의 부활에 관하여
		5	성령에 관하여
5	구원을 위해 성경으로 충분하다는 것에 관하여	6	구원을 위해 성경으로 충분하다는 것에 관하여
6	거부되지 말아야 할 구약 성경에 관하여	7	구약 성경에 관하여
7	세 개의 신경에 관하여	8	세 개의 신경에 관하여
8	원죄 혹은 생득죄에 관하여	9	원죄 혹은 생득죄에 관하여
9	자유 의지에 관하여	10	자유 의지에 관하여
10	은혜에 관하여		
11	인간의 칭의에 관하여	11	인간의 칭의에 관하여
		12	선행에 관하여
12	칭의 이전의 행위에 관하여	13	칭의 이전의 행위에 대하여
13	여분의 공덕에 관하여	14	여분의 공덕에 관하여
14	죄 없는 인간은 없다. 그리스도 홀로 죄가 없으시다.	15	그리스도만이 죄 없으심에 관하여
15	성령을 거스르는 죄에 관하여	16	세례 후에 지은 죄에 관하여
16	성령 모독죄 (성령에 대항한 신성모독)		

니케아 신경, 아타나시우스 신경, 사도신경의 중요성을 확증합니다.

42개 신조를 토대로 39개 신조를 작성할 때 삭제하고 추가된 것들, 달라진 내용들을 보면서 엘리자베스 시대의 종교개혁이 얼마나 지지부진했는지 가늠해볼 수 있습니다.

제11화 신앙고백서, 폐허 속에 꽃피우다 / 325

○ 특별자료

39개 신조에서

▱ 삭제

▮ 추가

☐▷ 달라진 내용

	42개 신조 		39개 신조 
17	예정과 선택에 관하여	17	예정과 선택에 관하여
18	우리는 '오직 그리스도의 이름으로만 영원한 구원을 얻음'을 믿어야 한다.	18	그리스도의 이름으로만 영원한 구원을 얻는 것에 관하여
19	~~모든 인류는 도덕법을 지켜야 할 의무가 있다.~~		
20	교회에 관하여	19	교회에 관하여
21	교회의 권위에 대하여	20	교회의 권위에 대하여
22	총회의 권위에 대하여	21	총회의 권위에 대하여
23	연옥에 대하여	22	연옥에 대하여
24	(합법적으로) 부르심을 받은 자들 외에는 목회해서는 안 된다.	23	목회에 관하여
25	사람들은 회중 안에서 사람들이 이해할 수 있는 말을 해야 한다.	24	회중 안에서 사람들이 이해할 수 있도록 말함에 관하여
26	성례에 관하여	25	성례에 관하여
27	성직자들의 불경함은 하나님의 규례가 효과적으로 작용하는 것을 없애지 못한다.	26	성직자들의 부적절함이 성례의 효과를 방해하지 못하는 것에 관하여
28	세례에 관하여	27	세례에 관하여
29	성찬에 관하여	28	성찬에 관하여
		29	**불경한 사람이 주님의 만찬에서 그리스도의 몸을 먹지 못하는 것에 관하여**
		30	**이종배찬(빵과 포도주를 성도들에게 나누어주는 것)에 관하여**
30	그리스도께서 십자가 위에서 완전한 희생을 이루심에 관하여	31	십자가 위에서 그리스도의 한 번의 희생을 이루심에 관하여

- 39개조의 7번째 조항에 포함되면서 생략됐습니다.

- 두 신조 모두 '총회는 제후의 명령이나 의지 없이는 소집될 수 없음'을 명시합니다. 국가와 교회 간 관계에 있어 유럽 대륙보다 덜 개혁된 것을 확인할 수 있습니다.

- 사람들이 이해하지 못하는 말로 교회 안에서 공적인 기도를 드리거나 성사를 집전하는 것을 금합니다.

- 42개 신조는 세례와 성찬 2가지 성례를 집중적으로 언급합니다. 39개 신조는 로마의 7성례를 구체적으로 언급하고, 성경에서 명한 것이 아님을 지적합니다.

- 39개조에서는 로마 가톨릭 교리인 '화체설'이 비성경적임을 더욱 강조했습니다.

- 로마 가톨릭은 성도들에게 포도주를 나눠주지 않았습니다. 종교개혁 이후 신교도들은 떡과 포도주를 먹고 마시며 성찬의 유익에 참여할 수 있었습니다.

326

○ 특별자료

	42개 신조		39개 신조
31	하나님의 말씀은 누구에게도 독신의 상태를 명하지 않는다.	32	사제의 결혼에 관하여
32	파문된 사람을 피해야 한다.	33	파문된 사람을 피하는 것에 관하여
33	교회의 전통들	34	교회의 전통들에 관하여
34	교리서에 관하여	35	교리서에 관하여
35	공동기도서와 국교회의 의식에 대하여		
		36	주교와 성직 서품에 관하여
36	시민 통치 권력에 관하여	37	시민 통치 권력에 관하여
37	그리스도인의 재산은 공유물이 아니다.	38	그리스도인의 재산은 공유물이 아님에 관하여
38	그리스도인은 맹세할 수 있다.	39	그리스도인의 맹세에 관하여
39	죽은 자들의 부활은 아직 일어나지 않았다.		
40	죽은 자들의 영혼은 이생을 떠났으며 육체와 함께 죽거나 헛되이 잠자는 것이 아니다.		
41	천년설이란 불리는 이단자들		
42	모든 사람이 한참 지난다 해서 구원받지 않는다		

- 이 조항 때문에 결혼했던 성직자들이 메리 여왕 시대에 핍박을 받아야 했습니다. (31)

- 교회의 모든 전통과 예배 의식이 어디서나 완전히 똑같을 필요가 없습니다. 39개 신조에서는 개별 교회나 국교회(national church)가 교회 예식들을 변경할 수 있다고 추가로 언급합니다. 훗날 찰스 1세와 윌리엄 로드 주교의 공동기도서는 이 신조들이 말하는 바를 역행하고 맙니다. (33)

- 예배 의식을 위한 공동기도서가 먼저 작성되고, 신조가 후에 작성되었음을 알 수 있겠지요? (35)

- 에드워드 6세 때 개선된 주교 임명 제도를 그대로 계승할 것을 굳이 재확인합니다. 주교제도에 대해 개혁의지가 없음을 의미하는 것 아닐까 추측할 수 있습니다. (36)

- 두 신조 모두 동일하게 로마의 주교는 치리권이 없다고 선을 긋고, 왕/여왕이 교회의 보호자이며 최고 통치권자임을 명시합니다. (36/37)

- 사유재산을 인정하지 않던 재세례파의 가르침을 거절했습니다. (38)

- 39개 신조에서는 무슨 연유에선지 신자의 부활과 내세에 대한 언급이 없습니다.

제11화 신앙고백서, 폐허 속에 꽃피우다 / 327

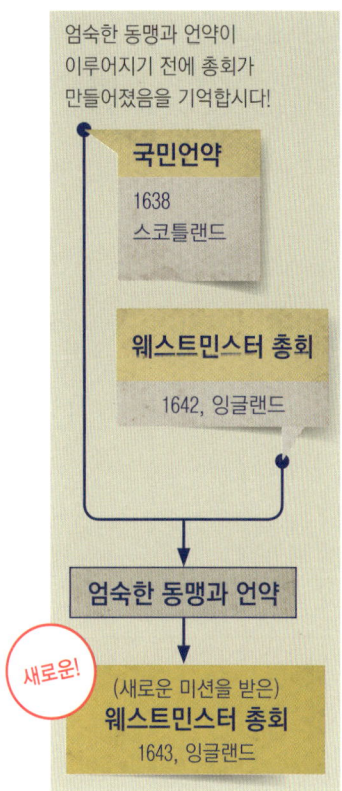

웨스트민스터 신앙고백서의 작성 배경

이렇게 해서 웨스트민스터 총회까지 왔습니다. 아시다시피 잉글랜드 의회는 본래 신앙고백서를 새로 만들 생각까지는 아니었습니다. 기존의 39개조 신앙고백서가 너무나 오래되었고 그동안 종교개혁에 괄목할만한 발전이 있었으니, 적당히 손을 봐서 개정하자는 것이 초기 미션이었습니다. 그러다가 **〈엄숙한 동맹과 언약〉**이 체결되면서 총회의 성격이 "스코틀랜드의 종교개혁을 배우자"는 쪽으로 바뀌었고, 그에 따라서 신앙고백서의 방향도 달라져야 했습니다. 이런 내용은 앞에서 이미 자세히 배웠습니다.^(p.155)

그래서 총회는 진행 중이던 신앙고백서 개정작업을 '멈추고' 스코틀랜드 총대들이 내려오기를 기다립니다. 그리고 그들이 포함된 신앙고백서 작성 위원회를 재구성합니다. 당시 잉글랜드 의원들은 스코틀랜드 총대들을 대환영했던 것을 기억합시다. 그들은 스코틀랜드 총대들의 능력을 추켜세웠습니다. 물론 실제로도 능력이 있었고, 모두가 그들을 신뢰했습니다. 이제 신앙고백서는 개정이 아니라 처음부터 새로 만드는 작업이 되었습니다.

오른쪽 일정표를 보면 신앙고백서의 중요도에 비해 꽤 나중에 작업이 이루어집니다. 왜 그랬을까요? 총회의 초반부에 교회정치를 논의하느라 너무 바빠서 그랬습니다. 특히 독립파와 에라스투스파 논쟁이 길어지는 바람에 정말 중요한 역할을 해야 했던 스코틀랜드 총대들이 눈코 뜰 새 없이 바빴던 겁니다. 게다가 앞에서 교회정치가 어떻게 결정 나느냐에 따라 뒤에 만드는 신앙고백서도 바뀔 수밖에 없는 형편…. 우선순위에서 계속 밀리다가 1645년 중반이 됩니다. 이제는 신앙고백서와 교리문답을 본격적으로 만들어야할 시점이 되었는데, 안타깝게도 세상은 그 몇 년 사이에 많이도 변해버렸습니다. 전쟁은 이제 마무리 단계로 접어들었습니다. 아직 끝난 것은 아니지만, 찰스 1세의 군대가 승리할 가능성은 거의 사라졌습니다. 의회파 군대는 승리를 확신했고, 이제 그들의 관심은 종교개혁이 아니라 전쟁보상금에 쏠리기 시작했습니다.

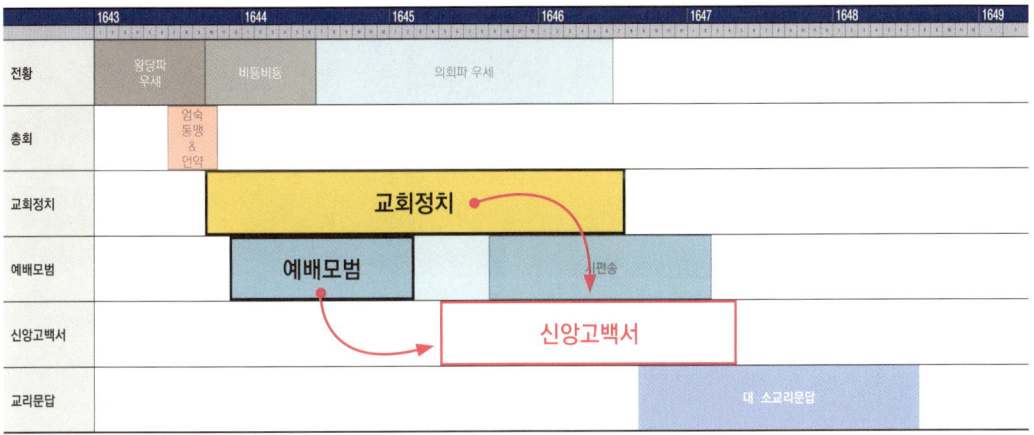

전쟁 이후에 어떻게 될 것이며 누가 권력과 재물을 차지할 것인지가 초미의 관심사가 되었고, 정국은 온통 눈치작전과 줄서기에 휘말렸습니다. 사람 사는 세상은 예나 지금이나 다 똑같은 모양입니다. 더 길게 설명하지 않아도 당시 런던의 정국이 어떠했을지 충분히 짐작하실 것입니다.

하지만 그 와중에도 총회에서 꾸역꾸역 신앙고백서를 만들고 있는 사람들이 있습니다. 그들은 자신들의 작업을 누가 알아주지 않아도, 미래가 불투명하고 암울해도, 남들이 모두 세상의 환호와 칭송과 화려한 폭죽 소리를 향해 달려가던 때에도, 한쪽에서 흔들림 없이 한 알의 씨앗을 심었던 분들입니다. 어떻게 해서든지 순수한 종교개혁의 정신을 반영시킨 신앙고백서를 만들어 두어야 한다는 책임감… 그들의 의지는 간절했고, 또한 강렬했습니다.

총회장 내에서…

교회정치에 관한 토론은 치열했지만, 막상 신앙고백서 작성 과정에서 논쟁은 거의 없었습니다. 신앙고백서 작성 위원회는 평화 그 자체였습니다. 스피드도 빨랐습니다. 이유가 뭘까요? 싸울 일이 별로 없어서입니다. 이미 교리에 대해서 스코틀랜드와 잉글랜드의 종교개혁자들은 일치된 생각을 가지고 있었던 겁니다. 지난 30년간 전 유럽 공통으로 개혁파 신학은 완성 단계에 이르러 있었습니다. 1619년 도르트 총회*에서 이미 중요한 교리적 논의가 해결되었고, 총회에 참석한 총대들은 그 기준점을 공감하고 있었습니다. 그러므로 총회 때 교리를 가지고 누가 옳으냐, 그르냐, 아옹다옹하지는 않았습니다. 신학적이고 교리적인 문제는 이미 총회 참석자 대부분이 공감대를 이루고 있었습니다. 말하자면 웨스트민스터 신앙고백서의 내용은 이미 오래전에 이야기 끝나서 답이 나왔던 문제였습니다.

도르트 총회(1619) : 웨스트민스터 총회가 열리기 한 세대 전, 네덜란드의 도르트(지금의 도르트레흐트)에서 열린 국제 종교회의. 칼뱅주의 개혁파 예정론 교리에 대한 분명한 입장을 정리했다.(도르트신조, 323쪽 참조)

직접 살펴보는 몇 가지 특징들
웨스트민스터 신앙고백서의 구조분석

웨스트민스터 총회의 신앙고백서 작성 위원회가 만들었던 신앙고백서의 구조를 그려두었습니다. 직접 살펴보면서 특징을 찾아보시기 바랍니다.

---

01. 성경

> **서론 1장**
> 가장 중요한 전제가 되는 부분입니다. 하나님의 말씀인 성경에 대해서 맨 처음에 다룹니다.

---

02. 하나님과 거룩한 삼위일체
03. 하나님의 영원한 작정
04. 창조
05. 섭리
06. 인간의 타락, 죄, 형벌
07. 하나님과 인간의 언약
08. 중보자 그리스도
09. 자유의지
10. 효과적인 부르심
11. 칭의
12. 양자
13. 성화
14. 구원에 이르는 신앙
15. 생명에 이르는 회개
16. 선행
17. 성도의 견인
18. 은혜와 구원의 확신

> **주요 교리 2 ~ 18장**
> 종교개혁 이후 거듭 개혁되어온 중요한 교리들을 체계적으로 잘 정리해서 장중하면서도 명료한 문장으로 표현해 두었습니다.
>
> 웨스트민스터 신앙고백서는 이미 주요 교리에 대해서는 더 이상 개혁할 것이 없을 정도로 완성 단계에 이르렀습니다. 특히 하나님의 작정과 창조, 섭리에 관한 분명한 가르침과, 그에 따른 하나님의 절대주권의 강조가 이 신앙고백서의 중요한 특징입니다.

> 또한 인간의 구원에 있어서 하나님의 전적인 은혜를 아주 분명하게 강조하는 부분이 또한 특징입니다. 10장에서 18장까지 이어지는 내용은 종교개혁자들이 외쳤던 교리가 단순히 딱딱한 지식이 아니라 왜 사랑과 은혜의 메시지인지를 매우 분명하게 보여줍니다.

19. 하나님의 율법

20. 그리스도인의 자유와 양심의 자유
21. 종교적 예배와 안식일
22. 합법적인 맹세와 서원
23. 국가의 위정자들
24. 결혼과 이혼

율법에 대한 이해 19 ~ 24장
신자의 삶에 대한 내용을 다룹니다. 이번 신앙고백서가 지난 시절의 고백서들과 차별점을 보이는 부분이 여기입니다. 업그레이드의 핵심입니다. 특별히 이 부분은 오늘날 한국교회에 정말 중요한 내용을 많이 담고 있습니다.

특히 21장은 제임스 1세의 유흥장려정책에 대한 분명한 대답이자 저항정신이라 볼 수 있습니다. 이 문제 앞에서 부끄럽게 타협했던 선배들의 역사를, 그들은 잊지 않았습니다.

신앙고백에서 웬 결혼과 이혼일까요? 당시 영국을 힘들게 만들었던 것이 바로 왕들의 결혼 문제였잖아요. 헨리 8세의 막장드라마, 기억나시죠? 그런데 더욱 직접적인 문제는 찰스 1세입니다. 그의 아내는 프랑스 출신의 열렬한 로마 가톨릭 지지자로서, 종교개혁을 역행하는 사상을 불어넣고자 했습니다. 신앙고백서 안에 결혼과 이혼 항목이 마련된 데엔 특별히 이런 배경이 있습니다.

25. 교회
26. 성도의 교제
27. 성례전
28. 세례
29. 성찬
30. 교회의 권징
31. 대회와 총회

교회론 25 ~ 31장
특별히 31장은 재미있는 에피소드를 갖고 있습니다. 8화에서 보았듯이, 개별 교회와 노회와의 관계에 대해 '교회정치'가 내린 결론은 may-be였습니다.(p.228~230) 이는 독립파도 노회의 중요성을 인정한다는 조건에 따른 합의였던 겁니다.

그러나 이후 독립파가 개별 교회의 독립성만을 강조하는 발언을 계속하자, 총회는 신앙고백서의 이 조항을 작성하면서 'ought to(노회가 반드시 있어야 한다)'라는 용어를 사용합니다. 교회정치 당시 분명하게 표현할 수 없던 내용을 신앙고백서에만큼은 확실하게 적어둔 겁니다.

32. 사후 인간의 상태와 죽은자의 부활
33. 최후의 심판

죽음과 부활 32 ~ 33장이 이어집니다.
39개 신조에서 사라졌던 항목들이 웨스트민스터 신앙고백서에서는 분명하게 명시되었습니다.(p.327)

기독교교리앱 QR코드
웨스트민스터 신앙고백서
본문을 직접 확인해 보세요!

실제로 진행과정을 방해한 것은 교리의 차이가 아니라 정치 문제였습니다. 다음 페이지에서 살펴봅니다.

이번에도 문제는 의회의 방해였다.

신앙고백서 작성 과정에서 정작 문제는 총대들끼리의 교리 논쟁이 아니라 의회와 총회 사이의 정치적 문제였습니다. 잉글랜드 의회는 제출된 신앙고백서의 초안을 보고 마음에 들지 않는 부분을 제거하거나 변경하기 시작했습니다. 즉 총회 결정과 무관하게, 정치적 관점에서 에라스투스파의 입장을 덧씌우는 작업을 해버린 겁니다… 그들은 신앙고백서의 교회론 부분을 직접적으로 겨냥했습니다. 30장 '교회 권징' 및 31장 '대회와 총회'의 내용을 수정한 겁니다.

왜 위와 같은 작업을 했을까요? 앞에서 보았듯이, 신앙고백서 작업은 후반부에 이루어졌습니다. 이때 이미 교회정치, 예배모범 그리고 권징의 문제까지 토론 완료된 상태였습니다. 그래서 이때 극복되지 못하는 작업은 신앙고백서 작업 때도 결국 걸림돌이 되고 말았습니다. 의회는 교회의 권징을 국가에서 관여하고자 했으며(9화), 노회와 그보다 더 넓은 대회, 총회의 존재와 권한에 대해서도 문제를 삼았습니다.(8화) 그래서 그들은 30장 교회의 권징에 대해 거절했고 교회와 국가의 관계에 대해서도 표현을 수정했습니다. 국가가 자기 입맛에 따라 교회의 결정사항을 임의로 훼손했습니다. (결국 나중에 왕정복고를 앞둔 1659년에 신앙고백서를 다시 통과시키면서는 아예 30장과 31장을 통째로 빼버립니다.)

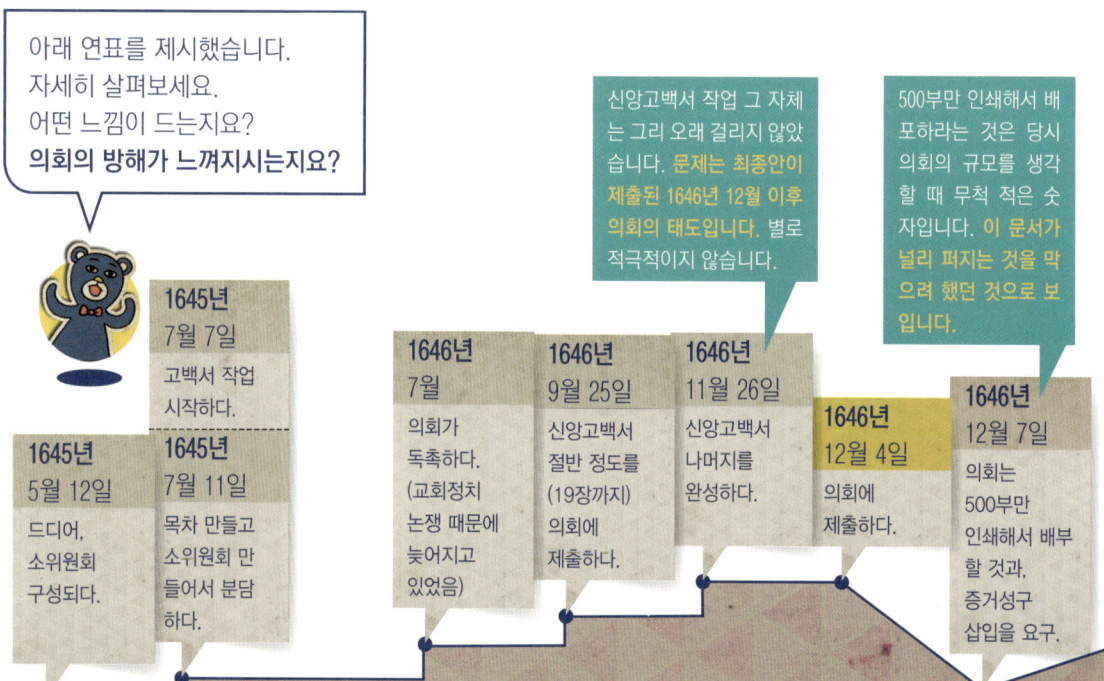

뿐만 아닙니다. 일종의 '법안지연작전'이라고 해야 하나요? 의회는 총회가 제출한 신앙고백서 초안을 처음에는 반려시킵니다. 증거 성경구절을 달아서 다시 가져오라고 요구합니다. 흠…. 왜 작성자들은 애초에 증거구절을 달지 않아서 이렇게 망신을 당했을까요? 실수였을까요? 그런 게 아닙니다. 이전 신앙고백서 역사를 보면 성경구절을 첨부하는 것에서 발견된 부작용이 있었습니다. 신앙고백서의 해당 문구가 '전체 성경'이 아니라 특정 성경구절에서'만' 추출된 것으로 오해하는 사람들이 생겨난 겁니다. 신앙고백은 성경 전체에서 끌어낸 결과물이기에 굳이 증거성구를 달지 않아도 됩니다. 그렇기에 위원회는 각주를 달지 않은 버전을 초기에 제출했습니다. 하지만 의회는 생각이 달랐고, 추가 작업을 지시합니다. 그 작업으로 다섯 달이 더 소요됩니다. 나중에 그걸 보완해서 가져오자 이번에는 검토하겠다고 하고는 오랜 시간을 방치합니다. 저는 이런 모든 과정이 의회가 총회의 결과물을 통과시키려 하기보다는 가능하면 지연시키고자 했던 것으로, 즉 '방해' 내지는 '비협조'하는 것으로 해석합니다.

잉글랜드와 달리 스코틀랜드는 증거성경구절 없이도 곧바로 받아들입니다. (1647년 1월 의회에서 통과) 이것만 봐도 각주가 있느냐 없느냐의 문제는 신학적인 문제라기보다는 정치적인 실랑이에 더 가까웠다는 것을 알 수 있습니다.

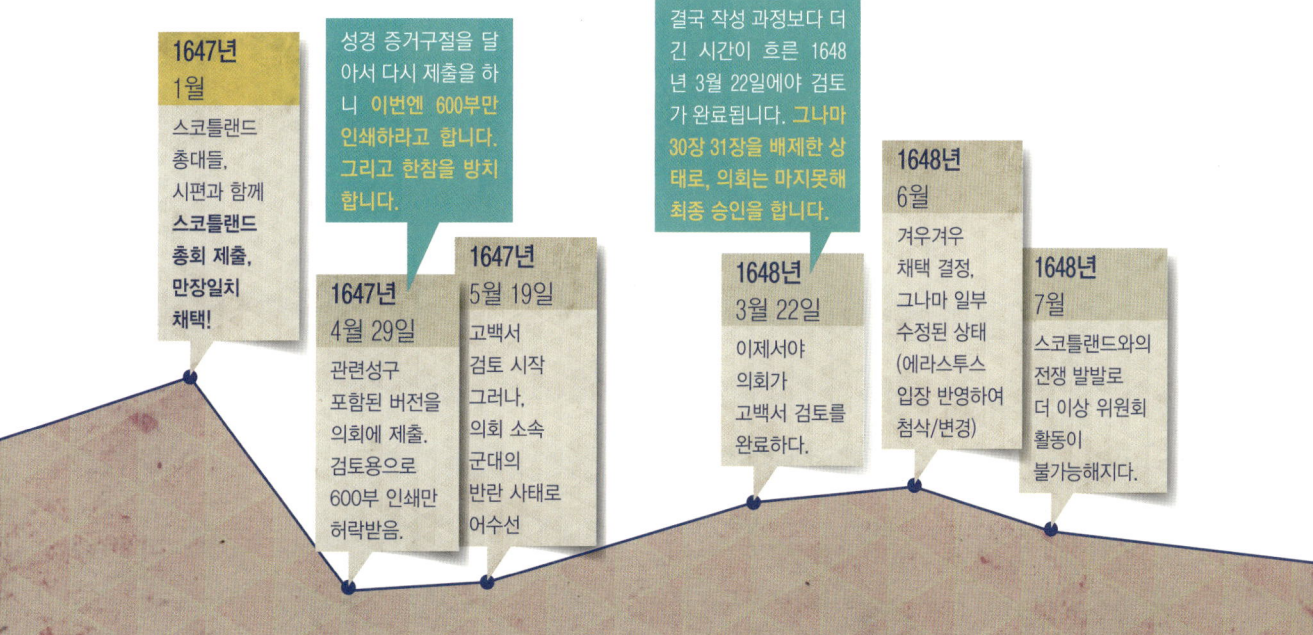

잉글랜드에서 신앙고백서는 정부에 의해 첨삭되었고 그나마 애매한 상태로 방치되는데, 다행히 스코틀랜드는 원안 그대로를 채택합니다. 스코틀랜드 총대 로버트 베일리가 **[초안]**을 가지고 고향으로 돌아가서, 이를 검토하고 승인하여 에딘버러 총회에서 통과시킬 수 있었습니다. 그 덕분에 정치적 입김을 벗어난 순수한 신앙고백서의 초안이 스코틀랜드의 공식 문서가 될 수 있었고, 오늘날 우리가 구글 검색을 통해 총회의 본래 입장이 담긴 원본 문서를 볼 수 있는 것도 그 덕분입니다.

우리가 받은 신앙고백서는 이처럼 힘겨운 과정을 통해 만들어졌습니다. 하지만 안타깝게도 오늘날 그 신앙고백서는 온통 미움과 경멸의 대상이 되고 있습니다. 신비주의자, 합리주의자, 자유주의자들은 신앙고백서를 거부하거나 무시합니다. 합리주의자의 입장은 370년 전 사람보다 우리가 더 똑똑하다는 것입니다. 자유주의자 입장은 그 시대의 성경해석만큼 고리타분한 것이 또 어디 있냐는 것입니다. 신비주의자 입장에서는 직통 계시(?)를 받으면 되므로 신앙고백서를 공부하는 그 시간 자체가 낭비입니다. 슬프게도 이러한 주장을 하는 사람이 어디 먼 데 있는 것이 아니라 결국 교계의 다수를 차지하는 우리 형제자매들의 모습입니다.

우리가 지켜야 할 것은 신앙고백서가 우리의 경계선(Boundary)이라는 사실입니다. 교회정치와 예배모범에 있어서는 늘 융통성이 필요하고 대화도 얼마든지 열려 있지만, 적어도 신앙고백서만큼은 양보하지 못할 경계선으로 삼아야 합니다.

신앙고백서는 경계선(boundary)입니다.
우리 신앙과 삶의 수많은 고민을 신앙고백서의 도움으로 풀어갑시다!

종교개혁자들이 원했던 신앙과 삶과 교회

험난했던 신앙고백서 작성 과정을 보면서
우리가 배워야 할 교훈은 무엇일까요?

신앙고백서에는 굉장히 풍성하고 자세한 성경의 가르침이 정리되어 있습니다.
그리고 그 내용은 실제 삶에 대한 고백이었습니다.
이것은 우리가 알고, 믿고, 따를 바입니다.

하지만 오늘날 많은 사람들이 이것을 실제로 알지도, 믿지도,
따르지도, 않습니다.

아니, 이런 것이 존재하는 줄을 아예 몰라서 문제입니다.
신앙고백서의 존재를 안다 하더라도,
거기에 신론이나 구원론 등의 기초교리뿐만 아니라
신자의 삶과 관련된 내용이 담겨있다는 사실을 모르는 사람이 더 많습니다.
이렇게 되어서는 종교개혁자들이 원했던 신앙과 삶과 교회를
우리가 소유할 길이 없습니다.

우리는 이제라도 이 신앙고백서를 정말 열심히 부지런히 공부해야 합니다.
그래야 제대로 믿을 수 있고,
믿는 대로 살 수가 있습니다.

혼탁한 오늘날, 특별히 참담한 한국 교회의 상황에서,
신앙고백서의 중요성은 아무리, 아무리, 강조해도, 강조해도,
지나치지 않습니다.

🔴 역사 속으로

잉글랜드 소장파 장로교회 목사들의 애잔한 노력
무산되고 말았던 신앙고백서 제2판 출간사업

이 시점에서 꼭 소개하고 싶은 사람들이 있습니다. 웨스트민스터 총회의 결과물을 회복하기 위해 애썼던 몇몇 잉글랜드 장로교회의 후손들이 있습니다. 뜻 있는 잉글랜드 장로교회 목사들은 크롬웰의 살벌한 독재 기간에도 불구하고 웨스트민스터 신앙고백서에 대한 관심을 스코틀랜드처럼 잉글랜드에서도 불러일으키려고 노력했습니다. 43명의 신세대 목사들이 모여서, 이대로 끝나서는 안 된다는 시대적 위기의식 속에서 다시 한번 잉글랜드의 종교개혁을 추진했던 겁니다.

그 대표적인 인물에는 '매튜 풀' 목사도 포함됩니다. 이분들은 자신들의 입지는 물론 생존 자체가 위험해지리라는 것을 뻔히 알면서도 지하운동을 합니다. 물론 그 길은 화려하지도 편하지도 않으며, 배고픈 길이었습니다. 하지만 그 길이 바로 종교개혁의 길이었습니다. 교회를 새롭게 하는 길이었습니다. 복음 앞에 진실로 서는 길이었습니다.

3~4년 뒤 '왕정복고'가 이루어지고, 무려 2257명의 장로교회 목사님들이 하루아침에 면직됩니다. 이들은 웨스트민스터 총회가 시취하여 임명했던 바로 그분들입니다.(p.208 참조) 그중 상당수는 슬프게도 면직, 추방, 고문, 사형, 테러, 심지어 암살까지 당하게 됩니다. 이 이야기를 떠올릴 때마다 저는 애잔한 마음을 금할 수 없습니다. 당시 그 런던의 젊은 목사님들의 마음이 과연 어떠했을까요. 온 교회와 백성들이 그토록 기뻐하면서 받아들였던 그 소중한 신앙고백과 표준 문서들이 헌신짝처럼 버려지는 형편을 목도할 때의 그 마음 말입니다. 총회의 분위기가 차갑게 식어가고, 마치 온 교회와 세상이 언제 그런 일이 있었냐는 듯 과거로 회귀할 때, 정치가들도 돌아서고 귀족들도 눈을 돌리고 동료들도 배신할 때… 경건한 분들은 하나님의 섭리를 바라보며 그 자리에서 '씨앗'을 심어 주었습니다. 오늘 우리는 그분들을 어떻게 본받고 따라갈 수 있을까요……?

비록 그들의 꿈은 펼쳐보지도 못하고 산산조각 납니다. 하지만 그런 신실한 개혁자들이 시대마다 장소마다 존재했다는 사실만큼은 역사의 기록으로 남아서, 우리에게 희망이자 또한 반성이 되어줍니다. 아울러 오늘날 우리 시대를 돌아보게 합니다. 한국 교회가 어둡다고 하는 지금, 우리가 해야 할 일이 무엇일까요. 어쩌면 그 해답도 이런 역사를 통해 모색해볼 수 있지 않을까 싶습니다.

더 깊은 이해를 위한 추천도서 : 매튜 풀 주석
1. 『갈라디아서』, 그 책의 사람들 : 매튜 풀을 한국에 처음 소개한 출판사입니다. 매튜 풀에 대한 인물 평전이 실려있어 가치가 높습니다.
2. 『청교도 성경주석』, 크리스천다이제스트 : 2021년 현재 신약이 완간된 상태입니다.

신앙고백서에 대한 해묵은 오해들,
그리고 우리의 답변

신앙고백서를 폄하하는 사람들이 자주 하는 이야기가 있습니다. 하지만 앞뒤 정황을 살피고 나면 그다지 근거가 없는 이야기입니다. 예를 들면 이런 것입니다.

Q : 찰스 1세의 인허를 받지 못했으므로 적법하지 않다?

역사적 배경을 알고 나서 보면, 말도 안 되는 트집이라는 것을 알 수 있습니다. 그때 상황에서 찰스 1세의 도장은 필요하지도 않았고, 그렇다 하더라도 요식행위일 뿐이었을 겁니다.(5화, 6화)

Q : 처음엔 성경 각주도 달지 않고 만들었다가 의회를 통과하지 못해서, 나중에 황급히 추가한 것이다. 그래서 엉망일 것이다?

결코 그렇지 않습니다. 오히려 그들은 정말로 놀라운 작업을 해 냈습니다. 무엇보다도, 신앙고백서에 성경 각주가 반드시 필요한 게 아닙니다. 신앙고백서는 특정 몇 구절에 근거한 문구를 적어둔 것이 아니라 전체 성경(Tota Scriptura)에 근거해서 작성한 겁니다.(p.333)

Q : 신앙고백서가 국가의 입맛에 따라 수정되었다. 따라서 성경적이지 않고 정치적으로 오염되었다?

거듭 강조하지만 역사적 배경과 작성 과정을 이해할 필요가 있습니다. 신앙고백서의 해당 부분(30, 31장)은 에라스투스주의의 한계였다는 사실을 감안하고 보면 됩니다. 그 때문에 총회의 작업 전체와 신앙고백서 전부를 부정할 필요는 없습니다.(p.259) 게다가 우리에게는 스코틀랜드 덕분에 총회의 순수한 원본이 기록으로 남아있습니다.(구글문서로 누구나 확인 가능합니다!) 그것을 보면 됩니다.

실제로 그 문서들을 들여다보고 판단하자

이처럼 그동안 우리는 정확한 정보도 없이 웨스트민스터 총회의 결과물을 너무나 쉽게 무시해왔습니다. 하지만 역사를 들여다보면 대부분의 공격은 근거가 없거나 모호하거나 앞뒤 상황을 살피지 않고 말하는 것에 불과했습니다. 제발 이제는 그렇게 피상적으로 쉽게 말하지 말았으면 좋겠습니다. 정확히 무슨 일이 어떻게 돌아갔었는지를 알아보고, 합당한 의심인지 아니면 근거 없는 선입견인지를 정직하게 판단했으면 좋겠습니다. 그래서 잘못된 주장이 더 이상 확대 재생산되지 않으면 좋겠습니다.

정말 좋은 것을 만들었으니, 잘 사용하면 좋겠습니다. 좋은 것이라는 생각이 들면, 가급적 잘 지켜냈으면 좋겠습니다. 물론 370년 전의 문서가 완벽할 수는 없을 겁니다. 많은 부분이 아쉽고 부족할 수도 있겠습니다. 그래도 이걸 바탕으로 삼아 딛고 일어서야 하지 않을까요? 현재 우리 수준은 이것부터 제대로 '배워야 할' 형편이라고 봅니다. 평가하기 이전에 우선 잘 들여다봅시다. 그리고 실력을 키웁시다. 그래야 우리도 앞으로 실력을 키워서, 나중에 더 나은 것을 만들어 보겠다는 소망을 가질 수 있을 테니까요.

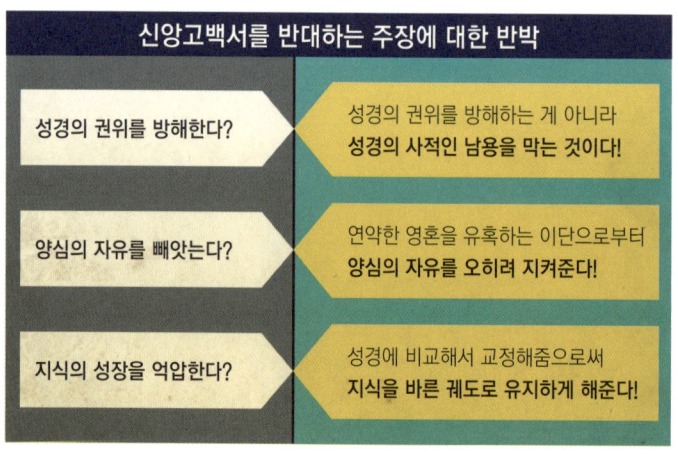

헤르만 바빙크, 하나님의 큰 일, 제 8장

제11화 신앙고백서, 폐허 속에 꽃피우다

다음 질문을 읽고, 맞는 것에 O, 틀린 것에 X로 답하세요.

1. 사도신경은 공교회의 신앙고백으로서, 가장 오래된 것이며 가장 보편적으로 인정받고 있다. O ☐ X ☐

2. 종교개혁 시대에 급격하게 신앙고백서의 종류가 늘어난다. 칼뱅의 기독교강요, 제네바 신앙고백, 제1, 2 스위스 신앙고백, 프랑스 신앙고백, 아타나시우스 신앙고백 등이 이때 널리 알려졌다. O ☐ X ☐

3. 웨스트민스터 총회는 스코틀랜드와 '엄숙한 동맹과 언약'을 맺으면서 스코틀랜드를 배우자는 쪽으로 바뀌었다. 이로 인해 스코틀랜드 총대들이 총회에 합류하게 된다. O ☐ X ☐

4. 신앙고백서는 총회 기간 중 꽤 나중에 다루어지는데, 이유는 총대들 사이에서 교리 논쟁이 꽤 격렬했기 때문이다. O ☐ X ☐

5. 총회는 처음에 증거구절 없는 채로 웨스트민스터 신앙고백서를 의회에 제출했다. 총회가 실수로 증거구절들을 빠뜨린 것이 아니라 불필요한 작업이었기 때문이다. O ☐ X ☐

넓고 깊게 생각해 보기

공교회적으로 결정한 좋은 신앙고백서들이 있습니다. 그 목적과 효과에 대해 설명해 보세요.

제12화
교리문답,
교육이 희망이다

신앙고백서와 교리문답서는 서로 비슷하면서도 다릅니다. 신앙고백은 우리가 믿는 바를 분명하게 표현하면서도 중후하고 품위 있는 표현을 사용해서 교회와 세상 앞에 당당하게 드러내는 용도입니다. 그러나 교리문답은 그 목적이 철저히 '교육'입니다. 즉, 웨스트민스터 총회는 처음부터 다음 세대의 교육을 염두에 두고 이 모든 작업을 시작했습니다. 다시 말하면, 그 노력 덕분에 오늘날 우리가 존재합니다.

정말 감사하고 감동적인 일입니다. 그러나 이 일조차도 총회는 쉽게 할 수 없었습니다. 작업 과정이 어려웠을까요? 아니면 다른 어떤 문제라도…? 총회의 마지막 작업, 교리문답서 작성 과정을 살펴보겠습니다.

※ 교리문답과 요리문답은 같은 용어입니다.
이 책에서는 주로 교리문답이라고 부릅니다.

키워드 : 교리, 대교리문답, 소교리문답, 교육, 보존, 회복, 계승, 소망

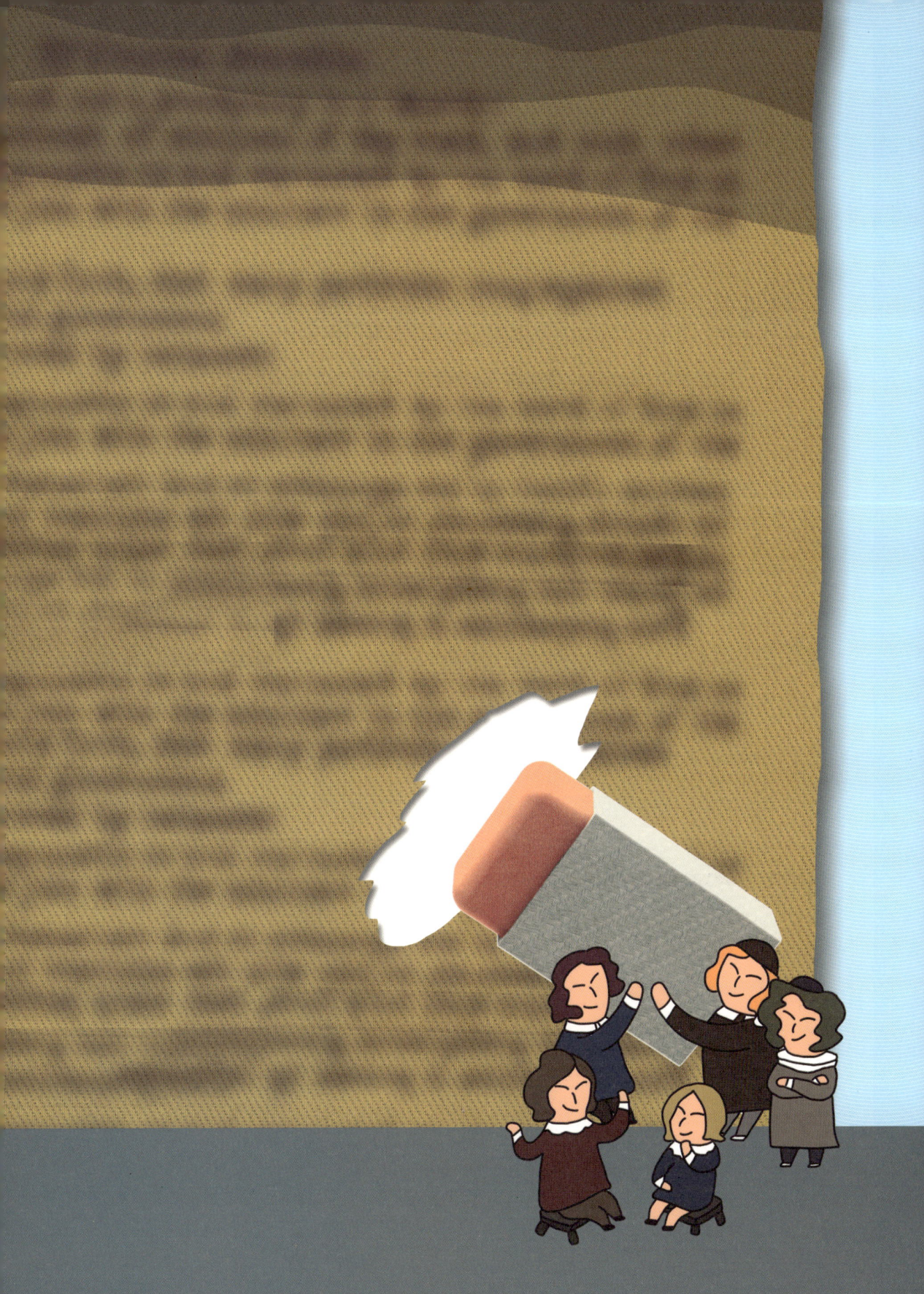

총회의 마지막 작업, 대·소 교리문답서

자, 이제 총회도 마지막을 향해 달려가고 있습니다. 일정표에서 교리문답이 만들어진 시기에 주목해볼까요? 교리문답은 가장 마지막에, 가장 힘든 시기에, 가장 많은 시간을 들여서 작성되었습니다. 잉글랜드에서 총회에 대한 정치권과 대중의 관심은 이미 식어 버렸습니다. 정국마저 불안합니다. 여기저기서 귀향 군인들의 반란과 소요가 일어납니다. 교리문답은 그런 어수선한 정국에서 만들어진 작품입니다.

자세한 역사로 들어가기 전에, 여기서 아주 근본적인 질문을 한번 해보겠습니다. 이게 그렇게 중요한 문서일까요? 스스로에게 질문해보시기 바랍니다. 파장 분위기의 총회에서, 왜 꼭 이렇게 마지막 순간까지 누군가 남아서 교리문답을 만들고 있어야만 했을까요?

왜 그들은 이것을 그토록 중요한 작업으로 여겼는지…
한 번쯤 진지하게 생각해볼 필요가 있습니다.

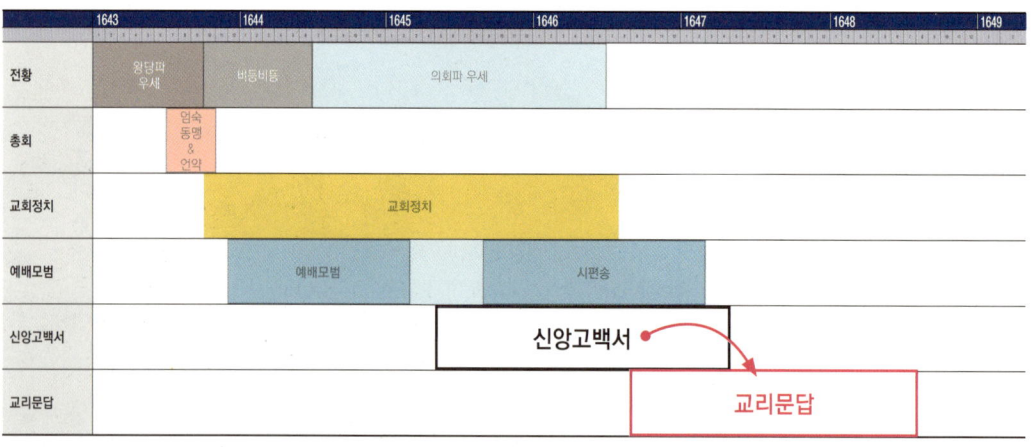

총회 직전의 안타까운 상황

교리문답은 그전에도 있었습니다. 당시 성공회에서 사용하는 공동 기도서 안에도 이미 교리문답이 포함되어 있었습니다. 그런데 그 공동기도서의 형편은 날이 갈수록 악화되고 있었습니다. 총회 직전에 성공회는 공동기도서 개악(!) 작업에 몰두하고 있었습니다. 대주교 윌리엄 로드는 자신이 추구하는 잘못된 신학을 공동기도서에 슬그머니 반영시키고 있었습니다. 거기엔 교리문답도 포함되어 있었으니, 자연스럽게 교리교육조차도 망가지고 있었던 겁니다. 총회는 바로 이것을 개혁하려 했습니다.

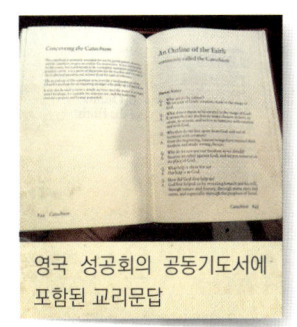

영국 성공회의 공동기도서에 포함된 교리문답

그들에게는 이걸 개혁할 실력이 있었을까요?

우선 웨스트민스터 총회 당시의 교리교육 수준은 상당히 발전해 있었습니다. 17세기에는 교육방법론이 급격히 발전하면서 교리문답의 형태와 방식도 더욱 체계적으로 발전했습니다. 그러니까 17세기 중반에 열린 웨스트민스터 총회는 최고의 교리문답을 만들 수 있는 모든 준비를 다 마친 상태였다고 말할 수 있습니다. 총회는 이 작업을 당대 최고의 전문가들을 모아서 추진합니다.

잉글랜드 측의 총회 참석자 중 무려 열두 명은 이미 유명한 교리문답서의 저자였습니다. 윌리엄 트위스, 헐버트 파머 등이 대표적입니다. 그럼 이들은 누가 키워냈을까요? 척박한 잉글랜드에도 선각자들이 있었고, 그들이 있었기에 잉글랜드의 청교도들은 비록 지하교회에서라도 올바른 교리를 후손들에게 전수할 수 있었습니다. 앞선 선배들에게 그런 실력이 있었고 그것이 또한 후대에 전수되었기에, 웨스트민스터 총회 당시에 이같은 전문가들이 실력을 발휘할 수 있었던 것입니다.

87쪽에서 배웠던, 토마스 카트라이트를 기억하시죠? 엘리자베스 1세 시절에 활동했던 그분 역시 훌륭한 교리문답 해설서를 썼습니다. 뒤에서 토마스 카트라이트가 쓴 교리문답 해설서의 전체 구조를 직접 살펴보실 수 있습니다.

교리교육 방법론에 대한 총대들의 고민

그럼에도 불구하고 교리문답 작성 초반에는 어려움이 많았습니다. 처음에는 한참 동안 교회정치 논쟁을 하느라 다들 정신이 없었고, 그나마 여유가 생겼던 회의 중반부에는 신앙고백서를 먼저 완성하자는 의견 때문에 교리문답 작성 작업은 또다시 뒤로 밀렸습니다. 물론 이것은 올바른 판단이기는 했습니다. 기왕이면 신앙고백서의 문구를 참조하면서 교리문답을 만드는 것이 여러모로 유익하니까요. 실제로도 그렇게 작업합니다.

교리문답 작성이 어려움을 겪었던 이유는 또 있는데, 욕심을 부려서 많은 내용을 넣자니 교리문답이 너무 길어졌고, 그렇다고 줄이자니 아쉬움이 많았던 겁니다. 그래서 결국 작성자들은 아이디어를 내서 교리문답을 두 종류로 만들기로 합니다. 대짜와 소짜로 나눈 것입니다. ^^ 대교리문답은 장성한 신앙인과 목회자 후보생을 가르칠 용도로 충분히 길게 만들고, 소교리문답은 어린 성도들과 초신자, 혹은 무지한 사람들을 위해 짧고 간단하고 쉬운 용어로 만들었습니다.

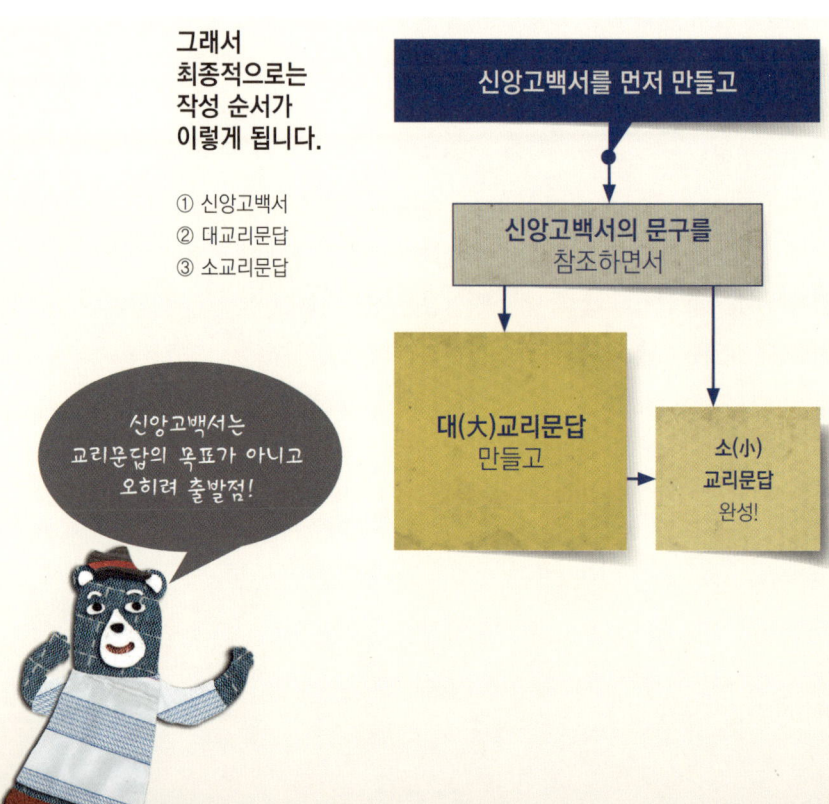

웨스트민스터 총회 위원들은 교리교육 방법론까지도 장시간 상세하게 논의했습니다.

초기에는 교리교육 방법론을 먼저 논의했습니다. 위원장 헐버트 파머의 스타일은 질문자가 신학적으로 중요한 요점을 설명해주는 식입니다. 대답자들은 '네, 그렇습니다!' 또는, '아니요, 그것은 틀렸습니다!'라고 대답하는 겁니다. 이렇게 하는 장점은 정확한 표현으로 가르칠 수 있다는 것이지만, 단점은 형식적이 될 수 있다는 겁니다. 시력검사를 자주 하면 답을 외워버리듯이, '예, 아니오, 아니오, 예, 예, 아니오, 아니오'를 외워버리는 아이들이 생겨났고, 그래서 젊은 목회자들 중심으로 새로운 방식을 선호하게 되었습니다. 질문자의 질문을 **복창**하면서 자기 입으로 직접 대답하게 하는 방식입니다.

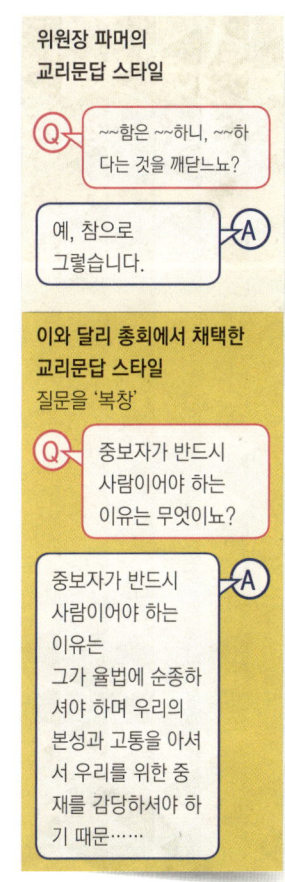

또 하나의 사례가 있습니다. 교리문답 관찰 실습 강의를 하다 보면 생각보다 많은 분이 다음과 같은 질문을 하십니다. "웨스트민스터 소교리문답에는 십계명과 주기도문은 있는데 왜 사도신경은 없어요? 하이델베르크 교리문답에는 셋 다 있는데…."

왜 사도신경을 빠뜨렸을까요? 이 부분은 아무 생각 없이 된 것이 아니라, 웨스트민스터 총회의 교리문답 작성 위원회에서 열띤 토론을 거쳐서 결정된 것입니다. 사도신경은 다른 것과 같이 '영감된' 성경 말씀은 아니므로 굳이 본문에 포함하지 않고, 1부 전체의 문맥에 **녹여 내기로 한 것**입니다. 물론 당시에 반론도 만만치 않았습니다. 그도 그럴 것이, 기존에 전통적인 교리문답들은 대부분 사도신경을 직접 해설했기 때문입니다.

이런 결정이 어떻습니까? 저는 교리문답 작성 위원들의 원칙과 용기와 소신에 박수를 보냅니다. 이분들이 그저 과거를 답습한 것이 아니라 **창발적으로 계승**했다는 또 하나의 증거입니다. 실제로 교리문답을 가르쳐 보면, 사도신경의 틀을 따르는 것보다 이런 새로운 방식이 훨씬 풍성하고 교육적 효과가 높습니다. ^^

❓ 생각해보기

종교개혁 정신에 꼭 맞는
참 좋은 교육 도구, 교리문답

지금 여러분은 사제주의가 판치던 시대와는 어마어마하게 달라진 방법론을 보고 계시는 겁니다. 성경과 교리를 그림이나 우화로 모호하게 가르치던 시절, 그래서 성경과 전혀 다른 엉뚱한 지식과 미신이 난무했던 기존의 끔찍한 교육 방식을 떠올려보면, 지금 여기서 얼마나 많은 개혁이 이루어졌는지 금방 알 수 있습니다.

이렇게 신자들을 잘 가르치려고 헌신했던 수많은 종교개혁자들의 노력 덕분에, **비로소 신자들은 자기가 믿는 것을 자기 입으로 고백할 수 있게 됩니다.** 이것이 바로 종교개혁자들이 원했던 상황이었고, 또한 신자가 마땅히 갖추어야 할 모습입니다. 어느 시대 어느 장소에서든 말입니다.

교리문답은 그 명칭에서 짐작할 수 있듯이 대체로 묻고 답하는 형태로 되어 있는데 질문에 스스로 답해보는 과정에서 기독교 교리를 쉽게 – 그러나 차근차근 체계적으로 – 공부할 수 있는 것은 물론, 자연스럽게 암기하여 필요한 순간에 자기 입으로 대답할 수 있도록 돕는 역할을 합니다. 총회는 이것을 굉장히 중요하게 여겼고, 그래서 끝까지 직접 챙겼습니다.

신앙고백서는 우리의 신앙고백을 정갈하게 표현하는 게 목적이라면 교리문답은 교육용이기에, 바꿔 말하면 '사람을 바꿔야 하는' 목적을 지녔기에, 훨씬 더 실용적이어야 했습니다. 그래서 교육방법론이 반영되었고, 교육 대상에 따라, 시대의 변화에 따라, 계속 개선되었습니다. 적어도 **교리문답 교육에 대해서는 앞으로도 방법론적인 고민을 더 많이 해야 합니다.**

교회 교육과정 전반을 점검해봅시다. 학습자들에게 교리에 대한 자부심과 사랑, 그리고 감사의 마음을 불러일으키도록 하고 있는지, 그저 구경꾼이 아니라 진리를 소유한 자로 만들어주고 있는지 세심히 살펴야 합니다.

역사 속의 교리문답서
그리고 상대방을 존중하는 종교개혁 정신

신앙고백서처럼, 교리문답의 종류도 굉장히 많습니다. 루터의 교리문답, 제네바 교리문답, 하이델베르크 교리문답 등 유명한 작품들을 포함하여, 수백 개의 교리문답이 존재합니다. 이것들 역시 어느 날 하늘에서 뚝 떨어진 것이 아니라, 수많은 사람들에 의해 업그레이드 과정을 겪습니다. 때로는 그 지역의 신앙고백서가 업데이트됨에 따라 교리문답도 보조를 맞추기 위해 덩달아 업데이트되어야 했고, 필요에 따라 교리문답만 독자적으로 만들어지거나 개선되기도 했습니다.

심지어 각 지역의 신앙고백서와 교리문답은 이웃 도시와 일종의 '경쟁'을 했습니다. 이를테면 '우리 것이 더 좋아, 우리 것이 신학적으로 더 엄밀해, 우리 것은 문체가 더 훌륭해.' 이런 식으로 말이지요. 그런데 놀랍게도, 이웃 도시에서 만든 문서가 정말로 더 좋으면 그것을 자기들의 것으로 채택하는 일이 벌어집니다. 실제로 그런 과정을 거쳐 유럽 대륙에서 가장 유명해진 교리문답서가 바로 '하이델베르크 교리문답'입니다. 모두가 "이건 정말 좋다!"라고 인정한 셈입니다. 지금 우리의 생각으로는 대체 어떻게 그럴 수 있었을지 그저 신기할 뿐입니다.

오늘날 우리 중에 비슷한 일이 벌어진다고 생각해 보십시오. 서로 자기 것이 더 좋다고 우기기에 바쁠 것입니다. 그러나 그때는 달랐습니다. 진정으로 공교회를 사랑하는 마음이 아니고서는 그렇게 하지 못했을 것입니다. 저는 그래서 이것이 종교개혁의 정신이자, 진정한 하나님의 역사라고 생각합니다. **종교개혁은 맨날 쌈박질이나 하고 자기 주장만 펼친 것으로 오해하는 분이 많지만, 이런 이야기도 좀 널리 알려졌으면 좋겠습니다.**

좋은 것을 볼 줄 아는 눈과 진심으로 인정할 줄 아는 마음, 그리고 자기 것을 내려놓을 수 있는 겸손한 마음, 그 덕분에 옥석을 가린 귀한 문서들이 연단을 거쳐 몇 개의 대표적인 문서들로 우리에게 남겨졌습니다.

○ 특별자료

웨스트민스터 총회 이전, 잉글랜드의 대표적인 교리문답

잉글랜드 : 토마스 카트라이트의 교리문답

당시 잉글랜드의 교리교육 수준은 어떠했을까요? 엘리자베스 1세 시절에 활약했던 개혁자, 토마스 카트라이트의 교리문답을 구조화해 보았습니다. 매우 체계적이면서도 알기 쉽습니다.

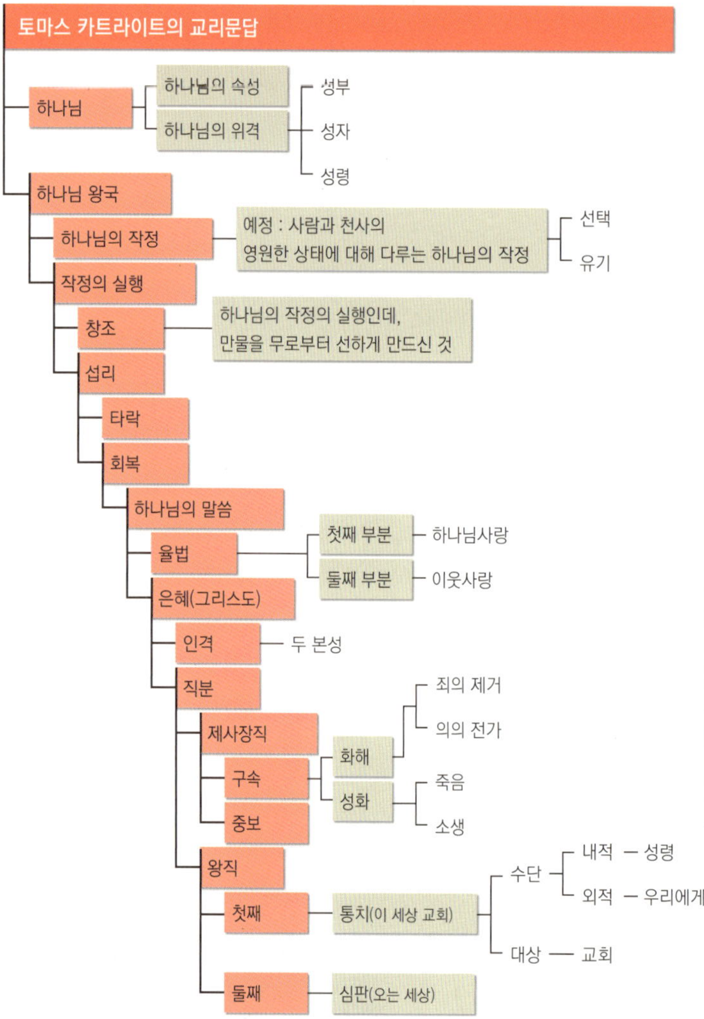

토마스 카트라이트의 교리문답

- 하나님
  - 하나님의 속성 — 성부, 성자, 성령
  - 하나님의 위격
- 하나님 왕국
  - 하나님의 작정
    - 예정 : 사람과 천사의 영원한 상태에 대해 다루는 하나님의 작정 — 선택, 유기
  - 작정의 실행
    - 창조 — 하나님의 작정의 실행인데, 만물을 무로부터 선하게 만드신 것
    - 섭리
    - 타락
    - 회복
  - 하나님의 말씀
    - 율법
      - 첫째 부분 — 하나님사랑
      - 둘째 부분 — 이웃사랑
    - 은혜(그리스도)
      - 인격 — 두 본성
      - 직분
        - 제사장직
          - 구속 — 화해 — 죄의 제거, 의의 전가
          - 중보 — 성화 — 죽음, 소생
        - 왕직
          - 첫째 — 통치(이 세상 교회)
            - 수단 — 내적 — 성령
            - 외적 — 우리에게 주시는 것 — 말씀, 말씀에 종속된 것 — 성례, 권징
            - 대상 — 교회
          - 둘째 — 심판(오는 세상)

더욱 압축요약하면 아래와 같습니다.

이 같은 구조는 웨스트민스터 대·소교리문답의 기본 구조에 큰 영향을 미쳤습니다. 어떤 점이 유사한지 직접 찾아보세요. ^^

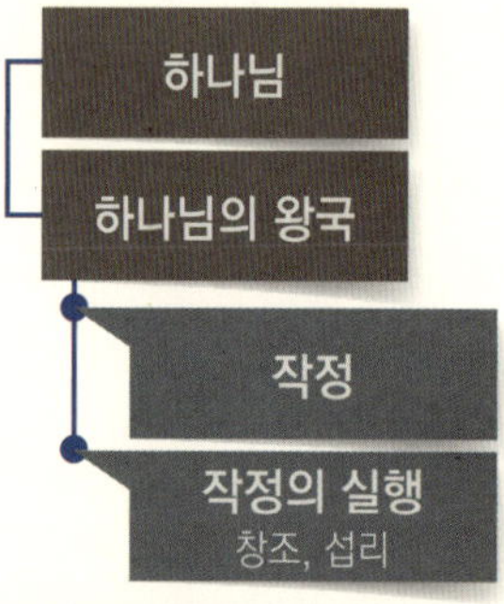

- 하나님
- 하나님의 왕국
  - 작정
  - 작정의 실행
    창조, 섭리

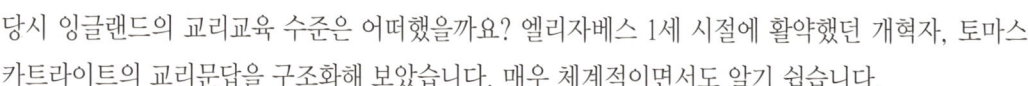

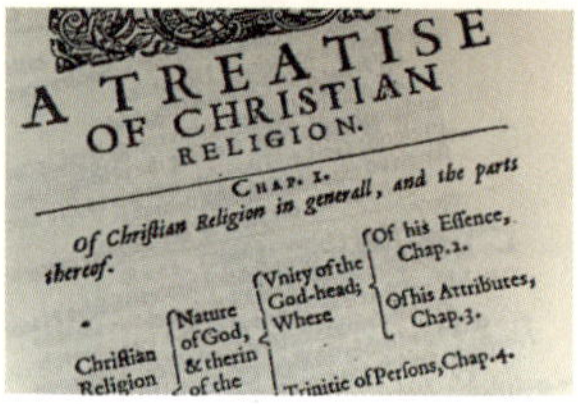

토마스 카트라이트의 교리문답

○ 특별자료

웨스트민스터 총회 이전,
스코틀랜드의 대표적인 교리문답

스코틀랜드 : 사무엘 러더포드의 교리문답

이번엔 스코틀랜드의 수준을 살펴보겠습니다. 잉글랜드가 저 정도였으니, 스코틀랜드 총대들은 말할 것도 없이 훌륭한 교리문답 저자들이었을 것은 짐작할 수 있겠습니다. 그들의 수준이 어느 정도냐면, 거의 예술의 경지였습니다. 어려운 신학적 내용을 쉽게 풀어서 쓰면서 충분히 설득하면서도 대부분의 표현에 신학적인 문제가 딱히 없습니다.

'사무엘 러더포드'의 교리문답 중 일부입니다. 직접 보고 판단하세요!

문 36. 우리의 행실에 대한 증인으로써 양심의 의로운 행위는 무엇입니까?

답 36. 영혼 안에서 경비견처럼 도적의 발소리를 듣기도 하고 눈동자처럼 손이 하는 일을 봅니다.

문 65. 하나님이 죄 가운데서 일하신다면 어떻게 죄로부터 자유로울 수 있습니까?

답 65. 하나님은 뱀을 만져도 물리지 않게 하시고 훌륭한 화가처럼 검은 선으로 이미지를 그려도 흰 선이 더욱 아름답게 나타나도록 하십니다. 의사가 독초에서 좋은 기름을 추출하는 것과 같고 음악가가 잘못 조율된 하프에서 유쾌한 소리를 내는 것과도 같습니다. 정확히 하나님은 사람들의 마음을 강퍅하게 하심에 있어 공정하게 그리고 거룩하게 심판의 일을 하십니다.

문 89. 사람은 본성적으로 하나님을 사랑하지 않습니까?

답 89. 여행하는 데 도움을 주기 때문에 말을 사랑하듯, 사람은 본성적으로 하나님을 사랑합니다. 하지만 신실하고 진실하게는 하나님을 사랑할 수 없습니다. 오로지 행복하려고 하나님께 안주하면서도 친구를 사랑하듯이 하나님을 사랑할 수는 없습니다.

문 311. 하나님의 입장에서, 선택된 자들은 믿기도 전에 이미 죄로부터 해방되었고 의로워진 것입니까?

답 311. 분명히 그렇습니다. 백작의 아들이 태어난 그 첫날에 이미 백작이라는 귀족임에도 불구하고 그 아들은 아직 그 사실을 모르며 주권도 행사치 못하는 것처럼, 택함 받은 자들도 그러한 상태에 있는 것입니다.

문 519. 악한 자가 늙도록 오래 살고 경건한 자는 일찍 죽는 것이 어찌 된 겁니까?

답 519. 큰 집에 구리와 철이 아무리 많아도 황금 한쪽에 비길 수 없습니다. 이처럼 경건한 자의 짧은 삶이 악인의 긴 수명보다 훨씬 낫습니다.

대·소교리문답서 작성과정 들여다보기

웨스트민스터 총회는 결국 오랜 시간을 작업하여 대교리문답과 소교리문답을 만들어 냈습니다. 그러나 안타까운 일은 여기서도 벌어집니다. (정말이지, 자꾸 말하지만 종교개혁의 길은 천로역정과도 같습니다.)

대교리문답은 잉글랜드 상원에 의해 끝까지 방해받습니다. 신자의 삶에 대한 실천적 서술이 대교리문답 전체 분량의 3분의 2를 차지합니다. 그걸 보면 양심이 너무 찔립니다. 양심을 찌르는 이야기를 너무 많이 하면 받아들이기 어렵습니다. 어쩌면 그렇게 거부하고 외면하고 싶었던 사람들이 그때도 많았던 모양입니다. 그만큼 이 대교리문답은 '진리의 문제 앞에서 파급력이 크다'는 것을 반증합니다.

교리문답 작성 과정을 조용히 생각해보면 하나님께서 은혜로 이 모든 과정을 지키셨다는 생각이 듭니다. 언제 중단되어도 이상하지 않을 혼란스러운 정국에서 비록 힘겨운 과정을 겪어야 했지만 결국엔 결과물을 만들었습니다. 우리가 무슨 일이든지 모여서 할 때 보면 얼마나 쉽고 신속하게 망가지곤 하는지 경험적으로 알지 않습니까? 하지만 웨스트민스터 총회는 진지하고 성실하게 이 방대한 작업을 끝까지 성공적으로 해주었습니다.

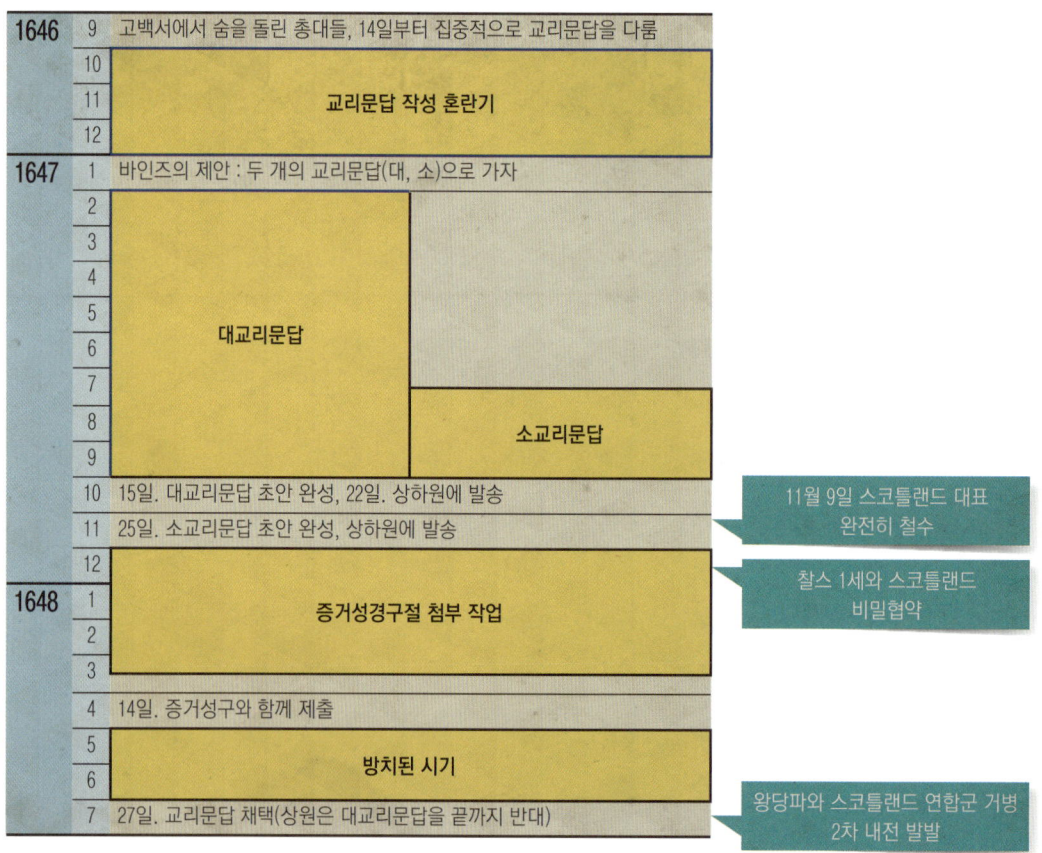

겸손한 **프로페셔널**

웨스트민스터 총회의 교리문답 작성 위원회에는 어떤 사람들이 배치되었을까요? 총회에서 임명한 명단을 보면 그야말로 엄지 척, 드림팀이라는 말 밖에 붙일 단어가 없습니다. 우리도 이런 모습을 본받아야 되는데, 현실은 영 거꾸로입니다. 자, 이게 무슨 의미냐…. 교육의 중요성은 누구나 잘 알면서도 정말로 실력 있는 사람은 이런 일에 뛰어들지 않습니다. 교리문답은 '애들이나 가르치는 일'이라며 은근히 천시하고, 실력 있는 학자들은 고고한 학문적 논의에만 집중합니다. 이런 분위기를 고쳐야 소망이 있습니다.

총회의 교리문답 작성 위원회는 그럼 어떤 분위기였을까요? 훌륭한 분들이 모여서 교리문답을 만들었으니 아주 잘 되었을까요? 우리 같으면 서로 잘났다고 싸우다가 판을 깼을 것입니다. 그런데 이분들은 기적을 만듭니다. 방법론을 논의하다 충돌이 생기자 서로 양보하면서 일을 진행합니다. 소위원회 의장이었던 헐버트 파머는 자신이 선호하는 방법론을 후배들에게 충분히 강요할 수 있었지만 그렇게 하지 '않습니다.' 자기 방법론이 구식이라는 것을 인정하고, 젊은 후배들의 방법론을 밀어줍니다. 그리고 정말로 그 새로운 방법론이 채택됩니다.

우리는 배워야 합니다. 종교개혁은 바로 그런 겸손함이 있을 때 이루어지는 겁니다. 우리는 나와 다른 의견을 도무지 받아들이려 하지 않으며, 다른 사람의 실력을 인정하기보단 어떻게든 폄하하려 합니다. 그런 자세로 똘똘 뭉친 사람들이 아무리 많이 모여서 종교개혁을 원한다 한들, 종교개혁이 될 리가 없습니다. 개혁은 하나님의 은혜요, 우리 힘으로 되는 것이 아닙니다. 개혁은 지식과 능력도 중요하며 기회포착도 잘해야 되겠지만, 그 전에 정말로 필요한 조건을 갖추어야 합니다. 그건 바로 저 웨스트민스터 사원의 한쪽 방에서 겸손히 교리문답의 문구 하나하나를 펜촉에 잉크를 묻혀가며 손질하셨던 바로 그 최고의 전문가들, 바로 그 진정한 실력자들의 겸손을 본받는 겁니다.

그분들의 겸손한 프로페셔널을 본받는 것. 지금 우리에게 가장 시급히 필요한 일입니다.

웨스트민스터 대·소교리문답을 제대로 계승하자
성인들을 위한 대교리문답 교육, 반드시 회복되어야

우리 시대에 대교리문답의 회복은 매우 중요합니다. 모든 교회와, 특히 신학교의 교육 과정에 '필수적'입니다.

대교리문답은 꼭 누가 가르치지 않더라도, 본문을 읽으며 스스로도 충분히 공부할 수 있습니다. 교리를 공부하는 방법론과 관련해서는 지평서원에서 출간된 『지금 시작하는 교리교육(황희상, 2013)』을 참조하실 수 있습니다.

'소교리문답만으로도 충분하지 않은가?'라는 물음을 종종 듣곤 합니다. 그러나 웨스트민스터 총회의 일정표를 보면서 우리는 소교리문답과 대교리문답은 단순하게 '분량'과 '난이도'의 차이가 아니라, 그 목적부터 달랐던 문서임을 알게 됩니다. 대교리문답은 어른 성도 및 목회자 후보생들에게, 그 인생의 다양한 적용점을 두고 실천적인 명제를 던지고 있습니다. 그리고 거기서 발생하는 여러 의문점이나 논쟁거리의 해답을 제시합니다. 특히 성도들이 살아가는 치열한 삶의 '실천 원리'를 매우 구체적으로 제시한다는 점에서 (특히 십계명 해설) 소교리문답과 완전히 다른 문서입니다.

우리는 너무 단순한 것만 찾고 짧은 것만 좋아하는 풍조를 버려야 합니다. 오늘날 웨스트민스터 '소교리문답'을 가르치는 경우는 많이 늘어나고 있지만, '대교리문답'을 교육 과정으로 선택하는 교회는 여전히 별로 없습니다. 성인들을 대상으로 교육하면서도, 정작 주교재는 주일학교 아이들을 대상으로 만들었던 소교리문답에 그치고 있습니다. 물론 이것은 우리만의 문제는 아니고, 원산지 영국을 비롯하여 미국, 캐나다 등 전 세계 어디에나 비슷한 상황입니다. 웨스트민스터 대교리문답은 대부분의 경우 그 실체가 모호한 '잃어버린 유산'입니다.

하지만 우리가 웨스트민스터 총회의 역사와 그 결과를 배웠다면, 이제는 대교리문답을 가르쳐야 합니다. 교회의 전통을 소중히 여기고 성경적 진리가 순수하게 보존되기를 원한다면, 대교리문답이 가장 효과적이고 강력한 대안입니다. 비록 우리네 교회가 연약함으로 인해 아직까지 시도하지 못했다면, 지금이라도 노력해서 시도해야 합니다. 그것이 진리의 기둥으로서 말씀을 보존하고 전파해야 할 교회의 사명일 것입니다. 그동안 소홀했던 점은 인정하고 앞으로 잘합시다. 이제라도 늦지 않았습니다.

소교리문답 교육은 방법론을 더욱 고민하자
최선을 다해서 '즐겁게' 가르쳐야

그러면 소교리문답은 그동안 잘 가르쳐졌을까요? 다행히 소교리문답은 18세기까지만 하더라도 영국과 미국의 교회와 학교에서 널리 사용되면서 다음 세대를 신앙으로 기르는 일에 공헌했습니다. 그러나 19세기 들어서면서 그나마도 힘을 잃게 됩니다. 여기에는 여러 가지 이유가 있겠지만, 저는 우리 일부 선배들이 교리를 엉망으로 가르친 탓도 있다고 봅니다. 세월이 흐르면서, 웨스트민스터 총회가 교리문답에 담았던 그 사랑과 겸손과 희생의 마음을, 후세대들이 본받지 못했던 것입니다. 그래서 교리교육은 있되 그 안에 웨스트민스터 총회 당시의 '논의'와 '내용'은 사라지고 '선언'만 남게 된 겁니다.

그렇게 교리가 딱딱한 글자로만 가르쳐지자, 교리를 배우는 시간은 신자들에게 재미도 없고 감동도 없는 고통의 시간이 되었습니다. 교리라고 하면 지루하고 따분한 느낌이 드는 것은 벌써 오래된 일입니다. 저는 이것이 서구 교회가 힘을 잃고 타락하며 세속화된 결정적 원인 중 하나라고 생각합니다.

단순히 교리를 '가르치고 있다'는 사실에 안주하지 말아야…

요즘 한국의 교회에서도 교리를 가르치자는 분위기가 많이 회복되었습니다. 하지만 개혁자들의 그 마음을 갖지 못하고 텍스트만 전달하는 것이라면 고개를 저을 수밖에 없습니다. "너희 교회, 이거 가르쳐? 안 가르쳐?" 이렇게 단순히 흑백논리로 평가하는 자세 또한 여전합니다. 이렇게 되면 또다시 과거의 잘못을 되풀이할 뿐입니다. 문서는 그저 문서일 뿐입니다. 문서 자체에 무슨 신비로운 힘이 있어서 그걸 가르치면 저절로 막 종교개혁이 일어나는 게 아닙니다.

우리는 신앙의 선배들이 물려준 결과물을 감사함으로 사용하되, 이 결과물이 어떤 마음으로 어떤 정성으로 작성되었는지, 그래서 우리가 이것을 어떤 자세로 대해야 할지를 고뇌하며 다음 세대를 가르쳐야 합니다. 단순히 교리를 가르치고 있다는 사실에 만족하고 안주했다가는, 우리도 순식간에 지금의 유럽 교회들처럼 노령화/화석화되고 말 것입니다.

아울러, 이러한 노력이 그저 "지켜가자"라는 당위성만으로 해결되지 못하는 이유는 이미 역행하는 흐름이 너무나 거세기 때문입니다. 그런 상황에서는 물결을 거슬러 올라가는 백조의 물갈퀴질처럼 애써 노력하지 않으면 안 됩니다. 힘을 다하여 앞으로 저어야 합니다. 그렇지 않으면 떠내려 가버리니까요.

종교개혁지 탐방

위그노 최후의 도시 '프랑스 라 로셀'을 탐방하다.
후손을 위해 '씨앗'을 심어준 신앙의 선배들

프랑스 서쪽 항구도시 라 로셀에 다녀왔습니다.(p.129) 프랑스 지역의 종교개혁자 위그노들이 신앙을 지키며 모여 살았던 이 도시의 역사를 알고자 이곳 프로테스탄트 박물관에 방문했습니다. 이 박물관은 라 로셀 개혁교회에서 관리하고 있으며, 그곳 성도이신 할머니가 안내를 맡고 계셨습니다.

낭트칙령에 의해 종교의 자유를 보장받던 무역 도시, 제네바 아카데미 출신의 목사와 교수들에게 가르침 받고, 총회를 열어 장로교회 정치제도를 구현하고, 자체적으로도 신앙고백서를 작성할 만큼 수준 높은 신교 도시…. 박물관을 둘러보며 활력 넘치던 옛 시절을 그려보면서 가슴이 두근거렸습니다.

리슐리외 추기경이 이끄는 군대에 패배한 후, 라 로셀은 성경을 자유롭게 읽는 문제로 목숨을 걸어야 했던 중세 암흑의 시대로 되돌아가고 말았습니다. 놀랍게도 시민들은 여기에 순응하지 않고 나름의 방법으로 저항했습니다. 옛 위그노들이 그랬던 것처럼 성경책을 아주 작게 만들어 집안 벽장과 부인들의 머리 장식에 숨겨가며 읽었습니다.

성 니콜라스 타워 (Saint-Nicolas Tower)
등대 (Lanterne Tower)
체인 타워 (The Chain Tower)

종교개혁지 탐방

라 로셸 함락에 용맹하게 맞섰던 장 귀통 시장

파리의 '승리 성당' 벽화 속 라 로셸 군인, 기억하시죠?

종교개혁 시대에 출간된 성경책들. 여러 언어로 번역되었고, 크기도 다양했다.

가이드 할머니의 조부께서 물려주셨다는 유품, 미니 성경책

문제는 아이들 교육이었습니다. 아이들은 7살이 되면 강제로 로마 가톨릭 학교에 들어가야 했습니다. 때문에, 라 로셸 사람들은 아이들이 로마 가톨릭 교육을 접하기 전에 미리 성경과 교리를 가르쳐야 했고, 이를 위해 4살 때부터 글을 가르쳤습니다. 위그노들의 삶을 보고 들으니, 현대를 사는 우리 현실이 교차하면서 마음이 아프고 부끄러워졌습니다.

박물관 관람을 마치고 나오는 길이었습니다. 할머니가 잠깐 시간이 있느냐며 멈춰 세운 뒤, 아주 작고 낡은 성경을 꺼내어 보여주셨습니다. 할머니의 할아버지께서 전쟁에 나가서도 품에 지녔던 성경을 물려주셨다 했습니다. 어린 손녀에게 성경을 물려주신 할아버지, 할아버지의 성경을 소중히 간직하고 그 뜻을 이웃에게 전하고 있는 손녀딸 할머니라니…. 박물관을 둘러 보며 수백 년 전 위그노들의 무력해 보이는 저항과 헛되어 보이는 죽음을 접하며 마음이 어두웠는데, 그 열매와 결실이 바로 제 앞에 있었습니다. 그리고 우리 자신도 바로 그러한 종교개혁자들의 열매라는 사실 앞에서, 얼마나 감격스럽고 감사했는지 모릅니다.

잊혀진 라 로셸. 이곳에서 꿋꿋하게 종교개혁의 가치를 전하는 백발의 위그노 후손과 악수를 나눈 것은 감동의 순간이었습니다. 교회는 지역을 뛰어넘어 하나님을 따르는 백성들의 모임이라는 사실을 새삼 확인하며, 아울러, 우리는 각자 부름 받은 자리에서 교회를 이루기 위해 노력할 뿐, 교세의 크기나 지속성 자체에 목표를 둘 필요가 없음을 다시금 생각한 취재여행이었습니다.

제12화 교리문답, 교육이 희망이다 / 355

◐ 학습활동

제12화 교리문답, 교육이 희망이다

다음 질문을 읽고, 맞는 것에 O, 틀린 것에 X로 답하세요.

---

1. 로마 가톨릭과 달리, 종교개혁자들은 신자들에게 직접 성경을 가르쳐 읽게 하고 교리 또한 효과적으로 가르칠 방법을 고민했다. 교리문답은 '교육 도구'로서의 용도로 만들어졌다. O ☐ X ☐

---

2. 웨스트민스터 교리문답은 두 가지 종류로 제작됐다. 대교리문답은 장성한 신자와 목회자 후보생을 가르칠 용도로, 소교리문답은 어린아이와 초신자를 대상으로 만들어졌다. O ☐ X ☐

---

3. 교리문답을 작성할 때, 총회에서 채택한 문답 스타일은 답하는 사람이 질문을 한 번 더 반복하는 방식이었다. O ☐ X ☐

---

4. 웨스트민스터 대·소교리문답은 종교개혁 시대에 유럽 대륙에서 사용하던 교리문답들의 전통을 따라, 문답 본문에서 사도신경을 직접 다루고 있다. O ☐ X ☐

---

5. 종교개혁이 훨씬 더 앞서 있던 스코틀랜드에 비해 잉글랜드의 개혁은 지지부진했기 때문에, 변변한 교리문답을 가지기 어려운 형편이었다. O ☐ X ☐

넓고 깊게 생각해 보기

웨스트민스터 대·소교리문답의 작성 과정에서 일어난 일들을 살펴보면서 이 문서들에 대해 가졌던 기존 생각들이 무엇이었는지, 또 새롭게 알게 된 점은 무엇인지 적어 보세요. 그리고 함께 나눠 보세요.

스트라스부르의 김나지움

교육 개혁자 요하네스 슈투름이 마르틴 부써의 권유로 설립한 김나지움은 당대에 혁신적인 중등교육 기관으로서 독일 근대교육의 기틀을 잡아주었습니다. 칼뱅이 제네바 아카데미를 설립할 때도 영향을 주었고요. 김나지움 대문 옆에 'Pole Educatif Protestant de Strasbourg(스트라스부르의 개신교 신앙의 중심)'라고 적힌 문패에 눈길과 마음이 머뭅니다. 종교개혁은 교회뿐 아니라, 성도들이 머무는 다양한 삶터에서 함께 결실을 맺는 것입니다.

기말 퀴즈

01. **사제주의 성직자 제도**가 교회에 무슨 피해를 주었나?

02. 면벌부에 반대하여 **95개조 반박문**을 발표하면서 종교개혁을 촉발시킨 사람은?

03. 장 칼뱅이 죽을 때까지 활동했던 곳으로서, **종교개혁 시대에 싱해임시정부**, 헤드쿼터와 같은 역할을 했던 도시의 이름은?

04. **성경을 영어로 번역**했다는 이유로 헨리 8세에 의해 처형당한 사람의 이름은?

05. **에드워드 6세 때 종교개혁을 추진**했던 대주교의 이름은?(풀네임을 적으시오)

06. 메리 튜더의 이름이 **블러디 메리**로 불리는 이유는 무엇인가?

07. 엘리자베스 1세의 종교정책이 **종교개혁의 발전을 저해했던 이유**는?

08. 엘리자베스 1세와 그린달 대주교 사이가 틀어진 결정적인 계기는?

09. 존 녹스가 스코틀랜드에서 종교개혁을 **비교적 잘 추진할 수 있었던 이유**는 무엇인가?

10. 앤드류 멜빌의 **두 왕국 이론**에 대해 간략하게 설명해 보시오.

11. 제임스 1세가 잉글랜드 청교도들의 **천인청원을 거부**하며 외쳤던 말은? (네 단어)

12. 제임스 1세의 퍼스 **5개 조항(1618년)** 중 3개 이상을 적으시오.

13. 찰스 1세가 **집권 초기에 군대를 보냈던** 두 나라의 이름은?

14. 찰스 1세의 **1차 주교전쟁이 실패한 이유**는?

15. 스코틀랜드와의 주교전쟁과 맞물려 찰스 1세와 **잉글랜드 의회가 맞붙어 내전을 일으키게 된 사연**은?

16. 웨스트민스터 총회를 소집한, **오늘날 영국 의회의 시초가 된 잉글랜드 의회의 별명**은?

17. 잉글랜드 의회가 찰스 1세와 전쟁하면서 **도움을 요청했던 나라의 이름**은?

기말 퀴즈

⑱ 웨스트민스터 총회가 웨스트민스터 사원 동쪽에서 예루살렘 챔버로 **방을 옮겨 회의실로 사용한 이유는**?

⑲ 웨스트민스터 총회를 구성하는 **대표적인 3가지 세력**은 각각 무엇인가?

⑳ 웨스트민스터 **총회의 결과물(표준문서)** 네 개를 쓰라.

㉑ 웨스트민스터 총회의 교리문답 작성 위원회가 **초기에 장시간 토론한 주제**는 무엇인가?

㉒ **항존직의 반대말과 종신직의 반대말**을 각각 적으라.

㉓ **성도 수에 비례해서 늘어나야 하는** 직분의 이름은 무엇인가?

㉔ **직분자의 소명**에는 두 가지가 있다. 무엇과 무엇인가?

㉕ 목사의 **외적 소명을 판단하는 두 가지 방법**은?

㉖ 장로교회파와 독립파의 **입장 차이를 설명**하시오.

㉗ 종교개혁은 잘못된 Ⓐ을(를) 부정한 것이지 교회의 Ⓐ자체를 부정한 것이 아니다.(동일 단어)

㉘ 에라스투스파를 설득하기 위한 목적으로 **장로교회 정치 원리**에 대해 잘 설명한 **이 책의 이름과 저자(스코틀랜드 특사)의 이름**은?

㉙ 1646년 4월 30일, '**총회의 위기**'라 불리는 사건이 발생했다. 이에 대해 설명하시오.

㉚ 예배 개혁의 핵심은 Ⓐ에서 Ⓑ으로의 개혁이었다.

㉛ 찰스 1세를 통해 **공동기도서를 개정했던** 대주교의 이름은?(풀네임을 적으시오)

㉜ 잉글랜드 의회가 웨스트민스터 신앙고백서를 승인하면서 **마음에 안 들어 수정한 조항**은 무엇인가?

㉝ 웨스트민스터 총회에서 교리문답을 작성할 때, **위원장 헐버트 파머가 만든 교리문답과 총회에서 최종 채택한 교리문답의 차이**는 무엇인지 설명하시오.

기말 퀴즈의 대부분은 이 책의 내용으로 미리 공부한 중고등부 학생들이 직접 만든 것입니다. 책을 뒤적이며 기억을 더듬다 보면 질문에 대한 답을 찾을 수 있습니다.

에필로그
총회 그 이후

정말 놀라운 일이 그때 있었습니다. 온갖 기득권과 관습과 매너리즘을 다 극복하며 너무나도 놀라운 종교개혁의 정점을 찍었던 웨스트민스터 총회는, 세월이 지나도 변치 않는 고귀한 가치를 우리 모두에게 선물로 전해주었습니다. 그분들의 신앙과 인격과 실력과 자세에 비해 오늘 우리는 너무도 피폐하고 초라합니다. 이제 남은 일은 그 열매를 우리를 포함하여 다음 세대에게 전해주는 일입니다.

총회 그 이후 이야기를 짚어봅니다.

총회는 끝나고…

여기까지 오신 여러분, 수고 많이 하셨습니다.
그동안 우리는 이런 모든 과정을 뚫고 어떻게 웨스트민스터 총회가 열렸고 거기서 단련 받은 보석과 같은 총회의 결과물이 탄생했는지 확인했습니다.

숲을 지나 나무와 열매와 씨앗까지, 긴 여행이 드디어 끝났습니다. 다사다난했던 총회도 이렇게 끝났습니다. 전쟁도 끝나고, 총회가 유지될 동력이 사라집니다. 스코틀랜드 입장에서도 총회를 계속 믿고 지지할 수는 없는 상황이 되어, 총대들을 본국으로 하나둘 소환합니다. 총대들은 할 수 있는 한 끝까지 남아서 최선을 다해 돕다가 돌아갑니다.

5년 7개월 22일 동안 총 1163번의 회의를 가졌던 웨스트민스터 총회는 결국 다소 어수선한 분위기 속에서 폐회됩니다. 몇몇 책임감 있는 잉글랜드 총대들 덕분에 총회는 마지막까지 그들의 역량을 쥐어짜다시피 해서 최상의 결과물을 완성합니다. 역사상 그 어떤 종교개혁의 움직임도, 웨스트민스터 총회만큼 방대한 분량의, 그리고 다양한 분야의 결과물을 만들어내지 못했습니다. 예배모범, 신앙고백, 교회정치, 찬송, 교육 커리큘럼에 이르기까지 그야말로 모든 종교개혁 분야에서 최선의 결과가 도출되었습니다. 인류 역사상 종교개혁을 위하여 이 정도로 엄청난 규모의 정밀한 작업이 이루어진 적은 한 번도 없었습니다.

보석의 가치는 오래 다듬을 때 빛난다.

물론 이것은 결코 쉬운 과정이 아니었습니다. 왜 하나님께서는 이렇게 힘든 과정을 겪도록 하셨을까요? 좀 편하게 가도록 하시지 않고… 그런 생각이 들기도 합니다. 아마도 주께서는 이 총회의 결과물을 더욱 섬세하게 다듬기를 원하셨던 것 같습니다. 어려움을 통해 더욱 정밀해진 결과물이 나옵니다. 그냥 편안한 상황 속에서는 대충 만들어질 수도 있었던 그 문구들을 더욱 다듬고 손질하여, 격론 끝에 최선의 결과물로 만든 것이 웨스트민스터 총회입니다. 덕분에 오늘 우리는 굉장히 좋은 선물을 소유하게 되었습니다.

스코틀랜드 장로교회의 신실함으로 얻어낸
〈엄숙한 동맹과 언약〉의 결과물

스코틀랜드는 잉글랜드가 언약을 지킬 것으로 기대했고, 인내로 기다립니다. 그리고 총회에서 문서가 하나씩 만들어져 나올 때마다 그것을 곧바로 스코틀랜드 장로교회 총회에서 통과시킵니다. 그들은 왜 군소리 없이 웨스트민스터 총회의 결과물을 받아들였던 걸까요?

웨스트민스터 총회의 결과물이 없더라도 이미 충분한 개혁을 스스로 이뤘던 스코틀랜드 교회였지만, 그럼에도 불구하고 잉글랜드 교회와의 신앙의 일치를 위해, 그들과 '함께' 종교개혁을 추진하기 위해 - 그리고 하나님 앞에서 맺은 언약을 지키기 위해! - 책임감 있게 반응했던 것입니다. 이러한 스코틀랜드의 신의와 희생이 없었다면 지금 우리에게 이 소중한 문서는 결코 세상에 남아있지 못했을 것입니다.

여기서 꼭 언급해야 할
스코틀랜드 총대들의 헌신적인 노력

이 과정에서 총회가 소중한 문서들을 만들어 낼 수 있도록 헌신적으로 노력했던 스코틀랜드 총대들께 감사하지 않을 수 없습니다. 그들은 조국과 이웃 나라의 더 좋은 종교개혁을 위해 총회에서 [오직 성경]과 [전체 성경]의 원리로 토론했습니다. 동시에 의회에서는 수준 높은 설교와 연설로 정치인들을 격려했습니다.

잉글랜드 의회의 배신에 가까운 태도 변화에도 불구하고, 온갖 스트레스를 몸으로 받아내며 끝까지 이 작업을 해준 그들은 실제로 몸이 상해버렸습니다. 알렉산더 헨더슨은 총회 기간 중 병을 얻어 배를 타고 귀국했고 자택에서 숨을 거둡니다. 가장 젊은 나이였던 조지 길레스피조차, 회의를 마치고 얼마 되지 않아 병으로 주님 곁으로 갑니다. 저는 그들의 죽음이 웨스트민스터 총회에서 극도의 스트레스를 견디며 수년간 혼신을 다했던 것과 또한, 그 결과가 잉글랜드에서 지극히 허망하게 끝나버렸던 상실의 고통이 결코 무관하지 않을 거라 생각합니다.

총회에 대한 평가
법적으로도 절차상으로도 정당했다!

역사의 아이러니처럼 보이는 이 모든 과정은 하나님의 오묘하신 뜻이었습니다. 오늘날 우리가 이런 문서를 가르치고 배우려고 할 때, 주위에서 정당한 이유 없이, 혹은 근거 없는 선입견을 가지고 시비를 거는 경우가 많습니다. 하지만 그것은 이러한 역사를 알고 보면 아무런 의미도 없는 딴죽에 불과합니다. 웨스트민스터 총회가 마치 '흐지부지' 된 것으로 말하는 사람도 있지만, 결코 그런 것이 아닙니다. 이렇게 확실히 말할 수 있는 데는 세 가지 이유가 있습니다.

첫째 이유는 <u>절차상 하자가 없었다는 겁니다.</u> 처음부터 끝까지 총회는 합법적으로 이루어졌습니다. 의회의 관심이 떠났다 하더라도, 총회는 교회 회의로서 여전히 진행되고 있었습니다. 스코틀랜드 총대들이 떠난 뒤에도, 마지막 순간까지 '회의 정족수 40명'을 채우면서 남아서 노력했던 장로파 의원들이 있었습니다. (평균 출석인원 60~70명) 만약 출석인원이 40명이 못 되면 그 회의는 파장 분위기가 되었겠지만, 그들은 정치 상황이 아무리 어수선하더라도, 회의가 끝까지 합법적이고 품위 있게 유지되도록 노력합니다. 역사 속에 이름조차 제대로 알려지지 않은 이분들의 노력은 언젠가는 반드시 재평가되면 좋겠습니다.

둘째 이유는 이것이 <u>잉글랜드 교회만의 총회가 아니라 스코틀랜드 교회의 총회이기도 했다는 사실입니다.</u> 총회에서 만들어진 문서는 스코틀랜드 의회에 보고되어, 그곳에서 정식으로 통과됩니다. 웨스트민스터 총회에서 장로교회의 표준 문서들이 하나씩 만들어질 때마다, 스코틀랜드 총회는 그 문서를 즉시 확보해서 그것을 공식적인 스코틀랜드 교회의 표준문서로 삼았습니다. 비록 잉글랜드가 언약을 충실하게 이행하려 들지 않는 모습을 보였음에도 불구하고, 스코틀랜드는 '먼저' 잉글랜드와의 언약을 지켜준 것입니다.

이같은 모습은 잉글랜드 의원들에게 감동을 주어, 그들도 적어도 하원에서만큼은 모든 표준문서를 - 비록 시간은 더 걸렸지만 - 통과시킵니다. 만약 스코틀랜드가 잉글랜드의 행태를 그저 무시하거나 정죄하기만 했다면, 웨스트민스터 표준문서는 역사 속에서 그냥 묻혀버렸을 것입니다.

실제로 몇 년 뒤, 독립파가 잉글랜드의 정권을 잡으면서 그런 위험천만한 일이 벌어집니다. 크롬웰은 의회를 해산시키고, 의회의 산물이었던 웨스트민스터 총회의 결과물 또한 철저히 무시해버렸던 것입니다. 하지만 다행하게도, 스코틀랜드 장로교회가 이 문서들을 신실하게 간직해주었습니다.

그리고 1645년에 네 개의 표준문서 중에 교회정치가 가장 먼저 만들어졌을 때, 스코틀랜드 교회는 이를 즉시! '스코틀랜드, 아일랜드, 잉글랜드 교회의 언약된 일치의 한 부분으로서 웨스트민스터 총회에서 스코틀랜드 특사의 도움으로 합의된 장로회 정치 형태'라는 제목으로 출판합니다. 이는 스코틀랜드 교회가 웨스트민스터 총회를 영국_(잉글랜드와 스코틀랜드를 합친) 교회 전체의 총회로 수용했다는 분명한 증거입니다. 이것은 굉장히 중요한 사실입니다. 스코틀랜드 교회의 이 같은 태도가 웨스트민스터 총회를 장로회의 가장 중요한 총회로 만들었고, 웨스트민스터 총회의 결정을 적법하고 정당한 것으로 만들었으며, 그 결과물을 우리 시대의 '레전드'로 만들어주었습니다.

마지막 셋째 이유입니다. 비록 잉글랜드 의회가 승인을 미루면서 소극적으로 나왔다고는 하지만, **교회의 회의였던 총회는 그 자체로 이미 교회적 권위를 갖고 있습니다.** 그리고 거기서 만들어진 문서들은 이미 총회 당시에 존재했던 다양한 분파들조차도 모두 동의했던, [합의된 문서]입니다. 그리고 총회에서 정식으로 통과된 문서는, 국가 기관이 인정하든 하지 않든, 이미 교회법 상으로 우리에게 유효한 문서가 되었습니다.

> 웨스트민스터 표준문서의 적법성을 문제 삼을 이유는, 바로 이런 까닭만으로도 사라지는 겁니다.

차트로 정리하는
영국 종교개혁사 총정리

헨리 8세 시절에 이루어진 종교개혁의 수준은 로마 가톨릭과 크게 다를 바 없습니다. 교황 대신에 왕이 있다는 차이뿐. 하지만 에드워드 6세 시대에 급격하게 종교개혁이 진행됩니다. 그러다 그래프가 갑자기 아래로 확 꺼지죠. 블러드메리의 시절입니다. 메리가 죽고 다시 엘리자베스 1세가 성공회로 되돌리며 에드워드 시절의 종교개혁을 회복합니다. 이 시절에 스코틀랜드와 잉글랜드 양국에서 종교개혁자들이 활발하게 활동하여, 좀 더 엄밀한 종교개혁을 이룹니다. 비공식적이나마, 잉글랜드에도 장로교회의 초기 모습이 갖춰집니다. 그런데 킹제임스가 와서 분위기를 다시 차갑게 만듭니다. 하지만 흐름을 타기 시작한 종교개혁의 분위기를 막지는 못합니다.

찰스 1세 시절에는 왕이 실정을 거듭하는 바람에 반작용으로 의회가 힘을 얻습니다. 종교개혁이 일보 전진하지요. 그리고 1, 2차 주교전쟁과 단기의회 장기의회를 거치면서 의회에 장로파가 많이 진출합니다. 이때 급속도로 종교개혁이 진행됩니다. 결국 잉글랜드의 종교개혁은 웨스트민스터 총회에 이르러 그 정점을 찍게 됩니다.

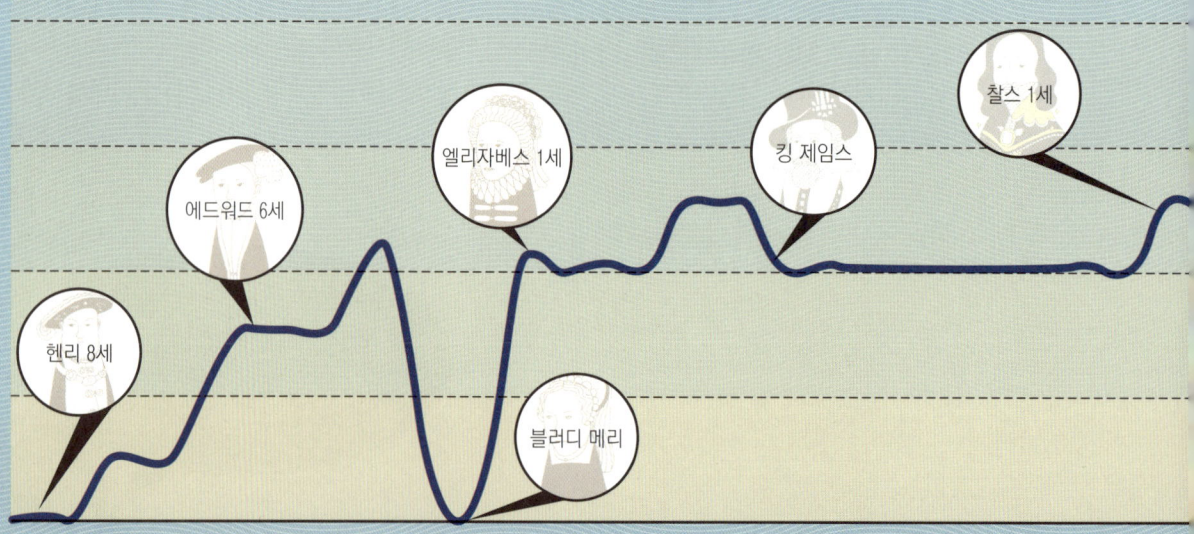

이때는 교리뿐만 아니라, 교회정치와 예배와 찬송과 교육, 그리고 삶의 다양한 부분까지도 개혁을 이룹니다. 그래서 이 시절은 종교개혁 역사를 통틀어 가장 좋은 종교개혁을 이룬 때였다고 말할 수 있습니다. 하지만 그 시절은 오래 가지 못했습니다. 그 상태 그대로 지금까지 왔으면 얼마나 좋았을까요. 잉글랜드 의회는 긴급한 상황이 지나가자, 웨스트민스터 총회를 평가절하 합니다. 그리고 크롬웰의 집권과 왕정복고를 거치며, 이 소중한 유산은 잉글랜드에서 금방 잊혀집니다. 그래프는 가슴 아프고 허무한 잉글랜드 종교개혁의 추락을 보여주고 있습니다.

이러한 변화를 가슴 아파했던 지식인들은 시대의 변화를 비관하는 작품을 많이 썼는데 대표적으로 '실낙원'을 저술한 존 밀튼과 같은 사람이 있습니다. 종교개혁과 함께 선진적이고 민주적인 이상국가를 꿈꾸던 자신들의 나라가 성공회와 왕정체제로 돌아가 버린 처지를, 낙원을 잃은 아담과 하와의 형편에 빗대어 표현한 작품이 바로 실(失)낙원입니다. 그는 올리버 크롬웰의 공화정에서 이상국가를 꿈꾸었던 사람이었습니다.

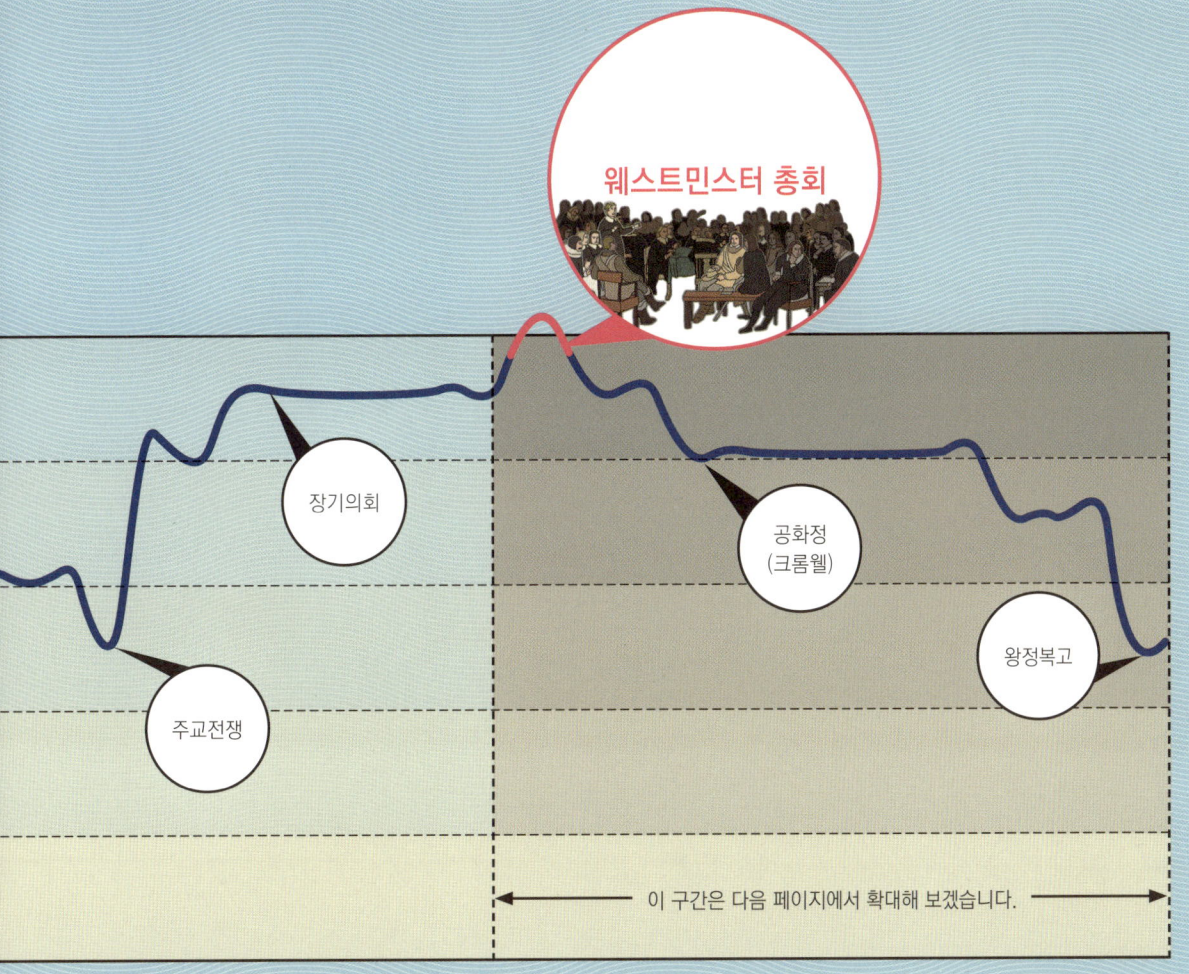

367

웨스트민스터 총회 이후 타임라인

이토록 멋진 총회와 그 위대한 결과물을 만들어놓고도, 정작 잉글랜드가 취했던 행동은 정말이지 이해할 수 없는 것이었습니다. 찰스 1세는 올리버 크롬웰의 군대에 패배한 후, 참수당합니다. 왕 대신 국가의 보호자로 나선 올리버 크롬웰은 곧바로 총회의 모든 문서를 무시합니다. 독립파였던 크롬웰은 웨스트민스터 총회의 결과물이 별로 마음에 들지 않았던 겁니다. 몇 해 지나서 크롬웰이 죽자, 공화정이 막을 내리고 영국은 다시 왕정 시대로 돌아갑니다. (왕정복고)

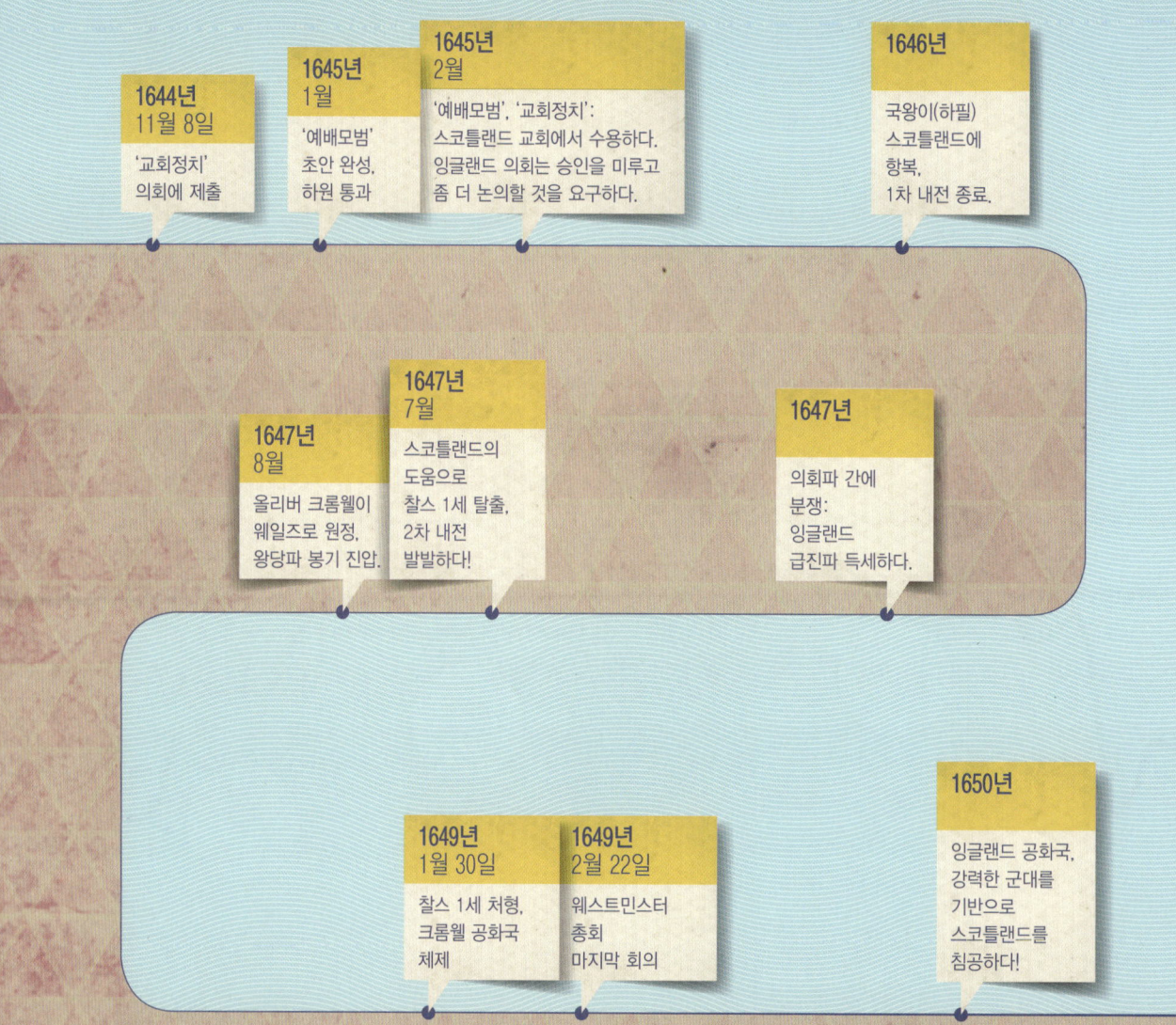

1644년 11월 8일
'교회정치' 의회에 제출

1645년 1월
'예배모범' 초안 완성, 하원 통과

1645년 2월
'예배모범', '교회정치': 스코틀랜드 교회에서 수용하다. 잉글랜드 의회는 승인을 미루고 좀 더 논의할 것을 요구하다.

1646년
국왕이(하필) 스코틀랜드에 항복, 1차 내전 종료.

1647년 8월
올리버 크롬웰이 웨일즈로 원정, 왕당파 봉기 진압.

1647년 7월
스코틀랜드의 도움으로 찰스 1세 탈출, 2차 내전 발발하다!

1647년
의회파 간에 분쟁: 잉글랜드 급진파 득세하다.

1649년 1월 30일
찰스 1세 처형, 크롬웰 공화국 체제

1649년 2월 22일
웨스트민스터 총회 마지막 회의

1650년
잉글랜드 공화국, 강력한 군대를 기반으로 스코틀랜드를 침공하다!

찰스 1세의 아들 찰스 2세가 왕위에 오르자, 웨스트민스터 총회의 모든 결과물은 다분히 복수심에 의해 '불법문서'로 규정됩니다. 사실상 장기의회의 모든 결과물이 부정된 것입니다.^(무효법 통과) 잉글랜드는 다시 주교제도를 도입했고, 기존에 사용하던 공동기도서로 돌아가 버립니다. 종교개혁자들이 그토록 "이건 아니에요!"라고 외쳤던 그 과거의 교회로 되돌아가라는 정부의 방침에, 잉글랜드의 청교도들은 억장이 무너졌습니다.

결과는 참담했습니다. 정부 명령에 불복한 목회자들이 하루아침에 면직됩니다. 잉글랜드의 2천 명^(전체의 20%), 스코틀랜드의 4백 명^(전체의 40%)에 달하는 숫자입니다. 게다가 찰스 2세는 '5마일 법'이라는 법을 시행합니다. 면직된 목회자들은 기존 임지에서 5마일^(8km) 이상 떨어지라는 겁니다. 목회자들이 기존 성도들을 만날 수조차 없도록 하는 이런 야비한 법으로, 이제는 '지하교회' 운동조차 할 수가 없었습니다. 그뿐만 아니라 '비밀집회법'도 시행됩니다. 다섯 명 이상 모이면 반역으로 간주합니다. 청교도의 성경공부 모임 자체를 원천 봉쇄하기 위한 것이었습니다.

이후, 스코틀랜드 장로교회는 더욱 심하게 탄압을 당합니다. 고통 속에서 40년의 세월을 더 견딘 그들은 훗날 왕조가 바뀌는 명예혁명이 이루어지고 난 뒤에야 겨우, 종교의 자유를 회복할 수 있었습니다. 지금 우리가 지금 편안하게 누리고 있는 종교개혁의 유산들을 그들은 힘겹게, 아주 힘겹게, 지켜가야 했습니다.

1651년
스코틀랜드 군대, 찰스 2세를 중심으로 반격하다. 그러나 우스터에서 참패. 이로써, 내전 종료하다.

1653년
크롬웰의 호국경 정치 시작

1658년 9월 3일
크롬웰 사망

1660년
왕정복고 : 찰스 2세 즉위. 영국은 국교회로 완전히 복귀…

"은혜는 겨울에 가장 많이 자란다."

이것은 웨스트민스터 총회에 스코틀랜드 총대로 참석했던 사무엘 러더포드가 한 말입니다. 스코틀랜드 장로교회의 역사를 배운 우리는 이제 이 명언의 뜻을 절감할 수 있습니다. 킹 제임스의 장로교회 탄압으로 한 세대 넘도록 길고 어두운 시기를 경험하면서 총회조차 열지 못했던 스코틀랜드 장로교회였습니다. 그러나 그들은 좌절하지 않고 충실하게 다음 세대를 교육하여, 그들을 훗날 자랑스러운 국민언약(1638)을 이끌어내는 인물들로 키워냅니다. 조지 길래스피도 그런 인물 중 하나였고, 사무엘 러더포드도 바로 그런 인물입니다.

존 녹스, 앤드류 멜빌 등 스코틀랜드 종교개혁자들이 활동했던 세인트 앤드류스.
이곳 세인트 앤드류스 성당 옆 묘지에 사무엘 러더포드 목사님의 묘비가 있습니다.

"하나님의 목적이 깃들지 않은 고난은 없다."

이것도 역시 사무엘 러더포드가 한 말입니다. 고난 중에 있을 때, 절망 가운데 앞이 보이지 않을 때, 우리는 무엇을 해야 할까요? 하나님의 목적을 바라보아야 합니다. 우리는 다른 곳에 눈을 돌릴 필요가 없습니다. 고난을 주시는 하나님의 뜻을 묵상하며, 우리가 맡은 일, 우리가 해야 할 역할에 충실해야 합니다. 그것이 교회의 사명이자, 신자의 사명입니다. 참으로 현재의 고난은 은혜를 더욱 더하시려는 하나님의 뜻 가운데 주어진 선물입니다.

◉ 역사 속으로

스코틀랜드 총대들은
어디서 살았을까?

혹시 여러분, 이런 것 궁금하실까요? 스코틀랜드 총대들의 숙소는 어디였는지 궁금하지 않으세요? 기록을 보면 이런 말이 나옵니다. "두 개의 나루터 사이에 있는 뚝방 위의 집(on the bank)". 찾아보면 아래 지도에 표시한 집입니다. 건물 이름은 '우스터 하우스'라고 합니다.

이 건물은 아쉽게도 1666년 런던 대화재 때 모두 불타버렸습니다. 오늘날 이곳이 어떻게 변했는지 구글 지도에서 찾아보니까, 지금은 어느 회사의 빌딩이 세워져 있으며, 오른쪽 나루터 위로는 다리가 놓여있었습니다.

우스터 하우스의 위치 정보는 이 책을 통해 얻었습니다.
『The Westminster Assembly's Grand Debate』, Naphtali Press

○ 역사 속으로

스코틀랜드 총대들의
출퇴근 경로는 어떠했을까?

스코틀랜드 총대들의 출퇴근 경로가 어떠했는지도 내심 궁금해졌습니다. 웨스트민스터 총회는 왼쪽 끝에 보이는 웨스트민스터 사원에서 열렸습니다. 그런데 앞에서 찾아본 총대들의 숙소는 오른쪽 끝입니다. 지금 날마다 바빠 죽겠는데, 4킬로미터 정도를 날마다 출퇴근해야 합니다. 이분들, 고생 참 많이 하셨어요. 그렇지요?

물론 이 경로는 제 추론입니다. 당시 성문 밖으로 가장 넓은 도로는 해군 승전 기념도로였습니다. 이 도로를 달렸을 것은 거의 분명합니다. 문제는 성 내부인데, 가장 넓은 도로를 우선으로 최단거리를 뽑아봤습니다. 기왕이면 세인트폴 대성당 앞을 지나는 코스로 말입니다.

대체 이런 걸 왜 찾고 있는 것일까요? 웨스트민스터 총회에 대해 알면 알수록 스코틀랜드 총대들에게 감사한 마음이 들었고, 그들은 대체 어떤 형편에서 일했는지, 주변 환경은 어떠했는지, 무엇을 먹고 살았는지, 어디서 쉬었는지, 그들이 저녁 식사를 하고 잠깐 쉬면서 바라봤던 곳은 어디였을지, 집에 갈 때는 어떻게 움직였는지를 조금이라도 더 알고 싶은 간절한 마음이 들었습니다. 그 현장에 들어가 보고 싶은 마음, 그러나 자료가 없어서 답답한 마음… 그리고 우리 시대에 그분들을 조금이라도 더 친근하게 소개하고 싶은 마음이 혼재되어, 이 작업을 해보았습니다.

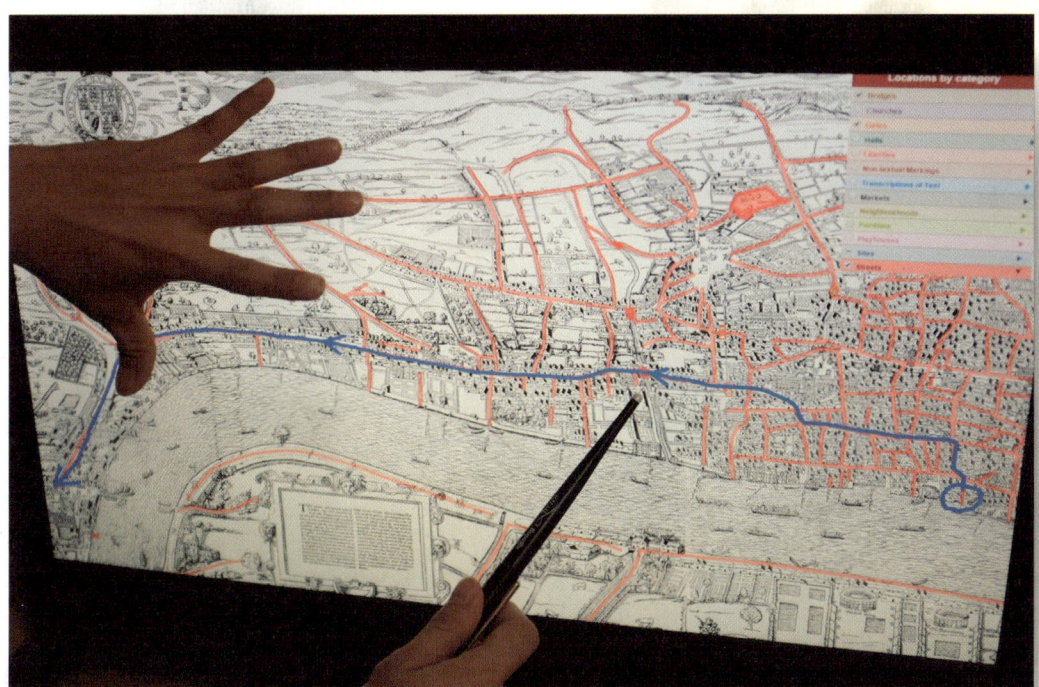

의회에서는 두 마리 말이 끄는 4인승 마차를 스코틀랜드 총대들의 교통편으로 제공했습니다. 그러니까 총대들이 처음엔 8명이 왔다가 중간에 4명만 남은 것도 어쩌면 제공받은 마차 정원 수 때문이 아니었을까 싶습니다. ^^

한국에 전파된 웨스트민스터 총회의 결과물

이 책의 앞부분, 65쪽에서 가졌던 질문을 기억하시는지요? "…신기하게도 이 회의 결과가 우리 한국의 장로교회 헌법이 됩니다. 오래전 영국인들의 회의가 한국과 무슨 상관이 있기에 그렇게 된 것일까요?" 이제 그 질문에 대답할 시간입니다. 잉글랜드의 이런 형편과는 반대로, 스코틀랜드 교회는 계속되는 잉글랜드의 정치·종교적 탄압에도 불구하고 그들이 지켜낸 이 신앙의 유산을 복음과 함께 전 세계로 전파합니다. 잉글랜드가 외면한 그 웨스트민스터 총회의 문서들은 스코틀랜드 교회에서 고스란히 보존되었습니다. 그리고 그것은 곧 신대륙으로 넘어갑니다.

미국의 장로교회에서 보존·계승되던 이 문서들은 하나님의 섭리로 200년 뒤에 고요한 아침의 나라 '조선'이라는 나라까지 전파됩니다. 일제 강점기가 시작되기 조금 전, 미국의 장로교회 선교사들이 들어와서 각 지역에 선교센터를 세우던 바로 그때, 그 선교사들은 정말 다행스럽게도 바로 이 웨스트민스터 표준문서를 한국에 가지고 들어왔던 것입니다. 그리고 성경 번역과 함께 웨스트민스터 소교리문답을 가장 먼저 우리 말로 번역했습니다.

즉, 우리나라 장로교회의 뿌리는 사실 바로 이 스코틀랜드 장로교회와 웨스트민스터 총회에 닿아있습니다. 우리는 그들로부터 신앙의 유산을 전해 받은 후계자들입니다. 정말 다행스럽게도 종교개혁의 전통 중에서도 가장 좋은 종교개혁의 열매를 우리는 받아들일 수 있었습니다.

광주 유진벨 선교기념관(양림동)

대구 선교사 주택(동산동)

순천 기독교선교역사박물관(매곡동)

역사상 가장 성경적이고 가장 순수했던 개혁정신의 아주 작은 일부나마, 우리 한국 땅에 전해진 것은 놀라운 하나님의 섭리이자 감사한 일이었음을 부정할 수 없습니다. 여기에는 자부심을 느껴도 됩니다. 그런데…

스코틀랜드 교회와 잉글랜드 교회의 종교개혁 수준이 달라서 어려움이 많았던 것처럼, 미국의 장로교회와 피선교지 한국의 장로교회의 수준이 너무나 달랐던 탓에 문제가 발생합니다. 초기에 우리나라 장로교회에는 웨스트민스터 표준문서가 '제대로' 전수 될 형편이 아니었던 겁니다. 당시 우리는 국가적으로 너무나도 힘든 시기였습니다. 모든 국가 시스템이 망가진 상태… 그때는 도대체 제대로 돌아가는 것이라고는 하나도 없던 구한말이었습니다.

그런 상황에서 선교사들은 선택을 해야 했습니다. 이제 막 걸음마를 시작하려는 교회에, 역사상 최고 수준의 지적 작업으로 만들어진 웨스트민스터 총회의 표준문서 전부를 체계적으로 가르칠 엄두가 나지 않았을 겁니다. 신앙고백서니, 교회법이니, 장로교 정치원리니…. 그저 예수 믿고 구원받자는 말을 전하기에도 바빴던 선교사들은 그런 설명을 할 엄두가 나지 않았고, 결국 "쉽게 가자"는 타협을 할 수밖에 없었습니다.

선교사들은 두 가지 정책을 펴는데, 하나는 비슷한 형편이었던 '인도'에서 사용했던 12신조라는 '아주 짧은' 신앙고백서를 웨스트민스터 신앙고백서 대신 사용한 겁니다. 짧으니까 가르치기도 편하고 보급도 쉬웠던 겁니다. 하지만 이것은 너무나도 단순해서, 많은 부분에서 신학적으로 빈약한 문서였습니다. 더 엄밀한 교리와 삶을 가르치는 내용이 포함될 수 없었습니다.

또 하나의 정책은 타 교파 선교사들과 연합운동을 통해서 일단 최대한 많은 사람을 전도하는 일에 집중하자는 겁니다. 바른 종교개혁을 논하거나 바른 교회론이 무엇인지를 논하기보다는, 우선 믿는 자의 수를 늘려서 복음전파의 저변을 확대하는 쪽으로 더 신경을 썼던 겁니다.

> 12신조는 12개 조항으로 구성된 너무 단순한 신앙고백서입니다.

물론 이런 분위기가 무조건 나쁘다는 것이 아닙니다. 하지만 그로 인해서 사실상 웨스트민스터 표준문서의 전파와 보급은 수십 년을 후퇴하게 된 것도 사실입니다. 지역에 따라, 선교사들의 개인 성향에 따라, 소교리문답을 가르치는 교회가 몇 군데 존재하기는 했습니다. 하지만 나머지 표준문서들의 보급과 교육은 미미했고, 전국적으로 보면 전무하다시피 했습니다.

슬픈 일이 곧 생깁니다. 민족의 아픔인 일제 강점기가 시작됩니다. 자, 여기서 어리석은 질문을 하나 해보겠습니다. '일제는 종교개혁을 좋아했을까요?' 결코 그럴 리가 없겠지요.

일제는 당연히 종교개혁보다는 국교회 스타일의 교회를 선호했습니다. 교회를 장악하기 쉽기 때문입니다. 교회는 다니도록 허용했지만, 개혁신앙은 싫어했습니다. 그들은 교회가 바르고 든든히 서가는 것을 집요하게 방해했습니다. 교회를 없애버리기보다는, 교회의 정신을 훼손하는 것. 그것이 일제가 했던 일입니다. 일제는 잉글랜드 국왕들이 그리했던 것처럼, 종교개혁자들이 가장 싫어하는 짓만 골라시 시켰습니다. 성경공부를 막고, 피상적이고 내세적인 설교만 하도록 설교자들을 감찰하고 회유했습니다. 급기야 신사참배를 국민의례라고 속이고 설득하며 교회에 강요했습니다.

이런 일은 개혁파 신앙인으로서는 도저히 받아들일 수 없는 일들이었습니다. 그래서 순교자들이 생깁니다. 끔찍하고 가슴 아픈 현실이 이 땅에서도 반복되었습니다. 특히 장로교회가 참 많이도 고통당하고 망가졌습니다. 역사의 질곡입니다.

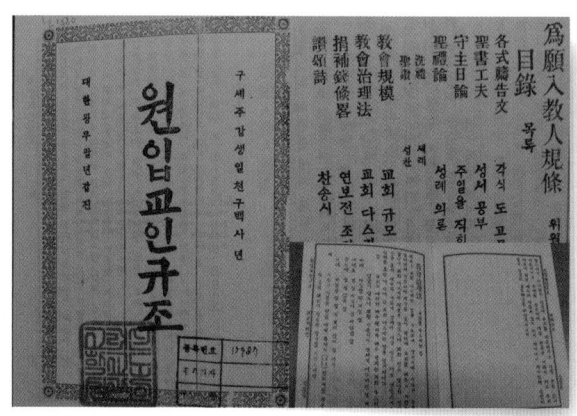

원입교인규조
(존 로스 선교사 작성, 1904)
한국 선교 초기에는 이러한 웨스트민스터 총회 결과물의 후속 버전이 가르쳐지기도 했습니다. 그러나 아쉽게도 일제 강점기로 이러한 교육이 잘 전수되지 못했습니다.

해방 후 한국교회의 타락

이제 해방이 되었습니다. 그러면 이제라도 제대로 다시 시작하면 되잖아요? 신사참배를 회개하고, 그동안 소홀했던 성경과 교리 공부에 집중해서, 어서 빨리 종교개혁의 흐름을 따라가야 했을 것입니다. 하지만 해방 후 한국 교회는 엉뚱한 방향으로 흘러가기 바빴습니다. 아직 교회가 제대로 세워지지도 않았는데, 세속화라는 물결에 너무도 쉽게 휩쓸린 것입니다. 36년간 일제 치하에 있으면서 한국교회의 상태가 많이 악화된 탓입니다. 교회는 세속 권력과 결탁하고, 기복 신앙을 전파하며, 신사참배 문제 등 과거의 잘못을 철저히 회개하기보다는 "그것은 국민의례 차원에서 했던 것이야." 라면서 그냥 덮어버렸습니다. 이런 것들이 한국 교회를 타락하게 만든 첫 단추입니다.

더 큰 문제가 있습니다. 만약 그런 상태에서 교회가 눈에 보이게 쇠퇴했다면, 거국적인 회개가 일어났을지도 모릅니다. 그런데 놀라운(?) 일이 일어납니다. 교회가 외형적으로 폭발적인 성장을 경험하는 것입니다. 웨스트민스터 표준문서 같은 것을 굳이 공부하지 않아도, 교회가 자꾸 성장(?)했던 겁니다. 저는 이것이 정말 큰 문제였다는 생각이 듭니다. 물론 복음이 널리 전파되고 믿는 자가 하나님께 돌아오는 일은 참으로 소중한 일입니다. 그러나 거품도 많았습니다. 교회의 덩치가 커지자, 이런 논리가 등장합니다. "세계적으로 가장 큰 성장을 한 교회가 한국 교회거든요!? 교리 공부 없어도, 웨스트민스터니 뭐니 그런 것 몰라도 사람들은 교회를 멀쩡하게 잘만 다니거든요!? 세계에서 가장 큰 교회가 죄다 서울에 있거든요!?" 이런 상황 속에서 정도를 걷자는 외침은 허망하기만 합니다. 바른 교회가 어떻고, 교리가 어떻고, 종교개혁이 어떻고 하는 이야기를 하는 사람은 교회에서 대체로 이상한 사람이 됩니다.

슬프게도 한국 교회는 그런 분위기 속에서 너무 많은 시간을 보내왔습니다. 그런 분위기를 적극적으로 바꾸지 않고 방치하는 동안, 한국 교회는 지금의 나락까지 내려온 것입니다.

어느덧 1백 년이 흘렀습니다. 한국의 대부분의 장로교회는 웨스트민스터 신앙고백서를 각 교단 헌법 신조로 삼고 있습니다만, 대부분은 어디까지나 말뿐이고, 헌법상의 죽은 조문일 뿐입니다. 실제로 이것을 교회교육 현장에서 소중하게 여기고 지키고 따르고 가르치고 계승하려는 노력은 아직 미미합니다. 믿고 따른다고 헌법에 적어놓고 선서를 하면서도, 그것이 무엇인지 정작 모르고 있는… 이것이 우리의 민낯입니다. 우리는 지금부터라도 이 웨스트민스터 표준문서를 미친 듯이 연구하지 않으면 안 됩니다. 그것을 하지 않으면 우리는 종교개혁을 아직 시작하지도 못한 것과 같습니다.

지금도 종교개혁이 필요할까요?

우리에게 종교개혁은 과거의 일이 아니라, 당장의 현실입니다. 한국교회는 지금 종교개혁의 시대로, 웨스트민스터 총회 당시의 고민으로 돌아가야 합니다. 그때의 문제는 지금도 고스란히 우리의 문제입니다. 종교개혁은 그들만 하는 것이 아니라 우리도 마땅히 해야 하는 바입니다. 우리가 하나의 교회라면 말입니다. 우리도 하나님의 말씀대로 살고자 하고 성경대로 움직이는 교회가 되고자 소망한다면, 한국 교회의 전체적인 분위기를 바로 그 종교개혁의 정신으로 돌이켜야 하지 않을까요? 그것이 지금 우리들의 시급한 고민이자 막중한 과제가 아닐까 싶습니다.

한국 교회는 지금 예배를 어떻게 드립니까? 스코틀랜드 장로교회가 추구하던 방식인가요, 아니면 찰스 1세가 추구하던 방식인가요? 너무 많은 면에서 한국의 장로교회는 종교개혁 당시의 성공회 예식을 닮아가고 있습니다. 성찬을 제사처럼 생각한다거나, 설교 시간이 짧아진다거나, 교육의 수준이 낮아진다거나, 교회당 건물을 치장하는 일에 많은 돈과 노력을 쏟는다거나, 성직자와 평신도를 구별한다거나…. 어찌 보면 찰스 1세가 그토록 꿈꾸던 종교적 이상 국가가 바로 대한민국에 있습니다! 이 사실을 떠올릴 때마다 정말 괴롭습니다. 괴로운 현실입니다.

그러면 우리는 어떻게 할 것인가?

우리에게 종교개혁이 가능할까요? 그만큼 실력이 있어야 합니다. 이를 위해서는 스코틀랜드 총대들처럼 뛰어난 자질을 갖춘 신자들이 많이 필요하며, 헌신적인 직분자들이 많이 필요합니다. 또한 그들의 작업을 소중하게 여기고 지원하고 계승할 줄 아는 마음과 손과 발도 필요합니다. 하지만 그게 어디서 갑자기 튀어나오는 것이 아닙니다.

따라서 우리는 먼저 배워야 합니다. 지금 시대에 뭔가를 개혁하려는 사람이라면 '무엇을 개혁할 것인지'를 새롭게 '브레인스토밍'할 것이 아니라 바로 이렇게 하나님께서 이루셨던 종교개혁의 결과물에 관심을 가져야 합니다. 이미 '개혁된(Reformed)' 유산이 무엇이었는지부터 관심을 가져야 합니다. 정말로 개혁을 원한다면, 그것도 '더 좋은 개혁'을 원한다면, 우리는 <u>웨스트민스터 총회가 만들었던 표준문서들을 보아야 합니다.</u> 교회정치, 예배모범, 신앙고백서, 대·소교리문답 등의 소중한 문서들이 지금 우리에게 참된 종교개혁의 지침서가 되어줄 것입니다.

저는 지금 우리가 할 일이 바로
이것이라고 믿습니다.

거듭 당부 : 개혁은 반드시 질서 안에서
개혁은 질서 안에서 모색하고 추진해야 합니다.
판을 깨고 뒤집는 것은 가장 쉬운 선택입니다.
종교개혁 당시 많은 사람이 가장 쉽게 선택한 것이 바로 떠나는 것이었습니다.
일부 종교개혁자들도 낙심하고 절망했습니다.
그래서 "떠나자!", "사막으로 숨자!"라고 했으며
심지어 "다 불태우고 죽여 버리자!"라고 하기도 했습니다.
그러나 그렇게 가면 늘 결론이 좋지 않았습니다.
그들은 분파주의로 흘러갔습니다.

오늘날 교회에는 헌법이 있습니다.
어쨌거나 그것이 큰 틀에서 종교개혁의 결과물 안에 있다면,
어떻게든 그것을 존중하고 그 안에서 개혁을 진행해야 합니다.
교회법을 어기는 순간, 그 교회는 앞서서 저만큼 튀어 나갈 수는 있습니다.
멋있어 보이고, 자유롭게 장족의 발전을 한 것처럼 보입니다. 하지만,
바로 그 순간, 독립파의 문제가 그대로 발생합니다.
공교회의 입장에서 볼 때 손을 떠난 교회가 되어버립니다.

혼자 잘한다는 것은 큰 의미가 없습니다.
반짝 모범이 될 수는 있지만, 그것이 교회의 개혁이라고 말하기 어렵습니다.
특히 장로교회는 노회 안에서 좋은 의제를 상정하고,
토의하고, 설득하고, 책도 쓰고 인내하는 과정을 거쳐서,
한 세대가 지날 때, 한 발짝, 반 발짝 성장하는 것이 바로 개혁입니다.
어쩌면 살아있는 동안에 개혁의 맛을 거의 못 볼 수도 있습니다.
그래도 좋습니다.
모두가 법을 무시하는 세대가 아닌가요?
부디 우리만은 법을 지킵시다.
우리는 모르지만, 하나님께서 허락하실 바로 그때,
개혁은 선물로 주어질 것입니다.

기도합니다.

하나님 아버지,
주께서는 저희에게 늘 가장 좋은 것을 주십니다.
교회를 통해서 가장 적절한 것을 베푸시길 원하시는 주님!
저희들에게도 가장 좋은 것을 가장 적당한 시기에 베푸실 것을 믿습니다.

배우면 배울수록 현실과의 괴리가 크다는 것을 느낍니다.
한국 교회의 많은 부분이 걱정이며
그 안에 속한 우리들도 걱정이 큽니다.

하지만 교회의 주인이신 주께서 이 교회를 책임지시고
못난 저희가 망가뜨린 것을 친히 고치실 것을 믿고 있습니다.
그러한 소망 가운데 이 시대를 살아가게 하소서.

저희는 작은 실천으로 웨스트민스터 총회를 배우는 것부터 시작합니다.
아직은 방법이 막연하고 모호하지만, 작은 것부터 해보고자 합니다.
좋은 생각이 나게 하시고,
서로 돕게 하시고,
남을 비판하거나 원망하느라 불필요한 시간을 버리지 않게 하시고,
어느 자리에서든 겸손하게 서게 하소서.

오늘도 주님 은혜로 살아갑니다.
계속되는 주의 은혜를 간구하오며
예수 그리스도의 이름으로 기도합니다.

아멘.

총정리 발표 수업 1 종교개혁의 역사, 그리고 나의 역사

종교개혁의 역사는 계속되고 있으며 이 책을 읽는 여러분의 여정도 그 안에 연결되어 있습니다. 여러분 각자의 신앙 여정, 그 속에서 만났던 사람과 사건들을 적어 보세요. 그리고 함께 이야기 나누며 뜻깊은 시간을 가져보시기 바랍니다.

1536. 장 칼뱅, 바젤의 블랙베어 인쇄소에서 기독교강요 초판을 인쇄하다.

1542. 장 칼뱅, 제네바에서 교리문답서를 작성하다.

1559. 제네바 아카데미, 개교하다.

존 녹스의 집
(스코틀랜드 에딘버러)

1560. 존 녹스의 주도로, 스코틀랜드 신앙고백서와 제1치리서가 작성되다.

1561. 귀도 드 브레, 벨직 신앙고백서를 작성하여 궁궐 담 너머로 투척하고 도망치다.

하이델베르크 성 전경

1563. 독일의 팔츠 지방 영주, 프리드리히 3세의 명령으로 우르시누스와 올레비아누스가 하이델베르크 교리문답을 작성하다.

1576. 앤드류 멜빌의 주도로, 스코틀랜드에서 제2치리서가 작성되다.

웨스트민스터 사원

1643. 웨스트민스터 총회가 열리다.

1647. 스코틀랜드 교회, 웨스트민스터 신앙고백서를 만장일치로 채택하다.

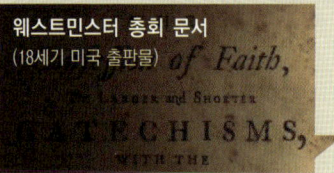
웨스트민스터 총회 문서
(18세기 미국 출판물)

17세기 후반. 미국으로 청교도들이 이주, 신조가 미국으로 전해지다.

대구 선교사 묘지
(동산의료원 은혜정원)

1900년대. 스코틀랜드와 미국 선교사들이 조선에 들어와 복음을 전파하다.

| 1910. 일제강점기 시작되며, 신실한 교회가 고초를 겪다. |

| 1945. 해방되다. |

_____년, _____ 출생하다.

사진을 붙여 주세요.

사진을 붙여 주세요.

사진을 붙여 주세요.

사진을 붙여 주세요.

사진을 붙여 주세요.

사진을 붙여 주세요.

사진을 붙여 주세요.

총정리 발표 수업2 **종교개혁사 박람회**

종교개혁사 박람회가 열렸습니다. 박람회 전시물을 만들어 주세요.

1. 종교개혁사 중에 중요하다 싶은, 관심 있는 주제를 정하세요.
2. 해당 주제에 대해 조사하세요. 웹 서핑, 책, 인터뷰 등 다양한 방법을 활용하세요.
3. 전시물을 모아서 박람회에 제출합니다.
4. 각자의 전시물을 소개하고 느낀 점을 나눕니다.

* 전시물의 형식은 자유롭습니다.
* 팀을 짜서 함께 만들면 더욱 좋습니다.
* 준비물 : 폼보드나 하드보드, 색종이, 풀, 가위, 링, 유리 테이프, 송곳이나 펀치 등

정답과 힌트

1. 각 화별 OX퀴즈

예고편+1화	O, X, O, X, X	7화	X, O, X, O, O
2화	X, X, O, O, X	8화	O, X, O, X, O
3화	O, X, O, O, X	9화	O, O, O, X, O
4화	O, X, X, X, O	10화	O, O, O, X, X
5화	X, O, X, X, O	11화	O, X, O, X, O
6화	O, O, X, O, O	12화	O, O, O, X, X

2. 중간 점검용 십자말 퀴즈

	식	민	지		포		절	대	왕	정	
		수		장	로	파			권		한
공	동	기	도	서		스		충	신		계
			루		존	칼	뱅		수	장	령
위	그	노			녹			소	설		
	루		제	임	스	1	세			카	
		면		기				임	마	누	엘
		벌	목		월	권		명			리
군	부		밑			리		권	위		자
	주			천	인	청	원				베
사	제	주	의			원		흑	곰	북	스

3. 기말 퀴즈용 힌트

01. P.28~31	02. P.42~43	03. P.48~49	04. P.70~71	05. P.74~75
06. P.78~79	07. P.80~81	08. P.86	09. P.93~95	10. P.101~102
11. P.117	12. P.119	13. P.128~129	14. P.146~147	15. P.147~152
16. P.147, 152~153	17. P.154	18. P.165~167	19. P.174~175	20. P.189
21. P.192~195	22. P.196	23. P.198~199	24. P.207	25. P.208
26. P.218~225	27. P.248~249	28. P.254~255	29. P.257~258	30. P.272
31. P.291	32. P.332	33. P.345		

교회사 공부 모임을 위한
인도자 가이드

이 책을 활용해서 교회사 공부 모임을 인도하실 때 필요한 학습 목표이자 핵심 포인트를 정리해 보았습니다. 완벽하진 않지만 조금이라도 도움이 되시기를 바랍니다. 이 글은 필요하다면 모임 구성원과 함께 읽으셔도 좋습니다. 그럼, 하나씩 보겠습니다.

예고편은 이 책 전반에 흐르는 종교개혁 사상이 무슨 대상과 싸웠는지를 보여줍니다. 여기서 말하는 사제주의가 '왜 교회에 해로운지'를 이해하도록 도와주세요. 이 부분의 이해가 부족하면 **"뭐하러 종교개혁을 했을까?"** 싶을 겁니다. 상대를 알아야 이기는 법입니다. ^^

숲: 웨스트민스터 총회의 역사적 배경이 된 잉글랜드와 스코틀랜드의 역사를 추적합니다. 웨스트민스터 총회에 대해 정확히 알기 위해서는 총회가 몰두했던 핵심 개혁 과제가 무엇인지를 알아야 하는데, 그걸 알기 위해서는 총회의 주체였던 잉글랜드와 스코틀랜드 교회의 상태가 어떠했는지를 먼저 알아야 합니다. 물론 그걸 알기 위해서는 어쩔 수 없이 백 년 이상을 거슬러 올라가야 되겠죠. (혹시 역사적 배경지식이 좀 있는 모임에서는 시간 절약을 위해 이 부분을 개인적으로 읽도록 하는 것도 방법입니다.)

제1화 달려라 종교개혁에서는 유명한 종교개혁자 루터와 칼뱅의 개혁 작업을 아주 압축적으로 간단하게 다루었습니다. 특히 칼뱅의 종교개혁이 이루어진 '제네바'시에 대해 알고 넘어가는 것이 중요합니다. 유럽 대륙의 한쪽에서 마치 발전소처럼 종교개혁이 후끈후끈 이루어지고 있었고, 그것이 다른 지역에도 전파되었다는 사실을 알아두어야, 나중에 잉글랜드와 스코틀랜드의 종교개혁과 종교개혁자들의 공통적인 방향성을 설명할 때 이해가 빠릅니다.

제2화 잉글랜드 주춤거리다에서는 유럽 대륙에서 전파된 종교개혁이 잉글랜드에서 결과적으로 '왜 주춤주춤 막히게 되었는지'를 설명합니다. 다른 곳과 달리 무려 '왕'이 추진한 종교개혁인데, 그렇다면 다른 곳보다 더 잘 되었어야 했을 텐데, 무슨 일이 있었던 것일까… 이것을 간단하게라도 설명할 수 있도록 하는 것이 이 부분의 목표입니다. 특히 헨리 8세, 에드워드 6세, 메리, 엘리자베스 1세로 이어지는 격변의 시기와 종교개혁의 발전이 무슨 상관관계가 있는지를 아는 것이 중요합니다.

제3화 스코틀랜드 준비되다에서는 잉글랜드와 달리 스코틀랜드에서 '가장 좋은 종교개혁'이 진행될 수 있었던 이유를 설명합니다. 여기서는 왕들보다 개혁자들의 활약을 주목해야 합니다. 그들이 눈물로 뿌린 씨앗이 참 좋은 열매를 가져왔고, 또한 그것이 지금 우리와 무관하지 않다는 것을 아는 것이 중요합니다. 그리고 종교개혁이 그저 교리의 개혁만이 아니라 교회생활 전반과 사회적으로까지 확장되는 일이라는 것을 함께 이해하는 것도 필요합니다. 종교개혁은 교육의 발전을 가져왔으며, 시민 사회의 성숙을 가져왔으며, 도덕과 신뢰와 이웃사랑의 가치를 함께 발전시켰습니다.

나무: 지금까지 숲을 보느라 듬성듬성 지나왔던 역사에 조금 더 가까이 다가갑니다.
앞의 내용이 상식적인 수준이었다면, 이곳에서 보는 내용은 처음 보는 것도 있고 낯설고 신기한 내용도 있을 것입니다. 이 부분 역시 암기할 필요가 전혀 없으니, 부담 없이 읽어나갈 수 있도록 안내해주세요.

제4화 왕이 교회를 손보려 하다에서는 잉글랜드와 스코틀랜드의 왕실이 통합되면서부터 발생한 우울한 시대 상황을 이해하는 것이 가장 중요합니다. 스코틀랜드의 제임스 6세가 잉글랜드의 국왕도 되면서부터 그는 결과적으로 종교개혁을 힘들게 만듭니다. 하지만 이 부분에서 주의하실 점이 있습니다. 제임스는 결코 종교개혁자들을 무력으로 탄압하지는 않았다는 사실입니다. 그런데 왜 문제일까요? 책을 읽으면서 종교개혁의 딱 잘라 규정할 수 없는 상황들을 놓고 한 번쯤 진지하게 고민해보면 좋겠습니다. '내가 만약 그 당시의 청교도였다면 어떻게 했을까?' 여기에는 정답이 따로 있는 것이 아닙니다. 각자의 생각을 나눠보도록 인도해주세요. 결론이 안 나도 괜찮습니다. 정리는 책을 더 읽어가면서 자연스럽게 될 것입니다. ^^

제5화 내전이 터지다에서는 우선 찰스 1세의 종교정책이 왜 반(anti)종교개혁인지 이해하는 것이 필요합니다. 그리고 그로 인해 오히려 영적으로 '깨어난' 스코틀랜드와 잉글랜드가 어떤 과정을 거쳐 웨스트민스터 총회를 개최하기에 이르렀는지, 그 연결고리를 설명할 수 있도록 하는 것이 목표입니다. 폭동이 일어나고 전쟁이 터지고 국왕과 의회와 교회가 마구 뒤섞이는 매우 복잡한 내용이지만, 지금까지의 내용을 차근차근 읽어 오신 분이라면 그리 어렵지 않게 소화할 수 있을 것입니다. 여러분은 모임 구성원들이 주요 사건의 순서나 인과관계를 혼동하지 않도록 도와드리시기 바랍니다. 여기서는 '국민언약'과 '엄숙한 동맹과 언약'이 담고 있는 의미를 잘 이해하는 것도 중요합니다.

제6화 두 나라, 한 교회, 세 견해에서는 시간과 공간을 이동해서 웨스트민스터 총회의 현장 속으로 들어갑니다. 워낙 오래전의 일이기도 하고, 또한 문화적 차이 때문에 낯설어 보이는 총회의 다양한 면모를 하나씩 확인합니다. 처음엔 낯선 용어와 인물과 배경에 조금 겁이 날 수도 있지만, 읽다 보면 생각보다 쉽게 머릿속에 정돈할 수 있을 것입니다. 특히 총회가 열렸던 장소와 구성원들, 진행방식, 일정 등을 머리에 그려보도록 도와주시고, 총회 구성원들의 성향도(세 분파) 대략 파악할 수 있도록 해주세요. 특히 도표로 제공되는 총회 일정표(p.178 ~ 179)를 이해하도록 도와주세요. (별책부록으로 더욱 자세한 일정표가 제공됩니다.)

열매: 지금까지 웨스트민스터 총회의 역사적 배경을 다루었다면,
여기서부터는 **총회 내에서 일어난 일**을 다룹니다.

특히 논쟁과 설득과 합의를 거쳐 탄생한 총회의 가장 중요한 결과물인 '교회정치'와 '예배모범'을 중심으로, 그 탄생 과정을 자세히 알게 되는데, 이것이 종교개혁의 큰 흐름에서 얼마나 중요한 일인지를 잘 파악하도록 도와주세요.

> **제7화 교회정치_1 교회의 머리가 누구인가**에서는 성경에서 벗어났던 주교제도를 어렵사리 폐지한 교회가 공백이 되어버린 치리(다스림)를 어떤 원리와 내용으로 다시 회복하여 채웠는지를 알게 됩니다. 〈직분〉이란 무엇이며 그 역할은 무엇인지, 직분을 세우기 위해 교회는 무엇을 준비해야 하며 어떻게 세워가야 하는지를 아는 것은 성경적이고 건전한 교회를 위한 개혁의 첫발을 딛는 것입니다.

> **제8화 교회정치_2 노회가 왜 필요한가**에서는 〈노회〉의 소중함을 깨닫는 것이 목표입니다. 노회는 그저 하나의 정치제도가 아니라 성경이 말하고 있는 교회의 모습이며, 이것이 교회를 이롭게 하고 신자들의 신앙에 도움이 되는 제도라는 것을 이해할 수 있도록 도와주세요. 특히, 총회 내에서 독립파의 태도를 보면서 우리가 반성할 점은 없는지, 그리고 스코틀랜드 총대들의 태도를 보면서 우리가 배울 점은 무엇이겠는지, 함께 이야기를 나눠보세요.

> **제9화 교회정치_3 아론의 싹 난 지팡이**에서는 국가 권력과 교회 권력의 충돌을 다룹니다. 그러나 이것을 단순히 어떤 힘겨루기의 문제로 이해하지 않도록 각별히 주의해주세요. 우리가 하나님의 뜻과 하나님의 말씀대로 살기 위해서는 신자의 거룩성을 유지시키기 위한 〈권징〉이 필요하고, 순수한 권징이 가능하려면 교회의 독립성이 반드시 필요합니다. 이것을 보장해줄 수 있는 논리가 바로 종교개혁자들의 '두 왕국 이론'이었습니다. 여기에 근거한 스코틀랜드 총대들과 잉글랜드 의회의 입김을 받은 에라스투스파 사이의 논쟁을 주목해보세요.

> **제10화 예배모범, 오래된 철옹성을 깨다**에서는 총회의 또 하나의 핫이슈였던 예배개혁을 다룹니다. 총회가 주교제도를 폐지하고 장로교회제도를 수립한 것이 교회정치의 개혁이었다면, 공동기도서를 폐지하고 〈예배모범〉을 제시한 것은 예배의 개혁이었습니다. 무엇으로부터 무엇으로의 개혁인지를 인식할 수 있도록 잘 도와주시기 바라며, 특히 오늘날 우리가 누리고 있는 예배의 자유는 웨스트민스터 총회의 노력 덕분임을 알고 감사할 수 있도록 해주시기 바랍니다.

씨앗에서는 총회의 후반부에 만들어진 소중한 두 가지 유산을 더 살펴봅니다.
그것은 신앙고백서와 교리문답입니다. 그 탄생 과정이 얼마나 신중하며 주의 깊고 또한 처절했는지를 살펴보며, 이것을 대하는 우리의 태도가 달라졌으면 좋겠습니다. 총회는 우리 가슴에 씨앗을 심어주었습니다. 그것을 소중히 싹틔울 책임은 오늘 우리에게 여전히 있습니다.

제11화 신앙고백서, 폐허 속에 꽃 피우다에서는 신앙고백서라는 것이 어떤 역사 속에서 발전되어 왔는지를 살펴본 뒤, 특별히 한국의 많은 교회들이 자신의 헌법 안에서 '신앙과 삶의 표준'으로 삼고 있는 〈웨스트민스터 신앙고백서〉가 어떤 과정에서 탄생했는지를 구체적으로 살펴봅니다. 아울러 이 신앙고백서가 지금껏 받아온 오해들을 풀어봅니다.

제12화 교리문답, 교육이 희망이다에서는 총회가 마지막으로 진력을 다하여 만들었던 결과물, 〈웨스트민스터 대·소교리문답〉을 다룹니다. 총회가 교리문답을 만들던 시기는 총회를 둘러싼 주변 환경이 아주 암울해지던 때라는 점을 꼭 기억하시기 바랍니다. 그럴 때 우리가 할 수 있는 일은 무엇이 있겠습니까? 다음 세대를 위한 교육입니다. 주께서 우리의 시절에 개혁을 주시지 않을 수도 있습니다. 그래서, 우리에게, 언제나, 희망은, 교육입니다.

에필로그에서는 이 역사가 지금 나와 무슨 상관인가를 고민하게 해주세요.
사실 이 역사는 '남의 나라' 역사였습니다. 하지만 이제 우리에게 전해진 이상, 더 이상 남의 것이 아니라 우리의 역사가 되었습니다. 종교개혁의 험난한 과정이 무엇을 위한 것이었는지가 분명해지면, 이제 우리 현실이 떠오르듯 보여야 합니다. 지금 우리가 있는 자리가 어디쯤인지를 알고 나면, 앞으로 나아갈 방향과 거리가 보이기 시작합니다. 여기까지 와야 비로소 교회사 공부의 보람이 생깁니다.

꼭 기억해 주세요!
책에서 제시하는 이상적인 종교개혁의 원리와 방향을 무조건 우리 현실과 비교해서 비관하거나, 남을 섣불리 비판하고 정죄하지 않도록 안내해주세요. 그러자고 공부한 게 아닙니다. 그리고 이제 와서 누굴 탓할 일도 아닙니다. 함께 걸어갈 걸음이 남아있을 뿐입니다. 사랑과 겸손과 배려와 기다림으로 차근차근 노력하다 보면 어느 순간 하나님께서 은혜를 베푸실 것입니다. 오직 주께서 머리되시는 '가장 잘 개혁된 교회'를 소망하며 용기를 잃지 않도록 인도자 여러분이 잘 도와주세요. 저 역시 계속 기도하겠습니다.

읽어주셔서 고맙습니다. 저자 드림.

저자 후기

대학 시절의 일입니다. 여자 친구(지금의 아내)에게 웨스드민스터 신앙고백서를 힘께 공부하자고 제안했습니다. 그러자 이렇게 되물었습니다. "그걸 어떻게 믿을 수 있어? 그것도 사람이 만든 것일 뿐인데…" 그 질문을 받고 허둥지둥 뭐라고 대답은 했지만, 실제로 제 머릿속은 '그러게…? 무슨 근거로?'라는 생각으로 가득 차버렸습니다. 그때부터 틈만 나면 웨스트민스터 총회에 대해 조사했습니다. 하지만 정보가 턱없이 부족했습니다. "121명의 신앙과 학식이 뛰어난 청교도 성직자들이 웨스트민스터 사원에 모여서…" 이런 이야기만 반복해서 들을 뿐이었습니다.

놀라운 건 그 뒤로도 오랜 세월, 이런 상황은 계속되었다는 것입니다. 주위 분들께 질문을 해도, 뭘 그렇게 자세히 알려고 하느냐는 반응이 대부분이었습니다. 그까짓 거 별거 아니니까 관심 갖지 말라는 식의 반응도 있었습니다. 그렇다면, 수많은 사람들이 '별것도 아닌 것'에 인생의 기준을 맞추고 산다는 말인가요? 도저히 납득되지 않았습니다. 심지어 웨스트민스터 총회는 문제가 참 많은 회의였다는 험담도 들었습니다. 그러면서 아무도 '근거'를 말하지는 않았습니다. 자료를 확인해보니 그런 험담에는 이렇다 할 근거가 없었습니다. 대체 왜 웨스트민스터 총회는 이렇게 푸대접과 모함을 받는 것일까요? 웨스트민스터 총회와 관련하여 정말로 무슨 일이 진행되었던 것일까요?

저처럼 이런 궁금증을 갖고 살아가는 분을 위해 이 책을 준비했습니다. 책을 쓰는 과정은 즐거웠습니다. 마치 탐험하는 것처럼 흥미로웠고, 새로운 사실을 발견할 때마다 짜릿했습니다. 무엇보다 좋았던 건 이겁니다. 내가 믿고 따르는 바가 근거 없는 허상이 아니었고, 심지어 아주 좋은 것이었구나 하는 사실을 깨닫는 행복! 아, 이것이 인생을 걸만한 가치가 있는 것이었구나 하는 탄식! 정말 행복한 경험이었습니다. 동시에 부끄러움도 찾아드는데, 이렇게 좋은 걸 우리는 왜 여태 몰랐을까! 그리고 우리는 왜 이다지도 엉뚱한 곳으로 멀리 흘러와 버렸나….

아무튼, 결과적으로 그런 의문과 도전과 좌절과 성취와 때로는 짜증과 비통으로 제 삶의 상당 부분이 소비되었으나, 그 모두를 활용하여 주께서 섭리 가운데 격려하셨습니다.

이 책은 스토리텔링 기법으로 복잡한 역사를 최대한 간단히 소개하려는 일종의 '이유식'일 뿐입니다. "아하~. 종교개혁의 흐름을 이렇게 정리해볼 수도 있겠구나, 웨스트민스터 총회라는 것이 이러한 배경 속에서 진행된 것이구나, 그 결과물이 만들어지는 과정은 이러했구나, 거기서 스코틀랜드 장로교회가 이런 역할을 했구나!" 이렇게 큰 틀을 대략 이해하는 용도로만 이 책을 활용하시기 바랍니다. 더 공부하실 분들은 이 책을 통해 감만 잡으신 뒤, 뒷쪽에 자세히 소개한 참고도서에 눈길을 돌려주시면 좋겠습니다. 웨스트민스터 총회에 대한 본격적인 관심과 연구가 생겨나길 간절히 기다립니다.

우리는 단순히 웨스트민스터 총회를 '받아들여야 한다'라는 당위성에 머무는 경우가 많습니다. "이것은 우리의 신조다! 우리 장로교회가 채택한 문서이다! 따라서 우리 것이고, 그러므로 소중히 여겨야 한다!" 이렇게 목청껏 부르짖는 방식이 아니라, 그것이 실제로도 '참 좋은 종교개혁'이었다는 사실을 전하고자 했습니다. 무엇보다도, 이 모든 것을 역사 가운데 우리에게 '선물'로 남겨주셨던, 하나님의 보이지 않는 손길이 있습니다. 역사를 보면서 우리는 바로 그것을 발견하고 곱씹으며 감사했으면 좋겠습니다. 교리를 공부하면서도 반드시 그 배운 내용에 감사가 되어야 하듯이, 역사 공부도 마찬가지입니다. 독자 여러분이 이 책을 읽고 나서 하나님께 감사하는 마음을 갖게 되신다면, 저는 더 이상 바랄 게 없습니다.

부족함이 많은 책을 세상에 내놓으면서 부끄러움과 두려움이 큽니다. 그래서 한 가지 약속을 드립니다. 역사적 사실에 대한 해석은 사람마다 다를 수 있습니다. 하지만 사실 그 자체가 잘못 기록된 점이 있다면 저에게 알려주십시오. 검토하여, 인쇄를 새로 할 때마다 고쳐나가겠습니다.

감사의 글

이 책은 여러 교수님이 연구하신 결과물을
부족한 제가 재구성한 것에 지나지 않습니다.

개혁주의성경연구소의 김영규 교수님께 감사를 드립니다. 교수님의 글을 처음 접한 것은 1997년도인데, 이제야 겨우 조금씩 이해하기 시작했습니다. 교수님의 선구자적인 작업이 없었다면 저는 이런 문제의식조차도, 아니, 문제의식을 느낄 수 있는 개념조차도 못 가졌을 겁니다. 이 책을 만들면서 세부 사항을 연구하고 조사할수록 더더욱 깨닫게 되었습니다. 중요한 포인트는 이미 이분이 20년 전에 다 잡아두셨다는 사실을 말입니다. 교수님의 저서 '17세기 개혁신학'과 '엄밀한 개혁주의와 그 신학'은 지금 이 책의 골격이 되었습니다.

아직 한 번도 뵌 적은 없지만, 채드 반 딕스혼(Chad Van Dixhoorn) 교수님께 특별한 감사를 드립니다. 이분의 경이로운 작업 덕분에 우리는 웨스트민스터 총회의 실제 회의록에 접근할 수 있게 되었습니다. 이 책의 '열매' 부분에 담긴 대부분의 정보는 거기서 얻었고, 또한 거기서 검증되었습니다. 저는 한국 교회가 앞으로 이분의 책과 강의를 최대한 많이 접해야 한다고 생각합니다. 특별히 제가 몇 가지 궁금한 점을 이메일로 질문드렸을 때 친절하고 자세하게 답해주셔서 감사합니다. 그 과정에서 이분은 저를 이메일 상으로 "Hee-Sang"이라고 부르며, 저에게도 자신을 "Chad"라고 부르도록 허락했지만, 제가 영어를 잘 못하는 바람에 더 이상 대화는 이어지지 못하고 있습니다.

경북대학교 김중락 교수님께 감사를 드립니다. 세계사도 좀 알고 교회사도 좀 알지만, 두 역사를 통합해서 이해할 수 있는 눈을 열어준 것은 오로지 교수님의 논문들을 정독한 덕분입니다. 제가 읽은 논문의 목록을 마지막 페이지에 나열했으니 관심 있는 분은 살펴보시길 바랍니다. 이 책의 '숲'과 '나무' 부분은 거의 전적으로 교수님의 논문 덕분에 완성되었습니다. (※ 2017년에 교수님의 책 "스코틀랜드 종교개혁사"가 흑곰북스에서 출간되었습니다.)

고려신학대학원의 이성호 교수님께 감사를 드립니다. 신대원 재학 시절에 교수님의 수업을 들을 수 있었던 것은 제게 대단히 큰 복이었습니다. 논문지도를 받는 학생이라는 핑계로 Th.M 수업을 청강할 기회가 있었는데, 잊지 못할 시간이었습니다. 그때 메모했던 강의 내용이 이 책의 7~8화에 적극적으로 반영되었습니다. 유해무 교수님께 또한 감사를 드립니다. 교수님의 책 『헌법해설』의 제1부 '웨스트민스터 신조의 배경과 역사' 편 덕분에 저는 복잡한 총회의 논쟁을 비로소 통시적으로 볼 수 있었습니다. 지루한 회의록 분석에 걸리는 시간을 절약할 수 있었던 것은 오직 교수님의 선행 작업과 통찰을 뒤따른 덕택이었습니다.

특별히 이 책의 초기 원고를 뽑아낼 수 있도록 강의 기회를 주셨던 푸른교회 당회와 권형록 목사님께 감사를 드립니다. 아울러, 모든 강의를 반짝이는 눈빛으로 들어주셨던 푸른교회 교우들께 감사드립니다. 그분들의 눈빛 하나하나가 바로 이 원고 한 글자 한 글자의 자양분입니다. 이런 내용의 책을 쓰면서 만약 자신이 속한 교회의 지지를 받지 못한다면 그 사람의 인생은 어떻게 될지 상상해보십시오. 그렇다면 지금 이 감사의 의미가 무엇이며, 어떤 마음에서 나오는 것인지를 읽어낼 수 있으실 겁니다.

실제로 이 책이 나오기까지 여러 차례 원고를 고쳐야 했는데, 다양한 스펙트럼의 청중 앞에서 강의하고 그에 대한 피드백을 받은 경험은 큰 도움이 되었습니다. 그동안 불완전하고 미숙한 강의 "웨스트민스터 총회, 종교개혁의 정점을 찍다!"를 꾹 참고 들어주셨던 각지의 청중께 마음 깊이 감사드립니다. 또한 그 강의를 녹취하고, 추운 겨울과 뜨거운 여름에 수개월간 합숙에 가까운 생활을 하며 저자의 대화 상대가 되어주고, 역사적 사실을 검증하고, 영문 자료를 읽는 일에도 도움을 주신 이요한 형제님께 감사드립니다. 이 책의 구석구석, 특별히 부록 타임라인에는 그의 땀방울이 분자 단위로 스며있습니다. 원고의 초기 상태부터 읽어주고 자료를 찾는 일을 도와주신 김준환 형제와 최영화 자매님께도 감사드립니다.

언제나 기도해주시는 부모님께 감사드립니다. 신앙으로 산다는 것이 무엇인지 보여주시고, 제 인생의 기준과 지향점이 되어주셨습니다. 마지막으로, 사랑하는 아내… 그녀는 누가 뭐라 해도 이 책의 공동 저자입니다. 이 책의 출간을 결정하고, 독촉하고, 헌신적으로 작업에 참여하며, 원고를 보고 울고 웃고 때로는 마음 졸이면서, 저자의 원고를 지금의 모습으로 완성시켜 주었습니다. 나를 믿어 주어서 고맙습니다. 사랑합니다.

참고도서 안내

A. 영어서적

Chad Van Dixhoorn, *The Minutes and Papers of the Westminster Assembly, 1643-1653 (5 Volume Set)* **(Oxford University Press, 2012)**
웨스트민스터 총회가 실제로 어떻게 흘러갔는지를 알 수 있는 자료 중 가장 큰 도움이 되는 것은 Chad Van Dixhoorn의 작업입니다. 그는 과거에 나온 웨스트민스터 회의록을 재편집하면서 유실분을 복원하는 작업까지를 시도했고, 놀랍게도 그걸 성공해서 책으로 묶어 냈습니다. 이 책은 5권 1세트로, 1권은 배경설명, 2~4권은 회의록 자체, 5권은 그 밖의 관련 문서들이 담겨있습니다. 아마존 리뷰 중에는 이런 표현이 있었습니다. "A vast masterpiece of scholarly editing - Ushers in new era of Study of Westminster Assembly". 책값이 비싸지만, 도서관을 통해서라도 접해보시기 바랍니다.

W.M. Hetherington, *History of the westminster Assembly of divines, 4th edition*(1878)
헤더링턴의 작품으로, 웨스트민스터 총회를 보는 거시적인 시각을 갖게 해주는 가장 전통적인 책입니다. 간단한 영국 종교개혁사를 포함하여, 기본적인 정보는 다 들어있습니다. 웨스트민스터 총회 연구자들은 거의 대부분 이 책을 기준 자료로 삼고 있는 듯합니다. 저 역시 많은 부분을 따라갈 수밖에 없었습니다. 그만큼 독보적인 책입니다.

George Gillespie, *Aaron's Rod Blossoming*(London: Authority, 1646)
총회의 토론 내용에 대해 이해하기 위한 필독서입니다. 9화에서 강조했던 〈아론의 싹 난 지팡이〉라는 책입니다. 스코틀랜드 총대 조지 길레스피가 웨스트민스터 총회 기간 중에 (하도 답답해서) 쓴 책인데, 장로회 정치, 특별히 장로교회 치리회의 권징에 대한 성경적 근거를 밝히며, 아울러 상대방의 주장을 조목조목 비판하는 내용입니다. 이 책의 출간으로 총회의 분위기가 깔끔하게 정리됩니다. 웨스트민스터 총회의 핵심이 바로 교회정치에 대한 논쟁이었으므로, 이 책은 무조건 봐야 할 필독서입니다.(흑곰북스에서 번역 출간을 준비중입니다.)

George Gillespie, *A dispute against the English-Popish ceremonies, obtruded upon the Church of Scotland*(1637)
역시 조지 길레스피가 쓴 것으로, 5화에서 등장했던 주교전쟁의 배경(공동기도서 폭동)을 이해하기 위해 중요합니다. 당시 스코틀랜드 종교개혁자들이 찰스 1세와 로드 주교의 종교정책을 어떻게 인식하고 있었는지를 잘 보여주는 책입니다. 책 표지에 길레스피 이름이 안 보이는 이유는 당시 익명으로 출간했기 때문입니다.

Samuel Rutherford, *Lex, Rex : The Law and the Prince - a Dispute for the Just Prerogative of King and People*(London: Authority, 1644)

스코틀랜드 총대 사무엘 러더포드가 웨스트민스터 총회를 앞두고 작업하여 총회 초반에 런던에서 출간한 책으로, 홉스나 로크에게 영향을 끼쳐 입헌군주제와 사회계약사상의 사상적 기반이 된 엄청난 책입니다. 책 제목은 '법이 왕이다!'라고 의역할 수 있습니다. 당시 잉글랜드 정치권 일각은 여전히 찰스 1세의 눈치를 보느라 종교개혁을 자신 있게 추진하지 못하고 있었습니다. 그래서 스코틀랜드는 잉글랜드를 격려하고 나아갈 방향을 보이고자 했는데, 이 책이 바로 그 역할을 해줍니다. 물론 왕정복고 이후 이 책은 당연하게도 금서가 되어, 당국에 의해 불태워졌습니다. 스코틀랜드가 찰스 1세를 향해 취했던 태도를 납득하기 위해, 총회를 둘러싼 복잡한 정치 배경을 이해하기 위해, 그리고 오늘날 우리가 교회와 국가와의 관계에 있어서 어떤 입장과 태도를 취해야 하는지 지혜를 얻기 위해 반드시 참고할 책입니다.

Robert Baillie, *The Letters and Journals of Robert Baillie, 1637-1662 (ed. D.Laing), 3 vols*(Edinburgh: The Bannatyne Club, 1841-42)

스코틀랜드 총대 중 한 사람이었던 로버트 베일리의 '편지'입니다. 그는 회의에 참석하면서 회의 진행 상황과 배경에 대한 생생한 목격담, 그리고 각종 어려움과 난제 등을 자신의 심정과 함께 편지로 적어서 고향에 보냈는데, 이것이 총 3권으로 묶여 나와 있습니다. 많은 연구자들이 이 편지의 도움을 받고 있습니다.

George Gillespie, *Notes of Debates and Proceedings of the Assembly of Divines at Westminster, February 1644 to January 1645, in: The Works of George Gillespie, Edinburgh 1846*(Edmonton: Still Waters Revival Books, 1991)

이번에는 조지 길레스피가 쓴 기록물입니다. 베일리와는 달리 길레스피는 주로 각종 논쟁에서 스코틀랜드 총대들이 어떻게 활약했는지를 알 수 있는 기록을 남겼습니다. 누가 무슨 말을 했고 누가 어떻게 반박했고 등등… 특히 이분의 기록은 웨스트민스터 총회의 초중반, 즉 가장 치열하고 뜨거웠던 시기에 걸쳐있어서 매우 흥미롭습니다. 교회정치와 권징의 문제에 있어서, 장로회주의자들이 어떤 근거를 가지고 있는지, 에라스투스파와 독립파는 어떤 식으로 반박하고 있는지를 다이내믹하게 볼 수 있는 보석과 같은 자료입니다.

Westminster Assembly, *The Westminster Assembly's Grand Debate*(Naphtali Press, 2014)

웨스트민스터 총회와 직접 관련된 최근 책 중에서 아주 잘 된 작품입니다. 당시 시대적 배경을 비롯하여, 웨스트민스터 총회의 논쟁들과, 총회를 둘러싼 흥미롭고 다양한 정보가 풍성하게 담겨있습니다. 다 읽지는 못했지만 몇몇 부분에서 아주 직접적인 도움을 받았습니다. 런던의 12노회 구성 모습이라든지, 총대들의 숙소를 찾는 등의 결과물은 이 책에 담긴 정보를 재가공한 것입니다.

그 밖에도 아래 두 권은 제가 다 읽지는 못했지만
역사학자들에게 많이 인용되는 기본서입니다.

The History of the Puritans or Protestant Non-Conformists, Daniel Neal

History of the Church of Scotland, David Calderwood

또한 아래 세 권은 당시 총대들과 직접 관련된 참고 도서로,
더 깊은 연구를 위해서는 관심을 가져야 할 책입니다.

J. R. de Witt, Jus Divinum: The Westminster Assembly and the Divine Right of Church Government; George Gillespie

S.Rutherford, Due Right of Presbyteries,
London 1644(= ND Edmonton: Still Waters Revival Books 1993)

John Lightfoot, The Journal of the proceedings of the Assembly of Divines from January 1, 1643, to December 31, 1644

B. 주요 논문 : 이 책의 제작에 밀접하게 활용한 논문만 소개했습니다.

복합왕국의 종교적 이질성과 교회통일정책, 1603-1647, 한국서양사학회, 김중락

고상함과 통일을 찾아서 - 스코틀랜드 공동기도서와 찰스 1세의 이상적 교회, 한국서양사학회, 김중락

1641년 잉글랜드의 분열과 스코틀랜드, 대구사학 제 55집, 김중락

영국혁명, 국민계약, 그리고 저항의 정당화, 영국사학회, 김중락

Samuel Rutherford와 국민계약사상, 전북사학 제21~22호, 김중락

에라스투스주의 논쟁과 영국혁명, 한국서양사학회, 김중락

제임스 6세 겸 1세의 종교정책, 경북대학교 박사논문, 강미경

개신교 교회건축의 변천과정과 한국개신교 교회건축의 특징, 서울대학교 석사논문, 김성한

C. 웹사이트

http://bcw-project.org
영국 내전에 대한 타임라인 등 매우 복합적인 역사 정보를 잘 정돈해둔 교육용 웹사이트입니다. 끝내줍니다.

http://british-history.ac.uk
온라인으로 영국 역사를 제공하는 도서관 형식의 웹사이트입니다. 1차 자료를 상당히 많이 제공합니다. 이 책의 제작을 위해서는 특히 Acts and Ordinances of the Interregnum, 1642-1660 항목을 주로 참조했습니다.

http://charger07.egloos.com
서양사 카테고리의 영국내전 관련 포스팅을 주로 참조했습니다.

http://kalnaf.egloos.com/tag/EnglishCivilWar
삼왕국 전쟁사 카테고리의 포스팅을 주로 참조했습니다.

http://reformed.org
웨스트민스터 총회의 표준문서 원문을 잘 정돈해 두었습니다.

http://www.1650psalter.com
17세기 중반 시편찬송을 실제로 들어볼 수 있는 웹사이트입니다.

http://www.bpi1700.org.uk/
이 책의 제작을 위한 각종 이미지 자료의 기본 출처로 사용한 웹사이트입니다. 검색 기능을 잘 이용하시면 방대한 이미지 자료를 손쉽게 참고하실 수 있습니다.

http://www.westminster-abbey.org
웨스트민스터총회가 열렸던 '웨스트민스터 사원'의 공식 홈페이지입니다. 건물 및 역사와 관련된 신뢰할만한 정보를 얻고자 할 때 이곳을 이용했습니다.

http://www.westminsterassembly.org
웨스트민스터 총회에 대한 다양한 정보를 잘 정돈해둔 교육용 웹사이트입니다. 자료가 많지는 않지만, 계속 업데이트되고 있습니다.

D. 한글서적 (가나다순)

한글 서적의 목록은 이 책에서 직접 인용하거나 참고하지 않았더라도, 당시 시대와 배경과 사상과 풍습을 이해하기에 도움이 되는 책이라면 포함했습니다. 직접 도움이 된 책은 강조 표시했습니다.

17세기 개혁신학, 개혁주의성경연구소, 김영규

개혁교회 창시자 존칼빈 - 신학과 목회, 칼빈아카데미, 장수민

개혁교회사, 솔로몬, 주도홍

개혁파 정통주의 신학 서론, 부흥과개혁사, 한병수

기독교강요(최종판) 제4권, 존 칼빈, 생명의 말씀사

꺼지지 않는 불길, 마이클 리브스, 복있는 사람

교회사 전집(8권 세트 중, 1~3, 4, 7~8권을 참조함), 크리스챤다이제스트, 필립 샤프

권리와 자유의 역사, IVP, 존 위티 주니어(외)

기독교 그 위험한 사상의 역사, 국제제자훈련원, 알리스터 맥그래스

노르마 노르마타, 합동신학대학원출판부, 김병훈(편)

레판토해전, 한길사, 시오노 나나미

말틴 루터의 종교개혁 3대 논문, 컨콜디아사, 말틴 루터

새뮤얼 러더퍼드 서한집, 크리스천다이제스트, 새뮤얼 러더퍼드

서양 문명의 역사, 소나무, E.M.번즈

세계 장로교회의 신앙과 역사 이야기, 예루살렘, 월터 링글

세상을 바꾼 종교개혁 이야기, 부흥과개혁사, 스티븐 니콜스

스코틀랜드 역사이야기, 현대지성사, 월터 스콧

스코틀랜드의 여왕 메리 - 비운의 여인, 가람기획, 캐럴 섀퍼

신조학, CLC, 필립 샤프

엄밀한 개혁주의와 그 신학, 하나, 김영규

영국 사회를 개조한 크리스천의 역사, 주영사, 김현숙

영국혁명과 올리버 크롬웰, 한국학술정보, 주연종

옥스퍼드 영국사, 한올, 케네스 O.모건

웨스트민스터 총회의 실천, P&R, 리차드 A. 밀러

웨스트민스터 총회의 역사, 로버트 레담

유럽의 종교개혁, CLC, 카터 린드버그

이야기 영국사, 청아출판사, 김현수

존 녹스와 종교개혁, 지평서원, 마틴 로이드 존스

종교개혁과 스콜라주의, 부흥과개혁사, 빌렘 판 아셀트

종교개혁과 신학자들, CLC, 카터 린드버그

종교개혁사, 은성, 후스토 L. 곤잘레스

종교개혁사상, CLC, 앨리스터 맥그래스

종교개혁의 유산, 개혁주의신학사, 칼 트루만

종횡무진 서양사(하), 그린비, 남경태

지식인과 사회, 아카넷, 이영석

찰스 디킨스의 영국사 산책, 옥당, 찰스디킨스

청교도 신앙 그 기원과 계승자들, 생명의말씀사, 마틴 로이드 존스

칼빈과 종교개혁가들, 개혁주의학술원, (공동저자)

칼빈시대 영국의 종교개혁가들, 개혁주의학술원, (공동저자)

칼빈의 신학 1, 개혁주의성경연구소, 김영규

칼빈 이후 영국의 개혁신학자들, 개혁주의학술원, (공동저자)

튜더스 – 세계사를 바꾼 튜더 왕조의 흥망사, 말글빛냄, G. j. 마이어

하나님의 큰 일(특히 8장을 참조함), CLC, 헤르만 바빙크

헌법해설, 대한예수교장로회 총회출판부(고신), 유해무

그 밖에도 칼뱅 박물관이 있는 누아용, 생 레베끄, 욱스깡 수도원, 샹띠 성 등지를 안내해주신 프랑스의 권현익 선교사님께 감사드립니다. 그리고 스코틀랜드 에딘버러와 세인트앤드류스를 안내해주신 이재근 교수님께도 감사드립니다. 두 분의 헌신적인 현지 가이드와 종교개혁에 관한 강의는 이 책에 큰 도움이 되었습니다.